정서 순화와 해탈의 귀띔

비단길에 흐드러진 애기꽃

- 중화누리 가로질러 -

국립중앙도서관 출판예정도서목록(CIP)

중화누리 가로질러 : 비단길에 흐드러진 얘기꽃 / 지은이:
이병석. -- 부산 : 두손컴, 2014
p. ; cm

표제관련정보: 제19회 한국문인협회 해외 문학 심포지엄과
문학기행
ISBN 978-89-97083-94-7 03810 : ₩14000

기행문[紀行文]
중국(국명)[中國]

816.7-KDC5
895.785-DDC21 CIP2014020699

제19회 한국문인협회 해외 문학 심포지엄과 문학기행

비단길에 흐드러진 애기꽃

- 중화누리 가로질러 -

이병석 지음

도서출판 두손컴

중화누리 가로질러

누리에 사람 살아 이야기 엮어지고 역사가 이어진다.
세 번째로 큰 누리에 지구에서 가장 많은 사람들 살고 있는 중국은 재미있고 희한한 이야기 끝없이 엮어져 내리고 다양하고 깊은 문화의 꽃밭에 갖은 향기 짙게 풍긴다.

역사의 굽이굽이 황톳물 버무려 마시며 오늘도 황하는 흐르고 있다. 그 진겁하청盡劫 河淸(겁가도록 물 맑아지기를) 바라 지켜 서 있을 존재 그 어디에도 없겠지만 입에서 입으로 전해지고 글에 담겨 있는 그 많은 곡절, 거기에 한없이 묻어나는 애환과 인정의 흔적, 끝없는 욕망이 증발하여 넓은 누리 위에 둥둥 떠도는 구름을 집어 살펴보고자 했다.

흐드러지게 피어 만발한 이야기꽃들 발길 따라 마음 가는대로 꺾어 그 빛과 향기를 음미해 보고 모자라는 힘 기울여 비평의 글과 시를 간략하게 적어 삽입해 보았다. 역사와 문화의 시원始原과 진행 그 성격과 질, 비교문화적 단견도 조금 떨구어 보았다.

틈틈에 한시와 한문을 더러 인용해 보았다. 중국의 역사를 살피고 배우는 일이 중요하다고 본다. 한문은 배척의 대상이 아니라 앞으로 전개

될 국제적 관계를 개척 전개할 열쇠가 되리라 보고 한문 배움에 열중해 나가는 것도 매우 유익한 일이라 생각된다.

중국 누리를 휩쓸었던 명 시문詩文에서 정서적 순화醇化를 기약하고, 유교적 바탕과 이론을 일별하여 흘러온 중국과 한국의 현장을 짐작해 보면서, 불교를 통한 정신적 심화와 해탈의 경지를 암시해 보고자 했다. 마음과 중생, 부처 이 셋은 차별이 없다[心佛及衆生是三無差別]고 했다. 오욕칠정五慾七情에 얽혀 피를 이어오고 있는 사람살이에서 불심의 싹을 확실히 피워내어야 한다. 모름지기 정情이 있어 중생이 구제될 수 있기 때문이다.

천진, 북경, 서안, 돈황, 양관을 이어 중화누리를 가로질러 짧은 시간에 주워 모은 이야기가 아주 만족스럽지는 못하지만 배달의 글벗들 함께한 몇 날이 즐겁고 보람찬 바도 많았다.

번역문의 서투름과 있을지 모를 잘 못 꾸짖어 가르쳐 주시길 바란다.

2014년

달뫼 이 병 석

차례

3부 역사를 매료시킨 다음 꽃들

- 비단길에 흐드러진 애기꽃

4부 비석의 숲과 대안탑

차례

5부 발길, 은빛 날개에 맡기고

6부 하늘가에 앓고 있는 황막천지

1부

헤쳐 오른 불가사의

자금성 앞에서

떠남의 설렘과 그 진정한 실상의 의미를 생각해 보았다.

중화누리에 첫 통일국가를 이룩한 진시황제 때 조성된 불가사의 진시황제인마용총의 놀라움을 살펴보고, 뒤틀린 혈통 이어내린 시황제의 피의 내력과 공적, 끝간 데 모를 욕망과 가장 높이 올라 가장 큰 불안감 떨칠 수 없었기에 백성들의 고혈을 짜 바다 같이 출렁이게 하고 산 같이 높은 원망의 힘을 모아 엉뚱하게 이어낸 만리장성, 저승 위에 군림할 욕망으로 쌓아 올린 자신의 무덤산, 절실하게 희구했던 장생 불노의 몽환이 금수강산 부산 영도로 밀려든 얘기를 엮어 보았다. 장생 불노 곧 영생할 수 있는 존재와 그 비법 우주 어디에도 없는 것 오로지 4상(四相), 4고(四苦), 윤회(輪廻)가 있을 뿐인 법리(法理)의 비늘 하나 떼 내어 얘기를 엮어 보았다.

* 四相- 이룩되어, 머물다가, 허물어져, 없어짐. * 四苦- 생, 노, 병, 사. * 輪廻- 돌고 도는 이치.

1. 비밀 속의 설렘

'여보세요! 한국문인협회 차윤옥입니다. 선생님, 저번에 해외문학 심포지엄 연기하면 가신다 했지요? 9월 4일로 연기됐으니까 꼭 가셔야 돼요!?' 강요 반 물음 반이었다. 사실 하루 전에 출발한다 했으면 갈 수 없는 일정이었다. 하루 전날이 바로 7월 백중, 절에서는 영가들을 좋은 곳에 가라고 정성들여 천도해야 되는 날이기 때문이다.

여행 가방을 보니 지퍼가 탈이 나 있었다. 조금 더 큰 가방이 있으면 좋겠다 싶어 국제시장으로 갔다. 쓰기에 편하고 기능도 완벽한 것을 골랐다. 바퀴는 너무 작거나, 딱딱하여 소리가 요란하면 좋지 못하다. 그리고는 편한 신발을 사러 광복동으로 갔다. 가게에서 마음에 드는 것을 골랐다. 카메라 둘, 필름을 사지 않아도 되므로 좋고, 비디오카메라용 테이프 열 개를 챙겼다. 손에 익은 장비를 챙기노라니 마음은 벌써 중국 대륙을 달리고 있었다.

9월 3일 정성들여 영가 천도를 했다. 부처님 앞에 서면 언제나 내 마음 알뜰하고 철두철미해진다. 그래야만 내 직성이 풀리기도 하기 때문이다. 나는 작위(作爲)없이 행한다. 그래서 피로를 별로 느끼지 않는다. 네 시간 넘어 거의 다섯 시간 만에 불사를 끝낼 수 있었다. 위패는 많지 않으나 330여 위패가 되고 한 위패에 두세 분의 영가를 모시는 경우가 상당히 많으므로 영가는 위패 수보다 훨씬 많다.

불사가 끝나자 곧바로 가방 챙겨 김해공항으로 갔다. 인천공항에 내리니 아직 밝은데, 택시를 타고 가장 가까운 숙식처로 가자했더니 신공항 시가지라는 곳에 내렸는데 크지 않은 호텔들이 많았다. 제일 가까운 곳인데도 택시비 만 삼천 원, 만 오천 원을 주고 내렸다.

떠난다는 것은 얼마나 신나는 일이랴! 더구나 멀리 타국으로 떠나가 물 낯선 갖가지 정경에 젖어들며 짜릿한 느낌을 선사 받기도 하고 새로운 감회에 못 이겨 처음 만난 허공에다 슬며시 웃음 띠워 올려보는 그런 일들 생각만 해도 얼마나 신명나는 일이더냐!

천마산, 반도의 막내산으로 솟아 망망대해의 하늘 위를 향해 날아오르는 그 천마산에 높직이 안겨들어 내 머물러 있는 산의 품안에서 나날이 보고 아침저녁 얼굴 맞대어 만나도 알 수 없는 새로움을 파랗게 밀물쳐 보내오는 갖은 나무들과 풀잎과 붉고 노란 꽃들, 내 방문 앞 지켜 서서 세월 휘감아 온몸에 터진 용비늘 입고 신장처럼 낙낙히 솟아 선 나의 지기(知己) 그 여섯 소나무들, 사십여 성상 다가오도록 더불어 서리 비 맞으며 함께 밤낮 보내 왔지만, 지기란들 한 떨기 꽃과 풀 나무 산이란들 바위 구름이란들 모두 찰나도 쉬임없이 변하며 새로워지는 그 비밀, 조금이나마 어이 감히 짐작 할 수 있을 것이랴! 다만 알 수 없을 뿐이며 당연히 모르는 그 내력과 알 수 없기에 야릇한 설레임만 끝없이 이어짐 아니더냐!

중턱에 선 충혼탑 그 밑 공원에 부산탑 높이 세워 이고 뻗어 내린 용두산, 산 끝에 광복동 남포동, 건너 뛰어 펼쳐진 바닷가 자갈치, 거기에 날새기 무섭게 온갖 군상들 꿈틀거리고, 내력 깊은 영도다리 돌아나가 앞치마 둥그렇게 펼쳐 바다에 적시며 드나드는 배들 밤낮 없이 맞아들이고 떠나보내는 여남은 부두들, 밤 되면 반짝이는 광안대교의 두 에이치(H)빔, 제일 높은 아파트촌 센텀시티, 멀리 꿈속엔 양 굼실거리는 달맞이고개, 이들을 한눈에 내려 보고 하늘 날아 솟은 천마산 아래로 푸른 물결 펼쳐 숨 쉬는 부산 내항 그것 바로 천마산 천룡사의 정겨운 연못 아니더냐! 그 연못 물길 출렁출렁 대해로 돌아 나가는 입구에 오똑 오똑 솟아 연밥으로 굳어진 오륙도, 그 어쩔 수 없는 연못의 정경 아니더냐! 신선들 푸른 학들 떠나고 없는 영도 봉래산, 그 모두 밤낮없이 속삭여 보아 왔지만 오늘의 모습 어제의 모습 아닌 것을, 내일의 모습 오늘의 모습 아닐 것을, 그렇게 머물지 않고 새로워지는 그 변화의 모습이여! 새로움이여!

그 모두 그렇게 끊임없이 변하며 새로워지는 것은 그 변화의 새로움의 당체(當體)인 원만보신노사나불(圓滿報身盧舍那佛)의 끝없이 차질 없이 둥글둥글 원만하게 펼쳐지는 조화의 비밀 그것이어라! 떠난다는 것은, 여행을 한다는 것은 그 원만보신노사나불의 끊임없는 조화 속으로 더 멀리 더듬어 든다는 것, 얼마나 신나는 일이랴! 멀리 타국의 낯선 정경 속으로 조화의 실상(實相) 속으로 떠난다는 것은 얼마나 신명나는 일이랴! 실상 그것은 중생들이 참다운 모습이라고 착각하고 꿈틀거리는 허상(虛相)이나 가상(假相)이 아닌 진리의 모습 아니더냐! 그런 상념을 뿌리며 뜨내기들을 위해 이룩된 듯한 낯선 골목골목의 밤을 새롭혀 주다가 들어와 잠을 청했다.

9월 4일 아침 9시 국제공항 3층 10번 출구 앞 문인들이 모여들었다. 인사들 하고 기다렸다. 김년균 이사장님이 꼴지로 도착했다. 모두 22명. 만 명 문인협회의 해외문학 심포지엄을 위한 출국치고는 다소 적은 인원수라 하겠으나, 같이 움직이기에는 적당한 인원 수였다. 18년 전 조병화 이사장님 이하 140여 명이 중국으로 갔을 때는 중국과 국가적인 교류가 없었기에 일본을 통하여, 동경을 경유하여 갈 수밖에 없었기에 불편하고 답답한 일이 한두 가지가 아니었다. 너무 많은 사람, 거기다가 외국 나들이가 빈번하지 않아 서툰 생각과 행동들이 한여름 무더위를 더욱 끓게 했다.

그 사이 발전이 빨랐다 할 수 있을 것이다. 허렸다시피 한 영종도를 개발하여 건설된 인천 국제 허브공항은 세계적인 자랑거리로 부상하여 나날이 수많은 사람들, 갖은 인종들이 쉴 새 없이 붐비고 있으니 하는 말이다. 드디어 11시 넓은 공간 이리저리 돌고 구내 지하철을 타고 가서 대기했다가 트랩에 올랐다. 중국 비행기, 지금은 안심하고 오를 수 있었다. 바람을 가르고 하늘로 솟았다. 서해 상공 날 맑지 않아 밖은 아무 것도 보이지 않았다. 길쭉하게 생긴 빵 하나 비닐종이에 싸서 던져주기에 모두 말없이 먹었다.

2. 천진에서 북경

자금성 앞에서

천진. 처음 내려 보는 공항, 시골스런 맛이 났다. 밖에 나오니 시야가 확 트이면서 시원한 공간에 비 뿌리기 시작했다. 버스를 탔다. 비 젖는 차창밖에 그렇게 번잡하지 않은 시가지가 스치더니 곧 넓디넓은 옥수수밭과 키 높여 환영하는 버드나무 숲이 번갈아 끝없이 펼쳐졌다. 가을을 재촉하는 비, 아직 푸른 대지 위에 변화와 이별의 서시를 쉬임없이 읊조리는 것일까? 대륙의 늦가을은 너무 황량하리라. 옥수수는 길러 동물의 사료로 쓰고 밀은 길러 사람 양식으로 쓴다 했다. 버드나무는 바람막이로 심었을까? 빨리 자라기에 펄프 원료로도 쓰일 것이라 생각했다.

두어 시간 달려 북경 자금성 앞에 도착했다. 비 긋고 안개 끼었다. 처음 와 보는 곳도 아닌데 어디가 어딘지 요량하기 어렵다. 잠깐 안내자를 놓쳤다간 길 잃고 헤매기 십상, 볼 것들 대충 보고 졸졸 따라다녀야 했다. 너무나 넓고 웅장한 건물들, 헤아리기 어렵다. 그런대로 챙겨 보려면 하루는 걸려야 된다 했다. 9,999 간이라 했던가? 남북이 약 천 미터 동서가 팔백 미터 가까이 된다 했다. 명대(明代)의 영락제(永樂帝)가 남경에서 천도할 때 건립, 서기 1420년에 완성했다고 했다. 남쪽의 오문(午門)이 정문으로 특히 웅대하다 했고, 동쪽에 동화문(東華門) 서쪽에 서화문(西華門) 북쪽에 신무문(神武門)이 있다 했다. 오문에서 북으로 태화문(太和門) 태화전(太和殿) 중화전(中和殿) 보화전(保和殿)이 있고, 자금성의 정전(正殿)인 태화전은 동서 60m 남북 33m의 건물 다시 보아도 웅장했다.

황제의 사생활을 위한 내정(內廷)으로서 보화전이 있고 북쪽 건청문(乾淸門)으로부터 건청궁(乾淸宮) 교태전(交泰殿) 곤녕궁(坤寧宮) 등이 늘어서 있다고 했다. 하늘의 북두성(北斗星) 북쪽의 자금성이 천자가 거처하는 곳이라는 설에 따라 지어진 이름이 자금성(紫禁城)이라 했다. 옗은 안개 헤집고 으리으리한 건물들 건듯건듯 살펴보아가기 한참만에 천안문(天安門) 광장에 도착하여 마지막 단체 사진을 찍고, 새로운 발전의 중심 터전이면서 수많은 항쟁의 피를 쏟았던 그곳을 뒤로하여 호텔로 향했다.

제19회 해외 한국문학 심포지엄을 마치고

크리스탈 호텔. 거기 그리 넓지 않은 공간에서 '제19회 해외 한국문학 심포지엄'과 '제18회 해외 한국문학상 시상식' 행사를 가졌다. 먼저 리광수, 허련순 두 문인들께 김년균 이사장의 상장 수여에 이어, 수상자 소감을 듣고 격려의 박수를 아낌없이 쳤다. 그 다음 문학 심포지엄에서는 김송배 시인이 좌장으로 앉고, 주제 발표자로는 황송문 시인이 '조선족 시와 한국의 시'라는 주제로, 오양호 평론가가 '조선족 소설과 한국 소설'이라는 주제로 심도 깊은 연구 발표를 했고, 김영무 선생의 '조선족 희곡과 한국의 희곡문학'이라는 주제의 내용은 대독으로 마무리 지었다. 대단히 의미 있는 시간이라고 생각했다.

3. 중국의 뿌리 더듬어 서안으로

서안 비림에 세워둔 구조물

일찍 일어나 버스 타고, 호텔에서 제공한 도시락을 받았다. 배고파 못 견딜 지경이면 먹어 볼 엄두가 날 것 같다면서 먹지 않는 사람이 많았다. 안개일까? 스모그일까? 한번 대기를 꽉 점령해버린 엷은 장막은 어디 한 모퉁이라도 자리 떠날 엄두를 도무지 못 내는 것 같았다. 중국의 어떤 특성이 이런 것은 아닐까 생각해 봤다.

북경 공항에 도착 후 대기했다가, 서안행 국내선 항공기를 탔다. 검색이 철두철미했다. 내 카메라 가방은 세 번이나 엑스레이 투시통에 들어갔다. 신종 인플루엔자를 차단하고, 건국 60주년 기념행사의 만전을 기하기 위한 조치라 했다. 기내식은 성찬이라 해야 할 것 같았다. 두 시간 가량 날아 비로소 서안에 앉았다. 부산-서울간 비행시간의 두 배가 훨씬 넘는 시간이었다.

서안은 중국의 중심 지역에 있다. 천진, 북경, 돈황에 비해 위도가 훨씬 아래쪽이다. 주나라 무왕이 세운 호경에서 비롯하여 한, 당에 이르기까지 천년 넘게 수도로서 군림했던 옛 장안(長安), 아테네, 로마, 카이로와 더불어 세계 역사상 4대 고도(古都)에 속하는 곳, 실크로드의 기점으로 가장 긴 육로 여정의 고삐를 오랫동안 잡고 있었던 세계적인 서울이었다. 반파유적지의 원시시대 생활상을 다시 보고 싶기도 하고, 모계 사회에서 부계 사회로 변천해 가는 앙소문화와 용산문화의 흔적도 만나보고 싶었다. '오천년 중국 역사를 서안에서 볼 수 있다.'는 말에 얹어 '서안을 모르면 중국을 모른다.'는 말을 하고 싶다. 일찍이 동 서 남 북 사대문이 여닫기고 그 문들에 이어진 4대 거리가 뚫려 번성했던 고도, 여기에 오면 도도히 흘러내린 역사의 흔적과 문화의 향취에 마음껏 나를 맡길 수 있어 참으로 좋은 곳이다.

4. 세계적 불가사의의 명성

– 진시황제 인마용총

진시황 인마용총 1호갱

우레같은 함성 내질러 하늘 땅 뒤흔들고 바람같이 내달려 들 것 같았다. 10년 만에 6국을 멸망시키고 천하를 통일한 백만 대군의 정령(精靈)들이 제각각의 모습인데, 오직 쳐들어가 이긴다는 하나 같은 신념으로 2천 년을 지키고 굳게 서 있었다. '언제 내달릴 것이냐? 어디로 내달릴 것이냐? 무엇을 항복 받을 것이냐?' 내 한마디 말 떨구고 떠나리. '너의 마음으로 지금 당장 달려들어 그 마음의 항복을 받아라. 그것만이 천하무적(天下無敵), 천상무적(天上無敵)이니 당연히 지하무적(地下無敵)이 되는 것이니라!'

거룩한 무표정의 안경 각도를 반짝반짝 바꾸며, 김년균 이사장이 연발했다. '야! 야! 어떻게 이런 것들을 만들었을까?'

진시황 병마용갱은 진시황릉에서 1.5km 떨어져 있다고 했다. 발견된 차례를 따라 1호갱 2호갱 3호갱으로 이름 지었다는데 품(品)자 형으로 배열된 것이라 했다. 약 5m 깊이의 흙구덩이를 파고 밑바닥으로부터 층층이 흙을 펴며 기초를 다진 다음 그 위에 약 3m 높이의 격리 토담을 쌓고 담 사이의 공간에 토용(土俑), 토마(土馬), 전차(戰車)를 놓았으며, 지면은 검은 벽돌을 깔았다고 했다.

1호갱은 길이 230m, 너비 62m, 총면적 14,260㎡ 용갱 중 가장 크고, 갱내에 6천여 점의 토용, 토마와 40여 승(乘)의 목조 전차를 안치한 전차와 보병을 혼합 편성한 장방형 대열이라 했다.

2호갱은 1호갱에서 동으로 약 20m 떨어져 있는데, 갱 평면은 굽은자 모양(曲尺形)으로 동서길이 124m 남북 98m 면적 6,000㎡라 했다. 4개의 'ㅁ'자 형으로 구성되었는데 첫번째 작은 진은 곡형진의 최전단에 위치, 330여 명의 궁노수로 구성되었다고 했다. 160명은 갑옷 중장비를 한 앉아 쏘는 궁수(跪射- 궤사)토용이고 그 둘레에 170여 명의 전포 경장비를 한 서서 쏘는 궁수(立射-입사)토용이 있다고 했다. 이 대형은 백발불가지(百發不暇止- 백발을 쉼 없이 쏨)로 빗발치듯 쏘아댄다고 했다. 두 번째 작은 진은 곡형진의 우측에 위치, 64대의 전차로 구성되었고 세 번째 작은 진은 곡형진의 중부에 자리하여 전차 보병 기병으로 구성되었다고 했다. 마지막 작은 진은 곡형진의 좌측에 위치 108명의 기병을 위주로 하고 6대의 전차를 보조로 하여 구성되었다고 했다.

3호갱은 1호갱 서단 북측 25m, 2호갱에서는 120m 떨어져 있다고 했다. 평면은 요(凹)자형 500㎡미만의 작은 용갱이라고 했다. 토용 66점 전차끌이 토마 4필 목제전차 1승이 출토되었다고 했다. 이는 사령부에 해당한다고 했다.

항우의 병화(兵火)로 지하에 영원히 파묻힐 뻔했다는 설이 있는 진시황 인마용갱이 서기 1974년 봄 양씨(楊氏)성의 몇 농부들의 곡괭이 아래서 발견된 이래 세계의 인파가 쉴 새 없이 모여들어 감탄을 쏟아내고 있다. 크고 방대하며 웅장함이 세계를 놀라게 한다. 매우 사실적이고 생동감 넘치는 예술적 가치를 앞에 두고 발길들 굳어진다. 이러한 여러 특징들과 압도적인 규모는 그 앞에 서는 사람들의 진한 느낌을 유발시키는 것이다. 진시황 인마용갱은.

우리가 〈진시황제릉문물진열청 · 秦始皇帝陵文物陳列廳〉이라고 전자체(篆字體)로 써 붙인 건물 앞에서 단체사진 찍은 뒤 둘러보고 나오니 가을해 기울어지고 넓은 광장 불어오는 바람이 더위를 씻어 주었다.

진시황제릉문물진열청 앞에서

5. 진시황릉 앞에서

- 뒤틀린 혈통 진시황제

진시황제릉 앞 정문

18년 전 안내원에게 물었다. '진시황릉이 어디요?' '저깁니다.' '어디요?' 하고 아무리 보아도 산만 하나 높이 솟아 있지 능이라고 인식될만 한 무엇 하나 보이질 않았다. 돌아서서 뒤따라가며 다시 물었더니 그 산이 능이라 했다. 높이 115m, 진릉 봉토의 아랫면 주위가 2,167.8m라 했다.1)

진시황제란 진나라의 처음 황제라는 뜻이다. 황제(皇帝)란 3황5제(三皇五帝)에서 따온 명칭이라 했다. 고대 중국 전설상의 인물들 곧 3황(천황- 天皇, 지황- 地皇, 인황- 人皇 또는 복희씨, 신농

---

1) 가지릉봉토고도위(可知陵封土高度爲) 115米
진릉봉토저면주장측위(秦陵封土底面周長則爲) 2,167.8米
『시황백미(始皇百謎)』 惠煥章 外편저, 西安出版社, 서기 2007, p137

씨, 수인씨) 5제(소호- 少昊, 전욱- 顓頊, 제곡- 帝嚳, 요- 堯, 순- 舜)의 황과 제를 따서 붙인 이름이라고 했다. 그러니까 3황(皇)이 출현하여 인간 세상을 열고 5제(帝)가 나와 나라를 다스리게 된 것이라고 보여지는데 진시황 이전에는 그 누구도 황과 제를 아울러 칭호를 붙여 부른 인물은 없었던 것이다. 그래서 처음으로 황제라는 칭호를 붙이게 되었다고 해서 시황제(始皇帝)라고 했던 것이다.

뒤틀린 혈통 - 진시황제- 진시황제는 성이 영씨(嬴)로 장양왕(莊襄王)의 아들이라 하나, 그의 모친은 대상(大商) 여불위(呂不韋)의 애첩이었으므로 그 성이 여씨란 설이 있다. 그 이야기의 유래를 잠깐 되새겨 보는 것도 흥미를 돋굴 수 있을 것 같아 적어 본다.

진(秦)나라는 원래 조(趙)나라와 한 임금의 자손이지만 갈라져 각기 나라를 세운 뒤 적대시하고 있었다. 조나라 혜왕(惠王) 5년, 진나라 소왕(昭王)은 왕흘(王齕), 왕전(王翦)과 왕손 이인(異人- 이인은 진나라 소왕의 태자 안국군의 아들이라고 했다)으로 하여금 10만 대군으로 조나라를 치게 했다. 그러나 조나라의 염파(廉頗)에게 대패하여 왕흘, 왕전만 겨우 목숨 건져 진나라로 돌아왔으나, 왕손 이인은 조나라에 사로 잡히는 신세가 되고 말았다. 조나라 혜왕은 기뻐하며 신하 공손건(公孫乾)에게 당부하기를 '경의 집에 이인을 묵게 하되 관용을 베풀면서도 너무 자유롭게 나돌아 다니게 하지는 말라.'고 했다. 왕명을 받아 공손건이 이인을 데리고 집으로 돌아가는 길에 여불위(呂不韋)가 한눈에 이인을 보고 말했다. '지금은 패전하여 잡힌 신세이지만 앞으로 크게 될 사람이구나.'

선걸음에 여불위는 그의 집으로 돌아와 말했다. "아버지." "왜?" "농사를 지으면 몇 배나 남습니까?" 난데없이 불쑥 하는 말에 불위를 한참 바라보다가 그의 아버지는 "열 갑절은 남을 것이다." 불위는 다시 말했다. "임금 될 자를 도와서 장차 큰 권세를 잡으면 그 이익이 얼마나 되겠습니까?" 불위의 아버지가 말했다. "그야 그 이익 말할 수 없이 많겠지만 잘 못 하다간 패가 망신하기 십상이니라." 불위는 말했다. "아버지 저의 관상 보는 재주에 틀린 적 있었습니까? 이인(異人)은 반드시 임금 위에 오를 것이니, 저에게 이인을 도와 큰 일 도모할 힘을 주십시오."

그리하여 천금을 아버지로부터 받아 금은보화를 사서, 공손건과 가까운 계묵(季黙)을 구슬러서 공손건을 만나게 되었던 것이다. 여불위는 공손건에게 황금 십만 냥과 백벽(白璧- 흰옥) 한 쌍을 선물로 바쳤는데 공손건이 흥겨운 술자리를 마련하고 "우리가 이토록 늦게 만난 것이 한이구료."라고 여불위에게 말했다. 여불위가 그렇게 공손건을 구름에라도 닿을 듯 잔뜩 띄워 올린 어느 날, 공손건이 궁중 조회(朝會)에 가고 없을 때, 후원 깊숙한 곳에서 왕손 이인을 만나 여불위는 그의 속셈을 귀띔 했다. 이인이 눈물 흘려 말했다. "만약 그대의 힘으로 살아 진나라 내 고국으로 돌아갈 수만 있다면 훗날의 부귀영화는 그대와 함께 나눌 것이오."

진나라 소왕의 태자 안국군(安國君)에겐 그의 후궁들에서 얻은 아들들이 20여 명이라고 했다. 그러나 그의 정부인은 일찍 세상을 떠나고 없었는데 이인은 그 태자비의 소생으로 안국군이 늘 불쌍하게 여겨오던 중 전쟁에 나가 볼모로 잡혀 돌아오지 못하고 있었으니 연민의 정이 더욱 더 짙어지고 있었다고 했다. 진나라 소왕의 입장에서도 욕심부려 조나라를 쳐부수려다가 많은 군사들을 오히려 잃고 왕손까지 잡혀버렸으니 나라와 나라 사이의 관계에 있어서도 매우 불리한 입장에 처해 있었을 것이다.

모사꾼이자 장사치였던 여불위는 이러한 정세와 인간적인 입장들을 이용하여, 입신 출세의 큰 꿈을 안고 천금을 써서 진귀한 보물들을 마련하고 진나라로 달려 갔다고 했다.

진나라 태자 안국군은 아름답기 그지없는 화양부인(華陽夫人)을 매우 총애했는데, 그 부인에겐 자식이 없어 두 사람 사이엔 갈수록 안타까운 정만 쌓여가고 있었다고 했다. 여불위는 그 사정을 알고 태자부(太子府) 앞에서 장사를 하여 생계를 꾸려 가고 있었던 화양부인의 이모부 황이장(皇夷丈)이란 사람을 찾아가 황금 백 냥과 채색비단 백 필을 주며 화양부인을 만나게 해 달라고 부탁했다는 것이다. 어안이 벙벙해진 황이장이 처이질녀(妻姨姪女) 화양부인에게 왕손 이인의 편지를 가져온 사람이 있다고 전하여 여불위는 비로소 화양부인을 만나게 되었다고 했다. 이인의 편지에 쓰였기를 '전쟁터에서 싸우다가 포로로 잡혀 있는 신세, 고국의 하늘을 바라보면 아버지 안국군과 언제나 인자하신 화양부인의 모습이 떠올라 그리운 정 금할 길 없다.'는 내용이었다. 화양부인 평생에 자식 하나 못 두고 빈 들 같이 서운하기만 했던 심회에 울컥 치미는 것 있어 두 눈에 이슬이 떨어지고 있었던 것이다. 그때 여불위가 지체 없이 화양부인의 가슴에 뜨거운 불길을 지폈다.

"그 분(왕손 이인)의 밝고 어지심은 천하 사람이 다 추앙하는 바입니다마는 그 분이 화양부인 비전하(妃殿下)를 봉모(奉慕)하는 효성심(孝誠心)이란 여간 끔직한 것이 아니어서, 말씀에 '내 이역에서 외로운 혼이 되는 날엔 여러 가지 원통한 일이 많지만 그중에서 비전하를 뵙고 모시지 못하는 일이 제일 가슴 아픈 일이라.'고 말씀하셨을 때 절로 눈물이 났습니다." 하며 능청 마루에 널뛰기 하듯 사설을 늘어 놓으니 그만 화양부인의 두 눈에 그침없는 빗물이 흘러 내렸던 것이다. 때를 놓칠세라 여불위는 또 마음에 흐르는 말을 얼른 주워 내뱉았던 것이다. "왕손께서 일찍 어머니 잃으셨고, 비전하께서는 슬하에 자녀가 없으시니 만약 왕손이 돌아오시는 날 두 분께서 모자(母子)의 연을 맺으시면 어떠하시겠습니까?" 하니 화양부인 갑작스런 그 말에 어리벙벙 말 없이 있는데, 여불위 다시 말을 이어 "왕손께서는 잃었던 어머니를 얻게 되시는 것이고 비전하께서는 바라시던 아드님을 얻게 되시는 것이니 이 얼마나 기쁜 경사이겠습니까." "태자전하(안국군)께서 즉위하시면 왕손께서는 태자가 되실 것이고, 뒤이어 왕손께서 즉위하시면 비전하(화양부인)께서는 왕태후(王太后)가 되시는 것이니 이 얼마나 큰 경사이겠습니까." 그렇게 여불위의 입에서 왕태후란 말이 나오자 화양부인은 방금이라도 왕태후가 되는 것처럼 이기지 못해하는 기쁨의 빛이 번뜩이고 있었던 것이다. 여불위가 돌아가자 화양부인은 이인의 편지를 들고 나가 안국군에게 보이며 이인을 아들로 삼고 싶다고 말하자, 안국군은 그렇지 않아도 이인을 무척 측은히 생각하고 있던 터라, "이인이 천행으로 돌아오기만 한다면 어김없이 그를 부인의 아들로 삼겠소." 하였다는 것이다.

여불위, 회심의 각본대로 진나라 서울 함양에서 원만하게 연출을 해내고 조나라로 돌아왔다고 했다. 집에 와 보니 애첩 주희(朱姬)가 나른한 날을 보내고 있는 모습을 보고 의심쩍어 캐 물어보니, 여불위가 두 달 전 진나라로 떠나기 전의 정사로 태기가 있다는 것이었다.

여불위는 이야말로 우리 집안이 크게 번창할 징조로구나 하고 생각했다. 여불위는 애첩 주희에게 "그대는 임금님의 사랑을 받는 몸이 되고 싶지 않소?" 주희는 "어째서 그런 말씀하세요?" 여불위가 말했다. "내 왕손 이인을 보니 반드시 임금 될 상이라, 천금을 뿌려 진나라로 가서 안국군과 화양부인을 만나 이인 왕손을 적자로 맞아 줄 것을 약속 받고 왔소. 지금 적적하게 세월 보내고 있는 이인에게로 그대가 간다면 다음에 왕후도 될 수 있고, 아들을 낳는다면 왕태후도 될 수 있지 않겠소." 주희는 힐끔힐끔 여불위의 눈치를 살피다가 "그렇지만 여러 해를 두고 당신 사랑을 받아 온 몸이 어찌 이 집을 떠날 수 있겠습니까?"라고 말하니, 여불위 "그대가 만일 훗날 부귀해진 다음에도 나를 잊지 않는다면 그것은 바로 내가 부귀해지는 것이 아니겠소." 그러자 여불위의 얼굴을 뚫어지게 보던 주희는 "분부대로 하겠습니다."라고 했다는 것이다.

그 이튿날, 불위는 금은 보화를 가득 싣고 공손건의 집을 찾아갔다. 공손건이 문밖까지 달려나와 마중을 하자, 여불위는 "얼마동안 외지에서 뜻하지 않은 재물을 얻어 조금 가져 왔다."고 말한 것이다. 이어 잔치가 벌어졌는데, 잔치를 마치고 불위가 "내일은 두 분을 저의 집으로 모시고 싶습니다." 하니 응낙하고 이튿날 불위의 집에서 또 잔치가 벌어졌다고 했다. 그의 집 후원 정자 취운헌(翠雲軒)에서 놀 적에 불위는 그의 애첩 주희를 불러오게 하여 술을 따르게 했다는 것이다. 공손건이 먼저 취해 나가 떨어지고, 얼마 뒤 여불위도 취기에 못 이기는 척 쓰러져 코를 골기 시작했다. 이인과 주희 두 사람만 남았는데 주희의 심상찮은 교태와 추파에 요염한 색정이 넘쳐 흘러 이인을 색욕의 웅덩이에 빠뜨리니, 포로로 잡힌 몸 이인은 앞 뒤 생각할 겨를 없이 일대 정사를 벌이고 말았다는 것이다. 그때 여불위 코골기를 멈추고 벌떡 일어나 노한 척

하는 말 "이 첩은 천금과도 바꾸지 않을 만큼 사랑하던 여인인데 왕손께선 이게 무슨 노릇입니까?" 그러고는 주희를 보고 "내가 너에게 베푼 은혜가 크거늘 어찌 내 앞에서 딴 남자와 희롱을 하다니 이런 괘씸한 것." 하며 호통치니 주희 울며 하는 말 "천한 이 몸 주인의 노염을 이토록 크게 사고, 왕손에게도 갈 수 없게 되었으니 죽으렵니다." 하고 벽에 걸린 칼을 빼어 죽으려 하니 불위는 얼른 애첩 주희를 안고 귓속말을 속삭였다는 것이다. "이제 그대는 왕손의 여인이 되었으니 왕손에게 보내겠거니와 좋은 때 만나거든 나를 잊지 마오." 그럴 때 이인이 쩔쩔매고 있는데 공손건이 잠에서 깨어 돌아왔기에 여불위는 "객지에서 쓸쓸히 보내시는 왕손께서 너무 적적하실 것 같아 저의 애첩 주희를 바치어 즐겁게 소일하시도록 했으면 좋겠습니다."라고 했다.

진나라 소왕 55년 6월 초하루, 주희가 옥동자를 낳고 이름을 정(政)이라 붙였다고 했다. 어느 날 여불위는 공손건에게 "저의 부친이 주희 모자(母子)를 보고 싶어 하신다." 하고 모자를 불위의 집으로 청해 가서 불위의 부친으로 하여금 주희 모자를 데리고 진나라로 도망치게 했다는 것이다. 그런 다음 마련해 둔 준마를 타고 밤중에 이인과 조나라를 탈출해 나갔다. 2백리 쯤 달려 나갔을 때 날이 밝기 시작하고 그때 조나라 군사들이 마구 추격해 오기 시작했다는 것이다. 화급한 상황, 여불위는 이인을 변복시켜 하인들 틈에 끼게 하여 조군을 속이고 급히 달려 진나라로 들어갔다고 했다.

꿈과 장생불로초– 진나라 소왕 58년 3월 소왕이 갑자기 세상을 떠나자 태자 안국군이 즉위했다. 새 임금은 화양부인을 왕후로 삼고, 초(楚) 곧 전날의 이인을 태자로 봉하고 주희는 태자비로 정했다고 했다. 진나라는 조나라를 쳐서 장하(漳河)를 빼앗고, 주(周)나라 군사를 격파하였다. 또 위(魏)를 치고, 한(韓)나라를 취하였으나 새 임금도 즉위 1년만에 갑자기 세상을 떠났다고 했다.

초 곧 지난날의 이인이 왕이 되고 화양부인은 화양태후, 주희는 왕후, 그 아들 정(政)은 태자, 여불위는 승상(丞相)이 되었다고 했다. 초왕 또한 즉위 이태만에 세상을 떠나자, 태자 정, 다시 말하면 여불위의 친아들이 마침내 즉위하게 되었다. 여불위는 상국(相國)이 되어 중부(仲父)라 불려졌다고 했다. 새 왕 정은 아직 나이 어린지라 천하는 여불위의 손아귀에 놓이게 되었다고 했다.

음탕한 여인 왕태후 주희는 세상을 눈 아래로 내려보게 되자 옛날의 주인 여불위는 물론 뭇 남자들을 태후전으로 불러 들여 음탕한 행위를 자행하게 되자 그 아들 정은 귀를 찔러드는 추문을 들어 감당할 수 없어, 모태후 주희를 외궁으로 내보내고, 상국 여불위를 멀리 귀양 보내게 했다. 아들에게 기막힌 일을 당하게 된 여불위는 귀양 가는 길에서 땅을 치며 통곡하다가 독을 마시고 죽었다고 했다.[2)]

진시황제가 말했다. "내 이제 6국을 멸하고 천하를 통일했으니, 마땅히 황제라고 불러야겠다. 그리고 이 나라의 황제 되기 내가 처음이니 나를 1세라 부르고, 내 후손들은 차례로 2세, 3세… 이렇게 부르도록 하라." 시황제(始皇帝)가 나라를 순회하는 길에 농서(隴西)라는 곳, 계두산(鷄頭山)에 올라 사방을 둘러보았을 때라고 했다. 동남 편에 구름같이 하늘로 떠오르는 기운(운기 · 雲氣)이 있고 5색 광채가 은은했다는 것이다. 그때 시황제가 "저기 저 구름 같은

---

2) 『중국의 역사』 3 원저 증선지, 편역 김광주, 한국출판공사, 단기 4317(서기 1984), pp19~29

기운이 무엇일고?" 하니, 송무기(宋無忌)라는 자가 "저것은 보통 구름이 아닙니다. 대단히 귀한 기운입니다. 용(龍)이 오색 광채를 띄었으니 폐하와 같은 귀하신 분이 아니고서는 진정시키지 못할 것입니다. 모름지기 폐하께서 동남으로 순회하시어 보물로서 진정시키시는 것이 좋을까 하옵니다."라고 말했다는 것이다. 그 말 따라 시황제 동쪽으로 순행하여 추역산(鄒嶧山)에 올라 비를 세워 공덕을 적고 태아(太阿)라는 보검을 묻었다고 했다. 그렇게 했으나 그 날 이후 시황제의 미간에는 깊은 근심의 골이 패어들고 있었다고 했다. 시름을 풀려고 수많은 후궁들을 거느리고 동원으로 향하니 그 행장의 화려하고 아름다움, 화창한 봄날 한창 피어오른 온갖 꽃들이 무색할 지경이었다고 했다. 그런데도 즐거움을 느끼지 못하고 쉬이 피로를 느낀 시황제 현경전(顯慶殿)에 들러 어느덧 잠에 들었다.

하늘에서 놀랍고도 희한한 일이 벌어졌다고 했다. 문득 천지가 진동하더니 붉은 해가 시황제 앞에 떨어졌다. 그러자 몸에 푸른 옷 입고 얼굴은 무쇠 같은, 눈은 중동(重瞳)[3] 곧 한 눈에 둘씩의 눈동자를 가진 한 어린아이가 동편에서 붉은 해를 안고 사라지려 할 때, 이번에는 남쪽에서 붉은 옷을 입은 어린아이가 달려와서 하는 말 "너는 어찌하여 해를 취하려 하느냐? 나는 천제(天帝)의 명을 받은 몸이니 속히 그 해를 돌려다오!" 그렇게 입씨름을 하다가 마

---

3) 중동(重瞳)- 눈에 눈동자가 둘 있는 것. 『사기史記』 「오제기五帝紀」에 제순(帝舜)의 이름을 중화(重華- 거듭 또는 2중으로 빛을 냄)라고 했다. 그 바른 뜻은 눈에 눈동자가 둘이라는 것이다. 그래서 중화라고 했다. 또 『사기』 「항우기」의 찬(贊)에 내가 주생(周生)에게 들었는데 이르기를 순임금의 눈에는 두 눈동자가 있었다. 또 듣기로 항우도 역시 두 눈동자가 있었다고 했다.(필자 역) (『史記』 「五帝紀」에 舜者名曰重華, 正義에 目重瞳子, 又聞項羽亦重瞳子.) 『고사성어사전』 학원사, 단기 4315(서기 1982), pp968

침내 싸움이 벌어졌다. 무쇠 같은 중동의 푸른 옷 아이는 힘도 기상도 워낙 출중하여 붉은 옷 입은 아이는 그 상대가 되지 않을 것 같은 싸움이었다. 푸른 옷 아이가 마구 때려도 붉은 옷 아이는 한 번 때리지 못하는 형편이었다. 그러나 힘이 약한 아이는 맞아도 맞아도 쓰러지지 않고 버티고 있었다. 무려 일흔 두 번이나 맞았다. 그런 다음 붉은 옷 아이가 한 번 치니 푸른 옷 아이가 그만 땅바닥에 쓰러져 죽고 말았다는 것이다. 붉은 옷 입은 아이는 마침내 해를 안고 남쪽으로 사라지려 했다는 것이다. 그때 시황제 소리 높여 불렀다. "아이야, 잠깐 기다려라. 너는 어디서 왔으며 어떠한 아이인고?" 그 아이 대답하기를 "나는 요순(堯舜)의 후예로서 풍페(豊沛)에서 태어났으며, 앞으로 함양(咸陽- 진나라 서울)에 들어가 의병을 일으키고 4백 년의 기초를 세우리다." 하고는 사라져 버리니 구름 일고 안개 덮이는데 붉은 광채 찬연하였다는 것이다. 놀라 시황제 잠에서 깨니 꿈이었다.4)

거참 불길한 꿈이로다. 이 시황제의 대국이 머잖아 남의 것이 되고 만단 말인가? 시황제는 울적한 심정 누를 길 없었다고 했다. 푸른 옷 입은 두 눈동자의 아이는 뒷날의 항우(項羽), 붉은 옷 입은 아이는 유방(劉邦)으로 머지않아 중국 천지가 대 전쟁이 벌어질 것을 예시한 것이다.

"짐의 천하가 태평하려면 짐이 오래 살아 다스려야 할 것 같소. 어떻게 해서든지 장생 불사하는 약을 구할 수는 없을는지?" 시황제의 그 말에 송무기 말하기를 "동해 저편 신선산 셋이 있다고 하옵니다. 사시사철 봄같이 따뜻하고 날씨는 언제나 맑고 고요하다고

4) 『중국의 역사』 3 증선지 저, 김광주 역, 한국출판공사. 단기 4317(서기 1984), pp30-32

하옵니다. 거기 장생 불사하는 약 있어 복용한즉 수명이 천년 만년 끊일 줄 모른다 하옵니다." "경이 그 신선산 본 일이 있는가?" 시황의 물음에 "방사(方士- 신선 술법 닦는 사람) 서복(徐福)이라는 자가 일찍이 동해 저편에 갔다가 봉래산(蓬萊山) 속에 많은 신선들이 학을 타고 노는 것을 보았다고 하옵니다." "그래! 서복이란 자가 어디 있는가?" 시황제의 물음에 송무기 대답하여 "바로 신의 집에 머물러 있사옵니다." 하였다는 것이다.

봉래산(蓬萊山)은 한반도의 최남단, 부산의 절영도(絶影島)에 있는 산 이름이다. 절영도란 그림자도 끊어진 섬 또는, 더없이 아름다운 그림자 같은 섬이라는 의미를 가진 섬이라 할 것이다. 지금은 보통 영도라고 하는 이 섬에 산이 셋이 있는데 최남단에 태종대(신라 29대 태종 무열왕이 놀이하러 왔다하여 지어진 때의 이름)가 있어 아찔아찔 솟아 있는 그 절벽 위에 서노라면 간담이 절로 서늘해지는 절경을 느낄 수 있고 그 일대를 구불구불 돌아가며 산이 솟아 있다. 육지 쪽으로 오면서 오른 쪽에 또 아주 작은 섬 산이 있는데 지금은 큰 섬과 연결되어 있고 해양대학교 캠퍼스가 산비탈에 포개지듯 펼쳐져 있다. 그 다음으로 거기 가장 큰 산이 솟아 있는데 산 이름 봉래산이다. 봉래산 옛적에 푸른 학이 깃들어 살았다 하여 청학동(靑鶴洞)이라는 골짝이 있고, 신선이 살았다는 골짝이라 하여 신선동(神·新仙洞)이라는 곳이 있다. 영도는 중국의 동쪽 바다에 있는 섬이 되므로 영도의 봉래산은 바로 송무기가 말했다는 그 봉래산이라 해야 할 것 같다.

시황제 앞에 불려간 서복이 "그 약 구하기 심히 어렵습니다만, 큰 배 열 척에 동남동녀 5백 명과 금은, 주옥, 식량, 의복 등을 신에게 주신다면 어김없이 구해 오겠습니다." 서복의 말에 시황제 크게 기뻐하며 서복의 요구대로 마련하여주니 서복은 곧 동해를 향해 떠났다고 했다. 시일이 얼마나 지났을까? 시황제 기다리다 못해 노생(盧生)이란 유생(儒生)을 보내어 서복을 찾아오라고 했다. 노생, 바닷가에 나가보니 망망대해에 푸른 물결만 일어 노생을 야유하는 것 같았다는 것이다. '어떻게 서복이 간 곳을 알고 찾아갈 수 있단 말인가?' 노생은 두려웠을 것이다. 찾아 나섰지만 서복을 만나는 일이란 꿈만 같을 뿐 혹시, 서복이 신선이라도 되었다면 그가 타고 다니는 학이라도 날려 보내 준다면 모를까 그렇지 않고는 서복을 찾는 일은 불가능한 일이라 생각되었던 것이다.

바다만 바라보다가 답답했던 노생은 태악산(太岳山)으로 들어갔다고 했다. 서복을 못 찾을 바에야 깊은 산 어디쯤에 있을지도 모를 신선을 만난다면 장생불로초를 구할 수도 있지 않을까 해서였다. 얼마나 더듬어 올라갔을까? 한 봉우리 넘어 서는데 큰 바위 위에 사람으로 보이는 무엇이 두꺼비처럼 퍽 엎어져 있는 것이 보였다는 것이다. 해져 풀잎들처럼 너덜대는 남루한 옷을 입고 머릿결은 평생 손 한번 대지 않은 듯 쑥대같이 헝클어져 있고 얼굴엔 때가 누룽지처럼 꺼멓게 묻어 있어 방금 한 두 조각 떨어져 내릴 것 같은 행색의 사람이라 했다. '이 사람이야말로 내가 만나야 할 사람이 아닐까?' 노생은 속으로 기쁘게 생각하며 다가갔다는 것이다. 그 사람 일어나 앉으며 "어떠한 사람이기에 여기에 왔는고?" "나는 시황제의 명을 받아 장생불사하는 약을 구하러 다니는 사람이요." 노생이 말하자 그 사람 껄껄껄 웃으며 "천명이라 정해진 것이니 누구도 그것을 거역하지 못하는 법이니라. 그런즉 어찌 장생불사하는 약이 있겠는고!" 노생은 더욱 그 사람이 보통 사람이 아니라고 생각하고 몇 번이고 장생법을 가르쳐 달라고 졸라댔다는 것이다. 그런즉 그 사람이 곁에 있는 바위를 떠미니 깊은 굴이 나타나고 그 속에서 책 한 권이 나왔다. 『천록비결 · 天籙秘訣』 이라는 글이 쓰인 책이라 했다. "이 책을 시황제에게 자세히 보여라. 그 속에 생사존망(生死存亡)의 수(數)가 적혀 있느니라."

엉뚱한 만리장성– 노생이 그 책을 받아 들고 더 자세한 것을 물으려한즉 그 사람 다시 바위 위에 엎어져 눈 감고 말이 없었다고 했다. 시황제, 노생이 가져다 준 그 책을 펴보니 역대의 변천을 그림으로 그리고 설명은 과두문자(蝌蚪文字– 올챙이 글. 황제(黃帝) 때 창힐(蒼頡)이 새의 발자국에서 암시를 얻어 만들었다 함)로 썼는데 모두 은어(隱語)로 되어 있어서 보통사람은 알아 볼 길이 없었다고 했다. 시황제는 이사(李斯)에게 그 뜻을 풀어 보라고 명했다. 그런즉 그 속에 〈진(秦)을 멸할 자는 호(胡)〉라는 말이 있었다고 했다. "이것은 아마 진을 쳐 천하를 뺏으러 올 자는 북쪽의 오랑캐(胡)라는 뜻일 것이다." 그리하여 시황제는 대장 몽념(蒙恬)에게 80만 인부를 주어 중국과 호의 경계에 장성을 쌓게 하니 이른바 만리장성(萬里長城)이라는 천하에 견줄 것 없는 대 역사가 추진되었다는 것이다. 백성의 고통과 민생의 피폐상은 이루 다 말로 할 수 없었다고 했다. 그런데 진을 망하게 하는 것은 북쪽 오랑캐의 호(胡)가 아니라, 시황제의 아들 호해(胡亥)라는 뜻에서 호(胡)자를 쓴 것이라 했으니 결국 만리장성의 대 역사(役事)는 인류 역사(歷史)에 유례가 없는 대 헛수고가 되어버린 것이다. 진시황제는 만리장성을 쌓는데 그치지 않고 동으로는 큰 바다를 메우고 서로는 아방궁(阿房宮)을 세우고 남으로는 5령(五嶺)을 깎아 내려 궁궐을 세우는 등 부역 그칠 날이 없었다고 했다. 그럴수록 시황제는 두려움이 엄습해 오는 것을 어찌할 수 없었다고 했다. 그래서 이사에게 물은즉 모든 잔소리가 글 배운 자들의 입에서 나오는 것이니 유생과 책을 모아 없애버리는 것이 상책이라고 건의했다는 것이다. 시황제는 그 말 따라 천하의 책들을 모두 불태우고 노생을 비롯한 유생 460여 명을 산 채로 땅속에 파묻어 죽였다고 했다. 이 사건을 일러 사람들은 분서갱유(焚書坑儒)라고 했다. 태자 부소(扶蘇)가 이의 잘못을 간하자 태자를 북쪽 상군(上郡)으로 보내 몽념의 장성 축조 공사 감독이나 하라고 내쫓았다고 했다.

눈동자 둘인 사람들— 진시황제의 꿈에 얼굴 무쇠 같고 푸른 옷에 눈동자 둘인 아이가 나타났다고 했는데 눈동자가 둘인 사람 중에는 공자의 제자 안회(顔回)도 있었다고 했다. 우리나라에서는 6가야국 왕들이 모두 두 눈동자들을 가지고 있었다고 했다. 일연(一然)스님의 『삼국유사(三國遺事)』「가락국기(駕洛國記)」중에 하늘이 나에게 이곳에 내려와 새로운 나라를 세워 임금이 되라고 명하셨기 때문에 내가 일부러 온 것이다. 너희들이 모름지기 산봉우리의 흙을 파면서

거북아 거북아
머리를 내밀어라.
아니 곧 내밀면
구워 먹을 테야.

라고 노래 부르고 춤추면 대왕을 맞이하여 기뻐 뛰게 되리라. 구간(九干) 등은 그 말 따라 모두 기쁘게 노래하고 춤추었다. 얼마 후

하늘을 우러러 보니 자줏빛 줄이 하늘에서 드리워져 땅에 닿아 있었다. 줄 끝을 살펴보니 붉은 색 보자기에 금합이 싸여 있었다. 그것을 열어보니 해처럼 둥근 황금 알 여섯 개가 들어 있었다. 사람들 모두 놀라고 기뻐 백 번 절하고 얼마 후 다시 싸안고 아도간의 집으로 가져와 탁상 위에 두고 제각기 흩어졌다. 12일(협진·신-浹辰)[5]이 지난 그 다음 날이 밝아 사람들이 모여 합을 열어 보니 여섯 개의 알들이 어린아이들로 화생(化生)되어 있었는데, 용모가 매우 빼어났다. 그들을 평상 위에 앉히고 절하며 축하하고 지극히 공경하였다. 그들은 나날이 자라서 열흘 남짓 되자 키가 9자(270cm)나 되어 은(殷)나라 탕왕(湯王·天乙) 같았고 얼굴은 용과 같은 것이 한(漢)나라 고조(高祖) 같았고, 눈썹은 여덟 색채가 요(堯)임금 같았고, 눈동자가 둘씩인 것은 순(舜)임금과 같았다.[6] 라고 하였다. 요(堯)는 도당씨(陶溏氏)의 호를 이른 말이고 당우(唐虞) 곧 당의 요와 우의 순(舜) 2대(二代)를 중국 태평성대의 전형적 표본으로 삼는다.

황천소이명아자 어시처 유신가방 위군후 위자고강의
皇天所以命我者 御是處 惟新家邦 爲君后 爲玆故降矣

이등수굴봉정촬토 가지운 구하구하 수기현야 약불현야
爾等須堀峯頂撮土 歌之云 龜何龜何 首其現也 若不現也

---

5) 12일(협진·협신=浹辰) : 협(浹)은 한 바퀴 돌아온다는 뜻이고 진(辰)은 12지지(地支)의 자(子)에서 해(亥)까지를 나타내는 것이므로 협진(협신)은 12일로 봄. 이에 관하여 이병도, 이민수, 이동완, 김봉두 등 제씨는 1일 = 12시간 - 지금의 24시간 설을 주장하였고, 강무학, 리상호, 강원중, 강인구 외 등 제씨는 12일 설을 주장하였음. 금성출판사판 『국어대사전』에 협진은 12일로 해석하고, 장삼식편 『대한한사전』에도 같은 해석을, 또 협일(浹日)을 10일(10천간의 甲에서 癸까지를 1주기로 한 날수)로 해석 하고 있다.

6) 『삼국유사』 일연, 김원중 역, 단기 4336(서기 2003) pp239-256 위의 책, 강인구 외 역, 이회, 단기 4335(서기 2002), pp257-8 위의 책, 이민수 역, 을유, 단기 4332(서기 1995) p214 위의 책, 이병도 역, 동국문화사, 단기 4289(서기 1956), p285

燔灼而喫也 以之蹈舞 卽是迎大王 歡喜踊躍之也 九干等
如其言 咸忻而歌舞 未幾 仰而觀之 唯紫繩自天垂而着地
尋繩之下 乃見紅幅裏金合子 開而視之 有黃金卵六圓如日者
衆人悉皆驚喜 俱伸百拜 尋還裏着 抱持而歸 乃我刀家
寘榻上 其衆各散 過浹辰 翌日平明 衆庶復相聚
集開合 而六卵化爲童子 容貌甚偉 仍坐於床 衆庶拜賀
盡恭敬止 日日而大 踰十餘晨昏 身長九尺 則殷之天乙
顔如龍焉 則漢之高祖 眉之八彩 則有唐之高 眼之重瞳
則有虞之舜

위에서 인용한 『가락국기』에서의 '12일(浹辰)'과 '열흘 남짓한 날(十餘晨昏)'에 관하여 필자의 소견을 말한다면, 이 두 대목의 날짜는 인간적인 뜻이 다분히 개입될 수밖에 없는 신화의 한 부분이라는 점이 고려되어야 할 것이다.

12일 곧 협진은 금합 속에 담겨져 있던 알들이 하늘에서 땅으로 내려와 아이로 화생(化生)하는 과정과 연관되는 날짜이다. 왜 12일이었을까? 그것은 하강하여 땅에서 일어나는 사건, 다시 말하여 땅 곧 지지(地支)와 직결되는 것이므로 12지지의 한 바퀴를 돌아오는 날짜인 12일이 떠오른 것이 타당하다고 보아진다. 그 다음 열흘을 달리 협일(浹日)이라고도 하는데 이는 하늘 곧 천간(天干)의 갑(甲)에서 계(癸)까지의 10간(干)을 한 바퀴 돌아오는 날짜를 합하여 하는 말이다. 열흘은 화생한 아이들이 하늘을 향해 자라나는(9자 · 270cm) 과정의 날짜인 것이다. 여기서 꼭 10일이라고 하지 않고 십여 일(十餘晨昏)이라고 한 것처럼 꼭 12일(浹辰)이라고 하지 않고 그 다음 날이라고 한 것도 같은 이치라 할 만하다고 본다. 협진(浹辰)을 하루(12시간 지금의 24시간)라고 해석하는 경우가 있으나, 원래 협진이란 말은 12일로 풀이하는 경우는 있지만 하루로 풀이하는 사전적 해석은 본 일이 없다. 앞에서 필자가 언급한 바대로 10여 일을 협일(浹日)이라고 한다면 협진(浹辰)은 12일로 해석하는 것이 보다 적절하다고 보아진다.

거기다가 만약 사람들이 각기 헤어지고 난 뒤 다음날 날이 밝아진 때(翌日平明)로 해석한다면 구태여 과협진(過浹辰)이라는 말을 끼워 넣을 필요성이 없다고 보아지기 때문이기도 하다. 따라서 필자는 협진(浹辰)을 12일로 해석하고자 한다.

대국의 멸망, 지록위마- 진(秦)에게 멸망당한 한(韓)나라에서 대대로 재상을 지낸 집안에 장량(張良- 호 자방(子房))이라는 자가 진시황제를 없애려고 백방으로 노력하던 중 하루는 어떤 사람을 만났는데 키가 10자(3m)나 되고 목소리 무척 우렁찬 사나이로 성은 여씨(呂氏)인데 바닷가에 살았던 연고로 이름은 창해공(蒼海空 - 별호라 짐작되지만)이라 했다는 것이다. 창해공이 별 재주 없지만 백 근 철퇴쯤은 마음대로 다룰 수 있다고 말했다는 것이다. 박랑사(博浪沙)라는 곳이라 했다. 장량이 창해공을 그곳으로 데려가 기다렸다고 했다. 구름처럼 지나가던 행렬의 앞에 진시황제가 탔음직한 수레로 창해공 쏜살같이 달려가 백 근이 넘는 철퇴를 내리치니 수레가 와싹 박살이 났다는 것이다. 창해공은 이제 죽어도 여한이 없겠구나 하고 우뚝 서 있는데 박살난 수레 안엔 비명소리 한 마디 새어나지 않았다고 했다. 호위 무사들 벼락같이 달려들어 창해공을 사로잡았는데 창해공 그들을 와락 밀쳐내고는 달려가는 수레의 바퀴 아래 목을 깔아 넣어 죽고 말았다고 했다. 시황제는 어떻게 되었을까? 아무도 짐작조차 할 수 없는 엉뚱한 수레에서 하늘을 치받칠 만큼 성을 내며 얼굴을 내밀었을 것 같다.

동군(東郡)이라는 곳, 하늘에서 돌 하나 떨어졌는데 〈진시황이 죽고 땅이 나누어지리라(始皇死而地分- 시황사이지분)〉라는 여섯 글자가 새겨져 있었다고 했다. "어떤 놈이 한 짓이냐. 당장 잡아 갈기갈기 찢어 죽여라!" 노발대발 진시황제 고함지르며 사람 풀어 샅샅이 뒤지게 했으나 허탕 치자 돌 떨어진 근방 백성들을 모조리 잡아 죽인 다음 그 돌을 태워 버렸다고 했다. 불길한 사항들이 빈번히 벌어지는 순행을 접고 함양(咸陽- 서울)으로 돌아오는 길에서 시황제는 또 꿈을 꾸었다는 것이다. 동해를 함부로 메운 탓이었을까? 용왕과 싸움을 벌였는데 도무지 이길 길 없어 도망치고 달아나는데 붉은 용이 나타나 시황제를 삼켜버렸다는 것이다. 그런 다음 시황제 심신이 몽롱해지고 사지가 나른하여 도무지 기력을 차릴 수가 없었다고 했다. 사구(沙丘)라는 곳에 이르러 시황제 이사(李斯)를 불러 태자 부소(扶蘇)를 상군(上郡)에서 불러 즉위하도록 당부하였다는 것이다. 시황제 재위 37년 50세에 운명하니 수레 타고 길 위에서 숨을 거둔 것이라 했다. 때마침 7월 시체 썩는 냄새를 숨기려고 시황제의 수레 뒤에 썩은 생선 상자들을 매달아 갔다고 했다. 환관 조고(趙高)의 간계로 태자는 죽고 호해(胡亥)가 즉위하게 되니 진나라의 운명은 천하통일 후 반세기도 못되어 망국의 수렁에 빠져들었다고 했다.

조고(趙高)는 간사하고 간악하기가 측량할 수 없었다고 했다. 그는 승상 이사(李斯)를 제거하고 2세 황제 호해(胡亥)를 살해할 정도였다고 한다. 그는 전권(專權)을 쥐고 흔들 욕심이 지나치도록 충만한 인간이라고 했다.

증선지(曾先之)의 『18사략』(十八史略- 한나라 때의 사마천(司馬遷)의 『사기(史記)』 외 송(宋) 대까지의 역사서 18가지를 간추려 엮은 역사서)에 조고와 연관된 고사에 지록위마(指鹿爲馬)라는 이야기가 있다. 그 내용은 〈승상 조고가 전권을 움켜쥘 욕심이 있었는데 신하들이 그의 말을 잘 들어주지 않을까 두려워하여 먼저 시험을 꾸며 보기로 했는데, 사슴을 끌고 와서 2세 황제에게 헌상하면서 하는 말[言], '말(馬)입니다'라고 하였다. 2세 황제 웃으며 말하기를 승상이 잘못으로 사슴을 가리켜 말이라 하는 것 아니냐고 좌우 사람들께 물으니 어떤 사람은 말이 없고 어떤 사람은 말을 하였다. 조고가 암암리에 사슴이라고 말한 사람 모두 법에 걸어 처결하였다. 그 후 뭇 신하들이 조고를 두려워하여 그의 잘못을 감히 말하지 못했다〉[7]라고 했다는 것이다.

오늘날 중국을 일러 차이나(China)라 하는데, 이는 진나라의 진(秦)이라는 말의 음차(音借- 소리빌림) 또는 음사(音寫- 소리베낌)로 쓰이는 말이라 하니 진의 위력과 그 명성이 비로소 유럽에까지 분명히 알려진 증거라 할 만하다. 그러나 진나라의 내면사를 살펴본다면 결코 바람직하다거나 맑고 깨끗한 명분으로만 바라볼 수 없는, 음탕하고 추잡한 탐욕의 더러운 냄새가 진동하는 면도 없지 않다 할 것 같다.

---

7) 『고사성어』 학원사, 단기 4315(서기 1982), p978
『대학한문』 형설, 단기 4325(서기 1992), p31
『대학교양한문』 장기건, 과학사, 단기 4319(서기 1986), p19
『대학한문』 영남한문학회편, 영남대학교, 단기 4318(서기 1985), p8

진시황제 그 수족이 백만 대군이라 순식간에 6국이 망하였고 천하통일 대업을 이룩한 뒤 군현제를 실시하고 여러 가지 혁신정책을 전개하였으나, 갱유분서(坑儒焚書), 만리장성 쌓기 등 지나치게 무리한 시책으로 인한 민심 이반 현상이 생기게 되었다. 그의 무덤 하나 만드는데 70만의 인력이 소요되었다니 가히 그때의 나라 형편의 피폐상과 원망과 원성의 물결이 예사롭지 않았음을 짐작해 볼 수 있을 것이다. 그의 정책 입안과 구체적인 수행에는 한비자에게, 또 순자에게 배운 이사(李斯)가 있어 가능했으리라고 보아진다. 인마용총 황릉 축조 사업도 이사가 앞장섰던 것이다.

진시황릉 앞에서

이병석

나, 시황제이니라.
하나로 천하 기웠나니
하늘 제대로 숨쉬고
나의 푸른 은혜 산천을 덮었나니
나, 진나라 황(皇)이요 제(帝)이니라.

내 머리에 서릿기 비치는가?
허다히 많은 인간들처럼
그렇게 죽어갈 수는 없는 일
봄마다 파랗게 새싹 돋는
잔디 입고 별을 달아
영영 잠에 드는 그런 일 당하여
참을 수 있는 나, 그런 황제 아니니라.

아방궁 왜 이리 적막하냐?
내 침실에 어찌하여 검은 냉기 서리느냐?
이놈들아, 구름처럼 몰려들어
높이 산을 쌓아라.
백만 대군 넋을 도려내어
날쌔고 용맹한 지하군단 이룩하여라.
서복(徐福)[8]이 와야 하리!
하루 빨리 아방궁 궁문 밀쳐 내달아 와야 하리!
오백 동남동녀 고사리 같은 손에 손에
장생불로초 꺾어 와야 하리!
아름드리 안고 소리 높여 와야 하리!

황제릉 안에 켜졌던 불
꺼져버린 지 이천년
죽은 황제 따라 억울하게
묻혀 죽은 원혼들도 빠져나오지 못한 곳
우거진 나무숲 아래 잡초 무성하고
오늘도 땀 흘려 황제릉 올라
수 많은 부평초들 구름엔양 떠오르네.

---

8) 서복(徐福) : 진시황의 명령에 의하여 동남 동녀 500명(혹설에는 3,000명)을 데리고 장생불로초 캐러 나갔다가 영영 돌아오지 않은 사람

2부

역사를 매료시킨 첫 번째 꽃

– 서시의 꽃그늘

화청궁 전경

아름다움이 무슨 죄? 다만 욕계중생(欲界衆生) 인간들의 욕망이 문제인 것을. 영토욕, 승부욕, 영예욕, 색욕이 치성하여 오나라 합려와 부차 월나라 구천 사이에 벌어진 희대의 헛개비 놀음 그것이 오월전쟁이라 할 것이다. 비참한 죽음, 말똥 옆에 갇혀 목숨 구걸한 얘기, 풀려나 땔나무 위에 잠자고 짐승 쓸개 핥으며 마음 속 깊이 호랑이 잇발 갈아 세우고 어진 양인 양 굴종의 시늉만 하면서 갖은 간계 다 부리던 얘기, 허세의 용포 휘날리며 고루거각 좁은 듯 밤낮 잊고 주색에 뒹굴다가 신망국망(身亡國亡)한 얘기 그것 바로 오월전쟁 아니었던가?

넓고 오랜 그 헛개비 극에 빠질 수 밖에 없었던 한 떨기 꽃, 바로 서시였다. 서시 떠난 저라산 빈 골짝 지금도 달빛 슬피 울어 내리고 앞 강물 끝없이 눈물 흘러 고여 있을 그 내력을 그려 보았다.

1. 오월전쟁吳越戰爭

화청궁 전경

18년 전 한국문협 해외문학 세미나 겸 관광을 왔을 때 나의 룸메이트는 처음 보는 젊은이었는데 아주 발랄하고 설쳐대는 성격에다, 밤이면 여성 회원과 어울려 거의 밤새도록 소곤거리며 들락거리는 통에 수잠으로 밤새우기가 일쑤였다. 게다가 기름통에 멱 감고 나온 음식들이 내 수저를 도무지 달갑게 여겨주지 않았고, 채소 한 두 접시 나오는 것도 인정사정없이 왕래해대는 젓가락들 틈에 내 젓가락은 많이 한가할 수밖에 없었다. 그때 화청궁에 가는 날 날이 너무 더워 밀짚모자도 던져버리고 싶었는데 긴급 사항이 내게 발생한 것이었다. 거기 화청궁 안내자에게 물어 겨우 찾아간 곳 궁 입구 오른쪽에 드리워져 있는 가마니대기를 밀치고 들어가니, 너무 오랜 전통의 향기 등천을 하는데 질퍽질퍽한 그 바닥에 얼핏 잘 못 발 옮겼다간 누렁덩이가 되어 오지도 가지도 못할 기념물이 될 뻔하였다. 그래도 어쩔 수 없이 시급한 용무를 마치고 나오니, 회원들 모두 이미 관람 다 하고 문 밖으로 나오고 있었다. 나무관세음보살.

들어서면 물놀이하기 좋은 저수지 주변에 화려한 건물 뽐내어 서 있고 왼쪽에 임금 목욕탕[御湯]을 비롯한 몇 곳의 목욕탕이 있고, 부용정 푸르스럼한 물엔 수련 피어 옛 정취를 말해주고 있었다. 주인 잃은 옛 궁궐에 울긋불긋 새 단장한 건물들과 사이사이에 삶을 파랗게 누리고 선 나무들만 밀려드는 관광객들을 맞이하고 있었다.

당황제 현종(玄宗)과 양귀비(楊貴妃)의 열렬하여 더욱 애틋한 사랑의 물결 구비친 역사적 사건이 아니었다면 세상의 이목을 그렇게 끌지는 못했으리라 짐작됐다. 12억 인구가 살게 될 때까지 도도히 흘러내린 장구한 중국 역사를 매료시킨 네 떨기 꽃이 있다고 했다.

서시, 그 첫 번째 꽃 떨기- 춘추시대에 오(吳)나라와 월(越)나라는 불공대천지원수(不共載天之怨讎- 하늘을 더불어 같이 머리에 이고 있을 수 없는 원수)지간이라 했다. 오나라 부차(夫差)에게 대패한 월나라 구천(句踐)이 계략으로 미인들을 많이 뽑아 부차에게 보냈는데 그 가운데 아끼고 아끼던 서시가 들어 있었지만 어쩔 수 없이 같이 보내게 되었다. 꽃보다 곱고 달보다 이쁜 서시를 얻은 부차는 날이면 날마다 서호(西湖) 맑은 물에 배 띄워 세월 가는 줄 모르게 즐기고 있었다. 그때 명신 범여(范蠡)의 도움으로 힘을 기른 구천이 쳐들어가 부차를 죽게 했다. 서시빈목(西施矉目)이라는 말처럼 서시가 속이 아파 찌푸린 얼굴을 하고 있음을 본 뭇 여인들이 저렇게 찌푸리면 이뻐 보이게 되나보다 해서 모두 얼굴을 찌푸렸다 하니 서시가 얼마나 아름다운 여인이었는지 짐작할 수 있지 않을까 한다.

오나라 부차왕의 극진한 총애를 받았던 서시, 월나라 저라산 나무꾼 딸로 태어나 빨래를 하며 생계를 이어가던 시절의 그림

오월전쟁(吳越戰爭)- 오왕(吳王) 합려(闔閭), 초(楚)를 친 뒤 위엄을 떨쳤다. 초가 제(齊)와 수호하자 합려는 제를 치고자 했다. 제를 친 다음엔 월(越)을 쳐서 옛 원한을 갚고자 했다. 그럴 때 오의 태자 파(波)가 원비(元妃- 정실의 비)를 잃고 상심하고 있었으므로 상국(相國- 영의정 좌의정 우의정의 총칭으로 쓰는 직급을 말하는 것이지만, 당시 춘추전국시대의 상국은 임금을 보좌하는 단독 직급이라고 사료된다) 오자서(伍子胥)는 제와 혼인 맺기를 권했다는 것이다. 그래서 제나라 경공(景公) 어쩔 수 없이 어린 딸 소강(小姜)을 시집보내게 되었는데 소강은 향수(鄕愁)병에 걸려 신음하다 죽으며 유언을 남겼다. "높은 산 위에 나를 묻어서 먼 고국 하늘이나 바라볼 수 있게 해주세요!"라고 했다는 것이다. 지금 상숙현(常熟縣) 우산(虞山)에 제녀묘(齊女墓)가 있고 망해정(望海亭)이라는 정자가 있다고 했다. 오나라 태자 파(波)도 제녀를 몹시 생각하다가 병들어 죽었다고 했으니, 예나 지금이나 패권(覇權)다툼이나 욕망과 욕망이 부닥치는 틈바구니에서 허다히 희생되는 사랑과 인정의 아픈 사연이 있음을 눈물겹게 말해 주는 일이라 할 것이다.

오나라에 태자가 그렇게 죽자 오왕 합려는 상국 오자서와 상의했다. "누구를 태자로 정할까?" 오자서 "전 태자 파의 아들 부차(夫差)는 사람을 믿고 사랑하며 예의가 밝으오이다." 오왕 "부차는 어질지 못해 왕위 감당 못 할 것이오." 오자서 "아버지가 죽으면 아들이 대신 서는 것이 명분에 합당한 것이온대 또 무엇을 생각하시나이까?" 오왕 "과인은 상국만 믿을 것이니 잘 보좌해 주오." 그렇게 하여 부차가 태손(太孫)으로 발탁되었다는 것이다.[9)]

---

9) 『중국의 역사』 2 증선지 저, 김광주 역, pp230, 231. 『동아대백과사전』 14에는 부차가 합려의 아들이라 하였으니, 부차가 합려의 손자란 설과 어느 것이 맞는지

월왕(越王) 윤상(允常)이 죽어 아들 구천(句踐)이 상을 입고 있었는데 오왕 합려가 월나라로 쳐들어갔다. 월왕 구천은 사형수 3백 명을 오군 진영으로 보내니 "우리 임금 월왕은 무능하여 상국(上國) 오에 죄를 지었으니 우리가 대신 자결하나이다." 하고 모두 목 찔러 죽었다. 오군이 영문 모르고 보느라 정신이 빠져 있을 때 월나라 군사 쳐들어와 오군은 패하고 크게 부상당한 합려왕은 퇴군하다가 크게 한번 소리 지르고 죽고 말았다고 했다. 해용산(海湧山)에 장례 지냈는데 분상 만든 인부들을 모두 죽여 순장(旬葬)시켰다고 했다. 3일 뒤 흰 호랑이가 분묘에 앉았다 하여 호구산(虎邱山)이라 이름 하였다는 것이다.

오왕 부차는 조부 합려왕의 상례를 마치고 월나라로 쳐들어갔다. 월나라 대부 범려(范蠡)와 대부 문종(文種)의 만류를 뿌리치고 전투에 나선 월왕 구천은 장수들을 혹은 물에 빠져죽게 하고 화살 맞아 죽게도 하는 대참패를 당하고는 두 대부의 만류를 듣지 않은 것을 크게 후회했다는 것이다. 천길 낭떠러지 위에 올라선 구천은 문종의 계략을 따르기로 했다. 오나라 충신 오자서는 매우 현명하고 의지가 굳은 사람이라 말이 통하지 않을 것 같아, 호색하며 탐욕심 많고 남의 공을 시기하고 재능을 질투하는 인물 백비를 찾아가기로 했다는 것이다. 흰 구슬(백벽 · 白璧) 스무 쌍과 황금 천일(千鎰- 1일은 24냥쭝이라 함), 그리고 미인 여덟 명과 함께 문종이 백비 앞에 엎드려 빌었다는 것이다. "우리 임금 구천은 연소하고 무지하와 대국을 잘 섬기지 못하여 죄를 범했나이다. 이제 뉘우쳐 나라를 들어 오나라 신하가 되기를 원하오나, 대왕(부차)께서 허물하시고 들어주시지 아니하실까 염려하여 태재(太宰- 백비를

확언할 수 없으나 손자설이 맞지 않을까 생각한다

이름)께 먼저 말씀 올리오니 하신(下臣) 문종(文種)은 태재 영문 아래로 대령하여 귀중한 말 한 마디를 빌어서 우리 임금을 거두시기 바라옵고, 변변치 못한 예물을 공납하오며 장차 끊임없이 상납하게 하오리다."라고 하니 백비 만족한 얼굴로 "너희 월나라는 조만간 망하겠고, 월나라 소유는 오국에 으레 돌아올 것인데 이런 구구한 물건과 미인들을 내게 주는가?" 그러자 문종 "월군 비록 패했으나 아직 회계(會稽)를 지키는 정병 5천이 남았고 일전 사양 안하오리다. 만약 싸움에 패하는 날 창고를 모두 불태워버리고 타국으로 도망할 것이오이다. 설사 오나라 소유가 된다한들 많은 것은 오왕 궁실로 돌아갈 것이고 태재와 장수들에겐 한 둘을 나누어 줄 뿐일 것이오이다. 화평이 성립된다면 우리 임금은 오왕께만 바치지 않고 태재께 몸을 의탁하여 왕궁에 공물이 들어가기 전에 태재께 먼저 올릴 것이오이다. 만약 죽기를 무릅쓰고 싸우면 예측 못할 일도 발생할 수가 있나이다." 문종의 말이 백비의 마음을 움직였다. 문종이 다시 "이 여덟 미인은 월나라 궁중에서 뽑은 것이고, 돌아가는 대로 만약 민간에 이보다 더 고운 여자가 있다면 힘껏 찾아서 우리 임금께 아뢰어 태재의 하녀로 올리겠나이다."

오왕 부차가 백비에게 "과인과 월나라는 불공대천지원수인데 어떻게 평화를 허락할 수 있겠는가?" 하니 백비는 "손무(孫武- 孫子)는 '병(兵)은 흉기이니 오래 쓰기는 불가하다.' 했나이다. 월은 죄를 짓기는 했으나 오의 신하가 되겠다고 청하오고 그 아내는 오인의 첩이 되며 보물은 오국에 진상하고 대왕(부차)께 비는 것은 종사(宗社- 종묘와 사직 · 나라) 하나만 존속하게 해 달라는 것이오이다. 월나라의 항복을 받은 것은 두터운 열매를 얻는 것이고 월나라 죄를 용서하는 것은 현명한 처사이니, 명과 실을 끝까지 써서 월을 멸하면 저 구천(句踐)은 종묘를 불지르고 처자를 죽이며 보물을 강에 던지고 5천 결사대는 오군을 상대할 것이오니 오군에도 피해가 없을 수 없나이다. 사람을 죽이는 것과 나라를 얻는 것 중에 어느 것이 유리하오리까?"라고 했다는 것이다. 부차(夫差)는 "지금 월나라 사신 문종은 어디 있는가?" 백비 "장막 밖에 있나이다." 하니 곧 문종을 들어오게 했다는 것이다. 문종, 무릎으로 기어 들어오며 백비에게 전했던 말을 오왕 앞에서 되풀이 했다. 오왕은 "너의 임금이 오나라에 신첩(臣妾- 신하와 첩)이 된다하니 오나라에 들어온다는 말인가?" 문종, 머리 조아려 "이미 신첩이 되니 삶과 죽음 임금에게 있사온즉 감히 대왕 좌우에서 섬기지 않을 수 있겠나이까." 하니 오왕 부차 월왕의 항복을 허락했다는 것이다.

우영(右營)의 오자서(伍子胥)가 중군으로 달려와 보니 백비와 문종이 왕 앞에 있었다. 그는 부차에게 "오 · 월은 양립할 수 없는 형세입니다. 오가 월을 멸하지 않으면 월이 오를 멸하오리다. 진(秦) · 진(晋) 땅은 승전해도 우리가 거기 가서 살 수 없으나 월을 멸하면 그 땅에 우리가 살고 배를 강에 띄워 탈 수가 있나이다. 더욱 선왕의 원수를 어떻게 보답하오리까?" 하니 부차, 어색해서 대답 못하고 백비를 바라보자 백비, "상국(相國)의 말은 잘못이오이다. 진 · 진 땅에 살 수 없다는 말은 알 수 없으며, 선왕의 원수는 꼭 월을 멸하는데 있다고만 한다면 초나라는 어째서 아주 멸하지 아니 했나이까? 월왕 부부가 내조한다 하니 그것을 거절하면 대왕은 각박한 이름만 얻으시오리다." 오왕 부차가 오자서를 물러가게 하니 오자서, '불과 20년 안에 오궁은 수렁이 되리라!'라고 말했다는 것이다. 실로 앞일을 내다보는 현자라 할 만하다.

2. 대부 문종의 진언

눈물 주루루 흘리는 월왕 구천에게 대부 문종이 "대왕께서 속히 도성으로 돌아가시어 국사를 처리하실 것이오. 무익하게 슬퍼만 하실 때가 아니오이다." 하니 눈물 거둔 구천 월도(越都)로 돌아갔다고 했다. 구천은 창고의 보물을 수습하고 여자 3백 명은 오왕궁에, 3십 명은 백비에게 보내기로 했다. 구천이 울며 말했다. "부초(夫椒)의 싸움 한번에 나라 망하고 집안 조각나고 말았다. 먼 길 포로되어 끌려가니 이번 길 가기만 하고, 돌아올 기약은 없을 것 같구나!" 그 말 따라 만조백관 모두 뜨거운 눈물 떨어뜨렸다고 했다. 그때 문종이 상주하기를 "옛날 탕(湯)은 하대(夏臺)에 갇혔었고 문왕(文王)은 유리(羑里)에 감금되었다가 일거에 왕이 되었나이다. 제환공(齊桓公)은 거(莒)로 도망가고 진문공(晋文公)은 책(翟)으로 피신하였다가 일거에 백(伯)을 이룩하였나이다. 이렇게 곤란한 지경에 빠진 사람에게 하늘은 왕백(王伯)의 길을 열어주었나이다. 대왕께서 천의(天意)를 순종하시면 부흥할 시기가 자연히 돌아올 것이오이다. 과히 상심하시어 뜻을 손상하실 것은 없나이다." 하였다는 것이다.

탕(湯)이 하대(夏臺)에 갇힌 얘기- 월나라 대부 문종(文種)이 구천왕(句踐王)에게 상주했다는 위의 말에 보충하여 얘기한다면 첫째 중국 5제(五帝)의 한 사람인 제곡(帝嚳) 고신씨(高辛氏)가 전욱

(顓頊)의 뒤를 이어 박(亳)에 도읍을 정했는데 제곡의 아들인 설(挈)이 은(殷)나라의 선조로 전하고 설은 우(禹)를 도와 치수에 힘썼는데 제순(帝舜)이 그 공적을 기려 사도(司徒)라는 벼슬을 내리고 상(商- 殷)을 봉했다고 했다. 설의 14대 손 천을(天乙), 곧 뒷날 탕(湯)이 그의 조상인 제곡의 도읍지였던 박에 도읍을 정하고 나라 이름을 은이라 했다는 것이다. 영명했던 군주 탕은 수레를 고안하고 교역을 널리 펼쳐 그 명망이 제후국에 널리 펼쳐졌다고 했다. 그는 현자 이윤(伊尹)을 만나기 위해 유신(有莘)이라는 곳에 사신을 다섯 번이나 보낸 적 있다는 설이 있다. 이윤은 그만큼 탕의 치적에 없지 못할 중심 역할을 했다는 것이다. 먼 뒷날 유비가 제갈량을 얻기 위해 삼고초려(三顧草廬)를 했다면 탕임금은 이윤을 얻기 위해 오견유신(五遣有莘)을 했다고나 할까. 아무튼 탕의 성망(盛望)이 천하를 덮게 되자 하(夏)의 천자 걸(桀)은 폭군으로 둘째가라면 서러울 정도로 고약한 자였으므로 탕의 덕과 명망을 곱게 바라볼 수 없었던지 어느 날 탕을 다짜고짜 서울로 불러 하대(夏臺)에 감금했다는 것이다.

하대란 우(禹)의 뒤를 이은 계가 제후들을 소집하여 연회를 베풀었던 곳이라 했다. 탕왕이 하대에 감금된 연유에 관한 설에 걸에게 아첨하고 살았던 조량(趙梁)의 충동질 때문이라는 말이 있다. 이에 놀란 소왕국 은나라에선 이윤을 중심으로 온갖 보물들과 미녀들을 걸왕에게 헌납하여 탕은 겨우 빠져나왔다고 했다.(『중국의 역사』 1, pp58,60) 하대를 균대(鈞臺)라고도 하는데 『사기 · 史記』에 걸소탕수지하대(桀召湯囚之夏臺- 걸이 탕을 불러 하대에 가두었다)라는 말이 있다.(『한한대사전』, p486)

문왕이 유리에 감금– 그다음 둘째 월나라 문종이 구천왕에게 상주했다는 대목 "문왕(文王)이 유리(羑里)에 감금되었다가…."라는 말에 관해 부연한다면 주(周)의 시조는 후직(后稷– 농림부장관 격의 벼슬이름)이라고 했다. 그는 요·순시대의 중신으로 그의 성은 희(姬) 이름은 기(棄)라고 했다.

그는 오제의 한 사람인 제곡과 강원(姜原)이라는 여인 사이에서 태어났다고 했다. 강원이 어느 날 들에 나갔다가 거인의 발자국 같은 것을 발견하고 호기심이 생겨 발자국을 밟자 갑자기 임신한 것 같은 태동(胎動)을 느꼈다는 것이다. 그 뒤 달이 차자 아들이 태어났다고 했다. 강원 여인은 요사스런 일이라 하여 아이를 버렸는데, 처음에는 좁은 길에 버리자 마소들이 밟지 않그 피해갔다고 했다. 다시 아이를 산 속 숲에 버렸는데 그곳으로 갑자기 사람들의 왕래가 잦아지게 되었으므로, 이번엔 얼어붙은 강바닥 위에다 버렸더니 새들이 모여들어 날개로 아이를 덮어 얼지않게 감싸고 있었다는 것이다. 비로소 강원은 보통 아이가 아니라고 알아차리고 소중하게 키웠다고 했다. 세 번이나 버린 아이였으므로 아명을 기(棄– 버림)라고 했다는 것이다. 어릴 적부터 씨 뿌려 가꾸기를 좋아하고 농사에 천부적 재능이 있었으므로 순(舜)에게 발탁되어 후직(后稷)의 직책을 맡았기에 어릴 적 기(棄)는 뒤에 후직으로 불려지게 되었다는 것이다. 후직의 아들은 부줄(不窋), 부줄의 아들은 공유(公劉), 공유의 9대 후손 당주(唐主)가 고공단부(古公亶父)로서 이때 주(周)가 영주로서 격을 갖추게 되었다는 것이다. 고공은 조상들의 유업을 잘 닦아, 덕을 쌓고 의(義)를 행하고 자비심으로 사람을 대했다는 것이다. 그럴 때 훈육족(薰育族), 융적족(戎狄族)이 쳐들어왔다. "야만족들은 토지와 영민(領民– 거느리고 있는 백성)을 차지하기 위해서 쳐들어 온 것이다. 그때 영민이 적이 아니라 나 고공만이 적이 되는 것이다.” 하고 고공이 그곳을 떠나 기산(岐山)기슭으로 가족을 데리고 떠났다. 고공의 덕에 감복 받은 주(周)의 백성들 고공을 따라 기산으로 향해 오니 주나라의 기틀이 기산을 중심으로 다져지게 되었다는 것이다. 고공의 셋째 아들 계력(季歷)은 현부인(賢夫人) 태임(太任)을 만나 창(昌)을 낳았다고 했다. 이 창이 서백(西伯)으로 항상 겸허하고 덕이 높으며, 유능한 인재를 찾기 위해 침식도 잊을 정도라 했다. 이러한 서백의 명망을 시기한 은(殷)나라 주(紂)는 서백을 유리(羑里- 은나라 때의 감옥 이름)[10]에 감금시켰다고 했다. 서백(西伯) 창(昌)이 죽자 그 아들 발(發)이 주의 무왕(武王)이 되고 아버지 서백을 문왕(文王)이라고 추존했다는 것이다. 발이 목야(牧野)에서 은(殷)나라를 격파 멸망시키고 주왕(紂王)이 분사(焚死- 불타 죽음)하게 한 뒤의 일이라 했다.

아이 버리는 얘기- 주나라 시조 기(棄) 곧 뒷날의 후직이 어릴 적 세 번이나 버려진 얘기를 했는데 우리나라 고려시대에도 아이 버리는 이야기가 있다. 그 아이 균여대사(均如女師)를 이르는 것이다. 그 이야기는 균여대사의 어머니 점명(占命)의 꿈에 암수의 두 봉황이 모두 누런빛인데, 하늘로부터 내려와서 자기의 품으로 들어오는 것을 보았고, 그 꿈 꾼 지 20년에 이르니 점명(占命)의 나이 하마 60이었지만, 그러나 능히 태기가 있어서 21순(1旬- 10일)이

10) 유리(羑里) : 은나라 때의 감옥 이름『초학기 · 初學記』에 옥(獄)이라 했고, 풍속통(風俗通)에 말하기를 (옥을)하나라 때는 하대(夏曰夏臺), 은나라 때는 유리(殷曰羑里)라 했다. 주왕(紂王)이 듣고 우환스럽게 생각하여(紂聞而患之) 마침내 문왕(文王- 周나라 武王이 그의 아버지 西伯을 추존하여 부른 왕명)을 유리에 구금했다(乃拘文王于羑里). (『고사성어』 p764). 또 말하기를 삼왕 때 비로소 감옥이 있었다. 그것을 은나라 때는 유리, 주나라 때는 영어(囹圄)라고 했다(三王始有獄, 殷曰羑里, 周曰囹圄- 필자역). 『한한대사전』 p1394

찬 그 해 8월 8일 균여대사를 황주(黃州) 북쪽 형악 남쪽 집에서 낳았으니, 지금의 황주판관(黃州判官) 전 습유(拾遺) 이준(李晙)이 그 예전 터를 중수하고 경천사(敬天寺)라 한 것이 곧 그곳이라 했다. 대사(大師)를 처음 낳았을 때, 얼굴이 심히 추하여 견줄 데 없었으므로 부모가 좋아하지 않고 길거리에 버렸더니, 새 두 마리가 날개를 잇대어 펴서 아이의 몸을 덮어주니, 길 가는 사람 그 이상한 모습을 보고, 드디어 그 집을 찾아가 말해주자 아비는 후회하고 어미는 한탄하며 거두어 길렀다. 그러나 그 몰골을 꺼리껴 이내 옷상자 속에 넣어 몰래 젖을 먹였다. 그런 수개월 만에 비로소 마을 사람들에게 보였다. 대사가 포대기에 싸여 있을 때 「원만게- 圓滿偈」를 잘 읽으므로 아버지의 구수(口授- 입으로 전수함)를 받았는데, 열에 하나도 빠뜨리는 일 없었다.

> 夢見雌雄 雙鳳皆黃色 自天而下. 並入懷至 二十載. 占命年已六十. 而能有身. 懷滿二十一旬. 以此年八月八日. 誕師于 黃州之北. 荊岳南麓之私第. 今黃州 判官拾遺 李晙 重修舊址. 號曰敬天之寺. 卽其所也. 師始生 容貌甚醜. 無可倫比 父母不悅. 置諸街中. 有二鳥比翼連蓋兒身. 行路人見其異. 遂尋家而縷陳之. 父悔母恨. 而收育焉. 而諱厥狀. 乃置笥鬪穀數月. 而後示於鄕黨. 師在襁褓. 善讀圓滿偈. 允父口授. 十無一失者也.[11]

라고 한 대목이 그것이다.

제 환공 도망 얘기- 그 다음 셋째 월 대부 문종이 구천왕에 상

11) 『균여전 · 均如傳』 혁연정(赫連挺) 편저, 이병주 역, 이우출판사, 단기 4314(서기 1981), pp2~42

주한 말 "제환공(齊桓公)은 거(莒)로 도망가고" 한 대목에 대한 보충이야기를 한다면 주(周)의 왕희(王姬)는 제(齊)의 양공(襄公)과 결혼했으나, 정숙하고 언동이 바른 왕희는 음탕한 양공과는 영 맞지 않았다. 양공이 그의 누이동생 문강(文姜)과 간음한 사실을 알고 "참으로 금수와 같구나. 불행히 잘 못 시집온 것은 나의 운명이로다." 하여 병든 1년 못 되어 세상을 떠났다고 했다. 그런 뒤 고삐 풀린 양공 음행하기를 천방지축이라 했다. 양공의 매부 노나라 환공(桓公)과 누이동생 문강 부부가 제나라를 방문했을 때 제 양공은 장군 팽생(彭生)을 시켜 환공을 살해하라고 시켰다는 것이다. 쇠뭉치 같은 팽생의 주먹이 취해 잠든 노나라 환공을 수레에 태워 가다가 가슴팍을 한 번 치니 갈빗대들 갈대같이 부러지고 환공 소리 한 번 지르고 피 쏟으며 죽었다고 했다. 환공 시체 노나라로 보내고 누이동생 문강은 보내지 않았다고 했다. 노나라에서 전쟁을 일으키기는 역부족이라 최소한 불행한 현장의 당사자인 팽생을 죽이게 하니 참살당한 팽생 너무 억울하여 원혼이 되었다고 했다. 팽생이 죽으며 한 말 "내 원혼 반드시 복수하리라!"

제 양공이 송(宋) 노(魯) 진(陳) 채(蔡) 4국과 연합하여 위국(衛國)을 치고는 대부 연칭(連稱)을 장군으로 관지부(管至父)를 부장으로 삼아 규구(葵邱)의 길을 막게 했다(주나라 군사를 두려워해서). 오래도록 길을 막아 외침을 막고 있던 군사들이 교대해 줄 것을 간청할 때였다. 그때 참외를 먹고 있던 양공, 다음 해 참외 익을 때 교대시켜 준다고 약속했다는 것이다. 다음 해 참외가 익어도 양공으로부터 이렇다 할 연락이 없자 연칭 등이 교대해 주기를 상주했는데 양공, 오히려 화를 크게 내고 들어주지 않았다고 했다. 연칭 등의 불만이 폭발, 양공을 죽이기로 작정, 양공으로부터 도태

당한 공손무지(公孫無知)를 거사할 명분의 앞에 내세우기로 했다는 것이다. 양공이 겨울철에 짐승이 많다는 패구산(貝邱山)으로 사냥을 가서 숲에 불을 질렀는데 불 속에서 홀연 소 같으나 뿔이 없고 호랑이 같으나 무늬가 없는 돼지 같은 짐승이 뛰어올라 양공 수레 앞에 쭈그리고 앉기에 양공이 화살 셋을 쏘았으나 하나도 맞지 않고 그 짐승 사람처럼 뒷발로 물러나는데 시종이 놀라 "돼지가 아니라 팽공(彭公- 彭生)입니다!" 하니 그 짐승 양공을 향해 목놓아 크게 울었다고 했다. 놀란 양공 모골이 얼어붙는 듯 털끝이 바늘처럼 빳빳 일어서며 수레 위에 몸이 넘어지는데 그 돼지 양공의 왼쪽 신발 물고 달아났다고 했다. 정신 차린 양공 신발 간 곳 묻자 시종 비(費) 하는 말 "돼지가 물고 갔습니다." 그러자 양공 뱀을 삼킨 듯 꺼림칙하고 두렵기도 하여 가죽 채찍으로 "이놈아 신발을 돼지가 물어가도록 보고만 있었단 말이냐?" 하며 피가 나도록 등을 후려갈겼다고 했다. 그렇게 쫓겨난 비(費) 문 밖에서 뜻밖에 연칭을 만나게 되었는데, 살기를 느낀 비, 임금께 인도하는 척 아픈 등을 참고 양공께 속히 피하라 하니, 맹양이란 소년이 금포를 입고 임금 자리에 눕고 양공은 급히 피했다는 것이다. 연칭은 비와 역사 석지분여(石之紛如)를 베고, 자리에 들어 사정없이 칼을 내리치니 목이 달아나는데 보니 양공이 아니라 수염도 없는 소년이었다는 것이다. 연칭, 마음이 조급하여 양공을 찾는데 장막 앞에 난데없는 신발 한 짝 있어 장막 걷고 양공을 쳐서 토막을 내었다고 했다. 어찌된 일이었을까. 그 신발 사냥 나갔을 때 돼지 같은 괴물이 물고 간 양공의 왼쪽 신발이라 했다. 그때 연칭이 꾸짖어 한 말 "이 혼군(昏君- 사리에 어둡고 어리석은 임금)아! 해마다 싸움하여 백성을 못살게 했으니 그것은 불인(不仁)이고, 아버지의 명을 어기고 공손(公孫)을 내쳤으니 그것은 불효이고, 남매가 공공연히 간음을 했으니 그것은 패륜(悖倫)이고, 멀리 수자리 서는 것을 염려도 아니하고 교대해 준다는 언약을 어겼으니 그것은 배신(背信)이다. 4덕(四德)을 그렇게 잃었으니 무엇으로 사람이라 하겠는가? 나는 오늘 노환공(魯桓公)의 원수를 갚으련다."라고 했다는 것이다. 그리하여 공손무지(公孫無知)를 받들어 즉위하게 하고 연칭은 정경(正卿), 연비를 공손의 부인으로, 관지부는 아경(亞卿)으로 정했다는 것이다.

관포지교(管鮑之交)- 관중(管仲- 이름 이오 · 夷吾)이 제 양공 시대에 있었다고 했다. 생김새가 비범하고 명철하여 경전에 능통하였으며 고금에 모르는 일이 없어 경천위지(經天緯地- 천지를 체계적으로 잘 다스림)의 능력과 제세광시(濟世匡時- 세상을 구제하고 시대를 바로잡음)할 수 있는 책략을 갖추고 있었다고 했다.

그는 제나라의 명재상으로 유명한데 그가 그렇게 큰 인물이 될 수 있도록 끝까지 도와준 사람은 포숙아(鮑淑牙)였다고 했다. 두 사람이 뜻을 같이하여 사업을 경영했는데 그 이익 되는 것을 관중이 모두 가져갔다고 했다. 그때 포숙아 "관중은 가난하니 그가 다 가져가는 것은 당연하다."라고 했다는 것이다. 또 관중이 전쟁터에 갔다가 세 번이나 탈영을 했을 때 포숙아가 그를 감싸 한 말 "관중은 늙으신 어머니가 계시기 때문이다."라고 하여 그를 구제해 주었다고 했다.

제나라 양공의 장자 규(糾)는 노녀(魯女- 노나라 여인)의 소생이고 차자 소백(小白)은 거녀(莒女- 거나라 여인) 소생이라고 했다.[12)]

관중은 장자 규를, 포숙아는 차자 소백을 각각 가르치면서 앞으로 장성하면 왕위를 계승하게 될 때 서로 천거하자고 했다는 것이다. 어느 날 나라를 염려한 포숙아는 소백을 시켜 양공에게 간하기로 했다. "노후(魯候- 팽생에게 피살된 노나라 환공)의 죽음에 관하여 세상에선 말이 많으오이다. 남녀의 혐의는 불가불 피하셔야 할 것이오이다." 하니 양공이 노하여 "어린 것이 어찌 그리 말이 많으냐?" 하고 소백을 발길로 걷어차 쫓아 보냈다고 했다. 포숙아는 소백에게 "음란한 자는 반드시 망한다. 너는 거(莒)나라로 가 있거라. 큰 나라는 좋고 나쁜 일이 빈번히 일어나 오히려 위험하니 작은 나라 거가 오히려 적당하고, 제나라와는 가까우니 언제라도 쉽게 왕래할 수 있어 좋을 것이다."

소백이 거로 간 뒤 얼마 안 되어 양공이 살해되고 공손무지가 찬위를 한 뒤 관중을 찾으니 관중은 규(糾)를 받들고 규의 외가인 노나라로 망명했다는 것이다. 상경이 된 연칭과 관지부가 너무 위세를 부리자 옹름(雍廩)이 계략을 꾸며 이들을 제거하고 공손무지를 찔러 살해했다. 그 이유는 비록 양공이 패륜을 저질러 제거되었으나 양공의 왕자가 왕위를 이어가야지 공손 등이 왕위를 찬탈하고 위세를 부리는 것은 용납될 수 없다는 것이었다. 사태가 급박하게 되자 포숙아는 거(莒)나라에 망명간 소백과 의논하여 전차 백승을 빌어 제나라로 가는 도중 노나라에서 급히 달려온 관중을 만났는데 관중이 하는 말 "노나라에 장자 규가 있으니 소백 공자께서는 제나라로 먼저 들어가지 마시고 도중에 잠간 머물러 계십시오." 하니 포숙아 나서서 하는 말 "관중은 물러가라. 각기 주인을 위하는 것이니 여러 말 할 것 없다."고 하고 먼저 제나라 서울로

---

12) 『동아백과사전』에서는 규가 소백의 이복동생이라 하나 알 수 없다

들어가려는데 관중이 말 달려 달아나며 활을 쏘았는데 소백 공자의 배에 명중했다는 것이다. 백이 입에 피를 물고 쓰러졌다고 했다.

관중이 노나라에 가서 규를 모시고 노나라 장공의 원조를 얻어 제나라로 들어오는데, 이미 소백(小伯)이 면류관을 쓰고 용포를 수하여 위의를 갖추고 용상에 올랐다고 했다. 소백이 맞은 화살이 허리띠 장식에 맞아 상처도 입지 않았으나 소백은 관중의 활솜씨를 잘 알고 있었으므로 혀를 깨물어 피를 쏟고 죽는 시늉을 하고 쓰러졌다는 것이다. 포숙아 이때를 당하여 "제나라에선 연 3차나 시군(弑君- 임금을 시해함)하는 일이 일어났으니 현군이 아니면 난을 진정할 수 없다. 공자 규보다 공자 백이 먼저 귀국한 것은 역시 하늘의 뜻이로다. 공자 규를 세우면 노군(魯君)은 그동안의 은혜를 내세워 크게 보답할 것을 요구할 것이다. 옛날 송나라가 공자 돌(突)을 세우니 토색(討索- 금품을 요구함)이 한이 없었고 전쟁이 수년에 걸쳤다. 국난 많은 이때 우리는 노국의 요구를 감당할 수 없을 것이다."라고 말하니 백관이 그 말을 따랐다고 했다. 제나라 곽아(郭牙)는 노(魯)나라 군대가 건시(乾時)에 주둔할 것을 미리 알고 쳐들어온 노군을 건시에서 격파하니 노장공은 제나라를 더 이상 침공할 수 없을 것이라 판단하고 제의 요구대로 공자 규를 살해하고 평정을 찾았다고 했다. 관중은 죽음을 면할 길 없음을 각오하고 제나라로 호송되어 왔는데 그때도 포숙아의 격별한 비호와 적극적인 제안으로 무사히 목숨을 보전하게 되었다는 것이다. 그 후 관중은 명재상(名宰相)으로 보국진충(輔國盡忠)했다는 것이다.

관중은 재기(才器- 재주있는 그릇- 인물)였으나 사려(思慮) 깊은 사람은 못 되었던 것 같다. 남을 먼저 배려(配慮)하는 것보다 자기의 생각과 주장을 강력히 내세우는 사람이었던 것 같다. 관중은 자기 이익을 남의 이익보다 앞세워 살았던 사람이라 생각되기도 한다. 포숙아와 같이 사업경영을 했을 때 이익을 독식했고, 전쟁을 하는 도중에 탈영을, 그것도 세 번씩이나 했다는 사실, 나라에 변란이 생겼을 때 무리하게 공자 규의 편을 들다가 죽을 고비를 맞을 수밖에 없었던 사실을 두고 생각해 볼 때 관중의 타고난 성품을 짐작할 수 있을 것으로 보인다. 그러나 그는 포숙아라는 지기(知己)를 만날 수 있었기에 사람들의 좋지 않은 시선을 피할 수 있었고 몇 번이나 죽음의 사슬을 벗어날 수도 있었다는 것이다. 참으로 세상에 다시보기 어려운 좋은 만남이 아닐 수 없을 것이다. 포숙아가 물이라면 관중은 그 물을 떠나 살 수 없는 고기라 할 만하다. 이를 일러 세상은 수어지교(水魚之交)라 했고 관(管) · 포(鮑)의 친교를 관포지교(管鮑之交)라 한다는 것이다. 우리나라 신라 전성기 때의 큰스님 의상조사(義相祖師)의 법성게(法性偈)에 보면 '불수자성수연성(不守自性隨緣成)'이라는 구절이 있다. 도(道)를 성취하는 것은 스스로의 자성(自性)을 지키는데 있는 것이 아니라 수승(殊勝)한 인연(因緣)을 만남에 따라 이루어진다는 뜻인데, 그 말씀 관 · 포의 만남의 고사에도 꼭 들어맞는 것이라 할 것이다.

제 환공과 편작– 소백(小伯)은 포숙아의 힘을 얻어 제(齊)나라에 등극하였으니 그가 바로 제환공(齊桓公)이라 했다. 그는 43년간 제위에 올라 맹주의 역할을 다했다. 그가 마지막에 한 명의(名醫)의 권고 말을 무시하다가 후회막급한 비탄을 물고 세상을 떠났다고 했다. 그 명의 정(鄭)나라 사람으로 이름이 진완(秦緩)이라 했다. 진완이 어느 날 자기집에 장상군(長桑君)이라는 귀인이 찾아왔는데 진완은 그의 풍골과 행색이 보통 사람이 아님을 알고 극진히 대접했더니, 장상군이 떠나며 신약(神藥)을 주면서 상지수(上池水)[13]와 함께 먹어라 했는데, 진완이 그렇게 그걸 먹고 나니 신비스럽게도 눈이 밝아지고 정신이 쇄락해졌다고 했다. 그래 담 너머 있는 사람이 온전히 보이고 사람의 내장 속까지 환히 비쳐보이게 되었다는 것이다. 불교에서는 이를 천안통(天眼通)[14]이 열렸다고 하는 것이다. 그런 뒤 진완은 일약 명의가 되어 고치지 못하는 병이 없었다하고 그의 이름을 편작(扁鵲)이라고 했다는 것이다. 원래 편작이란 사람은 헌원황제(軒轅黃帝- 중국 전설상의 제왕. 복희씨, 신농씨와 함께 3皇의 한 사람으로 알려지고, 소호(少昊) 대신 오제(五帝)의 한 사람으로도 일컬어짐) 때의 명의를 말하는데 진완(秦緩)이 그 편작에 못지않으므로 사람들이 진완을 편작이라고 불렀다는 것이다. 어느 날 그 편작이 괵국(虢國)에 갔을 때 괵국 태자가 죽어 괵공(虢公)이 탄식하며 편작에게 시체를 보였다. 편작은 그 제자를 시켜 돌침을 놓게 하니 영낙없이 죽었던 태자가 눈을 뜨게 되고, 편작은 20여일 탕약을 복용시켜 완전히 새사람으로 살려냈다고 했다. 편작이 제나라에 갔을 때, 제환공(齊桓公)을 보니 몹쓸 병이 피부(주리 · 腠理- 살가죽 겉의 자디잔 결)에 있음을 보고 환공에게 치료해야 된다고 했더니, 환공은 "내가 이렇게 건강한데 무슨 치료냐?"고 하며 거절했다는 것이다. 닷새 뒤 편작이 다시 와서 환공을 보니 병이 혈맥 속으로 침투해 있으므로 빨리 치료해야 된다고 했더니 환공 "무슨 치료는…." 하고 거절했다는 것이다. 또 닷새 뒤 편작이 "병이 장위(腸胃)에 침투했으니 반드시 치료해

13) 상지수(上池水) : 댓잎이나 풀 위에 맺혀서 아직 떨어지지 않은 이슬
14) 천안통(天眼通) : 삼명육통(三明六通)의 하나. 장애물이나 지역적 제한을 받지 않고 바라볼 수 있는 능력

야 됩니다."라고 상주하니 환공은 또 거절했다는 것이다. 또 닷새 뒤 편작이 와서 보니 환공의 병이 골수를 파고 들었음을 보고, 그만 짐을 싸서 제(齊)나라를 떠나버리고 말았다는 것이다. 그리하여 죽음을 피할 수 없음을 비로소 알게 된 환공, 편작을 찾으니 편작은 이미 나라를 떠난 뒤였다고 했다.

진 문공의 주유 망명- 넷째 문종(文種)이 구천(句踐)왕에 상주한 마지막 대목 "진문공(晋文公)이 책(翟)으로 피신하였다가…." 한데 대한 부연 설명이다. 진(晋)나라 헌공(獻公) 때 요녀 여희(驪姬)와 그녀를 따르는 무리가 있었다. 여희는 세자 신생(申生)을 제거하고 실권을 움켜쥘 계략을 꾸몄다는 것이다. 헌공은 요녀 여희에게 빠지고 밖으로 이오(二五- 五라는 이름을 가진 두 사람) 곧 양오(梁五)와 동관오(東關五) 두 간신의 농간에 놀아나고 있었다고 했다. 예전에 헌공은 세자 신생에게 깊은 믿음을 내리고 있었다. 그래 헌공이 여희에게 "그(申生)는 옳은 것을 좋아하고 악명을 두려워한다."고 하자 여희 "옛날 유왕(幽王- 서주 · 西周 마지막 임금으로 악녀 포사 · 褒姒에게 빠져 파국을 맞음)이 세자 의구(宜舊)를 죽이지 않고 세자의 외숙부가 있는 신(申)으로 내쫓았더니 서주나라의 망해가는 정황을 참고 바라보고만 있지 못한 신후(申候)가 오랑캐 융적(戎狄)을 불러들여 여산(驪山) 아래서 유왕을 죽이고 의구를 세워 평왕(平王)이라 하니 그가 동주(東周)의 시조가 되었나이다. 지금 누가 평왕에게 악명을 씌울 자 있겠나이까?" 하고 여희가 계속 헌공에게 힐난조로 말을 하자 헌공은 잠자리를 밀치고 벌떡 일어나 앉으며 "부인 말이 옳다. 어떻게 하면 좋을까?" 여희 "주공께서 물러나심이 좋겠나이다." 하고 헌공의 마음에 엉뚱한 불씨를 지피니, 헌공이 와락 말을 쏟아냈다. “불가하다. 나는 무력과 위엄으로 제후에 임하겠다. 내가 아들을 이기지 못하면 누가 내게 위엄 있다 하겠는가? 무력과 위엄을 잃고 남에게 절제를 받으면 살아도 죽은 것만 못하다. 걱정마라. 과인이 처단할 것이다.”라고 했다는 것이다. 여희가 또 말했다. “적적(赤狄)이 누차 침략해 왔는데도 주공께선 어찌 오랑캐를 토벌하지 않으십니까? 지금 세자가 군대 쓰는 솜씨를 시험하시어 세자가 이기지 못하면 벌을 주시고 승전하여 세자가 백성의 신망을 얻어 공을 믿고 음모를 꾸미면 그때 처리하시면 될 것입니다.” 그 말 따라 헌공, 신생에게 곡옥(曲沃)군대로 오랑캐 고락씨(皐落氏)를 정벌케 했다는 것이다. 소부(少傅) 이극(里克)이 헌공에게 그 불가함을 간하다가 뜻대로 되지않자 호돌(狐突)에게 그 사실을 알렸다. 호돌은 신생에게 “전쟁에 나가지 마시오. 승전을 해도 시기만 더 살 것이니 도망함이 상책이오.”라고 편지를 써 보내니 신생, 탄식하며 “임금이 내게 출정하라 하심은 나를 좋아함이 아니라, 마음을 다뤄보시려는 것이다. 임금 명을 어기면 내 죄는 크다. 전쟁에서 죽으면 다행히 이름이나 있을 것이다.” 하고 나아가 직상(稷桑) 땅에서 싸워 고락씨를 도망치게 만들었다. 여희는 세자 신생을 계속 전쟁터로 내몰아세우게 하는 등 갖은 수단을 다 부려 세자를 못살게 하고 싶었으나 헌공은 한편 세자의 명망이 더 높아져 그 세력 커가는 것을 꺼려 망설이고 있었다. 세자를 꺾고 득세하여 자기 아들 해제(奚齊)를 세자로 내세우려는 마음이 앞서 조급해진 요녀 여희는 헌공에게 거짓을 꾸며 하소연하기로 했다는 것이다. 어느 날 여희, “첩이 오찬을 먹이려고 세자를 청했는데, 술이 반쯤 취한 세자가 첩을 희롱하는 말로 ‘우리 아버지(헌공)는 늙고 어머니(여희)는 젊었으니 어찌할까?' 하기에 소첩이 노하자 '옛적 조부가 늙어 내 어머니 강씨(姜氏)를 내 아버지께 주셨소. 지금 내 아버지가 늙었으니 반드시 내게 (여희를) 전하실 것이 아닌가.' 하며 손목 잡으려하여 첩이 뿌리치고 달아나 욕을 면했나이다. 만일 주상께서 못 믿으시겠다면 내일 세자와 동산에서 함께 놀 때에 대상에서 내려다보시면 알 것이오이다." 이튿날 여희는 세자 신생을 불러 동산에서 함께 놀자 하여 만났는데 여희의 머리에 어찌된 연고인지 벌 나비들이 연해 날아들므로 여희가 쫓아달라 하니 세자, 넓은 옷소매로 곤충들을 쫓아내고 있었다. 헌공이 혹시나 하고 동산을 내려보고 있는데 세자가 계속 여희를 희롱하고 있는 모습으로 비쳐들었다고 했다. "고 연놈, 감히…." 하고 헌공이 눈에 쌍심지를 돋구고 있었던 것이다. 여희, 그 기발한 연출을 위해 미리 머리칼에다 꿀을 발라두었다고 했다. 헌공이 당장 세자를 참수하겠다고 했다. 그때 요녀 여희 "제발 비오니 참으시오. 첩이 불러들인 날 그가 죽으면 첩이 세자를 죽인 격이 되오니 사람들이 어찌 알겠나이까." 했다는 것이다. 헌공이 책환(翟桓)으로 사냥 나가고 없을 때, 여희는 서로 정을 통하고 지냈다는 미남배우 시(施)와 모의하여, 여희가 세자에게 "임금 꿈에 제강(齊姜)이 호소하기를 '굶주려도 먹을 것이 없다.' 했으니 속히 제사를 지내라." 했다. 제강의 사당은 곡읍에 있었다고 했다. 신생은 제사를 지내고 헌공에게 제사지낸 제믈을 보냈는데 엿새 후에 헌공이 돌아왔다고 했다. 여희, 그 제물에 독약을 섞어 헌공에게 올리며, 제물 오게 된 연유를 말하니 헌공, 술잔 들어 마시려고 했다. 여희, "음식이 밖에서 왔으니 시험을 해야 합니다." 하고 술을 땅에 쏟으니 김이 솟아올랐다고 했다. 개에게 고깃조각 던져주니 개가 죽어 넘어졌다. 여희는 일부러 믿어지지 않는 듯, 한 내

시를 불러 술과 고기를 주니 그 내시 일곱 구멍으로 피를 쏟으며 넘어졌다는 것이다. 여희, 놀라는 체 하며 당에서 뛰어내리며 "하느님 맙소사. 이 나라는 벌써 세자의 나라인가. 그 동안을 못 참아 시군(弑君)의 음모를 꾸미다니!" 하고 눈물을 빗물처럼 쏟았다고 했다.

헌공, 동관오(東關五)와 양오(梁五)에게 전차 400승을 주어 곡옥으로 세자를 토벌하러 보냈다는 것이다. 한편 호돌(狐突)이 이 사태를 세자 신생에게 알리고. 신생, 태부(太傅) 두원관(杜原款)과 의논했다는 것이다. 두원관 "제물이 궁에 6일이나 있었으니 궁에서 독약 뿌린 것이 명백합니다. 가만히 죽기를 기다릴 것 없습니다." 라 하니 세자 신생, "임금은 나의 무죄한 것을 살피지 못하시고 나를 토벌하시는데 시부(弑父)하려던 자라는 누명을 쓰고 망명가면 세상은 나를 어미 잡는 올가미라 할 것이고, 만약 출국하여 죄를 임금에게 돌리면 그 임금 악한 임금이니 반드시 제후들에게 웃음거리 될 것이오. 안으로 부모에게 곤(困)하고 밖으로 제후에게 곤(困)하면 이는 중곤(重困)이오. 인(仁)은 임금을 악으로 몰지 않고, 지혜는 중곤에 들지 않고, 용맹은 죽음에서 도망치지 않는 것이라 하오." 하고는 호돌에게 답장을 썼다고 했다. "신생에게 죄가 있으니 감히 죽기를 사양치 않으오리다. 그러나 임금은 늙고 아들(해제·奚齊를 이름)은 어리니 나라가 어지러우리다. 백씨는 노력하여 국가를 보좌하시오. 신생은 비록 죽으나 백씨가 주신 은혜는 크시오." 하고 북향사배(北向四拜)한 뒤 스스로 목을 매어 죽었다고 했다.

끌려 온 두원관(杜原款)이 부르짖었다. "억울하오 하늘이여! 이 두원관이 죽지 못하고 잡혀온 것은 세자의 마음을 밝히려 함이오.

제물을 궁중에 엿새 동안 두었으니 독이 없었다면 어찌 오래도록 변질이 안 되었겠소." 하니 헌공, 장사를 불러 구리망치로 두원관의 골통을 깨어 죽였다고 했다. 많은 신하들 눈물을 몰래 흘렸는데, 양오와 동관오는 배우 시에게 "중이(重耳- 뒷날 진나라 문공·文公)와 이오(夷吾)는 세자와 뜻이 같다. 세자는 죽었으나 아직 그들이 살아있으니 우리는 걱정된다."고 했다는 것이다.

여희, 밤중에 울음 터뜨리며 헌공에게 "중이와 이오는 신생과 공모한 것으로 신생이 죽은 것을 두 공자는 첩에게 죄를 돌리고 있다 합니다. 요사이 그들은 종일 군대를 조련시키고 있다니 우리 도성을 습격하고 첩을 죽이려는 계획이랍니다. 부디 살펴 주시옵소서." 했으나 헌공은 갑작스레 벌어지는 엄청난 사태 앞에 마음을 정하지 못하고 있었다는 것이다. 이튿날 "두 공자(중이와 이오)가 관문까지 문안하러 왔다가 세자가 죽었다는 소식을 듣고 그대로 돌아갔나이다." 하고 근신(近臣)이 보고하니, 헌공, "과인을 보지 않고 돌아갔다니 세자와 공모한 것이 분명하다." 하면서 헌공, 발제(勃鞮)에게 명하기를 "군대를 영솔하여 포(蒲)에 가서 공자 중이(重耳)를 잡아오라." 하고 또 가화(賈華)에게 "굴(屈)에 가서 공자 이오(夷吾)를 잡아오라."고 명했다는 것이다. 이 소식 들은 호돌(狐突), 둘째 아들 호언(狐偃)에게 "중이는 눈동자가 쌍이고 용모가 장대하며 현명하기도 하니 뒷날 반드시 크게 될 인물이다. 속히 포(蒲)로 가서 밖으로 피신할 것을 도와라. 너의 형 모(毛)도 동심협력하여 뒤에 거사하도록 보좌하라."고 했다. 중이가 "군명(君命)에 항거하지 말라." 하고 모(毛)·언(偃) 두 형제와 담을 넘어 도망치는데 중이가 담 위에 올라섰을 때 옷자락이 잡혀 꼼짝 못할 판에 칼을 빼어 옷을 자르고 겨우 달아났다고 했다. 발제는 중이의 잘려나간 옷 조각만 헌공에게 바치며 그때의 상황을 보고했다.

책군(翟君)이 꿈을 꾸었는데 청룡이 성상에 엉클어져 있었다. 그때 진(晋)나라 공자 중이와 호모·호언 형제가 왔다는 보고를 받고 흔연히 영접해 들였다. 그 뒤를 이어 대부 조쇠(趙衰), 서신(胥臣), 위주(魏犨), 호사고(狐射姑), 전힐(顚頡), 개자추(介子推), 선진(先軫) 등 진나라 유명 인물들이 수십 명이나 따라 왔다고 했다. 중이는 그처럼 인(仁)과 덕(德)을 갖춘 사람이었다 할 것이다. 눈동자가 둘씩이나 되고 기골이 장대하여 호걸풍이라 했으니 대인의 조건을 구비한 인물이었음을 알 수 있을 것이다.

발제(勃鞮)가 중이 등이 있는 책국(翟國)을 토벌하러 갔다. 두 달이 지나도 결판이 나지 않고 병사들은 지쳐갔다. 그때 비정부(丕鄭父)가 헌공에게 상주하기를 "부자간에 인연 끊을 허물이 없사옵고 두 공자의 죄상이 아직 드러난 것 없나이다. 이미 도망한 것을 쫓아가 죽인다는 것은 너무 심하옵고, 또한 책국을 토벌하는데 승전의 확실성도 없고, 우리 군대만 괴롭히는 결과를 내고 있을 뿐이오니 이웃나라의 웃음거리가 될 것도 같으오이다." 하니 헌공은 발제를 불러들이고, 요녀 여희의 아들 해제(奚齊)에게 화근이 될 성 싶은 공족(公族)들을 모두 축출하라는 영을 내렸다고 했다.

해제의 스승 순식(荀息)이 헌공 앞에서 "진심으로 주인을 섬기는 것을 충(忠)이라 하옵고, 죽어도 식언(食言) 않는 것을 신(信)이라 하나이다." 하고 해제를 위한 충성맹세를 했다. 얼마 뒤 헌공이 운명하니 11세 된 해제를 주상(主喪)[15]으로 하고 위(位)를 계승하게 했다는 것이다. 순식이 그렇게 일을 이끌어가자 이극과 비정부는 심복 역사를 시켜 주상 해제를 찔러죽이게 되자 여희는 순식을

15) 주상(主喪) : 죽은 사람의 제전(祭奠)을 주장하여 맡아보는 사람

시켜 해제의 동생 탁자(卓子)로 하여금 임금으로 내세우게 하니 그 나이 9살이라 했다.

양오와 동관오는 이극을 제거하여 일을 쉽게 풀어가려 했다. 동관오가 잘 아는 안이(岸夷)라는 백정이 있었는데 3천근[16]을 지고 능히 달려갈 수 있다고 했다. 동관오가 안이를 불러 이극(里克)을 살해하라 했다. 안이가 교분이 두터운 추천(騶遄)에게 그 비밀을 귀띔하니 추천이 말했다. "작고한 신생(申生)세자의 일은 모든 사람들이 통탄하여 모두 여희(驪姬) 모자 때문이라 하는데 지금 이극과 비정부 두 대부가 여희 도당을 섬멸하고 공자 중이(重耳)를 맞아서 임금 삼으려 하는 것은 의거(義擧)인 것이다. 네가 만약 악인을 돕고 충신을 원수로 하는 그런 불의의 사건에 간여한다면 우리는 너를 용서치 않을 것이다. 만대에 나쁜 이름만이 남을 것이니 그래도 좋은가?" 하고 꾸짖었다. 추천이 또 타일러 안이에게 "안이 네가 동관오의 부탁을 사퇴하면 또 다른 사람을 보낼 것이다. 그러니 우선 거짓 승낙으로 그들 말에 응하는 척하고 역당(逆黨)들 모두 처치해야 할 것이다. 나는 중이(重耳)의 세자 옹립 공으로 그대를 추천할 것이니 그대는 부귀를 잃지 않으리라. 또한 명성을 날릴 것인데, 그것과 불의로 몸을 죽이는 것 어느 것이 나은가?" 그 타이름에 안이는 "대부의 가르치심이 옳으오이다. 대부의 말씀대로 시행할 것을 맹세하나이다." 했다는 것이다. 안이는 동관오의 무사 3백을 받아 이극의 집을 거짓 포위했다는 것이다. 이극은 일부러 사람을 조정으로 보내어 변을 고하자 순식(荀息)이 놀라 동관오에

16) 3천근(三千斤) : 한나라 때의 1斤은 223g이라 했으니 그에 의한다면 3천근은 669kg이다. 초왕 항우(項羽)는 만근 솥을 들고 아방궁을 한 바퀴나 돌았다 했으니 그 역발산(力拔山)의 힘을 짐작할 수 있겠다

게 "어찌하여 이런 일이 생겼는가?" 하니 동관오 "이극은 틈을 타서 난을 일으킨다 하기로, 군사로서 그 집을 지키게 한 것이오. 성공하면 대부의 덕이 되고 성공 못해도 누는 안 될 것이오이다." 동관오가 군사를 이끌고 시장거리로 나왔을 때, 안이가 할 말이 있다 하고 가까이 가서 동관오의 목을 꺾어 버렸다. 그리고 안이가 외쳤다고 했다. "공자 중이(重耳)가 지금 진(秦)·책(翟) 군대를 이끌고 성 밖에 왔다. 나는 이극(里克) 대부의 명을 받들고 무고하게 돌아가신 세자 신생(申生)의 원한을 풀기 위해 간당(姦黨)을 베어버렸다. 그리고 공자 중이를 맞아서 임금으로 세우려 하는데 나를 따를 자는 오고 원치 않는 자는 가거라." 군사들은 중이가 임금이 된다는 말에 모두 용약 자원했다는 것이다.

이극이 군중에 앞서 궁에 들어가니 모두 뿔뿔이 흩어졌다. 그러나 순식은 얼굴빛 한번 변하지 않고 한 손으로 탁자를 안고 한 손으로 얼굴을 가렸다. 순식이 이극을 향해 소리쳤다고 했다. "어린 애가 무슨 죄인가? 차라리 나를 죽이고 선군(先君)의 혈육을 남기게 하오." 그러자 이극, "신생(申生)은 왜 죽였는가? 신생은 선군의 혈육이 아닌가?" 하고 안이를 돌아보며 독촉하자 안이는 순식의 팔에서 탁자(卓子)를 빼앗아 섬돌 아래로 집어던졌다. 탁자는 악! 소리와 함께 고깃덩이처럼 굳어버렸다고 했다. 요녀 여희는 급히 물에 빠져 죽었다고 했다.

이극 등 백관들이 중이를 임금으로 모시려고 호돌(狐突)에게 의논하니 호돌이 말했다. "노부의 두 아들 공자의 망명에 따라 다니는데, 내가 또 맞아온다면 이는 내가 시역(弑逆)에 참가한 셈이 되오. 나는 늙었으니 제 대부의 명을 들을 뿐이오." 이극 등은 호돌의 이름이 없는 서명으로 중이 공자 맞을 사신을 보내니 중이는 사자에게 사례하며 "중이(重耳)는 아버지께 죄를 지어서 사방으로 도망 다니느라 생전에 문안(問安)도 시탕(侍湯)[17]도 못했고, 사후에 상례범절(喪禮凡節)에 참례도 못했는데 어찌 감히 난을 틈타서 나라를 탐하오리까? 대부께서는 다른 공자를 세우시기 바라오."라고 하며 임금 되기를 사양했다는 것이다. 이극은 하는 수 없이 공자 이오(夷吾)를 청하여 임금으로 받드니 그가 진(晋)나라 혜공(惠公)이라 했는데 혜공은 이극이 천거하여 임금이 되었으나 이극이 중이(重耳)의 사람이라 하여 그를 죽게 했다는 것이다. 욕심 많고 포악한 혜공의 치하에 다시 진(晋)나라는 시달리게 되었다는 것이다.

중이는 책국을 떠나 제(齊)나라로 가서 7년을 머물었는데 그때 여인 제강(齊姜)에 빠져 허송세월했다. 중이의 신하 조쇠(趙衰) 등은 애를 태우다가 어느 날 그늘 짙은 뽕나무 숲에서 중이를 꾀어 딴 곳으로 갈 대책을 논의하고 있었는데 마침 뽕잎 따러 나온 제강의 시녀들이 그 말들을 몰래 다 듣고 제강에게 고하니 제강은 시녀들을 가두어 모두 죽여 버렸다고 했다. 그러 제강이 공자 중이에게 "공자께선 정말 가고 싶지 않으신가요? 나를 속이시는가요?" 하니 중이, "나는 안가겠다는데 누가 부인을 속이오." 하자 강씨는 웃음 머금고 "가는 것은 공자의 뜻이고 안 가는 것은 공자의 정이오. 이 술은 공자를 전별하려 하다가 지금은 공자를 머물게 하는 술이니 즐겁게 마시는 것이 어떠하시겠나이까?" 하니 중이는 매우 기뻐 술잔을 서로 권하고 시녀를 시켜 노래 부르고 춤을 추어 주흥을 돋구었다는 것이다. 중이가 대취하여 드러눕자 강씨는 이불

---

17) 시탕(侍湯) : 부모 병중에 약시중 드는 일

덮어주고 수하 호언(狐偃)을 불러 수레에 태워 보내며 눈물 흘렸다고 했다.

강씨는 왜 자기가 아끼는 시녀들을 열 명씩이나 한꺼번에 죽이고 사랑하는 사람을 떠밀듯이 떠나보냈을까? 사랑하는 정이야 천년이라도 님을 붙들어 두고 싶었겠지만, 그 님의 밝고 큰 앞날을 위한 마음이, 달디단 사랑으로 얽은 달집에다 아낌없이 불 질러 하늘에 축수의 불꽃 올리고 스스로 그 불꽃 속에서 산화한 것이나 같지 않았을까? 보검처럼 날 푸른 용단(勇斷), 꽃같이 아끼고 살폈던 목숨들 사정없이 짤라, 말의 화살[言]들을 일시에 꺾어버리고, 님 떠나 먼 구름하늘에 눈물비 실어 보낸 것 아니었을까? 제나라 강씨의 그런 희생이 없었던들 그 뒷날 진(晋)나라에 문공(文公 · 중이)이 설 자리는 없지 않았을까?

대국 건설의 꿈 실은 수레(車) 밤의 장막을 뚫고 백여 리를 달리니 날이 새기 시작하였는데, 목말라 물 찾던 중이(重耳), "침대가 불편하다. 바닥으로 나를 내려라."고 잠꼬대를 떨치고 일어나보니 강씨가 있는 제나라 궁실이 아니라 낯선 산천 숲길을 달리는 수레 안이었다. 중이는 화가 났다. 그럴 때 호언(狐偃)이 "제성(齊城) 떠난 지 백 리가 되었나이다. 제후(齊侯)가 공자(公子)께서 도망간 것을 아시면 반드시 군대를 출동하여 뒤따를 것이오니 다시 가실 수는 없나이다."라고 말하자 중이는 화가 털끝까지 치밀어 위주(魏犨- 맨손으로 맥을 잡은 장수)가 짚고 있던 창을 빼앗아 사정없이 호언을 찔러오니 호언 황급히 수레에서 뛰어내렸다고 했다. 중이가 뒤따라 호언을 쫓아가는데 조쇠, 구계, 호사고, 개자추 등 모두 수레에서 뛰어내려 그 뒤를 쫓아가며 중이를 말렸다는 것이다. 호언이 말했다. "이 호언을 죽여서 공자의 큰 뜻 이룩하신다면 호언은 죽어도 사는 것이오이다.” 중이, “이번 걸음에 성공 못하면 나는 반드시 네 고기를 먹겠다.” 하는 말이 나올 정도로 중이는 강씨를 사랑하여 그녀를 떠난 삶을 상상할 수 없었던 것이다. 조쇠 등이 말했다. “신들이 공자가 큰 뜻을 품고 계신 줄 알고 골육(骨肉- 가족)을 하직하고 고향 떠나 헤매면서도 서로 놓치지 않음은 공명을 죽백(竹帛- 옛날에 역사적 사실을 대나무쪽과 베에 새겼음)에 남길 것을 바라는 바이오이다. 이제 진군(晋君- 진나라 혜공·夷吾)이 무도하여 백성들 모두 공자를 모셔서 임금 되기를 갈망하옵니다. 공자께서 입국치 않으시면 누가 제(齊)에 가서 공자를 맞아올 것이오이까? 오늘 일은 우리 모두가 상의한 것으로서 호언 혼자의 허물이 아니오이다. 너무 노하실 일이 아니오이다.” 겨우 중이가 마음의 불을 끄고 조(曹)나라로 갔다. 조군 공공(共公)은 방탕하고 놀기만 즐기는 위인, 중이 일행을 반가이 맞을 뜻은 전혀 없고 중이는 눈동자가 둘씩이나 되고 갈비뼈가 붙어있는 이상(異相)[18]이라 하니 그걸 보려고 변복하고 몰래 들어가 중이가 목욕하는 탕 속을 엿보고 킬킬거리며 웃었다고 했다. 대부 희부기(僖負羈)가 걱정스런 표정으로 집에 오니 부인 여씨(呂氏)가 “첩이 뽕따러 나갔다가 진공자(晋公子·중이)를 보았는데, 그는 반드시 진국(晋國)을 찾을 인물입니다. 대부께서 사사로이라도 그를 대접하시는 것이 좋을 것 같아 음식 준비해 둔 것 있으니 빨리 가지고 가서 대접하십시오.” 그 말 따라 희부기가 공관을 찾아 조군의 무례함을 사과하고 대접하니 중이, “뜻밖에 조국(曹國)에 현신(賢臣)이 있었구려. 돌아가면 이 온정 보답할 것이오.” 하고 배고픔을 맛나게 물리쳤다고 했다. 중이는 희부기가 준 백벽(白璧- 흰 구슬)은

18) 이상(異相) : 중이는 중동(重瞳- 눈동자가 둘씩 되는 것)에다 병협(騈脇- 갈비뼈가 같이 붙어 있는 것)이라고 했다

결단코 사절하자 희부기는 감탄했다는 것이다. “공자 중이는 지금 극도로 곤궁한데도 내가 바친 구슬을 사양하니 그 뜻 헤아릴 수 없구나.”

중이는 조나라를 떠나 송(宋)나라로 갔다. 송군 양공(襄公)은 중이를 극진히 대접하고 말 스무 필을 주었다. 뒷날 초(楚)와 전쟁에서 부상당한 양공, 죽으며 세자 왕신(王臣)에게 유언을 내렸는데, 초는 원수나라이니 대대로 친교하지 말고, 중이는 반드시 진국(晋國)을 크게 일으킬 것이니 그를 겸손히 섬기라고 했다는 것이다.

중이가 정(鄭)나라에 갔을 때 문공(文公)은 “중이는 아버지를 배반하고 도망하여 여러 번 굶주렸다. 그런 불효자를 예로 대접할 필요가 있는가?”라고 했다는데, 상경(上卿) 숙첨은 “진(晋)공자 중이는 하늘의 세 가지 도움이 있는데, 집에서 그는 현명(賢明)을 떨쳤고 나와서도 환난이 없으니 그 도움의 하나요, 중이가 망명한 뒤로 진국(晋國)이 편안치 못하니 이는 나라 다스릴 중이를 기다리는 하늘의 뜻 그 두 번째이오며, 중이가 망명 중에도 조쇠(趙衰), 호언(狐偃)과 같은 많은 영걸들을 신하로 데리고 다니니 그것은 그 천의(天意)의 세 번째이옵니다.” 하였으나 정나라 문공은 그를 맞아들이지 않았다고 했다는 것이다. 중이는 또 초(楚)나라에 갔을 때, 초 성왕(楚 成王)은 국군(國君)의 예로서 맞았다고 했다. 하루는 초 성왕이 중이를 청해서 운몽택(雲夢澤)에서 사냥을 했는데, 초왕의 권유로 중이가 활을 쏘며 “내가 만약 귀국해서 임금이 될 것이라면 이 화살이 곰의 오른쪽 발바닥에 명중하라.”라고 속말을 하며 활을 쏘았는데, 죽은 곰을 살펴보니 과연 오른쪽 발바닥에 화살이 꽂혀 있었다고 했다. 초왕이 놀라며 칭찬해 마지않고 있는데 군중들이 요란스레 떠드는 소리 있어 알아본즉 한 마리 짐승이 있는데 곰 같은데 곰은 아니고 코를 씰룩거리는 모습이 코끼리를 연상케 하고 발은 호랑이 비슷하고, 털은 시랑 같고, 갈기는 멧돼지 비슷하며 꼬리는 소와 같고, 몸은 말만한데 흑백무늬로 창칼이 도무지 들어가지 않고 쇠를 씹어 먹으니 사람으로서는 도저히 제지할 수 없어 군중이 떠든다고 했다. 초왕이 중이에게 물었다. "공자께서는 많이 아실 터이니 그 짐승 이름이 무엇이오니까?" 그때 조쇠(趙衰)가 말했다. "그 짐승 천지간에 금(金)의 기운을 타고 나 머리는 작고 발은 얕으오. 동철(銅鐵)을 먹고 대소변에 오금(五金)이 보이며 모두 물로 변하오. 그 뼈 속에 골이 들어 있지 않아서 뼈로 망치를 만들어 쓸 수 있고, 껍질을 요로 깔면 습기와 온기(溫氣)를 제거하나이다. 그 짐승 맥(貘)이라 하나이다." 초왕이 또 물었다. "그럼 어떻게 하면 그 짐승 제압할 수 있는가?" 조쇠 답하기를 "가죽과 살이 모두 쇠 같아서 오로지 콧구멍에 허한 틈에 강철로 찌르든가 불로 지지면 그 자리에서 죽나이다." 그때 위주(魏犨)가 소리 높여 "신이 무기를 쓰지 않고 맨손으로 그 짐승을 사로잡으오리다." 하고 수레에서 뛰어 내려갔다. 위주가 주먹으로 그 짐승을 몇 번이고 내리쳤으나 그 짐승 조금도 두려운 빛 하나 없이 소가 영각[19]하듯 큰 소리 지르며 우뚝 일어서서는 위주의 허리띠 장식을 핥아대었다고 했다. 위주는 크게 노해 너댓 길 뛰어 올랐다가 그 짐승 걷어찼다. 그러나 그 짐승 아무 감각도 없는 듯 그 자리에 쪼그리고 앉았다는 것이다. 위주, 다시 뛰어 올랐다가 그 짐승을 깔고 앉아 목을 졸랐다. 그러자 그 짐승 네 발로 땅을 파며 버둥대었다고 했다. 그 광경을 보고 있던 초왕 "공자를 따르는 호

---

19) 영각 : 황소가 암소 찾아 길게 목 빼어 우는 소리

걸들이 문무겸비하니 우리나라에선 만인이 그들 중 한 사람만도 못하오." 했다는 것이다.

진(晋)나라 혜공이 신병이 악화되어 조회에 나오지 못하게 되었는데 진(秦)나라에 볼모로 가 있던 세자 어(圉)가 무척 고국에 가고 싶어했다. 마침 어의 외가인 양(梁)의 군주는 무도한 인간이라 백성들이 진(秦)으로 도망하여 모진 부역을 모면했다. 진(秦) 목공(穆公)은 백리해(百里奚)를 시켜 양(梁)을 멸망시키고 양군(梁君)은 난민에게 피살되었다고 했다. 분한 생각과 불안한 심회를 가두어두기만 할 수 없어 세자 어(圉)는 밤중에 탈출하여 고국 진(晋)으로 갔다는 것이다. 목공은 초(楚)에 있는 중이를 불러, 회영(懷嬴)과 결혼시키려 했다는 것이다. 회영은 진의 세자 어의 아내였는데, 목공이 진작 중이를 밀어 진(晋)의 군주로 만들지 않았던 것을 후회하고 중이의 질부인 회영과 결혼시키려 하자 중이는 당연히 거절했다는 것이다. 그러나 진(秦)과 진(晋)나라 사이의 관계 개선과 앞으로의 정략적 함수관계를 고려한 주변의 권유로 중이는 결국 질부였던 회영과 결혼하는 것을 응낙했다는 것이다. 진(晋) 혜공이 세상을 떠나고 세자 어가 등극하여 회공(懷公)이 되었다고 했다. 회공은 노신 호돌(狐突)을 불러 진(秦)나라에 중이를 따라가 있는 두 아들 호모(狐毛) · 호언(狐偃)을 불러들이라 하니, 호돌이 스스로 글을 써서 회공에게 올렸는데 그 글에 '아들에게 두 아버지가 없고 신하에게 두 임금이 없다(子無二父 臣無二君)'라고 하니 회공은 호돌의 목을 잘라 저잣거리에 버렸다고 했다. 그 시체를 바라본 태복(太卜), 곽언(郭偃) 탄식하며 "임금의 덕이 필부에도 미치지 못해 노신을 저렇게 죽이니 망할 날 멀지 않았다." 하고 병을 핑계로 두문불출하고 호씨집 사람들을 진(秦)으로 도망시켜 호모

형제에게 보냈다는 것이다. 그럴즈음 진(晋)나라에서 중이에게 사람이 왔다는 기별이 있었다. 그 사람 하는 말 "신(臣)은 진(晋)대부 악지(樂枝)의 아들 악순(樂盾)이오이다. 진(晋)의 새 임금(懷公)은 시기심이 많고 가벼이 죽인다고 협박하여 백성은 원망하고 군신이 불복 하나이다. 신의 아비가 특히 공자에게 보내서 아뢰는 것이온데 새 임금의 심복은 여성(呂省)과 극예(郤蕿) 뿐이오이다. 신의 아비는 극진(郤溱), 주지교(舟之僑) 등과 약속하고 사병을 규합하와 공자가 돌아오시는 날 내응하려 하나이다." 하였다는 것이다. 중이는 하늘에 기도하고 점을 치니 태괘(泰卦) 육효(六爻)를 얻었기에 호언(狐偃)에게 물으니, 호언 하는 말 "이는 천지 배향(配享)이니 작은 것은 가고 큰 것이 오는 것으로 상길조(上吉兆)이오. 공자의 이번 걸음은 나라만 얻는 것이 아니오라 맹주(盟主)가 되실 것이오이다."

진(秦)나라 목공은 중이에게 백벽 10쌍과 말 4백 필을 주고 조쇠 등 중이의 종자들에게는 백벽 1쌍과 말 네 필씩을 주니 중이와 그 군신들이 모두 감사했다는 것이다. 고국 진(晋)나라로 출발하기 전에, 긴 세월 입고 썼던 의복과 가구 등을 내버리게 하니 호언이 생각하기에 저렇게 고생할 때 썼던 것들을 하루아침에 버리는 것처럼 우리도 성공 뒤엔 버려질 것 아닐까 하고 호언 자신은 진(秦)나라에 남아 외신(外臣)으로 섬기겠다 하니, 중이가 버렸던 물건들 다시 배에 싣게 하고 호언을 마주하여 결코 마음 변치않을 것을 황하의 물귀신에게 맹세하며 맹세의 징표로 백벽을 강물에 던져 넣었다고 했다. 그렇게 하여 목공의 군사들과 중이가 진(晋)나라로 진격하니 큰 전쟁은 일어나지 않고 순순히 중이의 뜻에 응해오니 중이는 곡옥성(曲沃城)으로 들어가서 무공묘(武公廟)에 참배하자,

옛 신하들 몰려와 맞이했다는 것이다. 강도(絳都)에 입성한 중이가 즉위하니 그가 바로 진(晋)나라 문공이라 하였다. 중이는 44세에 책(翟)으로 망명했고 55세에 제(齊)나라로 갔으며 61세에 진(秦)으로 갔다가 62세에 등극의 길에 올랐다고 했다. 한편 회공(懷公)은 즉위 6개월 만에 자살하고 말았다고 했다.

이상으로 문종(文種)이 월왕(越王) 구천(句踐)에게 상주한 대목을 부연해 풀어 보았다. 이 대목은 실의에 빠져 제정신 못 차리고 있던 구천에게 새 바람으로 힘을 얻게 하기 위한 상주였던 것이다. 다시 말해서 첫째 탕(湯)왕이 하대(夏臺)에 갇혔다가, 또 둘째 문왕(文王)이 유리(羑里)에 감금되었다가 질곡에서 벗어나 성공한 이야기, 셋째 거(莒)로 도망갔다가 즉위하게 된 제환공(齊桓公)과 넷째 책(翟)에서 송(宋), 초(楚), 진(秦) 등으로 망명길에 주유하다가 드디어 진(晋) 문공(文公)이 된 중이(重耳)의 이야기들을 들어서 구천에게 새 힘의 불씨를 지피려 했던 문종(文種)의 충성어린 상주였던 것이다.

문종의 상주에 이어 범려(范蠡)가 위로의 말을 월왕 구천에게 올렸다. "그윽한 곳에 살아보지 못하면 뜻이 넓지 못하고, 형편과 판국에 근심이 없으면 생각이 넓지 못하다 하였사옵고, 옛날 성현은 모두 곤액(困厄)의 환난을 겪었고 용서 없는 수치(羞恥)를 입은 적 있사오니 대왕만 그런 것 아니오이다."고 하니 구천왕 "옛날 요(堯)는 순(舜)과 우(禹)에게 맡겨서 천하를 통치하였는데, 비록 홍수가 있어도 사람을 상하게 하지 않았다. 과인은 지금 월나라를 떠나 오나라로 가면서 나라 일을 모든 대부(大夫)들에게 부탁한다." 또 "여러 대부들은 과인을 버리지 말라. 누가 과인과 함께 난을 따라 처리하고 나라를 지킬 것인가?" 하니 문종이 "백성을 다스리는 데는 범려가 신(臣)만 못하옵고, 대왕을 따라 모든 일을 주선하고 임기응변하는 데는 신이 범려만 못하오이다." 하였다는 것이다.

이에 범려는 "문종(文種)은 스스로 처리하였사오니, 주공께선 나랏일 위촉하시어 농사와 전쟁준비 풍족히 하고 백성들 친목케 하시옵소서. 위태로운 땅 오나라로 가시는 주공을 보좌하고 욕을 참아가며 갔다가 반드시 돌아올 것이옵고, 임금과 함께 원수에게 보복할 것을 신은 감히 사양치 않나이다." 하였고 이어 여섯 신하(태재 고성 · 太宰 苦成, 행인 예용 · 行人 曳庸, 사직 호진 · 司直 皓進, 사마 제계영 · 司馬 諸稽郢, 사농 호여 · 司農 皐如, 태사 계예 · 太史 計倪)들이 구천을 위로하고 소임 다할 것을 상주하였다는 것이다.

3. 구천, 말똥 옆에 갇히다

구천이 범려를 대동하고 배 타고 강 어구를 출발해 떠나며 하늘 우러러 장탄식하니, 송별하는 자 그 누구 할 것 없이 눈물 흘렸고, 월왕 부인은 뱃전을 붙들고 우는데 까막까치들 수도 없이 우짖으며 날았다고 했다. 드디어 오왕 부차 앞에 구천은 두 번 절하고 머리를 땅에 조아리며 어깨를 내어놓고 "동해 역신(東海 逆臣) 구천은 죄를 지었사오며, 대왕께서 용서하시어 쓰레질이라도 하여 잔명(殘命)을 보전케 해주시오면 감격을 이기지 못하겠나이다." 하니 오왕 부차, "과인이 선군(先君)의 원수를 생각한다면 그대는 오늘 살아 있을 수 없다." 하니 구천, "신이 만 번 죽어야 마땅하오나 대왕께서 불쌍히 여기시옵소서." 했다는 것이다.

그때 횃불 같은 눈을 가진 오자서(伍子胥)가 뇌성 같은 음성으로 "공중에 나는 새도 화살로 쏘려고 하는데 항차 새가 뜰에 앉아 있는 때이오리까. 구천은 위인이 기험(奇險)[20]하나 지금 가마솥 안의 생선이온데 아첨하는 말로 참형을 면하려 하나이다. 지금 놓친다면 산에 호랑이를 놓아줌과 같고 바다에 고래를 던진 것 같아서 제제(制裁)하지 못할 것이오이다."라고 하였다는 것이다. 오왕 부차가 말했다. "과인이 들은즉 항복한 자를 죽이면 그 화가 3대에 미친다 하였다. 과인이 월나라를 사랑하여 죽이지 않는 것이 아니라 하늘에 허물을 입을까 두려워하는 것이오." 하니 그때 백비가

20) 기험(奇險- 崎險) : 성질이 곧고 험상스럽다

"상국(오자서)은 일시적 계책엔 밝으나 나라를 안정시키는 도는 모르나이다. 우리 주공은 참으로 인자하신 말씀 하셨나이다." 하고 말했다는 것이다.

오왕 부차는 왕손 웅을 시켜서 합려왕릉 옆에 석실을 지어 월왕 부부를 그 속에서 거처케 하였는데, 월왕은 의관은커녕 거지와 같이 봉두난발(蓬頭亂髮- 쑥대 같이 헝클어져 어지러운 머리)로 말을 돌보게 했다는 것이다. 백비가 몰래 보내는 음식으로 겨우 연명하면서, 오왕 부차가 출입할 때마다 부부가 나와 배웅하니 오나라 백성들 모두 손가락질 하며 "저게 월왕 구천이군!" 하였다는 것이다.

오왕이 범려를 불러 "어진 부인은 패망한 집에 출가하지 않고 명현(名賢)은 망한 나라의 벼슬을 살지 않는다 하는데, 지금 구천이 무도하여 나라 이미 망하고 그대 군신 모두 남의 노예가 되었다. 석실 하나에 그들이 기거하니 가엾은 일이다. 과인은 그대의 죄를 용서하려는데 그대 개과천선하려는가? 과인은 그대를 중용할 것이다." 하니 그때 구천은 엎드려 눈물 쏟으며 범려가 오나라에 팔려갈까 두려워 안절부절 했다는 것이다. 범려가 말했다. "망국지신은 정치를 말하지 않고 패군지장은 용맹을 말 못한다 하오이다. 신은 월나라에서 불충불신하와 월왕을 도웁지 못하고 대왕께 득죄하였사오나 대왕께서 군신을 보명케 하시어 출입에 배종(拜從) 하옵는데 무슨 부귀를 다시 바라오리이까."

어느 날 오왕 부차가 고소대(姑蘇臺)[21]에 올라 멀리 바라보니 월왕 구천 부부가 말똥더미 옆에 단정히 앉아 있고 범려는 말채찍을 들고 서 있었다. 군신 간에 예절이 있고 부부의 의리가 갖춰져

21) 고소대(姑蘇臺) : 춘추전국시대 오왕 부차가 월나라를 쳐서 이긴 뒤 고소산에 세운 대. 서시 등 미인 1,000명을 두고 즐긴 호화판 생활의 대명사

있음을 보고 태재 백비에게 한 말 “저 월왕은 작은 나라 임금에 불과하고 범려는 일개 선비로서 궁지에 빠졌어도 군신의 예의는 지키고 있으니 과인은 마음으로 그들을 공경한다.” 백비가 말했다. “덕은 반드시 보본(報本)이 된다 하오니 대왕께서 성왕(聖王)의 마음으로 외롭고 궁한 자를 불쌍히 여기시어 월나라에 은혜를 베푸시면 월나라 사람들이 어찌 보은하지 않으오리까. 대왕께서는 결정하시기 바라나이다.” 부차는 “태사에게 명해서 길일을 택하여 월왕 구천을 용서하여 귀국하게 하라.”고 말했다는 것이다.

이 소식을 듣고 오자서는 “옛날 걸(桀- 하나라 마지막 임금)은 탕(湯- 걸왕을 토벌하고 즉위, 국호를 상-은이라 함)을 가두고 죽이지 않았고, 주(紂- 상의 마지막 임금)는 문왕(文王- 주나라 무왕의 아버지로 뒷날 文王으로 추봉되었다)을 유리(羑里)에 가두고 죽이지 않았으므로 걸은 탕에게 방축(放逐- 그 자리에서 쫓아 냄) 되고 상나라는 주나라에게 망했나이다. 지금 대왕께서 월왕을 가두고 죽이지 아니하시니 하(夏)와 은(殷)의 화가 이를까 두렵나이다.” 하였다는 것이다. 그런 뒤 오왕 부차가 신병에 걸려 3개월이 지나도 쾌차하지 못하고 있을 때 어느 날 범려가 점을 쳐보고 월왕 구천에게 말했다는 것이다. “오왕은 죽지 않고 임신(壬申)일에 전쾌하오리니 대왕께서 문병을 청하여 오왕의 대변을 구해서 맛을 보시옵소서. 오왕의 안색을 살피시고 재배 청하여 어느 날 전쾌하신다 하면 반드시 감동해서 사죄(赦罪)할 것입니다.”고 하니 월왕 구천, “과인이 아무리 불초하기로서니 남면(南面- 임금의 자리가 남쪽으로 향함을 이름)하여 임금이 되었는데 어찌 남의 대변을 맛볼 수 있겠는가?” 하고 눈물 흘리니, 범려가 “옛날 주(紂)가 서백(西

伯- 뒷날 周나라 文王)을 유리에 가두고 그의 아들 백읍고(伯邑考)를 삶은 고기를 먹게 되는 있을 수 없는 참변을 당한 적이 있나이다. 크게 성공하는 사람은 작은 수모를 사양 아니하옵니다. 오왕 부차가 아녀자의 인(仁)은 있으나 장부의 결심이 없어서 용서하고서도 또 마음이 달라지니 수단을 부리지 않고서 그의 동정을 살 수 없나이다." 했다는 것이다.

백비의 주선으로 오왕 부차에게 병문안 들어간 구천, 오왕의 변기를 내가려 할 때 손가락으로 그 똥을 찍어 입에 넣고 맛을 보았다. 그러자 좌우에 들어서 시립하고 있던 신하들 모두 얼굴을 찌푸렸다. 구천은 다시 오왕 앞에 꿇어앉으며 "신은 대왕을 경하하나이다. 대왕 병환이 임신(壬申)일에 완쾌하오리다." 하니 부차왕 듣기에도 반가운 그 말에 얼른 물었다. "어떻게 아는가?" 구천이 대답하기를 "신이 듣자온즉 대변이란 곡미(穀味)이온데 시기를 순종하면 생하고, 시기를 거스르면 죽는다 하였나이다. 이제 수신(囚臣-갇혀있는 신하)이 대왕의 대변을 맛보니 쓰고도 시오이다. 쓰고 신 맛 그것은 정히 봄 여름에 발생하는 기상에 응하는 것으로 알고 있나이다."라고 하니 부차는 크게 기뻐하며 "참으로 충성이 갸륵하다. 누가 대변을 맛보고 병세를 말할까!" 하고 백비를 돌아보며 말했다는 것이다. "경이 능히 그렇게 하겠는가?" 백비 "불가능하오이다." 부차, "태자라도 불가능하다." 이렇게 말하고 월왕 구천 부부를 석실에서 편안한 처소로 옮기라 명하고, 왕이 쾌차한 뒤 귀국케 하겠다고 확언하였다는 것이다. 부차의 병이 임신(壬申)일에 과연 완쾌되자 부차는 문대(文臺)에 주연을 베풀고 구천을 불러 수의(囚衣)를 벗기고 목욕하게 하여 새 옷을 갈아 입게 했다. 구천이 오왕 부차를 알현 재배하자 부차는 황망히 구천을 일으키고 영을 내려

"월왕은 인덕(仁德)이 있는 사람이니 어찌 오래 욕을 받게 하겠는가. 과인은 죄수를 용서하고 본국으로 돌려보낸다. 오늘은 월왕을 위하여 북면하는 좌석을 만들었으니 모든 신하는 객례(客禮)로 섬기라."고 하자 오자서는 분개하여 자리에서 일어나 나갔다고 했다. 백비가 상주했다. "대왕께서 인자한 마음으로 인자(仁者)의 과실을 용서하셨나이다. 동성상화(同聲相和- 뜻을 같이하는 사람끼리 화합함)하고 동기상구(同氣相求- 기풍과 뜻이 같은 사람은 서로 동류를 찾아 모임)라 하니 오늘 좌석에 인자는 머무르고 불인자(不仁者)는 갈 것이오이다." 하니 부차왕, "태재의 말이 당연하다." 했다는 것이다. 이튿날 오자서가 부차왕에게 "대왕께서 구천을 객례로 대우하시니 비유하면 털끝을 난로 위에 얹고 타지 않기를 바라며 천균(千鈞)[22] 알을 아래로 내던지며 깨지지 않기를 바라는 것과 같습니다. 구천은 안으로 호랑이 마음을 품고 밖으로는 온순한 것 같이 가식하였나이다. 충직한 말을 버리시고 아첨하는 소리를 들으시어 소인(小仁)에 빠져 구천을 관대하시나이다." 하니 부차가 말했다. "과인이 병으로 3개월 간 누워있었으나 상국은 한 마디 말로도 위로한 말이 없었으니 이는 상국의 불충이고 물건 하나 수인사가 없었으니 이는 상국의 불인이다. 신하가 불충불인하니 무엇에 소용되는가? 월왕은 자기 나라를 버리고 천리 밖에 과인을 찾아와 재물을 헌납하고 자신은 노예가 되니 이는 충(忠)이고 과인이 신병 중에 친히 대변을 맛보았으니 원한이 없다면 이는 인(仁)이오. 과인이 상국의 말대로 이 선사(善士)를 죽이면 황천(黃泉)은 반드시 과인을 도웁지 아니할 것이오."

22) 천균(千鈞) : 1鈞은 30斤. 천균이면 3만근

4. 와신상담臥薪嘗膽

오자서가 말했다. "대왕은 어째서 상반되게 말씀하시나이까? 호랑이가 형세를 낮출 때는 공격하려는 것이고, 이리가 몸을 웅크릴 때는 장차 물건을 취하려는 태세이오이다. 월왕이 오(吳)에 들어와서 신하가 된 시늉을 하나 원한이 마음에 없다는 것을 대왕께서 어떻게 아시오리까. 월왕 구천(句踐)이 대왕의 대변을 맛보는 것은 실상은 대왕의 마음을 먹은 것이오이다. 대왕께서 구천의 그 마음을 살피지 못하시면 그 꾀에 넘어가실 것이오이다." 오자서의 그 말에 부차가 "상국은 그만 두시오. 과인의 뜻은 이미 결정되었오." 하니 자서는 울울이 퇴출하고 말았다고 했다. 오왕 부차는 다시 사문(蛇門) 밖에 주석을 배설하여 연회를 베풀고 친히 월왕 구천의 출성(出城)을 전송했다는데 군신이 모두 술잔 들어 작별하는데 오자서 한 사람만 불참하였다는 것이다.

월(越)나라로 귀국한 구천왕, 부인과 함께 눈물 흘리는데 문종(文種)이 고관들과 백성들 동반하여 절강으로 나와 왕을 영접했다. 그 함성 천지를 진동시켰다고 했다. 구천왕은 회계의 치욕을 기념하기 위해 그곳에 성을 쌓고 서울을 옮기는 역사를 펼쳤다고 했다. 성이 완성되자 갑자기 성중에 산이 하나 솟았다고 했다. 그 산 초목 무성하고 거북같이 생겼는데, 그 산을 어떤 사람이 알아보고 "낭야(瑯琊)[23]의 동무산(東武山)이 하룻밤 사이에 날아왔구나!"라

23) 낭야(瑯琊) : 춘추전국시대 산동성 임기현(臨沂縣)북쪽 제(齊)의 영지

고 하였다는 것이다.

그 산 이름 괴산(怪山) 또는 비래산(飛來山) 또는 귀산(龜山)이라고 하였는데 구천은 그 산을 보고 매우 기뻐하였다는 것이다. 구천은 문종에게 국정을 다스리게 하고 범려에게 군사를 훈련하게 했다. 구천이 오왕 부차의 대변을 맛본 뒤에 늘 입에서 악취가 생겨 고생했다는 것이다. 그런데 범려가 성북산에서 즙(蕺)[24]이라는 풀을 구해서 구천왕에게 바쳐 악취를 없앴다고 했다. 구천은 오왕 부차에게 당한 수모를 찰나에도 잊을 수 없었다고 했다. 그래 땔나무 단을 놓고 그 위에서 잠을 잤다는데 어떤 천도 그 위에 펴지 않았다는 것이다. 또 짐승의 쓸개를 달아놓고 핥으며 원수를 잊지 않고 복수할 각오를 다졌다는데 이를 세상 사람들은 와신상담(臥薪嘗膽)[25]이라고 했다.

구천은 하루라도 빨리 한 사람이라도 더 많이 인구를 증대시키고 군대를 조련시켜야 했다. 여자가 17세에 출가하지 않고 남자가 20세에 장가들지 않으면 그 부모가 죄를 받게 하고 임신하면 반드시 관에 보고하게 하였으며, 의사가 지키게 하고 생남하면 술 한 병 개 한 마리, 딸을 낳으면 술 한 병 돼지 한 마리를 주었는데, 아들 둘을 낳으면 하나는 나라에서 양육하였다는 것이다. 구천의 부인도 베를 짜고 7년 동안 세금을 받지 않았다고 했다. 구천은 한 달도 빠짐없이 오왕 부차에게 문안 올리니 오왕은 더욱 구천을 신임하게 되었다고 했다. 오왕에게 갈포 10만 필, 여우가죽 다섯

---

24) 즙(蕺) : 즙약- 삼백초

25) 와신상담(臥薪嘗膽) : 일설에는 부차가 선왕(先王) 합려의 전사한 치욕과 분함을 잊지 않기 위해 장작더미 위에서 잠을 자고, 구천이 쓸개를 달아놓고 출입할 때마다 핥으며, 수문장에게 그의 뺨을 때리면서 "이놈아, 오왕 부차의 원수를 잊었느냐?"라고 외치게 했다는 얘기를 들은 적도 있다

쌍, 진죽(晋竹)을 상납하니 오왕 부차는 더더욱 기뻐했다는 것이다. 오자서는 그 소식을 듣고 병을 핑계하고 나가지 않았다고 했다. 오왕 부차가 "사방이 무사하니 과인은 궁궐을 건축코자 하는데 어느 곳이 좋을까?" 하니 백비, "우리나라에서 고소산(姑蘇山)같이 경치 좋은 곳은 없나이다. 백리를 바라볼 수 있게 높이, 6천인을 수용할 수 있도록 웅장하게 지으시어 가동무녀(歌童舞女- 노래하는 소년과 춤추는 소녀)들이 가장 극진한 가무를 연출하게 하시옵소서." 했다는 것이다. 한편 월나라 문종(文種)은 구천왕에게 오나라를 멸망시킬 일곱 가지 계책을 말했다. "첫째, 재물로 오나라 군신들 기쁘게 해 주고 둘째, 오나라의 창고에 곡식이 쌓이지 않게 하고 셋째, 미인계로 심신을 흐리게 하고 넷째, 목수와 목재를 보내어 큰 궁궐을 짓게 하여 재물을 탕진하게 하고 다섯째, 유세객을 보내어 바른 계책을 세울 수 없도록 혼란을 야기시키고 여섯째, 옳은 말 간하는 신하를 자살하게 하여 왕에 대한 올바른 보필을 못하게 하고 일곱째, 우리는 재물을 비축하고 군대를 조련하여 그들의 피폐한 기회를 타서 치는 것이오이다." 그 계책이 상책이라 하고 구천왕은 우선 오나라 궁궐 짓는데 쓰일 나무를 찾느라 3천 명의 사람을 나라 전체에 보내서 신목(神木) 두 그루를 발견했다. 2년 만에 찾은 나무라 했다. 둘레가 스무 아름, 길이가 오십 길인데 남쪽에서 자란 나무는 노나무(자목 · 梓木- 가래나무) 북쪽 그늘에서 자란 나무는 들메나무(남목 · 楠木)라고 했다. 그 나무 두 그루를 다듬고 단청(丹靑)올려 배에 실어 오나라로 보내니 부차왕 무척 기뻐 칭찬하는데 침이 마를 지경이라 했다. 오자서가 말했다는 것이다. "옛날, 걸(桀)이 영대(靈臺)를 건설했고, 주(紂)가 녹대(鹿臺)를 건축했는데 백성의 힘이 다 소진되어 나라가 망했나이다. 월왕 구천은 오나라를 해하려고 이 목재를 헌납하였사오니 받지 마시기 바라나이다." 그러나 고소대(姑蘇臺)가 5년 만에 낙성되었는데 높이가 300길이요, 너비가 84길로 200리를 바라볼 수 있었다는 것이다. 그렇게 하여 월나라 문종(文種)의 한 계책이 성공되었고 그 다음엔 미인계에 착수하여 천하일색을 찾아 부차왕에게 헌납하려고 했다는 것이다.

꽃향기에 취한 나라– 뽑힌 미인들 중에 꽃보다 아름다운 두 미인이 있었는데 그들은 서시(西施)와 정단(鄭旦)이라 했다. 서시는 저라산(苧蘿山) 아래 나무꾼의 딸로서 그 산에 동·서 두 촌락이 있었는데 서시는 서쪽마을의 처녀였기에 서시라 했다는 것이다. 말하자면 저라산 두 마을 중에 서쪽마을에서 태어나 자란 시씨(施氏)성의 처녀라는 것이다. 정단은 서시와 이웃 처녀로 강변에서 매일 빨래를 했다는 것이다. 서시와 정단에게 각각 백금을 주고 초빙하였는데 두 미인을 보려면 금 1문씩을 내어야 된다고 하였다. 별궁 난간에 선 두 미인을 보기 위해 온 나라에서 구름같이 모여들어 돈궤짝이 순식간에 꽉꽉 찼다는 것이다. 3일 뒤 두 미인을 악사에게 가무(歌舞)를 배우게 했다. 그때가 주(周)나라 25대(代) 경왕(敬王) 31년, 월(越)나라 구천(句踐)왕 7년의 일이라 했다. 오(吳), 월(越)은 주(周)나라에 소속된 작은 제후국이었던 것이다. 오나라는 강성했다. 제(齊), 초(楚), 진(晋), 노(魯) 등 주변 나라들은 모두 정세가 굳건하지 못해 오를 두려워하고 있었다고 했다. 오왕 부차가 제나라 토벌에 나섰다가 돌아와 월나라 사신 범려를 맞았다. 범려는 부차에게 "동해(東海) 천신(賤臣) 구천은 대왕의 은혜에 감격하와 처첩을 인솔하여 시립하지 못하오나 가무를 잘하는 미인

두 명을 얻었으므로 소신으로 하여금 대왕 궁에 헌납하여 대령하게 하라 하였나이다." 하고 서시, 정단 두 미인을 가까이 불러 세웠다. 오왕이 한번 보고 도취해 정신이 몽롱해졌다는 것이다.

"눈부셔라! 어디 부상(扶桑)[26] 나뭇가지 사이로 떠오르는 해가 밀어 올렸느냐?" "향기로워라! 어디 월궁 계수나무 아래로 쏟아져 내린 향기더냐?" 그때 오자서가 간했다. "하(夏)나라는 매희(妹喜)로 망하고 은(殷)나라는 달기(妲己)로 망하고 주(周)나라는 포사(褒姒)로 망했사오니 출천 미녀란 나라 망하게 하는 요물이옵니다. 대왕께선 받지 마시옵소서." "호색은 사람마다 같으다. 구천이 이런 미인을 자기가 갖지 않고 이렇게 과인에게 진상하는 것은 오나라에 충성을 보이는 증거다. 상국은 의심 마시오." 하고 부차가 말하며 희색만면하여 받아들였다고 했다. 부차는 두 미인을 모두 사랑하였으나 서시를 첫째로 쳐서 고소대에 있게 하고 무척 총애하여 후비와 같이 후대하였으며 정단을 오궁(吳宮)에 있게 하였는데, 그녀는 우울증에 걸려 해가 바뀌자 곧 숨을 거두었다고 했다. 생각해보면 공식적인 국정의 핵심이었던 오궁에 거처하는 일이 예사로운 우대가 아니었겠으나, 놀이와 환락의 천궁이었던 고소대에서 가장 향기롭고 더없이 아름다운 꽃으로 총애 받았던 서시에 대한 열등감을 이기지 못해 얻은 병으로 채 피기도 전에 정단은 지레 떨어져 버린 꽃이었던 것이다. 그래서 애석하게 생각한 부차는 황모산(黃茅山)에 매장하고 사당을 세워주었다고 했다. 옛날이나 지금이나 나와 남을 미망(迷妄)의 저울 위에 얹어놓고 사사건건 어느 쪽이 더 무거울까를 셈하며 고개를 갸웃둥거리고 헛것놀음에 놀아나는 것이 중생들의 변함없는 생태라 할 것이다. 부차는 왕손 웅

26) 부상(扶桑) : 해 뜨는 나라 신선 사는 곳. 그곳에 있다는 신성한 나무

(雄)을 시켜 서시를 위한 새 궁을 지었는데 그 궁 이름 관왜궁(舘娃宮)이라 했다. 왜(娃)가 아름다운 계집을 뜻하는 것으로 보아 부차가 서시를 얼마나 아름답게 여기고 총애했는지 짐작할 만하다. 그 궁 낭하 밑에 수 많은 독을 묻고 두꺼운 널빤지를 덮었다는데, 나막신을 신고 서시가 시녀들 거느리고 그 낭하를 지나가면 묻힌 독들에서 울려나오는 향그러운 소리가 사람들의 마음을 꿈결인 양 울려 간지럽혔다고 했다. 서시와 그녀를 따르는 미녀들의 발길에서 쟁쟁한 소리 울려나오게 하는 나막신 그것을 향섭(響屧)이라 하고 그 낭하를 향섭낭(響屧廊)이라 했다는 것이다. 지금 영암사(靈巖寺)[27] 원조탑(圓照塔) 앞에 작은 낭하가 있는데 그 자리가 바로 관왜궁 자리라 했다. 산 위에는 꽃을 가지고 즐겨 놀 수 있는 못을 파서는 그 못 이름 완화지(翫花池)라 하였고, 또 달이 물에 잠겨 그걸 보고 즐길 수 있는 완월지(翫月池)를 만들었으며, 오왕 부차를 마음에 담고 바라보며 화장을 할 수 있도록 물을 거울같이 맑고 투명하게 고이게 만든 우물이 있었는데 그 우물을 오왕정(吳王井)이라 했다는 것이다. 부차왕은 친히 서시의 머리를 다듬어 주기도 하고 두 사람 나란히 앉아 즐겼던 자리가 있었는데 그 자리를 서시동(西施洞) 그 곳 밖 오목하게 들어간 바위가 있는데 지금 그곳을 서시적(西施跡), 또 산 마루터에 금대(琴臺)라는 곳이 있는데 그곳은 서시가 거문고를 타던 곳이라 했다.

서시가 궁녀들 데리고 향을 채집하던 산을 향산(香山)이라 하였고 영암사(靈巖寺) 남쪽에 꼿꼿이 솟아오르는 물줄기[28] 근처가 서

---

27) 영암사(靈巖寺) : 산동(山東) 장청현(長淸縣) 남쪽 산아래 있는 절. 북위 정광(正光)년간 법정(法定) 창건. 불도징(佛圖澄)이 석장(錫杖)을 세우자 맑은 샘이 솟아올랐다는 곳에 세운 절. 또 인도 스님 승랑(僧朗)이 설법한 옛 터임.(필자 역) 『불광대사전』 7 p6945

28) 꼿꼿한 물줄기 : 도징(圖澄) 스님이 석장(錫杖) 꽂은 자리에 곧바로 솟아오른 물

시의 채향처(採香處- 향기 곧 꽃을 채집하던 곳)라고 하였다. 군성(郡城) 동남엔 부차가 서시와 연꽃 따던 곳이 있고, 성중에 남북으로 큰 호수를 파고 비단 돛 올려 뱃놀이 하던 곳을 금범경(錦帆逕), 성 남쪽에 장주원(長洲苑)이 있었는데 그 곳은 사냥터, 또 어성(魚城)에선 물고기를 길렀다 하고, 압성(鴨城)에선 오리를, 계파(鷄坡)에선 닭을 길렀고 주성(酒城)에선 술을 빚었다고 했다. 서동정(西洞庭)[29] 남만에서 부차는 서시와 함께 피서했다는데 그 곳 삼면은 산이고 수면은 10여 리로 남쪽만이 대문같이 터져 있다고 했다. 그곳을 소하만(消夏灣)이라고 불렀다는 것이다. 생각해보면 소하만(消夏灣)이란 곳은 서동정(西洞庭)의 극히 작은 한 모서리 정도라고 여겨진다. 부차왕은 서시를 얻은 뒤로 고소대를 집으로 삼고 관현악이 뒤따라 다니니 놀기에 정신 팔려 세월 가는 줄도 나라 정세 돌아가는 형편도 잊어버렸다고 했다. 부차왕 좌우엔 백비와 왕손이 언제나 시립했는데 오자서가 가끔 알현을 청해도 거절했다는 것이다. 월나라에선 문종(文種)이 구천왕에게 "나라는 백성으로 근본을 삼고 백성은 이식위천(以食爲天- 먹음으로써 하늘을 위한다)이온데, 금년에 우리나라 농사가 잘 못 되었사오니 오나라에 양식을 청구하여 만약 하늘이 오나라를 버린다면 우리 청구에 응하오리다." 하니 구천은 문종을 시켜서 오나라 태재 백비에게 많은 뇌물을 주고 오왕 부차에게 알현하기를 청하자 부차는 문종

줄기

29) 서동정(西洞庭) : 중국 호남성(胡南省)에 있는 동정호(洞庭湖)의 서쪽변. 동동정(東洞庭)이 더 크다는데 합하여 800리라 함. 중국 제일 호수로 구강(九江)이라고도 하였음. 『방여승람악주동정호』 주에 파릉 서쪽에 있는데, 서쪽은 붉은 모래를 삼키고 남쪽은 푸른 초원에 잇닿아 있으며, 횡으로 7·8백 리에 뻗쳐있어, 해와 달 그 속에서 뜨고 진다 하였음(『方輿勝覽岳州洞庭湖』注, 在巴陵西 西呑赤沙 南連靑草 橫亘七八百里 日月出沒其中) 『고사성어사전』 학원사, 단기 4315(서기 1982)

을 고소대로 불렀다고 했다.

웃음 뒤에 비수를– 오나라 부차왕이 말했다. "월왕 구천이 오나라에 신복(臣服– 신하로서 복종함)하므로 월나라 백성이 곧 오나라 백성이다. 과인이 어찌 구원하지 않겠는가." 그때 고소대로 올라온 상국 오자서가 부차왕에게 간했다. "불가하오이다. 오늘날 형세는 오나라가 월나라를 가진 것이 아니고 월나라가 오나라를 소유한 셈이오이다. 월왕이 지금 양곡을 청구함은 백성이 굶주리고 있음이 아니오라, 오나라의 창고를 비우게 하려는 잔꾀이오니 준들 더 친목할 것 없고 주지 않는다고 더 원수 되지 아니하오리니 거절하심만 같지 못하오이다." 부차가 말했다. "구천이 이미 나의 신하가 되었는데 어떻게 임금을 시(弑)할 것인가." 오자서가 말했다. "탕(湯)이 걸(桀)을 치고 무왕(武王)이 주(紂)를 친 것이 신하로 임금을 친 사실이 아니오이까?" 백비가 옆에 있다가 "상국(相國)의 말씀은 너무 심하시오. 우리 주공을 어찌 걸 · 주에 비할 것이오." 이어서 "명년에 환상한다 하오니 오나라에 아무 손실이 없고 이웃 백성을 구원하는 좋은 일 밖에 없나이다." 결국 부차왕이 양곡 만 석을 허락하여 문종이 그것을 받아가지고 귀국하자 군신이 모두 만세를 불렀다고 했다. 다음해 월나라에는 풍년이, 오나라에는 흉년이 들었는데 월나라에서 오나라로 만 석을 돌려주긴 했는데 곡식 만 석을 모두 솥에다 넣고 쪄서 보냈으므로 오나라 백성들 그 곡식 파종했지만 싹이 트지 않아, 가을걷이의 꿈은커녕 종자마저 썩어 없어지니 오나라의 흉년은 너무 심각했다는 것이다. 그 사건 주(周)나라 경왕(敬王) 36년의 일이라 했다. 그래서 구천이 때가 되었다고 생각하고 오나라 칠 계획을 말하니 문종이 말했다는 것이다. "오나라엔 아직 충신이 많아 때가 되지 아니하였나이다." 구천왕은 다시 범려에게 물으니, 범려 "잘 싸우는 자는 반드시 정병(精兵)이 있어야 하고 정병은 겸인의 기술을 가져야하오니 큰 자는 검극(劍戟- 칼과 방패)을 잘 쓰고 작은 자는 궁노(弓弩)를 잘 쏘아야 하옵는데, 훌륭한 가르침도 내리지 않고는 진선진미(眞善眞美)를 달성 못하나이다. 신은 남림(南林)이라는 곳에서 검극쓰기에 정통한 처녀를 발견하였사오며 또한 초(楚)나라 사람 진음(陳音)이 궁술에 능하오니 대왕께서 초빙하시기를 바라나이다."라고 했다는 것이다. 범려가 말한 그 처녀 성명도 모르고 깊은 산 숲 속에서 자랐다는데 그 어떤 선생의 가르침도 받지 않았는데도 칼로 무찌르고 방패로 막아내는 솜씨가 매우 익숙했다는 것이다. 마침내 구천왕이 사자를 보내어 사자(使者)가 그 처녀를 초빙하여 오는 숲길은 산그늘에서 난데없이 수염이 흰 노인이 나타나 수레 앞을 막으며 한 말 "오는 사람은 남림의 처녀가 아닌가? 어떤 검술을 익혔기에 월왕 구천의 초빙을 받았는가? 한번 시범을 보여주오!" 하니 "첩은 감히 숨길 수 없나이다. 가르쳐 주시기를 바라나이다." 하고 그 처녀 수레에서 내렸는데, 그 노인 숲 속의 왕대를 썩은 풀 베듯 잘라서 처녀를 찔러오자 왕대가 부러져서 땅에 떨어졌다. 그런즉 처녀는 부러진 대 조각을 주워들고 노인을 찌르니 노인, 황급히 나무 위로 날아 올라가더니 흰 원숭이가 되어 달아났다는 것이다. 이 광경을 초조하게 바라보던 사자는 이해할 수 없는 야릇한 꿈에 빠져든 듯했다는 것이다.

월왕 구천이 처녀에게 검술에 관해 묻자 그 처녀, "안으로 정신을 충실히 하고 밖으로 안일(安逸)을 보(保)하나이다. 종횡왕래에 눈 깜짝할 여유를 상대에게 주지 아니하나이다. 이 도를 얻는 자는 일당 백이요, 백당 만이오이다."라고 하였다. 구천은 용사 백 인에게 창으로 처녀를 찌르라고 하니, 백 명의 무사들이 사정없이 찔러오는데 그 처녀 그 창들 다 빼앗아 던져버렸다고 했다. 월왕 구천, 탄복하여 3천의 용사들에게 무술을 가르치게 했는데 1년이 지나자 그 처녀 본래의 남림으로 돌아가 버린 뒤, 월왕이 다시 그 처녀를 찾았으나 아무리 해도 간 곳을 알 수 없었다고 했다. 초(楚)나라 사람 진음(陳音)은 말하기를 "노(弩)는 궁(弓)에서 발달된 것이고 궁은 탄(彈)에서 생긴 것이며, 탄은 옛날 어떤 효자(孝子)가 시작했나이다. 옛날, 사람이 죽으면 들에 버렸아온데 한 효자가 부모의 시체를 금수가 먹지 못하게 하려고 탄을 만들어서 지켰나이다. 신농(神農)황제께서 나무를 반달형으로 구부려 시위를 만들고 나뭇가지를 깎아 살을 만들었나이다. 이와 같은 무기의 위력이 사방에 떨쳤나이다. 초나라 형산(荊山)에 특히 활 잘 쏘는 사람이 있었는데 어릴 때부터 활쏘기를 익혔고 그 도를 예(羿)에게 전했고, 예는 봉몽(逢蒙)에게 전했으며 봉몽은 금씨(琴氏)에게 전했나이다. 금씨는 궁시만으로는 제후를 억제할 수 없어 노를 만들었고, 금씨는 이 노를 초삼후(楚三侯)에게 전하니 초는 이로써 대대로 이웃나라의 침범에 대비했나이다. 신의 5대조는 이 기술을 초나라에서 배우고 신에 이르기까지 대대로 종사하와 노를 쓰는데 새도 날아갈 여유가 없고 짐승도 달아날 사이가 없나이다."라 했다. 구천왕은 그에게 3천 군을 학습하게 했다는 것이다. 진음은 연노법(連弩法)으로 화살 3개를 동시에 발사하여 그를 대항할 사람이 없었다는데, 진음이 죽자 후하게 장사 지내주고 그 산을 진음산(陳音山)이라 이름 지어 그를 길이 기념하게 했다.

와신상담(臥薪嘗膽)은 아무나 할 수 있는 행위가 아니다. 월나라 구천과 같이 뼈에 사무친 원한과 그걸 꼭 갚으려는 각오를 하늘에 새기고 땅 속 깊이 묻을 만한 결심이 있는 사람이 아니면 불가능한 일이라 할 것이다. 생각해 보면 구천왕 만큼 독하고 모질며 또 그 지독한 마음을 아무렇지 않은 듯 숨기고 밖으로는 원수에게 언제나 고개 숙이고 엎드려 간까지 빼어 줄 것 같은 복종심으로 가장하여 있는 것은 물론 때로는 눈에 보이지 않는 것도 억지를 써서라도 만들어 바칠 만큼 무서운 사람이 아니면 상상할 수 없는 일이라 할 만하다. 미인계를 실현하기 위해서 국가적 총력을 기울이고 적국 오나라의 재정 탕진을 촉진시키고 환락의 큰 궁전을 짓게 하려고 해를 넘겨가며 유례없는 대 신목(神木)을 찾는데 수많은 인력을 동원하는가 하면 곡식을 빌렸다가, 빌린 고마움을 표시하기는커녕 되갚아 주면서 솥에다 넣고 쪄서 주는 심보는 상상하기 어려운 행태라 할 것이다. 그런 작전의 중심 인물에 문종(文種)이 있었고 범려(范蠡)가 있었다.

어느 날 오자서가 눈물을 흘리며 오왕 부차에게 상주했다는 것이다. "신이 듣자오니 월왕 구천은 와신상담 하면서 거국적으로 군대를 밤낮으로 조련하여 검술(劍術)과 궁노술(弓弩術)이 매우 능숙해졌다 하온데, 그들이 침범해 오면 막을 길 없사옵니다." 그러자 오왕 부차는 백비에게 물으니 백비는 "월나라는 대왕께서 하사하신 토지를 지키기 위해 군사 조련을 하는 것이오이다." 했다는 것이다. 그럴즈음 제(齊)나라 진항(陳恒)은 대대로 높은 벼슬 해 오면서 제나라를 전단할 야심을 길러오다가 급기야 그 야심을 발로시켜 제간공(齊簡公)을 부추겨 노(魯)나라를 치게 되었다. 노나라 공자(孔子)는 시서(詩書)30)를 저술하고 있었는데 제나라가 침공해

30) 시서(詩書) : 孔子는 전래해오던 수천 편의 시를 정리하여 고른 300편을 묶어 「시경・詩經」이라 하였다

온다는 소식을 듣고 제자 자공(子貢)을 보내어 제의 진항을 달래어 되돌려 보내기로 했다는 것이다. 진항이 공자의 고제자(高弟子) 자공을 맞아 먼저 물었다. "선생이 오신 것은 노나라를 위해 오신 것이 아니오이까?" 하니 자공이 "제가 온 것은 노나라를 위해서 온 것이 아니고 제나라를 위해서 온 것이오이다."라고 답하자 진항은 "선생의 가르침을 받겠나이다." 하였는데 자공, "노나라는 토벌하기 어려운 나라인데 상국께선 어찌하여 예까지 출동하셨나이까?" "어째서 노나라 치기가 어렵다는 것이오이까?" "노국 성곽은 얇고 낮으며 호수(湖水)는 좁고 얕고 그 임금은 약하고 대신들은 무능하고 군사는 훈련되지 않았으므로 치기가 어렵다는 것이요. 상국을 위하는 계책으로는 오(吳)를 토벌함만 못하오이다. 오는 성이 높고 연못이 넓으며 병갑이 정리되고 양장(糧仗)[31]이 든든하오니 이는 공격이 용이한 것이오이다." 하는 자공의 말에 진항은 어리둥절 "선생의 말씀은 어렵고 쉬운 것이 거꾸로 되었으니 이해할 수가 없소이다." 하니 자공은 주위를 물리치라 하고 귀엣말로 "일찍이 듣자온즉 근심이 밖에 있을 때는 그 강한 것을 친다 했사온데 상국의 제(齊)나라 형세를 엿보면 여러 대신들과 같이 더불어 일할 수가 없나이다. 이제 약한 노(魯)나라를 공격하면 여러 대신들이 공을 이루는 것이 되고 상국에겐 돌아오는 것이 없나이다. 그렇게 되면 여러 대신들의 세력은 날로 강성하고 반대로 상국은 위태해지오리다. 만약 오나라로 군대를 옮기면 대신들은 밖으로 강적에게 곤란해지고 상국은 제국 정치에 전단할 수 있으오리다. 이 계획, 어찌 가장 편리하지 않으오리까?" 진항이 그 말 따라 "선생의 말씀 진항의 폐부를 찌르나이다. 하오나 노나라 문상(汶上)까지 출동

31) 양장(糧仗) : 군량과 무기

한 제나라 군사를 새삼 동오(東吳)로 정벌해 간다고 한다면 나에게 쏟아지는 의심의 화살을 어찌 다 감당하오리까?" 자공이 말했다. "상국께서 군대를 주둔만 시키고 있으면 내가 오나라에 가서 부차왕에게 노나라를 구하여 제나라를 정벌하게 한 뒤, 상국께서 오나라와 싸우시면 이는 외적을 막는 유익한 일이 되오리다."라 하고 자공은 부차왕을 만나러 오나라로 갔다는 것이다. 자공이 부차왕에게 헌책(獻策- 방책을 올리는 것)했다. "제나라는 원한이 골수에 사무쳐서 노나라를 침공해 오는데 노나라 망하면 다음은 오나라로 침공해 올 것이오이다. 만승지국(萬乘之國)[32)]인 제나라를 패퇴(敗退)시키고 천승지국인 노나라를 구원하시면 오나라는 위엄이 천하에 떨쳐서 패권(霸權)을 차지할 것이오이다." 오왕 부차가 말했다. "제나라는 대대로 오나라를 섬긴다 해서 과인이 회군하였소. 그런데 이제 와서는 조공을 바치지 않아서 토벌하려던 차였소. 단지 월나라가 오나라를 침략할 뜻이 있는 것 같아서 먼저 월을 토벌하고 다음 제나라를 원정해도 늦지 않을 것이오." 자공이 말했다. "월은 약하고 제는 강하오니 월을 정복함에 이로움이 적고 제를 내버려두는데 우환이 크오이다. 약한 월을 두려워하고 강한 제를 피함은 용맹치 못하여 적은 이익을 따라가다 대환(大患)을 잊는 것은 지혜롭지 못하오이다. 지혜와 용맹을 잃고 패권을 어찌 경쟁하오리까? 월왕 구천은 3년이나 대왕 밑에 굴종했기에 대왕의 위력을 잊지 못 할 것이오이다. 신은 월나라로 가서 구천왕을 타일러 대왕의 앞잡이노릇 하게 하오리다." 그 말에 오왕 부차 크게 기

32) 만승지국(萬乘之國) : 1만의 병거(兵車)・전차(戰車)를 갖춘 강대국. 주나라 때 천자는 1만대의 병거를 갖추어야 하는 제도가 있었다. 천승국은 제후국. 백승지가(百乘之家)는 병거 1백을 갖춘 경・대부의 지위를 말함 『동아백과사전』 11, 단기 4319(서기 1986), p392

뻐하여 "선생이 그렇게 수고해 주신다면 기쁘기 그지없겠오." 자공은 월나라로 가서 구천왕에게 "오왕 부차는 교만하고 놀기를 즐기며, 태재 백비는 탐욕 많은 사람으로 아첨 잘하니 대왕께서 많은 뇌물로 그의 환심을 사시고 친히 군대를 영솔하여 제나라 토벌에 참가하시오, 오왕 부차가 전쟁을 이기지 못하면 그 세력이 감할 것이고, 승전하면 제후를 패(覇)하려고 진(晋)나라를 공격할 것인데 그 기회를 잃지 마시기 바라나이다." 월왕 구천은 "선생이 오심은 하늘의 도우심이오. 가르침대로 시행하오리다." 하고, 자공에게 황금 백 일과 보검 한 자루, 말 두 필을 하사했는데 자공은 사양했다는 것이다. 자공은 또다시 오나라로 가서 "구천은 대왕의 덕에 감격하고 또 대왕께서 의심하신다는 소식 듣고 곧 사신을 보내 사과한다 하오이다."라고 부차왕에게 말했다는 것이다.

월나라 구천은 군사 3천을 보내고 오나라 부차는 9군(九郡)의 군대를 모두 징발, 제나라를 정벌하는데 먼저 구곡(句曲)에다 별관을 건축한 뒤 오동나무를 심어 오궁(梧宮)이라 이름 짓고 서시(西施)를 보내서 피서하게 했다. 승전하는 날 오궁에서 여름을 지내고 귀국하려는 계획이라 했다. 그때 오자서가 간했다. "월은 우리 마음속의 병이고 제는 피부병 같으오이다. 지금 대왕께선 10만 대병을 일으켜서 천릿길을 가시어 피부병을 고치고자 뱃속에 있는 큰 병을 잊으시나이까? 신의 생각으로는 제나라를 이긴다 해도 월의 화는 올 줄 아나이다." 그 말에 부차가 노하여 "과인이 출정하는데 늙은 도적이 상스럽지 못한 말을 하는데 이는 무슨 죄에 해당하는가?" 그때 백비가 간하길 "그는 선왕의 늙은 신하이온데 직접 죽이시면 안되옵고 그를 제나라로 보내어 전쟁하자 하시면 제나라에서 그를 죽이게 될 것이오이다." 드디어 오자서는 오나라가 망할 것을 예측하고 아들 오봉(伍封)을 데리고 제나라 임치(臨淄)로 가서 제간공(齊簡公)에게 국서를 전하니 간공은 오자서를 죽이려하자 그때 포식(鮑息)이 간했다. "오자서는 오나라의 충신이요. 오자서의 만류를 듣지 않아 전쟁이 일어난 것이외다. 지금 오자서를 제나라에 사신으로 보낸 것은 제나라의 손을 빌어 그를 죽이려는 꾀이오니 돌려보내야 하나이다." 오자서는 아들 오봉을 포식의 집에 두고 그 이름을 왕손봉(王孫封)이라 고쳐 부르게 하고 오씨(伍氏) 성을 쓰지 못하게 했다. 오나라 부차는 출군(出軍)할 날을 정하고 고소대에서 점심 먹은 뒤 졸다가 꿈을 꾸었다. "꿈에 장명궁(章明宮)에 들어가 가마솥 둘에 불을 때도 음식이 익지 않고 검은 개 두 마리가 있는데 호남(嘷南) · 호북(嘷北)이라 부르고 또 호미 두 자루가 궁장 위에 얹혔고 물이 전당에서 철철 흘러내렸다. 뒷방에서는 북소리도 종소리도 아니면서 대장장이 소리 비슷하게 들렸다. 앞동산엔 오동나무가 옆으로 생장했는데 태재는 해몽해 보오." 태재 백비, "참으로 길몽을 꾸시었나이다. 군대를 출동하여 제나라를 토벌하는 꿈이오이다. 장명(章明)은 적군을 파하여 소리가 명랑하다는 것이요, 고기가 익지 않음은 대왕의 덕이 성하여 기운에 여유가 있다는 것이며, 개 두 마리의 호남(남에서 짖음) · 호북(북에서 짖음)은 4방 오랑캐가 조회 온다는 것이고, 호미 두 자루가 궁장에 꽂힌 것은 농부가 농공에 진력한다는 것이며, 궁중에 물이 흐름은 이웃나라 조공으로 재물이 충만함이요, 소리는 궁녀들이 화합하여 노는 것이요, 동산에 오동나무가 가로 나온 것은 금슬(琴瑟)의 화음을 뜻하는 것이오니 이번 출정은 매우 길한 일이 될 것이옵니다."라고 했다는 것이다. 부차는 또 왕손낙(王孫駱)에게 물으니 "양산(陽山)에 이인(異人) 공손성(公孫聖)이 있는데 박학다문(博學

多聞)으로 소문났소이다. 그에게 해몽 시키시기를 아뢰오." 마음 조급해진 부차왕 그대가 급히 불러오라 하니 왕손낙 지체 없이 수레 몰아 공손성에게 왕명을 전하자 공손성 땅에 엎드려 울었다. 그의 아내가 "미천한 신세에 갑자기 왕명 받으시니 감격의 울음이 나오는 것이오?" 하니 공손성 "일찍이 나의 수명을 헤아려 여기까지 왔다. 이제 부인과 영이별이로다." 하고 하늘 우러러 크게 탄식했다는 것이다. 궁으로 가서 부복해 있는 공손성에게 부차왕이 꿈 얘기를 했다. 공손성 다 듣고 나서 "신은 입만 열면 즉시 죽을 줄 아나이다. 죽더라도 감히 말 아니할 수 없겠나이다. 대왕의 꿈은 괴상하오이다. 장(章)은 싸움에 이기지 못하고 장황(章皇- 張皇?)히 달아나는 것이고, 명(明)은 가는 데는 밝고 성취하는 데는 어두운 것이오며, 두 가마솥에 익지 않는 식품은 대왕이 패주하고 익은 음식을 얻지 못하시나이다. 두 마리 개의 검은 빛은 음류(陰類)이니 음방으로 달아난다는 것이오며 궁장에 꽂힌 호미 두 자루는 월나라가 오나라를 침입하여 사직을 패 내는 것이오이다. 전당에 물 흘러 들어감은 후궁이 공허하다는 것이고 후방의 대장간 소리는 후궁이 포로가 되어 탄식하는 소리이옵고, 오동이 가로나온 것은 오동으로 명기(冥器- 저승에서 쓰는 용기)를 제작하는 것이니 순장(殉葬)을 기다리는 것이오이다. 대왕께서 제나라 토벌을 그만두시고 태재 백비를 월나라로 보내서 관(冠)을 벗고 어깨를 드러내어 구천에게 사죄하면 나라는 안전하고 몸은 보전하오리다." 그러자 백비가 "시골 필부가 요망한 말을 지껄이니 죽어 마땅하다." 하니 공손성 눈을 부릅뜨고 "태재(太宰)는 높은 자리에 앉아서 중록을 먹으면서도 지충보국(至忠輔國- 지극한 충성심으로 나라일에 보필함)을 생각지 않고 아첨만 일삼는데 월(越)이 오(吳)를 파멸할 때 홀로 목숨 보전할 수가 있는가?" 그때 부차왕이 "야인(野人)은 무식해서 난폭한 말만 하니 죽이지 않으면 많은 사람에게 악영향을 끼친다." 하고 역사 석번(石番)을 돌아보며 "저놈을 철주로 박살하라." 공손성 하늘 우러러 부르짖었다. "황천은 내가 억울한 것을 아신다. 충성으로 죄 얻고 이 몸 무고히 죽는구나. 죽은 뒤 매장하지 말고 시체를 양산(陽山) 아래 던져두면 후일 대왕께 보답하오리다."

제나라 대장 국서(國書)와 오나라 상장군 서문소(胥門巢)가 애능(艾陵)땅에서 부딪쳐 싸웠는데 오나라 서문소가 패했다. 이튿날 오왕 부차는 노(魯)나라 장수 숙손주구(叔孫州仇)로 제 1진, 전여(展如)로 제 2진, 왕자고조(王子姑曹)로 제 3진을 치게 하고 서문소(胥門巢)로 하여금 월나라 군사 3천으로 적군을 유인케 했다. 오왕 부차는 백비를 대동하고 고부(高阜)에 주둔했다. 서문소가 제(齊)군 진영으로 가까이 다가갔다가 위험하면 퇴각하고 또 쳐들어갔다가 퇴각하기를 반복하고 양 진영이 결전하기를 거듭하는데 오왕 부차가 3만 명으로 제나라 대군을 3분하여 교란시키니 제나라 원수(元帥) 국서(國書)의 군사 10만 명이 궤멸되었다는 것이다. 제나라 장수 공손하(公孫夏)는 생포되고 공손휘(公孫揮)는 서문소에게 찔려 죽었으며 제의 원수 국서는 탄식하며 "나는 10만 대군으로 오군(吳軍)에게 패했으니 무슨 면목으로 환국하겠는가?" 하고 갑옷 헤쳐 풀고 오군 진영으로 뛰어들어 죽었다고 했다. 오왕 부차는 월(越)나라 3천 군사를 이끌고 온 대부 제계영(諸稽郢)에게 "그대는 오군이 강함을 보았는데 월군에 비해 어떠한가?" 하니 제계영 "오군이 강함은 천하에 당할 자가 없나이다. 더구나 약한 월군이야 말할 것도 없나이다."라고 하니 오왕 부차 크게 기뻐하며 상을 주고 귀국하게 했다는 것이다. 오왕 부차 구곡(句曲)에 새로 지은 오궁(梧宮)에 들어 서시를 보고 말했다. “과인이 이곳에 미인을 머물게 한 것은 전승 후 어서 빨리 그대를 만나려 한 뜻이오.” 때는 초가을, 서늘바람이 무성한 오동나무 숲에 들어 떠날 줄 모르고 부차왕은 서시와 술을 마시고 즐겁게 노는 겨를, 어느새 밤 깊어 인적 끊어진 어둠 속에서 난데없는 노랫소리 들렸다고 했다. 바람결에 실려 오는 어린아이들의 노래 “오동잎 차거운데 오왕 부차 자느냐? 깨었느냐? 넓은 오동잎에 가을은 오왕 수심 가득 실어오리라.” 오왕 부차 그 아이들 붙잡아 “과인은 하늘이 점지하셨고, 신(神)이 시키는 일을 실행하는데 무슨 근심 실어온단 말이냐?” 하고 죽이려하자 서시가 이를 말렸다고 했다.

충신은 죽고- 궁에 돌아온 부차왕 앞에 백관 모두 하례하는데 오자서 말 한마디 없었다. 부차왕이 “상국은 제(齊)를 치지 말라고 간했으나, 지금 개선한 마당에 전공 없는 상국은 부끄럽지 아니한가?” 하니 오자서 팔을 거두며 “하늘이 나라를 망하게 할 때, 조그마한 기쁨을 주고 뒤에 큰 우환이 오게 하오. 신은 큰 걱정거리 올까 두려워 하오.”라고 말하자 부차왕 “오랫동안 내 귀가 깨끗하였더니 지금 돌아와 다시 상국의 잔소릴 듣는구려!” 하며 부차왕 귀 막고 눈 가려 맥없이 앉았다가 “괴상하군!” 하니 군신들 “대왕께오서 무엇을 보시었나이까?” “사람 넷 서로 등 대고 의지하더니, 금방 사방으로 달아나고, 전각 아래 사람 둘 서로 대립하다가 북향했던 사람이 남향했던 사람을 죽였다. 제경(諸卿)들은 못 보았는가?” “신 등은 못 보았나이다.” 그때 오자서가 말했다는 것이다. “네 사람 달아남은 사방이 떠나 흩어지는 현상이고, 북향인이 남향인을 죽인 것은 아랫사람이 윗사람을 살해하는 것으로 신하가 임금을 시(弑)함이오이다. 대왕께서 경성(警省) 아니하시면 신시국망(身弑國亡- 몸이 시해되고 나라 망함)의 화가 있으오리다." 부차왕 "네 말 너무 지나치다." 하고 노하여 소리쳤다고 했다. 그러자 백비가 "사방이 이산하여 오정(吳庭- 오나라 조정)으로 달아남은 대주(代周- 천자국인 주나라를 대신함)할 일이 있을 것이니 이것은 신범기군(臣犯其君- 신하가 그 임금을 범함)이오이다."라고 말하니 부차왕 "태재의 말 내 마음 열어주고 상국은 이미 노망(老妄)해서 채택할 만한 말이 없다." 그 당시 오나라 고관들은 월나라 뇌물 먹지 않은 사람이 누군지 모를 지경이라 했다. 다만 오자서만은 결코 콩알 하나만큼도 이유 없는 것은 받지 않았다고 했다. 월나라 구천왕이 군사 이끌고 오왕에게 전승 축하를 하러 왔을 때 오왕 부차가 문대(文台)에 주연을 배설했는데 월왕 구천이 시좌(侍坐- 앉아서 모심)하고 대부들은 시립(侍立- 서서 모심)했는데 부차왕 기분이 좋아서 "태재 백비는 공이 있어 장차 상경(上卿)을 받들고 월왕 구천은 나에게 효성이 있으니 장차 토지를 더 봉하려 하는데 여러 대부들의 의향은 어떠한가?" 하고 물으니 군신들 한결같이 "대왕의 뜻 바다 같이 넓으시오이다." 했는데, 오자서는 땅에 엎드려 눈물 흘리며 말했다는 것이다. "오호애재(嗚呼哀哉)라, 충신의 입은 가려버리고 아첨하는 자는 구부러진 것을 바르다고 하도다. 이렇게 간신을 기르니 오나라는 장차 망하리라. 종묘사직 빈 터 되고 궁전엔 가시덤불 엉키리라." 그 말 들은 부차왕 화가 털끝까지 치밀어 소리 질렀다고 했다. "늙은 놈, 요망스런 말로 권리를 전단하려 한다. 과인은 전왕의 신하를 죽일 수는 없다. 당장 물러가서 자결하고 다시는 내 눈 앞에 보이지 않도록 하라!" 오자서 목메어 말했다. “노신이 만약 불충불신(不忠不信) 하였다면 전왕의 신하 되지 못하였을 것이오이다. 빌건대 용봉(龍逢)[33]은 걸(桀)을 만났고, 비간(比干)[34]은 주(紂)를 만났으니 신이 죽으면 대왕도 따라 망하오리다. 신은 대왕과 영별하고 다시 보지 않겠나이다.” 하고 물러났는데, 부차왕은 사람을 시켜서 오자서에게 촉루검(屬鏤劒)[35]을 내렸다. 오자서는 맨발로 뜰 아래 내려 탄식하며 “하늘이여, 선왕(先王)이 부차(夫差)를 왕으로 세우지 아니하려 하였으나 내 힘 썼기에 그가 왕위에 올랐도다. 또 초(楚)를 파하고 월(越)을 쳐서 오(吳)의 위엄이 제후에 더했다. 이제 부차왕이 내 말을 쓰지 않고 도리어 내게 죽음을 주니 내 오늘 죽으면 내일 월나라가 쳐들어 올 것이다. 그리고 부차왕의 사직을 파헤칠 것이다.” 오자서 또 부인에게 “내 죽으면 내 눈을 뽑아서 동문에 달아 월나라 군사가 쳐들어오는 광경을 보게 하라.” 하고 스스로 목 찔러 죽었다는 것이다. 오자서가 죽었다는 소식 듣고 부차왕이 와서 그 시체를 보고 “자서야, 네 죽은 뒤 무엇을 알겠는가?” 하고 오자서의 목을 잘라 반문(盤門) 성루에 달고 그 시체를 강물에 던지게 하였더니 오자서의 시체, 조수를 따라 밀려 올라왔다가 밀려 내려가기를 반복하니 두려움에 질린 사람들 그 시체 오산(吳山)에 매장하고 그 산 이름을 서산(胥山)[36]이라 고쳐 불렀다고 했다.

---

33) 용봉(龍逢) : 하나라 걸왕의 무도함을 간하다가 피살됨. 성 관(關)씨

34) 비간(比干) : 은나라 주왕의 숙부. 주왕의 악정을 간하다가 심장 찢겨 죽음. 기자(箕子) 미자(微子)와 은나라의 3인(三仁)이라 함

35) 촉루검(屬鏤劒) : 중국의 촉루라는 곳에서 만든 유명한 칼 『사기·史記』에 ‘사오자서 촉루지검(賜伍子胥 屬鏤之劒)’이라는 대목이 있다. 『대한한사전』 p602

36) 서산(胥山) : 오자서의 산이란 뜻. 거기에 자서묘(子胥廟)를 세워 청나라 때까지 있었다는데, 중국문화혁명 이후 그 존폐를 알 수 없다. 오자서는 원래 초나라 사람이었는데 이름은 원(員), 그의 아버지와 형이 초나라 평왕(平王)에게 피살되자 망명, 오나라를 도와 초나라를 쳐서 원수를 갚았다. 생몰연대 ?~485.BC

부차왕은 태자 우(友)로 나라를 지키게 하고 친히 정병을 통솔 노나라 애공(哀公)과 고부(槖皐)에서 회합하고 발양(發陽)에서 위(衛)나라 출공(出公)과 회합한 뒤 제후(諸侯)들과 대회를 황지(黃池)에서 개최하여 진(晋)나라와 맹주(盟主)를 다투려 했다. 틈을 노리고 있던 월나라 구천왕은 이때를 타서 오나라를 습격했다는 것이다. 오나라 장수 미용(彌庸)은 월나라 장수 설용(泄庸)에게 죽고 오나라 태자 우(友)는 월군에게 죽을 것을 두려워하여 자살했다는 것이다. 월군이 성 밑으로 물밀어들자 왕자 지(地)는 성문을 굳게 닫고 지켰다. 구천은 수군을 태호에 주둔하게 하고 범려를 시켜 고소대(姑蘇臺)를 태웠는데 달포가 지나도 불이 붙고 있었다고 했다. 사태가 급박해지자 오나라 부차왕 주변은 초조한 기색이 돌기 시작했다. 오나라 왕손낙이 가만히 상주하여 "일이 위급하오니 대왕은 북을 울리고 도전하여 진(晋)나라의 기를 빼앗아야 하오." 했다. 이튿날 3만 6천 명이 일시에 북을 울리자 진군(晋軍)이 크게 놀라 동갈(董褐)을 오군에 보내어 부차왕을 알현시켰다는 것이다. 부차는 "주왕(周王)의 전지로 과인이 중한의 맹주가 되었는데 지금 진후(晋侯)가 말을 안 듣고 시간을 끈다. 오늘로 결정을 지어야겠다." 동갈이 돌아가 조앙(趙鞅)에게 "내 보기에 오왕 부차의 말은 강하나 기색이 참담하고 큰 근심이 있어 보였소. 혹시 월군이 오나라를 습격한 것 아닌지…." 진후는 다시 동갈을 보내어 부차에게 "국왕의 명이면 감히 거역할 수 있겠소이까? 오나라를 백(伯)으로 봉했는데 왕이라 일컬었으니 주(周)나라 왕실에서는 무어라 할 것입니까. 왕호를 버리고 공(公)이라 하면 명령에 복종하오리다." 했다. 그리하여 서로 화해하고 돌아오는 길에 부차는 백비를 불러 꾸짖었다. "경은 절대로 월이 침범 않는다 하여 출전했소. 이제 경이

가서 화친을 하오. 오자서에게 갔던 촉루검(屬鏤劍)이 아직도 있소.” 백비, 월왕 구천에게 달려가 애걸하니 구천왕이 물러났다고 했다. 이는 주(周)나라 25대 경왕(敬王) 38년의 일이라 했다.

공자의 말로- 다음해 노(魯)나라 애공(哀公)이 이상한 짐승을 잡았는데 공자에게 물으니 공자 탄식하며 하는 말 “그것은 기린인데 내 도(道)가 종말엔 궁하리라.” 말하고 노은공(魯隱公) 원년부터 애공(哀公)이 기린을 얻은 해까지 242년에 걸친 노국사(魯國史)를 편찬하고 『춘추 · 春秋』 『시 · 詩』 『서 · 書』 『예 · 禮』 『악 · 樂』 등 6경(六經)을 이 해에 이룩했다는 것이다. 위(衛)나라 세자 괴귀(蒯聵)는 척(戚)이라는 나라에 있다가 그의 고국 위로 돌아가고자 하였는데 그의 아들 출공(出公)은 부친의 입국을 거절했다. 위나라 세자 괴귀의 누님은 대부 공어(孔圉)에게 시집가서 아들 공리(孔悝)를 낳았다. 공리는 위나라 대부가 되어 출공을 섬겨 국정을 다스렸는데, 공어가 졸하자 공씨의 가신(家臣) 혼양부(渾良夫)는 공리의 모친과 사통했다는 것이다. 그는 키가 큰 미남이라 했는데, 공부인이 혼양부를 척으로 보내어 남동생인 세자 괴귀를 몰래 데려오게 했다는 것이다. 어느 날 공부인, 취해 돌아온 아들 공리에게 “부모의 족속(族屬) 중에서 누가 가장 친근한가?” 공리, “아버지 측으로는 백부요. 어머니 측으로는 외숙부(外叔父- 세자 괴기)이오이다.” 공부인, “너는 이미 지친(至親- 지극히 가까운 친척)이 외숙(外叔)인줄 알면서 어찌하여 어미인 나의 동생 괴귀는 용납 못하는가?” 공리, “아들을 폐하고 손자인 출공(出公)을 세우라는 선군(先君)의 유언을 자식은 감히 어기지 못하나이다.” 그리고는 변소에 갔다오는 아들 공리를 붙들어 세자 괴귀 앞에 꿇리고 절을 하게 하며 "오늘에야 외숙을 따르겠는가?" 공리, "명령에 복종하오리다." 공부인은 아들 공리에게 가갑(家甲- 갑은 갑옷이란 뜻이니 가갑은 집안의 사병을 말함)을 모집하게 하고 혼양부에게 통솔케하여 공궁(公宮- 세자 괴기의 아들인 출공)을 습격했다.

출공(出公)은 사세 위급함을 깨닫고 공리를 부르라 했는데, 좌우에서 "공리는 사건의 장본인이요." 하였다는 것이다. 출공, 노나라로 망명하고 말았다고 했다. 공자의 제자 자로(子路)는 공리의 가신이라 했다. 자로는 공리가 위험에 처했다는 말 듣고 "나는 공씨의 녹을 먹고 지냈는데 어찌 그를 구하지 않겠소." 하고 무리하게 성으로 들어가려다 갓끈이 끊어지고 중상을 당했는데도 "군자는 죽어도 관을 벗어서는 안된다." 하고 끈을 고쳐 관을 다시 쓰고 죽었다는 것이다. 괴귀가 즉위했는데 그가 장공(莊公)이라 했다. 공자는 괴귀의 변란 소식을 듣고 제자들에게 "고시(高柴)는 무사히 돌아올 것이고, 자로는 죽을 것이다." 했다는데 제자들이 그 이유를 물은즉 공자, "고시는 대의(大義)에 밝으니 위태한 경우를 만나도 안전할 것이고 자로는 용기가 있어서 죽음을 두려워하지 않는 성질이므로 그런 변란에 생명을 보전키 어렵다."라고 했다는 것이다. 얼마 안 되어 위나라 사자가 공자에게 "우리 임금께서 새로 즉위하시고 선생을 사모하여 진기한 음식을 올리나이다." 하고 음식을 올렸다고 했다. 공자, 재배하고 받아 그 그릇을 열어보니 소금에 절인 고깃덩어리였다. 공자, 사자를 돌아보며 "이것은 내 제자 자로의 고기가 아닌가?" 사자는 놀라 황망히 대답하기를 "그러하오이다. 그런데 어떻게 아시나이까?" 공자, "자로 죽은 고기 아니고는 위군(衛君 · 장공)이 일부러 보낼 이치가 없소." 하고 자로의 고기를 매장시켜 주었다는 것이다. 그 사건 있은 지 얼마 안 되어 공자 신병을 얻어 다시 일어나지 못했다는데 향년 73세요, 때는 주(周)나라 경왕(敬王) 41년 4월 기축일(己丑日)이라 했다. 북부(北阜- 북쪽 언덕이란 뜻)굽이에 안장했는데 분상 크기 1경(頃- 밭의 100이랑)이나 되었고 무덤엔 새들이 감히 깃들지 못했다는 것이다. 여러 나라에서 대성지성문선왕(大成至聖文宣王)이라 봉(封)했고 후에 대성지성선사(大成至聖先師)라고 개칭했다는 것이다. 천하에 모두 문묘(文廟)를 세우고 봄 가을 제향(祭享- 제사의 높임말, 나라에서 지내는 제사)을 받들어 올렸다는 것이다. 위 장공(衛·莊公)은 대부 공리(孔悝)를 첩(輒)의 도당[37]으로 의심하여 술 먹여 축출하니 공리는 송(宋)으로 달아났다는 것이다.

---

37) 첩(輒)의 도당 : 첩은 사람 이름. 『춘추·春秋』에 위후의 형 첩을 몰래 죽였다(도살위후지형첩·盜殺衛候之兄輒)는 대목이 보인다.『대한한사전』교육서관, 단기 4320(서기 1987), p1719 첩은 노(魯)로 망명한 출공(出公)의 이름이다.『중국의 역사』2 p282

5. 꽃그늘에 쓰러진 도깨비춤

월(越)나라 구천왕(句踐王)이 기원전 478년(주나라 敬王 42년) 드디어 오나라로 쳐들어갔다. 오왕 부차(夫差)가 주색에 빠져 정사에 소홀하고 해마다 흉년 들어 민심이 흉흉하다는 정보를 잡고 와신상담(臥薪嘗膽)의 원한을 풀 기회라고 판단했기 때문이었다. 가는 도중 구천왕이 성이 잔뜩 난 큰 거북을 보고 엄숙히 서서 존경스런 눈길로 바라보고 있었다고 했다. "과인이 그 거북 보니 무적의 투사 같은 기품이 있어 존경의 염으로 바라보고 있었노라." 하니 군인들 모두 "우리 임금, 거북에게도 경의를 표하는데 훈련 받은 우리 투사에게 거북만 못한 생각이 있겠는가?" 하고 모두 죽을 각오로 대적할 각오를 다졌다는 것이다. 구천왕이 군령을 내렸다. "부자(父子)가 군(軍)중에 있으면 아버지는 돌아가고, 형제가 군(軍)중에 있으면 형은 돌아가고, 가정에 부모 있고 형제 없는 자는 돌아가라." 그 말 따라 환호성이 일다가 범법자를 참(斬)하니 돌연 군중이 숙연해졌다는 것이다.

만뢰(萬籟- 자연 만물이 내는 온갖 소리) 죽은 듯 고요가 땅을 삼켜버린 한밤, 갑자기 소리소리 큰 북들 울려 오나라 군대를 뒤흔들어 꿈결을 헝클어놓더니 월왕 구천이 6천 정병을 거느리고 소리 죽여 오나라 중군을 습격했다. 오나라 군사들 수없이 죽고 황망히 달아나는데 월왕 구천, 3군(三軍)을 통솔하고 급히 추격하여 입택(笠澤)에 이르렀다. 거기 전투에서도 오군은 대패하여 명장 왕자고

(王子姑), 조서(曹胥), 문소(門巢) 등이 모두 죽었다고 했다. 일시에 와락 태산 무너지는 그 소식에 놀라 오왕 부차, 밤새도록 숨가쁘게 도망하여 국도(國都)로 돌아가 성문을 굳게 닫고, 월왕 구천은 횡산(橫山)으로 진군하여 성 하나 짓고 월성(越城)이라 했다는 것이다. 포위당한 오나라 서울, 시민들 불안에 오래도록 떨고 백비는 병을 빙자하여 집에 누워만 있었다고 했다. 오왕 부차, 더 견딜 수 없어 왕손낙(王孫駱)을 시켜 웃옷 벗고 무릎으로 기어 월왕 구천 앞에 나가 항복을 애걸했다는 것이다. "신(臣) 부차(夫差), 회계(會稽)에서 죄 짓고 감히 명을 거스리지 못해 대왕과 평화조약을 맺고 왔나이다. 이제 대왕께서 군대를 출동하여 신에게 벌 주시니 신 역시 대왕께 회계에서와 같이 사죄하나이다." 월왕은 그 말에 불쌍한 생각이 들어 허락할 생각이 있었으나, 범려는 "20년을 두고 벼르다가 지금 거의 일을 끝낼 참에 되돌릴 수 있나이까?" 하고 끝내 평화를 허락하지 않았다. 오나라 사신이 일곱 번이나 그렇게 왕래해도 범려는 결코 듣지 않았다고 했다. 그리고 북 치며 공격하니 오군은 다시 대항하지 못했는데, 문종(文種)과 범려(范蠡)는 서문(西門)을 깨고 입성할 것을 의논했다는 것이다. 그날 밤 오성 남쪽을 바라보니 성 위에 오자서(伍子胥)의 머리가 달렸는데 수레바퀴처럼 커 보이고 두 눈엔 번갯불 튀길 것 같았으며 두발(頭髮)과 수염은 사방으로 뻗쳐있었다고 했다. 눈에서 발산되는 광채, 십리 밖에서도 보였다는 것이다. 그 광경 바라본 월군 모두 두려움에 질려 있었는데, 밤중에 남문 밖에 폭풍이 일어 비 쏟고 번갯불 번쩍번쩍 돌이 살같이 날아다녔다고 했다. 월군은 나는 돌에 맞아 죽거나 부상을 당했고 강에는 배의 밧줄이 풀려 이을 수가 없었다고 했다. 문종과 범려가 급히 남문을 향해 사죄하자 폭우가

멎었다고 했다. 문종과 범려, 꿇어앉아 날 밝기를 초조히 기다리고 있을 때 비몽사몽간에 생시와 같이 위엄이 펄펄한 오자서가 백마가 끄는 소차(素車- 꾸밈새 없는 수레 또는 흰빛 나는 수레를 말하는 듯)를 타고 와서 말하기를 "나는 월군이 쳐들어 올 것을 미리 알고 내 잘린 머리를 동문 위에 달아두면 너희 월군이 입성하는 것을 보겠다 했더니 내 머리를 남문 위에 두었던 것이다. 나의 충심이 미진해서 내 매달린 머리 아래로 너희 군대가 입성하는 꼴을 나는 차마 보고 견딜 수 없어서 풍우를 일으켜 너희를 막았노라. 그러나 월나라가 오나라를 차지하는 것은 하늘의 뜻이다. 내 어찌 능히 너희를 막을 수 있을소냐. 너희들이 입성하려면 동문으로 들어가라. 내가 너희를 위해 길 열어 줄 것이다." 오자서의 그 현몽에서 깜짝 놀라 똑같이 깨어난 범려와 문종이 구천왕에게 보고하여 동문으로 이동할 때 홀연 큰 호수물이 서문(西門)에서 콸콸 쏟아져 내려 나성(羅城)에 큰 구멍이 뚫리고 복어가 무수히 뛰어놀았다는 것이다. 그 파도를 따라 입성할 때 범려는 "이는 오자서가 우리를 위해 길을 터 준 것이다." 했다는 것이다. 그 뒤 그 구멍이 문이 되어 문의 이름 전부문(鱄鮬門- 전어와 돌고래의 문)이라 했고 그 물에 봉초(封草- 무덤 위에 난 풀)가 많아 봉문(封門)이라고도 했는데 그곳은 오자서가 현령(顯靈)한 고적(古跡)이라 했다. 오왕 부차가 왕손낙과 세 형제를 데리고 양산(陽山)으로 도망쳤다는 것이다. 밤낮 달리다보니 배 고파 눈 흐려 앞이 보이지 않았는데 엎드려 냇물을 마시며 보니 부하들이 무엇인가를 씹어먹고 있었다. "너희들 먹는 것이 무엇이냐?" "벼 이삭 훑어 먹나이다." 부차왕이 말했다. "이야말로 공손성(公孫聖)이 죽기 전에 한 말, 화식을 못하고 장황히 달아난다는 그 말 그대로구나!" "내가 공손성을 죽여 이 양산 꼭대기에 버렸는데 지금 부르면 대답할까?" 하니 왕손낙이 "대왕께서 불러보소서." 부차가 소리쳐 "공손성!" 한즉 세 번을 응대하여 울림이 오니 부차왕 두려워 굴 속에 숨었다고 했다. 추격해 온 월군들 굴을 두 겹 둘러쌌을 때 부차왕 글을 써서 활을 쏘았다고 했다. "내 듣건대 사냥을 끝내면 개를 삶는다 하는데 적국을 멸한 뒤엔 모신(謀臣- 꾀를 도모한 신하)도 죽는 것이오. 대부는 어째서 오나라에 한 줄기 명을 잇게 하지 아니하오?" 그때 문종(文種)도 "오나라에 큰 과실이 여섯 가지 있는데 하나는 충신 오자서를 죽인 것이요, 그 둘은 직언한 공손성을 죽인 것이요, 그 셋은 아첨쟁이 백비를 중용한 것이요, 그 넷은 제(齊)와 진(晋)이 무죄한데 여러번 공격한 것이요, 그 다섯은 오와 월은 국경이 연접한 나라인데 침범한 것이요, 그 여섯은 월이 오의 전왕(합려)을 토벌했는데 보복할 줄 모르고 적국을 놓아두어 화를 끼치게 한 것이다. 이렇게 여섯 가지 큰 죄가 있는데 망함을 면할 수 있겠는가? 옛날, 하늘이 월나라를 오에 주었으나 오에서 받으려 아니했고, 지금 하늘이 오를 월에게 주니 월이 어찌 감히 천명을 거역할 것인가?" 부차왕, 문종의 글을 읽다가 "과인이 구천을 죽이지 않아 선왕의 원수를 잊어서 불효자가 되었으니 하늘이 오나라를 버리는 것이로다." 하니 왕손낙이 "신이 다시 월왕에게 가서 애원하오리다." 오왕 부차는 "과인이 복국(復國- 나라를 수복함)하기를 원치 않고 속국(屬國)이 되면 대대로 월나라를 섬기겠노라, 고 전하라." 왕손낙이 월군의 진영으로 갔으나 문종과 범려는 받아 들이지도 않아 울며 돌아가는 모습을 구천왕이 보고 오왕에게 "과인이 그대의 옛정을 생각하여 용동(甬東)지방에 부부 500가(家)를 주어 왕의 세상을 마치게 하려한다." 했다는 것이다. 오왕 부차,

"군왕이 오를 용서하면 오도 역시 군왕의 외부(外府)인 것이다. 만약 사직과 종묘를 없애버리면 신(臣)은 외롭게 늙을 수 밖에 없을 것이니, 죽을 수 밖에 길이 없다." 했으나 부차는 자결하지 못했다는 것이다. 구천왕이 문종과 범려를 불러 "두 분은 어찌하여 오왕 부차를 처분않고 살려 두려는가?" 문종, 범려 말하여 "인신(人身)으로 감히 임금을 죽일 수 없나이다. 주공께서 명령하시옵소서. 오래 지체하면 불가하오이다." 하니 그 말 따라 월왕 구천, 보광검(步光劍)을 짚고 군대 앞에 서서 사람 시켜 오왕 부차에게 고했다. "세상에는 만세를 누리는 임금이 없다. 모두 한번은 죽는 것이다. 하필 우리 군대가 왕의 몸에 칼을 대게 할 것인가?" 하니 부차왕 앞산이 꺼져라 한숨 쉬며 사방을 둘러보는 두 눈에 빗물 쏟아지는데 "내, 충신 오자서와 공손성을 죽였다. 지금 죽는 것은 오히려 늦었다." 말 마치자 목 찔러 자결했다는 것이다. 왕손낙은 웃옷 벗어 부차왕 시체를 덮은 뒤 허리띠로 목 매어 죽었다고 했다. 월왕은 양산(陽山)에서 예를 다하여 장례를 치르라 하니 밥그릇으로 한 사람이 한 그릇씩 흙을 올리니 순식간에 큰 무덤이 되었다고 했다. 구천은 부차왕의 세 아들을 용미산(龍尾山)에 유배했는데 후인은 이곳을 오산리(吳山里)라 불렀다는 것이다. 월왕 구천, 오나라 고소성에 들어 오궁에 좌정하자 백관이 하례했다는 것이다. 오나라 대부였던 백비도 전날 월왕 구천을 오왕 부차에게 잘 알선한 공을 믿고 거기 있었다는데, 그가 퇴출할 때 죽이고 그 집을 멸했다는 것이다. 월왕 구천은 제(齊) · 진(晋) · 송(宋) · 노(魯) 등의 제후들을 서주(舒州)에 집합시키고 주(周)에 조공하니 주 원왕(周 元王- 26代)은 구천을 동방의 백(伯)에 명했다는 것이다.

현자는 떠나고 꽃 찢겨지다- 그런 뒤 범려는 조각배를 타고 삼강(三江)을 건너 오호(五湖)로 들어가 자취를 감추었는데 떠날 때 문종에게 써 두고 간 편지에 "교토사(狡兎死)에 주구팽(走狗烹) 적국파(敵國破)에 모신망(謀臣亡)이오. 월왕 구천과는 환난(患難)을 같이할 수 있는 인물이지만, 안락(安樂)을 같이하지는 못할 인물이다. 내 지금 떠나지 않으면 화(禍)를 면치 못하리라." 했다는 것이다. 월왕 구천이 오나라에 포로가 되어 말똥이 수북이 쌓인 돌집에서 부부간에 지낼 때 범려가 옆에서 같이 고생했고, 오를 멸하는데 으뜸으로 공을 세운 것도 범려였다. 월왕 구천은 그 공적을 생각하고 범려의 처자를 거두어 백리의 땅을 봉(封-작토·爵土- 땅을 떼어 줌)해 주었고 순금으로 범려의 상을 주조하여 좌 우에 놓아 매일 바라보았다고 했다. 범려는 그 후 처자를 데려가서 제(齊)나라에 상경(上卿)이 되었는데 이름을 고쳐 치이자피(鴟夷子皮)[38]라 했다는 것이다. 독 푸른 욕망의 땅에 현자가 길이 머물 수 없었기 때문이라 할 것 같다. 오래지 않아 벼슬을 버리고 도산(陶山)으로 은퇴하여 축산업에 종사하여 천금의 재산을 얻었다고 했다. 그는 부자되는 책 『치부기서(致富奇書)』를 짓기도 했다는데, 후에 오나라 사람이 오강(吳江) 가에 범려의 사당을 세워 진(晋)의 장한(張翰)과 당(唐)의 육구몽(陸龜蒙)[39]과 함께 3고사(三高祠)를 설치하고 제향을 받들었다고 했다.

38) 치이자피(鴟夷子皮) : 치(鴟)는 솔개 부엉이 말똥구리 토란 올빼미 등 동식물, 특히 날짐승의 뜻이 많음을 보아 어디에도 얽매이지 않는 자연적이며 자의적으로 살아가겠다는 의지의 표현인 듯하다

39) 육구몽(陸龜蒙) : (서기 ?~881) 만당(晩唐)의 시인, 농학자. 자 노망(魯望), 호 천수자(天隨子)·보리선생(甫里先生), 어릴 때 6경(六經)에 능통, 역사서『춘추·春秋』에 조예가 있었다. 농경장려에 힘쓰고 유유자적한 생활을 보냄. 피일휴(皮日休)와의 화답시가 유명. 농서『뇌사경·耒耜經』1권 시문집『당보리선생문집·唐甫里先生文集』20권 『입택총서·笠澤叢書』4권·『동아백과사전』22, 단기 4319(서기 1986), p492

월왕 구천은 오나라 토벌한 상급을 시행하지 않았다고 했다. 시골 땅 한 치도 떼어준 일이 없었으며, 옛 신하들과도 멀어졌다고 했다. 많은 사람들이 이래저래 핑계 대고 사직하고 문종(文種)도 신병을 핑계로 조회에도 나가지 않았다고 했다. 오나라 멸한 뒤 문종도 쓸데없다 생각하고 없애려 하였으나 구실을 찾지 못하던 차였다. 노(魯)나라 애공(哀公)은 계(季) · 맹(孟) · 중(仲) 3가와 틈이 생겨서 월군을 빌어서 3가를 제거하려고 조공한다는 구실로 월나라에 왔으나 월왕은 문종을 꺼려서 군대를 발동하지 못했고 애공은 월나라에서 객사하고 말았다고 했다. 월왕이 문종의 집으로 문병 가서 "지사(志士)는 죽는 것을 근심 않고, 도(道)의 불행을 근심한다는데 경은 일곱 가지 기술이 있어서 과인이 오나라 파멸에 세 가지를 썼고 아직 네 가지 기술이 남았는데, 어디에 쓸 것인가?" 하니 문종은 "쓸 데가 없나이다." 그러자 구천왕이 "네 가지 기술은 오나라 땅 속 사람들에게 쓰는 것이 좋을 것이오." 하고 차고 있던 칼을 떼어놓고 돌아갔다는 것이다. 문종(文種)이 그 칼 집어보니 촉루(屬鏤)라고 조각되어 있었다. 오나라 부차왕이 오자서(伍子胥)에게 자결하라고 준 그 칼이라 했다.

문종(文種) "내가 범려의 권고를 듣지 않은 것이 어리석었다."라고 탄식하며 "백세 후에 세상 사람들은 나를 오자서와 같이 생각할 것이니 무슨 한 있으랴." 하고 자결했다는 것이다. 구천왕은 오나라에서 돌아갈 때 서시를 데리고 갔는데 월부인(越夫人- 구천의 비)이 가만히 데려 내다가 큰 돌에 묶어서 강물에 던져버렸다고 했다. 갈갈이 찢겨나간 꽃의 마음, 강물 깊이 가라앉은 수중 고혼이여.

6. 회고시

당나라 대시인 왕유(王維)가 서시를 읊은 시가 있어 적어 본다.

서시를 읊음(西施詠)[40]

왕 유

고운 얼굴 천하가 다 떠받들거니
서시인들 어찌 오래 버려져 있겠는가.
아침엔 월계(越溪)[41]의 계집이더니
저녁엔 오궁(吳宮)의 왕비 되었다.

천할 땐 남과 다른 무엇 있던가
귀해지자 비로소 뛰어난 줄 알았나니
사람 불러내 화장을 시키고
제 손으로 비단옷 입지 않았다.

임금이 총애하매 아양 더욱 부리고
임금이 예뻐하매 옳고 그름 없었고
그 때 비단빨래 함께 하던 여자들[42]

---

40) 『당시전서』 김달진 역, 민음사, 단기 4320(서기 1987), p244
41) 월계(越溪) : 약야계(若耶溪). 서시가 연밥 따던 시내
42) 비단 빨래하던 여자들(浣紗伴) : 제기현(諸暨縣) 저라산(苧羅山) 밑에 석적수(石跡水)가 있는데 여기서 서시가 빨래를 했다고 함. 지금도 거기에 빨랫돌인 완사석(浣紗石)이 있다고 함

한 수레 타고 갈 수 없었다.
그의 이웃 여자들께 부탁하노니
어찌 얼굴 찡그림을 본받으려 하는가.

艶色天下重　　西施寗久微
朝仍越溪女　　暮作吳宮妃
賤日豈殊衆　　貴來方悟稀
邀人傳香粉　　不自着羅衣
君寵益嬌態　　君憐無是非
當時浣紗伴　　莫得同車歸
持謝隣家子　　效顰安可希

또 누영(樓潁)이라는 시인이 있어 천보년간(天寶年間)에 진사급제 하였는데 그가 서시의 빨래터에서 읊은 시가 있다.

서시석(西施石)43)

누영(樓潁)

그 옛날 서시가 비단 빨던 나루
돌에 난 푸른 이끼 못내 시름겨워라.

고소대로 한 번 간 뒤 다시 오지 않나니
언덕 위의 도리꽃 누구 위해 피었는고.

西施昔日浣紗津　　石上靑苔思殺人
一去姑蘇不復返　　崖傍桃李爲誰春

43) 위의 책, p678

하늘이 내린 재주로 천의무봉(天衣無縫)의 시를 거침없이 쏟아 내었던 이백이 서시의 옛 일 되새기며 읊은 시가 있다.

소대에서 회고함(蘇臺覽古)[44]

이 백

옛 동산에 거친 누대
버들빛 새로운데
마름 따는 고운 노래에
지난 봄 그리워라.

지금에 오직 밝은
서강의 저 달이여
일찍이 오왕궁의
그 사람 비췄으리.

구원황대양유신　　릉가청창불승춘
舊苑荒臺楊柳新　　菱歌淸唱不勝春
지금유유서강월　　증조오왕궁리인
只今惟有西江月　　曾照吳王宮裏人

---

44) 소대 : 고소대(姑蘇臺)의 약칭. 오왕 부차가 월왕 구천을 격파하고 얻은 미인 서시를 위해 소주(蘇州)에 지은 대. 위의 책, p233

월나라에서 회고함(越中覽古)

이 백

월나라 왕 구천이
오나라 쳐부수자
장병(의사)들 비단옷 입고
집으로 돌아왔고

꽃 같은 궁녀들
봄 궁전에 꽉 찼더니
지금엔 오직
자고새만이 날고 있네.

월왕구천파오귀　의사환가진금의
越王句踐破吳歸　義士還家盡錦衣
궁녀여화만춘전　지금유유자고비
宮女如花滿春殿　只今惟有鷓鴣飛

왕유의 시 「서시를 읊음」은 천출의 삶에서 극한의 귀녀(貴女)로 곧 오나라 궁인으로 등극하여 살아갔던 서시라는 여인의 인생 역정을 그리고 있다. 그 인생 역정 변화의 필연적인 원동력은 역시 여인의 아름다움임을 확인시켜 주고 있다. 범상한 여인의 여간한 몸부림과 당치도 못할 흉내로는 미칠 길 없는 것, 그것은 하늘이 내리는 것임을 설파하고 있다.

누영의 시 「서시석(西施石)」은 옛 미인 서시가 빨래터에서 감상(感傷)에 젖어 읊은 시이다. 이백의 시 「소대에서 회고함」이란 시는 서시가 일약 출세하여 그 이름 천하에 젖어내리던 시기의 옛 터에서 읊은 시이다.

월(越)나라 구천(句踐)

이병석

구걸한 목숨 돌담 속에 갇힌 신세
죽음보다 절실한 구린내가 앗아간 3년
부차의 애마 옆에 뒹굴다가
석달 속 썩혀 내린 부차의 똥을
손끝으로 찍어 맛 보았네.

꿀이라도 찍어 먹은 듯한 표정으로
병 나을 날 꼬집어 말하니
"저런 충신 또 있겠느냐?" 하며
부차는 놀란 눈 크게 뜨고
오나라 궁성 감탄에 들썩거렸을 때
충신 오자서 홀로 내뱉은 말
"부차의 마음 송두리째 구천이 삼켰구나!"

구천 곧 풀려나자 양껍질 벗어던지고
청산에 뛰어든 호랑이가 되었다네.
발톱 깊이 숨기고 잇빨 갈아 세웠다네.
와신상담(臥薪嘗膽)[45] 끓여 올린 그 독기
땅 덮고 하늘에 차 올랐어도
아닌 척 부차왕께 허리 굽혀 스무 해
눈 밝은 3천 사람 나라 뒤져 2년 만에
찾은 신목(神木)[46] 두 그루 부차왕께 바치니

---

45) 와신상담(臥薪嘗膽) : 땔나무 섶에 잠자고 쓸개 핥아 쓴 맛을 봄
46) 신목(神木) : 상상하기 쉽지 않은 큰 나무

부차왕 받아 하늘 높이 지어 올린 그 집
6천 명이 호화스레 밤낮 잊고 즐긴 그 집
고소대(姑蘇臺)[47] 달려들어 구천이 불지르니
한 달 반 너머 붉게 타 올랐다네.

모질고 독하기론 하늘 아래 짝 없고
야망과 욕심 배 밖으로 흘러 줄줄
죽을 고비 넘긴 사람 모두 모른척 눈 돌리고
공로의 산을 쌓은 문종(文種)도 눈에 담지 못 해
촉루검(屬鏤劍)[48] 내려서 죽게 하였다네.
지금껏 검수도산(劒樹刀山)[49] 어디에서
있는대로 피 흘리며 울부짖고 있으려나?
구천이여, 구천이여, 지옥 언제 벗어 나려나?
그 욕심 굳어 누르는 돌산[50] 아래
찢어지는 아비규환(阿鼻叫喚)[51] 소리소리 높은 소리
열 스물 참회의 산을 쌓고 빌어
구천이여, 구천이여, 지옥 언제 벗어나려나?

---

47) 고소대(姑蘇臺) : 오나라 부차가 서시를 데리고 6천명과 함께 환락에 빠졌던 큰 집
48) 촉루검(屬鏤劍) : 부차가 오자서에게 내려 자결하게 했다는 그 칼
49) 검수도산(劒樹刀山) : 날카로운 칼로 된 나무와 칼산으로 이룩된 지옥
50) 누르는 돌산 : 산 같이 무거운 돌이 죄인을 누르는 지옥. 압석지옥(壓石地獄)
51) 아비규환(阿鼻叫喚) : 아비-무간지옥. 규환-아비와 함께 8열지옥의 두 지옥. 가마솥 같은데 삶기거나, 불 속 뜨거움을 못 이겨 울부짖음

오(吳)나라 부차(夫差)

이병석

헛바람부채(虛風扇) 한번 화려하구려.
꽃밭에 쓰러져 뒹굴뒹굴, 밤과 낮 헛돌고
꿈인지 생시인지 서시(西施) 어른거린다.
잡아 보니 향기에 마취되어 생시인 줄 모르겠고
놓아 보니 날아갈 듯 하늘 어서 끌어내려
꽃물에 짓이겨진 몸뚱이 좋기만 하고
이 저래 해와 달 스쳐 세월만 빙빙

죄 없는 이웃나라 괴롭혀서 허풍 더 늘고
부차 홀로 만승(萬乘)[52]에 오로지 도취되어
백비의 아첨소리 꿀보다 달게 마시고
오자서, 눈물의 그 충언 비상이라 내뱉구려.
주면 반기고 굽히면 충신이라 쓰다듬으니
솜같이 부드러운 구천의 가슴 속에
깊이 감춰 묻은 독화살 어찌 알리.
고소대 높은 집 이백 리를 내려 보며
태평성대 도래했다 웃음 크게 띄우누나.

동산에 풀꽃 따는 서시를 불러
연못에 배 띄워 연꽃 함께 꺾고
장주원(長洲苑)[53] 넓은 터에 사냥말 달려
날짐승 하늘 높이 구름 닿게 날리고
길짐승 단잠 깨워 푸른 숲 바람 일궈

52) 만승(萬乘) : 주나라 때 천자의 나라에 병갑 전차가 만승을 구비하였음을 말함
53) 장주원(長洲苑) : 오나라 부차가 사냥하던 곳

고기 뛰는 어성(魚城)에 내려 흐른 땀 식히네.
닭 기르는 계성(鷄城)에서 옻닭 뜯다가
오리 졸졸 물길 여는 압성(鴨城) 둑 돌아
달 뜨면 완월지(翫月池) 둥근 물에
내려 잠긴 달빛 속에 서시를 그려 넣네.
맑은 물 우물 파니 그 바로 경대(鏡臺)라
그 우물 오왕정(吳王井)에 서시 얼굴 비추어
시녀 시켜 화장하니 하늘 땅에 빼어났네.

그 옛날 제곡(帝嚳)[54]의 아들로 태어나
감간(敢諫)의 북을 쳐서 나랏일 말하게 하고
비방(誹謗)의 나무[55] 아래서 탄원을 펼치게 하며
태평성대 이룩하여 온 나라 살이 찔 때
요(堯)임금 몰래 나가 격양가(擊壤歌)[56] 들었거늘
관왜궁 향섭낭(響屧廊)[57] 사뿐사뿐 꽃들 지날 때
나막신 소리 울림 실실이 폐부 녹여 내리네.
부차 어찌 하늘 높이 솟아오른 크나큰 감옥에서
호화스레 춤추다가 제풀에 쓰러지네.
사치와 환락 그 바로 지옥 어귀인걸
부차여, 부차여,
공손성(公孫聖), 오자서 죽이고

---

54) 제곡(帝嚳) : 중국 고대의 5제 중의 한 분
55) 비방(誹謗)의 나무 : 요(堯)임금은 나랏일에 건의사항 있으면 감간이라는 이름의 북을 치게 하고, 억울한 일 있으면 비방이라는 나무 아래 서서 탄원을 하게 했다 함 『중국의 역사』 1 p31
56) 격양가(擊壤歌) : 요임금의 태평성대에 불렀다는 태평을 즐기는 노래 『중국의 역사』 1 p32
57) 향섭낭(響屧廊) : 서시의 처소 관왜궁(館娃宮) 낭하 밑에 갖가지 독을 묻고 널빤지를 덮어 그 위로 나막신 신고 지나가면 감미롭기 그지없는 소리울림이 들렸다 함 『중국의 역사』 2 p258

나라 망쳐 쓰러진 양산(陽山)[58] 기슭 슬픈 넋이여.
비단구렁이 무리무리 휘휘 감겨
온 몸뚱이 문지르는 그 지옥 어이하리.

오자서와 백비

이병석

1. 오자서
부모 형제 죽은 통한[59]의 피로
초(超)나라 밤을 울어 적셨기에
창 칼 번쩍번쩍 초나라 낮을 토막 내어
원수 갚아 뜨거운 눈물 가슴 적셨구려.

대쪽 같은 충성심 나라 떠받치고
바위같이 굳은 마음 백성 살찌우며
도토리알 만한 헛 욕심 돋은 적 없었구려.
부차왕 술독에 빠져 허우적
꽃밭에 쓰러져 꽃물에 젖은 그 세월
나라 망할 날 다가옴을 알았거니
귀한 아들 성 이름 통째로 갈아
제(齊)나라 낯선 땅에 노오랗게 심어 두고
한 몸 먼저 죽어감을 피하지 않았구려.
촉루검(屬鏤劍)[60] 목에 꽂고 미리 가셨구려.

58) 양산(陽山) : 오나라 부차가 충직한 직언을 한 공손성(公孫聖)을 죽여 그 시체를 던져버린 산. 뒤에 부차왕이 그 산에서 자결해 죽었다 함 『중국의 역사』 2 p291
59) 통한 : 오자서의 아버지와 형이 초나라 경공에게 무참히 살해되었음
60) 촉루검 : 촉루라는 지역에서 만들었다는 칼

던져진 몸뚱일 강물 차마 실어 못 내렸기에
백성들 벌벌 떨며 산에 모셔 묻었구려.
성문 위에 높이 매달린 머리통
눈에는 번개 튀겨 허공 번적이고
사방 내 뻗친 수염이며 머리칼
빳빳한 그 기운 월(越)나라 찔렀구려.
서산(胥山)에 묻힌 비참한 넋이여.
고약하기 헴 못할 것 세상일 아닐는지요?
그 아픔 하마 삭혀 내리셔야지요.

2. 백비
탐욕의 문 은밀히 열어 두었으니
밤낮 가리지 말고 밀쳐 드세요.
월나라 구천왕이시여!
금은 보화에 묻혀온 미인들
그 어느 누구 이쁜 꽃 아니오리까.

부차왕께 상주할 말씀 있으시면
가릴 것 없이 다 알려 주시면 되오리다.
서시야 이 태재(太宰)의 허공에
둥둥 떠도는 환영(幻影)일 뿐이지만
부차왕 더불어 취해 노는 재미에
고소대 높이 솟은 태평성대 아니겠오.

오나라 망하게 되자
아프다는 핑계로 문 닫고 누웠다가
월나라 구천왕 앞에 나가
옛정 생각해 달라고 부탁하였다가

문 밖에 나서니 목 달아났구려.
저승문 들어설 때 오상국(伍相國)[61] 어이 대하리.

자공(子貢)선생[62]

이병석

능숙한 말솜씨에 쏟아 내리는 열변
제(齊)나라 진항(陳恒)의 마음 사로잡아
야심 묶어 노랗게 물들여 놓고
오나라 부차의 마음 추겨 잡아
펄펄 끓이고 빨갛게 물들여 놓고
월나라 구천의 마음 눌러 잡아
희푸르게 물들여 덮어 두었구려.

공자의 성덕(聖德) 세상 출렁이게 하였나니
그 열 제자의 한 사람 자공선생
그 정략적 변설에 뭇나라 녹아들고
학덕의 명성 곳곳에 넘나들어
간 곳마다 그 말솜씨 빈 귓속 채웠구려.
연약한 노(魯)나라는 스승님 계신 곳
전쟁의 불씨 길목에서 묻어 버렸구려.

내 들으니 마다가스카르 등지의
짙은 숲 속 나무줄기 살금살금 타다니며

61) 오상국 : 오나라 상국 오자서(伍子胥)
62) 자공(子貢) : (BC 520-456?) 춘추전국시대 위(衛)나라 사람. 성 단목(端木) 이름 사(賜) 공자 문하의 10대제자(공문10철- 孔門十哲)의 한 사람. 웅변가. 노·위나라 재상 『동아백과사전』 24 p25

무지개처럼 화려한 변색술(變色術)로
제 몸보다 긴 혀를 내던져서
사정없이 약한 자 잡아먹는 파충류가 있다지요.

재 속에 묻힌 불씨 후후 불어
이 저 나라 바쁘게 오가며
간 곳마다 다른 빛 불을 지르니
어리석은 내 고개 왜 갸우뚱해질까?
인(仁)은 모름지기 악심(惡心)을 잠재우고
덕(德)은 은연중에 선심(善心)을 싹 틔울진대
알 수 없구려. 자공선생

범려(范蠡)[63]와 문종(文種)[64]

이병석

1. 범려
회계(會稽)[65]의 치욕으로 목숨 빌 때
말똥 무더기 벗 삼아 3년 시립한 뒤
부차의 똥맛 보게하여 살 길 열고
머나먼 남림(南林)의 처녀[66] 불러다가
일당백의 창검술 가르쳤구려.
초나라 명궁 진음(陣音)[67] 불러다가

---

63) 범려 : ?~? 춘추시대 월나라 공신. 자 소백(少伯). 월왕 구천을 도와 회계의 치욕을 씻게 함. 뒤에 큰 부를 쌓음. 도주공(陶朱公)
64) 문종 : 월나라 공신. 범려와 함께 오월전쟁의 승리를 주도한 인물
65) 회계 : 월나라 구천이 오나라 부차에게 패한 곳. 하(夏)나라 우(禹)임금이 제후들을 모아놓고 보화를 계산한 곳. 진시황제의 순행지
66) 남림의 처녀 : 남림이라는 먼 곳에 있었다는 처녀, 인적 사항 알 수 없었는데 무술이 능하여 당할 자 없었다 함

연노법 익히게 하니 나는 새 떨어지고
달리는 짐승 곧바로 쓰러졌구려.
은밀한 무적강군 월나라 군사력
그 위에 범려의 큰 공 우뚝 솟았구려.

"난세엔 생사 같이 할 수 있어도
안락과 부귀는 나눌 수 없는 인물"
그 구천 몰래 오호(五湖)[68]에 배 저어
먼 곳으로 목숨 숨겨 떠나갔구려.
세상 사람 칭송 받아 모셔진 삼고사(三高社)[69]
부자 되는 책 짓고 고쳐 부른
그 성명도 기이하구려. 치이자피(鴟夷子皮)

2. 문종
재주 넘쳤다는 문종의 7가지 계략
오나라에 굴종하며 오나라 부추기고
갖은 뇌물 다 주고 미치도록
화려하게 솟구치게 하여
푹석 썩어 넘어지게 하였구려.
그 공 믿고 무지개 탄 꿈만 꾸다가
오자서 죽인 그 칼 촉루검으로
가슴 찌르기에 앞서 탄식한 말
"왜 범려의 권고 한 마디 듣지 않았을까?"

"토끼 죽으면 달리던 개 삶기고
적국 파한 뒤 공신이 죽는다."[70]

67) 진음 : 초나라 사람. 5대째 연노법을 계승한 명궁
68) 오호 : 동정호. 중국에서 가장 큰 호수. 800리
69) 삼고사 : 오나라 사람들이 오강(吳江)가에 범려의 사당을 세워 진(晋)의 장한(張翰)과 당(唐)의 육구몽(陸龜蒙) 등을 위해 제향을 올렸다는 곳 『중국의 역사』 2 p294

서시(西施)

이병석

달빛 하 고이 쏟아져
사르릉사르릉 타 내리셨던가요?
어느 골짝 상수리나무 가지에
걸려 밤 지새는 소쩍새 노래에다
내린 빛 비단실로 뽑아 감는
지상의 그 재미에 흠뻑 빠졌다가
서산에 걸린 달에 깜짝 놀라
그만 모시꽃 하얀 그 속으로
숨어 들고 말았던가요?

억만년 기다렸던 저라산(苧蘿山)[71] 그 정
아리따운 처녀여! 헤아리지 못 했을라
저라산 떠나는 날 그 선녀[72] 어이하리.
인정 이미 오탁악세(五濁惡世)[73]로 휩쓸려
영화(榮華)라는 이름의 아귀(餓鬼)[74]가
그대 삼켜 나락으로 떨어졌음이여!

---

70) 교토사 주구팽(狡兎死 走狗烹)　적국파 모신망(敵國破 謀臣亡)

71) 저라산(苧蘿山) : 모시・苧와 담쟁이 또는 무・蘿가 많이 나는 산, 아니면 그런 형국의 산인 듯. 서시가 태어나 자란 산 이름

72) 선녀 : 사람[人]이 산(山) 앞에 서면 선(仙)인(人), 저라산에 태어나 살았던 서시는 선녀라 할 만하다고 보아진다

73) 오탁 : 나쁜 세상의 다섯 가지 더러움. 1.겁탁(劫濁- 질병 기근 전쟁으로 시대가 흐려짐) 2.견탁(見濁- 말법・末法시대에 사견・邪見 사법・邪法이 일어남) 3.번뇌탁(煩惱濁- 인심에 번뇌가 차오름) 4.중생탁(衆生濁- 악행으로 도덕이 무너지고 나쁜 결과를 두려워하지 않음) 5.명탁(命濁- 인간의 자연적(비인위적) 수명이 짧아짐) 악세 : 악한 세상

74) 아귀 : 배 주려 닥치는 대로 잡아먹는 귀신

구름 높이 솟아 내려보던 고소대(姑蘇臺)
그 바로 지옥 어귀에 선 이정표 아니었던가?
죄 없이 돌에 묶여 던져진 수중고혼(水中孤魂)[75]
자비하신 용왕님이시여 하늘나라 올려 주사이다.
저라산 울어 타버린 바윗등 기어올라
이 가을 피 토하는 담쟁이 잎새 사이로
이제라 달빛 홀로 하이얀 눈물지고 있으리

오월 전쟁

이병석

욕망 치솟아 하늘 누르고
원망의 푸른 독 땅을 삼겨 버렸네.
어리석음 높이 군림한 곳
밝은 해 떠오르지 못하고
검은 산들 으스시 둘러섰네.
간탐(慳貪)의 긴 가시
충신 찔러 죽이고
꽃 향기에 젖어버린
나비의 꿈결 속에
나라 빠져 기울었네.
꽃 그늘에 쓰러졌네.
허망한 욕계(欲界)의
아픈 한 토막 꿈이 스쳐갔네.

75) 수중고혼 : 물 속의 외로운 영혼

찢겨나간 꽃의 마음

이병석

백만 대군의 피를 쏟아도
무너지기 어려운 나라라도
미인의 꽃그늘에 취해
소리 없이 쓰러져 갔다네.

허덕허덕 불타는 욕망
목숨 걸어 찾아 헤매는 곳엔
그것 아름다움이 신령스런 독

제 욕망 잠재울 줄 모르고
향기로운 꽃이 죄라 하네.
스스로 지옥으로 떨어지는
욕계의 자멸이여.
어이하리! 하늘 위아래
갈갈이 찢겨나간 꽃의 마음

3부

역사를 매료시킨 다음 꽃들

– 비단길에 흐드러진 얘기꽃

화청지 전경

두 번째 꽃 - 으뜸으로 단아한 왕꽃, 지저분한 붓털 욕심부려 놀리던 모(毛)씨에게 돈 던져 주지 않아 추녀 된 얘기, 오랑캐 나라 첩으로 멀리 떠밀려 간 궁녀 소군의 설움찬 얘기와 대시인들의 저릿한 회고시를 들춰 보고

세 번째 꽃 - 하늘이 낳아 내려 이슬 따 먹고 자란 매미같이 맑고 어여쁜 선녀 채 피기 전에, 나라의 원흉을 제거하게 하고 어지러운 한(漢)나라에 하늘 푸른 절명가 토하며 사라져 간 초선의 애사를 풀어 보았다.

네 번째 꽃 - 현종의 왕자 수왕의 비 옥환이 그 시아버지의 귀비 된 사연, 해 지면 언제 해 돋는 줄 모르고 해 뜨면 언제 밤되는 줄 모르도록 애정의 불길 속에 아낌없이 타들어간 둘의 사랑, 당나라 최 전성기 개원성대(開元盛代) 잿더미 되고, 귀비를 그리는 꿈에 못 이겨 난을 일으킨 안록산이 그의 아들에게 피살 되기 전, 황급한 피난길에 오른 마외 고갯길에서 스스로 나뭇가지에 목숨 매단 눈물의 사연을 엮어 보았다.

1. 두 번째 꽃 – 왕소군

한나라 원제의 후궁이었던 왕소군, 흉노와의 정략 결혼을 시키기 위해 떠나 보내는 그녀의 미모에 감탄, 원제는 그녀의 모습을 추하게 그린 모연수를 참형에 처했다.

그 다음은 **왕소군(王昭君)**이다. 전한 10대 원제(元帝)의 후궁으로 들어갔으나, 화공에게 뇌물을 바치지 않아 추하게 그려진 왕소군의 모습을 보고, 원제는 그녀를 관심 밖에 밀어 내었다가, 흉노(匈奴)와의 정략결혼을 시키기 위해 왕소군을 보내게 되었는데, 말 타고 나서는 왕소군을 보니 단아하기 그지없는 절세미인이었다. 크게 후회한 원제는 화가 나서 화공 모연수(毛延壽)를 참형에 처했다고 했다. 후대의 시인들이 왕소군을 두고 시를 읊었다. 먼저 이태백이 시로 그린 왕소군을 음미해 보고자 한다.

왕소군(王昭君)76)

이 백

왕소군 치맛자락 구슬 안장 거슬러
말 위에 오른 울음 빰 붉게 익혔네.
오늘은 한나라 궁녀이지만
내일은 오랑캐 첩이라네.

소 군 불 옥 안　　　상 마 제 홍 협
昭君拂玉鞍　　　上馬啼紅頰
금 일 한 궁 인　　　명 조 호 지 첩
今日漢宮人　　　明朝胡地妾

또 이백보다 7년 뒤에 태어났다는 상건(常建)이라는 시인은 젊어서 진사 급제하였으나, 그의 벼슬의 족적은 미미하였기에 사람들은 그의 재능을 아까워했다고 말한다. 그의 시는 그 경지가 그윽하고 뜻이 고원(高遠)하여 맹호연, 왕유 등의 시에 가까웠다고 했다. 어느 날 그가 소군의 무덤에서 다음과 같은 시를 읊었다고 했다.

소군의 무덤에서(昭君墓)77)

상 건

그대 어찌하여 한나라 궁에서 죽지 못하고
슬프구나. 남의 나라에서 홀로 맞은 죽음이여.
만리 길에 황금 실어 보냈지만
고운 모습 마른 뼈로 변했구나.

---

76) 『李太白』 장기근 편, 태종출판사, 단기 4321(서기 1988), p95
77) 『당시전서』 앞의 책 p328

밤길 수레 돌려 변방을 떠나려 하나
말 세워 그 누구도 떠나려 하지 않고
모두 화가를 함께 원망하는데
무덤 덮어 우는 곡소린 달 밝혀 휘영청

漢宮豈不死(한궁기불사)　異域傷獨沒(이역상독몰)
萬里駄黃金(만리태황금)　娥眉爲枯骨(아미위고골)
迴車夜出塞(회거야출새)　立馬皆不發(입마개불발)
共限丹靑人(공한단청인)　墳上哭明月(분상곡명월)

서기 772년에 태어났다는 낙천 백거이(樂天 白居易)는 소년등과 장원급제하여 대자은사에 있는 대안탑(大雁塔)에 오르는 영광을 얻었다고 하였다. 그가 왕소군을 그린 시가 있어 적어본다.

왕소군(王昭君)[78] 1

백거이

얼굴 가득 오랑캐 먼지, 머릿단은 바람이 앗아갈 듯
고운 눈썹 검은 빛, 붉은 뺨 지워지고
근심찬 고통 쓰라림에 몸은 초췌하네.
이제 바로 초상화처럼 볼품 없어라.

滿面胡沙滿鬢風(만면호사만빈풍)　眉銷殘黛瞼銷紅(미소잔대검소홍)
愁苦辛勤顦顇盡(수고신근초췌진)　如今却似畫圖中(여금각사화도중)

---

78) 왕소군 : 『백낙천』 장기근편, 서원, 단기 4330(서기 1997), pp93,95

왕소군(王昭君) 2

백거이

한나라로 돌아가는 사신이여 말 한마디 부탁하노니
황금으로 미인 다시 사 갈 날 언제이려뇨?
임금께서 만약 첩의 얼굴 어떻더냐 물으시면
한나라 대궐에 있을 때보다 못하단 말 말아주오.

漢使却迴憑寄語(한사각회빙기어)　黃金何日贖娥眉(황금하일속아미)
君王若問妾顔色(군왕약문첩안색)　莫道不如宮裏時(막도불여궁리시)

왕소군(王昭君)

이병석

오늘은 서러운 궁녀
내일은 비참한 여인
밀려나네. 이국 만리 오랑캐 천지로

악귀같이 무서운 흉노족 밀려 올 때
황제도 두려워 벌벌 백성들 벌벌벌
이쁜 여인 숨어야 했으리 추녀라도 잡아 갈 걸

밀려나는 그 심정 귀신에게 홀려 가는 듯
두렵고 설움찬 발걸음 놓일 자리 잃었으리.

한나라 궁실 으뜸 꽃 어느 누가 비겨 오랴!
아름답기 그지없고 어여쁘기 말 못 하고
단아한 그 모습 빼어난 품위
황제가 놀랐거늘 더 무엇 말 하리.

놀람도 너무 늦어 넋 잃은 원제(元帝)
황제라도 어쩔 수 없어 터져나간 분통 안고
말 위에 올라 비파 안고 떠나는
절세 미인 그 모습 바라만 보다가
화용월태(花容月態)[79] 왕소군을 추녀로 그려 바친
욕심 많은 환장이 모연수를 잘라버렸다네.

---

79) 화용월태(花容月態) : 미인의 용모와 태도

민초(民草)나 황제란들 불타는 집 [火宅·화택] 속의 생물
탐심(貪心) 진심(嗔心) 치심(痴心)[80] 벗기 어려워라.
이제나 저제나 가나 오나 아귀다툼
지상에 쏟아지는 피 비린내 그칠 날 없거늘
갈수록 선을 부르짖는 소리 높아지지만
악의 뿌리 중생심 구석구석 뻗어들어
도덕 허물어지고 법은 얽혀 거미줄
원망도 하지 말고 욕심일랑 부리지 말고
소군이여 부디 어디에도 걸리지 않는
자유를 누리소서. 내생에 또 내생에

80) 탐심·진심·치심 : 인간 본성을 병들게 하는 세 가지 독(毒). 탐욕심, 성내는 마음, 어리석은 마음

2. 세 번째 꽃 - 초선

초선, 한나라 말 3국이 맹렬한 전쟁을 벌였을 때,
포악무도한 동탁을 제거하는데 희생양이 된 미인.

세 번째 등장 미인은 초선(貂蟬)이었다. 후한 말 무장 동탁(董卓)과 그 부하 장수 여포(呂布)를 이간시켜, 결국 동탁이 죽게 만드는 그 촉매의 장본인이 초선이었다.

동탁은 궁전보다 호화로운 고루거각(高樓巨閣)을 짓고 8백 명의 미녀들과 날마다 주색을 즐겼다고 했다. 여포는 동탁의 심복이자 양아들이라 했다. 어느 날 연회장에서 여포의 귓속말 한 마디에 동탁이 말 나즉히 떨구자 여포는 사공(司空)[81] 장온(張溫)의 목을

81) 사공(司空) : 토지. 민사를 맡은 최고 직책 ②사도(司徒) : 호구(戶口) 전토(田土)

잘라 피 붉은 머리통을 소반에 받쳐 올렸다고 했다. 장온이 원소와 밀통하여 동탁을 해치려 한다는 명분이었다고 하나 그것은 장온이 동탁이나 여포 등에게 밉보인 대가로 뒤집어 쓴 처벌이라 했다. 사도(司徒) 왕윤(王允)이 그 일로 하여 주체 못 할 괴로움을 하염없이 쏟아지는 달빛 아래 마냥 내뿜고 있을 때라 했다. 난데없이 여인의 울음소리 들렸기에 늪가를 돌아 모란정으로 찾아가 보니 그 여인 초선이었다고 했다. "왜 우느냐? 초선아." "대인이 너무 불쌍하여 울고 있사옵니다." "뭐, 내가 불쌍해?" "나랏일로 항상 근심에 싸인 대인의 얼굴을 보고 있으려니 소녀, 절로 눈물 나옵니다." 이제 겨우 열일곱, 초선은 어여쁘고 아름답기 바로 선녀였다고 했다. 왕윤은 화각(畵閣)[82]으로 초선을 데리고 들어가 높은 자리에 앉혀 놓고 엎드려 경건하게 절을 하였다는 것이다. "대인, 이게 무슨 일이옵나이까?" "초선아, 나는 지금 너에게 절하는 것이 아니고 한(漢)나라를 구해 주시라는 천인(天人)에게 절하는 것이다."

그때 왕윤의 눈에 눈물 뚝뚝 떨구었다고 했다. 초선, 감복하여 "소녀, 대인과 나라를 위해 할 일 있다면 만 번 죽어도 괜찮사오니 무슨 일이든 말씀해 주시옵소서." 왕윤, "지금 기울어진 이 나라 바로잡고 도탄에 빠진 백성들 구할 사람 오직 초선 너 밖에 없구나. 역심 품은 동탁을 죽일 수 있는 사람은 오직 너 밖에 없구나." "소녀, 무엇이든 대인의 분부대로 따르겠나이다." "고맙구나 초선아, 이 일 나라 운명 좌우할 만큼 중대한 일이니 신중히 행동해야 하느니라. 천하명장 여포를 무력으로 당할 자는 어디에도 없느니라." "소녀, 지혜를 다 해 보겠나이다." 초선의 굳은 결심 앞에 너

재화(財貨) 교육(敎育)을 맡은 직책 ③사마(司馬) : 군정을 맡은 직책. ①②③을 3공(三公)이라 했음

82) 화각(畵閣) : 단청을 하여 그림 같이 꾸민 누각

무도 감격스러워 왕윤은 또 한 번 큰 절을 했다는 것이다.

며칠 뒤 왕윤은 금관 하나를 만들어 아무도 모르게 여포에게 보냈는데, 여포, 크게 기뻐하며 곧 적토마(赤兎馬) 타고 왕윤의 집을 찾아 왔다고 했다. 여포가 기쁜 표정으로 사례의 인사를 하자 왕윤은 주안상을 내오고, 대기하고 있던 초선을 불러내 여포에게 술을 따르게 했다는 것이다. 홍조(紅潮- 부끄러워 얼굴에 피는 붉은 빛) 가득한 얼굴로 초선이 여포에게 큰 절 올리고 나서 술을 따르니, 여포, 천상선녀를 보는 듯 넋 잃은 표정을 지으며 말했다는 것이다. "허어! 대감댁에 이런 절세미인 있을 줄은 몰랐습니다. 정말 참 이쁜 규수올시다." "집안에만 틀어박혀 있어서 세상 물정 모르는 아이입니다." "이런 귀한 따님을 나에게 선뵈이시니 정말 고맙기 한량없소이다. 정말 거듭 보아도 천하절색입니다." "과분한 말씀을요. 이미 나이가 찼는데 배필을 구하지 못해 걱정입니다." 여포, 초선의 섬섬옥수로 따라 주는 술잔을 비우며 "어떤 서랑(壻郎 - 사위)을 구하시기에 그러십니까?" "천하의 영웅을 사위로 맞고 싶습니다. 오늘날 천하 영웅이라면 여장군 한 분 밖에 안계시니 큰일입니다. 하하하." 여포, 황홀한 미소 띠며 "왕대감!" "예!" "대감의 뜻 정 그러시다면 따님을 내게 주시면 어떻겠습니까?" 왕윤, 역시 여포의 입에서 그런 말 나올 거라 짐작하고 있었지만 매우 황공한 듯 깜짝 놀라 보이며 "황공하신 말씀입니다. 실은 제 심중으론 벌써 그런 생각을 품고 있었습니다. 그러나 감불생심(敢不生心)[83] 어찌 그런 뜻을 외람되이 입 밖에 낼 수 있겠습니까? 장군께서 제 여식이 마음에 드신다니 그 이상의 영광은 없습니다." 여

83) 감불생심 : 감히 마음을 낼 수 없음

포, "나를 사위로 맞아 주신다면 견마지로(犬馬之勞)[84]를 다 하겠소." 왕윤 "그저 고맙고 황공할 따름입니다." 여포, "정녕 저 아이를 내게 주시겠소?" 점점 더 몸 달아 불쑥불쑥 내뱉는 여포의 말에 일이 제대로 익어감을 직감한 왕윤, "길일을 택해 장군 댁으로 보내겠습니다." 여포, "하하하 그렇다면 더욱 기쁘구려. 내가 몹시 취해 이제는 집에 돌아가기가 어렵겠는걸!" 여포가 잔뜩 몸 달아 사태가 너무 급박하게 쏟아지려는 걸 거두어 챙기며 왕윤, "물론 여기서 주무셔도 좋겠습니다만 나중에 동태사(董太師 · 동탁)가 아시게 되면 곤란하니 오늘 밤은 그냥 돌아가 주십시오." 여포가 그렇게 해서 몹시 섭섭해 하며 발길 돌려 돌아가자 왕윤, "너처럼 어질고 예쁜 아이에게 이런 가혹한 짓을 시켜야 하다니 정말 송구스러운 일이다." 초선, "모두가 나라 위한 일이옵니다. 심려치 마시옵소서." 왕윤, "오오 네 용기 정말로 가상하구나. 내 불일간 동탁을 초대하거든 오늘 여포에게 한 것처럼 그 때도 그 자를 녹여내 버리도록 하여라."

며칠 뒤 조정(朝廷)에 여포가 없는 틈을 타 왕윤이 동탁에게 "태사를 저의 집에 한 번 모실까 하옵는데 왕림해 주시겠습니까?" 동탁, "허허허, 왕 대감의 그 호의를 어찌 거절할 수 있겠소." 그리하여 동탁을 맞아 잔치가 벌어진 날 왕윤의 집에 풍악 울리고 주연이 벌어져 많은 사람 흥취가 풍겨 올랐을 때 왕윤, "태사를 잠깐 조용한 후당으로 모실까 하옵니다." 그리하여 다시 벌어진 후당의 주연, 몇 순배 술에 거나하게 취할 무렵이었다. 문득 풍악소리 울리는가 싶더니 무지개 타고 상금(방금) 천상에서 내린 듯 절세미인

84) 견마지로 : 개나 말과 같은 비천한 노고로움, 윗사람에 대한 자기의 노력을 낮추어 겸손하게 이르는 말

하나가 꿈결같이 나타나 춤을 추는데 학이란들 봉이란들 가비얍고 우아하기 그에 더할 수 없을 듯 했다는 것이다. 시간이 멎는 듯한 그 틈서리에 살푼 동탁의 넋이 빠져들고 말았다는 것이다. 동탁, “음, 저 선녀 같은 미녀는 누구요?” “이리 좀 들어오게 하오.” 얼빠진 사람처럼 중얼거리는 동탁의 말에 왕윤, “저 아이 제 양녀이옵니다. 초선아! 이리 들어와 태사어른께 인사 여쭈어라.” 사뿐사뿐 걸어 들어올 땐 무지개가 옮겨오는 것만 같더니 큰 절 올리는 그 자태, 형용 못 할 한 떨기 꽃으로 피어 올랐다고 했다. 동탁, “올해 몇 살이냐?” 초선은 차마 대답 못 하고 부끄러워 고개를 숙였는데 동탁, “허허 부끄럼 타는 모양이구나. 선녀처럼 이쁜 자태 천상의 향기 가득 차오르는 것 같구나.” 그때 “태사께서 마음에 드신다면 이 아이 거두어 주십시오.” 하고 왕윤이 말하자 동탁, “오오 저런 미인을 내게 주겠다는 말이오! 정말 그리 하신다면 내게는 한량 없는 기쁨일 것이오.” 왕윤이 초선을 동탁의 집으로 보내라는 분부를 내렸다. 그러자 동탁이 부랴부랴 자리에서 일어서며 “그럴 필요 없이 나와 함께 한 수레 타고가게 해 주시오.” 그리하여 동탁이 기뻐 어쩔 줄 모르고 수레 올라 떠난 뒤 문득 횃불 밝혀 든 군마 무리가 부리나케 달려오는 모습이 보였다고 했다. 왕윤, “아니 여장군 아니십니까?” 여포, 왕윤을 보기 무섭게 목덜미 움켜잡으며 분노에 찬 목소리로 “이런 늙은 여우같은 놈아, 너는 초선이를 나에게 보낸다 해 놓고 태사에게 보내었으니 이게 무슨 몹쓸 짓이더냐?” 다급해진 왕윤, “노상에서 말씀 드릴 일이 못 되오니 잠깐 안으로 들어갑시다.” 왕윤, “오늘 불시에 태사께서 우리 집을 찾으시는 바람에 제가 주연을 베풀었습니다. 거나하게 취하신 태사께서 초선이 절세미인이란 말을 어디서 들었다면서 한사코 보자고 하시는 바람에 잠깐 인사 올리게 했습니다. 그때 나는 초선이가 여장군과 백년가약을 맺었다고 말씀 드렸지요. 그랬더니 그럼 초선이는 며느리나 다름없으니 태사께서 친히 여장군께 초선이를 보내 주시겠다는데 어찌 거역할 수 있겠습니까?" 그 말 듣고 난 여포, "내가 사연을 잘 모르고 잘못을 저질렀습니다." 하고 사과하니 왕윤, "아닙니다. 그나저나 초선이가 가지고 갈 예물들은 그 아이가 여장군 댁에 도착하는 대로 곧 보내드리겠습니다." 그러자 여포는 크게 기뻐하며 돌아갔다는 것이다.

절영지회(絶纓之會) 얘기– 날이 새는가 싶기 무섭게 동탁의 시녀가 초조하게 서성이는 여포의 귀에다가 "태사께서 간밤 초선이라는 미인을 데리고 오셨습니다. 여태까지 주무시는 걸 보면 어젯밤 재미를 단단히 보셨나 봅니다." 그 소리 듣자 여포는 눈알이 뒤집히는 것만 같았다고 했다. 며칠 뒤 바깥세상 잊은 듯 영 나오지 않고 초선이와 동탁이 꿈결같이 지내고 있는 내실을 엿보니 동탁은 여전히 자고 있고 초선은 잠옷 바람으로 일어나 앉아 머리 빗고 있다가, 엿보고 있는 여포에게 원한과 연민 가득 담긴 시선을 보냈다는 것이다. 그 시선 "장군님은 어째서 저를 이꼴로 내버려 두세요?" 하고 책망하는 것이라 했다. 순간 깊은 낭떠러지로 가슴 내려앉는 여포, 와락 달려들어 병풍 뒤로 초선의 손목을 잡고 끌어들여 힘차게 안으려는 순간, 동탁의 노기에 찬 불호령이 튀어나왔다고 했다. "이놈, 여포야! 네 감히 내 애희(愛姬)를 희롱한단 말이냐?" "여봐라! 저 놈을 당장 끌어내어라!" 노기 충천한 여포, 나오다가 이유를 만나 억울한 사정을 말하니 이유, 동탁에게 달려가 "계집 하나 때문에 명장을 잃어버리는 것은 천하대사를 크게 그르

치는 것입니다." 하고 만류하였더니 천자(天子)가 되고 싶었던 동탁, 그래서 금은보화를 여포에게 주면서 사과했다는 것이다. 어느 날 궁중에서 나랏일 논의 중에 동탁 몰래 빠져나온 여포, 초선에게 달려가 "네가 그리워 미칠 것 같아 달려 왔다." 초선, "태사께서 아시면 큰 일 나옵니다. 장군께서 후원 봉의정(鳳儀亭)에 가 계시면 제가 곧 그리로 가겠나이다." 여포, 초선을 힘차게 품어 안자 초선, 눈물 흘리며 "소녀, 장군을 오늘날까지 얼마나 그리워했는지 모르옵니다. 그러나 태사 어른께 금수 같은 일 당했으니 어찌 하오리까? 소녀, 죽지 않고 있는 것은 오직 장군을 뵙고 억울한 하소연이나 하기 위해서였습니다. 소녀의 몸 이미 더럽혀졌으니 장군 앞에서 깨끗이 목숨 끊어 마음이나 밝히겠사옵니다." 그 말 끝나자 연못으로 뛰어 내리려는 초선을 여포가 황망히 붙잡고 "초선아, 말 아니하기로 네 마음 내 어찌 모르겠느냐? 슬퍼 말고 기다려다오. 내 이승에서 너를 구해주지 못한다면 어찌 대장부라 할 수 있겠느냐? 그러나 오늘은 늙은 도둑의 의심을 샀다가는 안 되겠으니 빨리 나가 봐야 되겠다." 그러자 초선, "장군께서 태사를 그처럼 무서워하시는데 무슨 방도로 소녀를 구해주신다는 말씀입니까?" 하고 매달리는 초선을 뿌리치고 여포가 달아나려 하자 초선, "장군님을 이 세상 둘도 없는 영웅으로 믿었더니, 늙은 도둑을 그처럼 무서워하실 줄 몰랐습니다." 하고 눈물을 쏟는 초선을 선뜻 떠나지 못하고 있는데, 천만뜻밖에 동탁이 들어서며 "이 죽일 놈! 네놈이 여기에 와 있었구나!" 하고 화극을 들어 비호같이 달아나는 여포의 뒤를 향해 살같이 던졌는데, 여포는 그 화극 손으로 가볍게 쳐버리고 문 밖으로 번개같이 사라졌다는 것이다.

그 극적 장면에 나타난 이유가 동탁을 만류하며 고사 하나를 들려주었다고 했다. "옛날 초(楚)나라 장왕(莊王)이 국가유공자들을 모아놓고 잔치를 베푸는 자리에 별안간 바람이 불어 등불이 꺼져 버렸습니다. 그때 어느 한 장수가 장왕이 총애하는 궁녀에게 입을 맞추었다고 했습니다. 크게 노한 궁녀는 그 장수의 갓끈을 낚아채서 장왕에게 달려가 '전하 빨리 불을 밝히시어 지금 갓끈 없는 자를 벌하시옵소서.' 그 말 들은 장왕, '자, 지금 모두 갓끈을 끊어버리고 더 흥겹게 즐기시오.' 그런 일 있은 지 몇 년 뒤 진(秦)[85]나라 대군과 싸우다가 장왕은 크게 패하여 죽음을 면하기 어렵게 되었습니다. 그때 한 장수가 달려오더니 전신에 상처 입어 피를 마구 흘리며 결사적으로 적을 막아 장왕을 구출한 뒤에 땅에 쓰러졌습니다. 단말마의 숨을 몰아쉬면서도 빙그레 웃으며 '소장 지난날 전하께서 베풀어 주신 어전 잔치에서 전하의 총희에게 입을 맞추었던 자이옵니다. 전하께서 저를 그렇게 용서해 주셨으니 제가 성군을 위해 목숨 바쳐 죽은들 무엇이 아깝겠나이까?' 했습니다. 그렇게 하여 세상 사람들은 지난날의 그 어전 잔치를 절영지회(絶纓之會)[86]라 하옵니다. 태사께서도 여장군에게 그같은 관용을 베푸시

---

85) 진(秦)나라 : 『고사성어사전』 p914에는 진(晋)으로 되어 있다

86) 절영지회 : 『설원복은편 · 說苑復恩篇』에 초나라 장왕이 신하들을 모아놓고 술을 하사했다. 해 저물어 술이 얼큰히 취했는데 등촉불이 꺼져 버렸다. 그때 미인의 옷을 당기는 사람 있어 미인은 그 자의 갓끈을 끌어 당겨 끊어서 왕에게 고하기를 불을 켜서 갓끈 떨어진 자를 임금께서 살피라고 했다. 왕이 말하길 한 사람에 술을 내렸기에 취하여 실례하게 만든 것이다.(술 내린 것이 허물) 어찌 부인의 절개를 밝히기 위해 선비를 욕보일 수가 있겠는가? 이어 좌우에 명하여 오늘 과인과 더불어 마시게 되었으니 갓끈을 끊지 않는 자는 싫어할 것이다. 여러 신하 백여 명이 모두 갓끈을 끊어버렸다. 그리고나서 불을 밝혀 기쁘게 놀다 파했다. 뒤에 진(晋)나라와 초(楚)나라가 전쟁을 했는데, 한 신하 있어 늘 앞장서서 5번 싸워 5 수급을 끊어 얻고 적을 물리쳐 순식간에 득세함이 사람에 뛰어났다. 장왕이 괴이하여 물으니, 밤에 갓끈 끊긴 자라 했다. (필자 역)

『설원복은편』은 정비석 번역의 『삼국지』 내용과 다른 데가 있다.

『삼국지』 (정비석 역)에서는 입을 맞추었다고 했으나 『설원복은편』에서는 옷을 당겼다고 했고, 궁녀라고 했으나 미인이라고 했다. 진(秦)이라고 한 것은 진

옵소서." 이유의 그 말 들은 동탁 초선에게로 가서 "초선아, 너를 여포에게 돌려줄까 하는데 네 생각은 어떠하냐?" 초선, 동탁의 무릎에 쓰러지며 "소녀, 이미 귀인을 섬기게 되었사온데 이제 다시 다른 자의 첩이 되라 하시니 그 무슨 말씀이시옵니까?" 하고 벽에 걸린 보검으로 스스로 목을 찔러 죽으려 하니, 동탁, 크게 놀라 검을 뺏고 "염려 말거라. 지금 한 말 농담에 지나지 않으니라. 내 어찌 너를 버릴 수 있겠느냐." 이튿날 이유가 동탁을 찾아가 "여장군이 태사님의 관대하신 조처에 깊이 감사하고 있습니다. 그런데 초선 아씨를 숫제 여장군에게 줘버리는 것이 어떻겠습니까?" 그 말에 동탁은 이유를 몹시 괘씸하게 생각했다는 것이다. "안 된다. 다만 여포의 죄만은 다시 거론하지 않을테니 그리 알거라." 이유, 밖으로 나와 하늘 우러러보며 탄식하기를 "아아, 우리는 이제 초선의 농간 때문에 죽게 되었구나!"

천리초 부득생(千里草 不得生)- 동탁이 초선을 데리고 미오성(郿塢城)으로 떠나는 날 문무 백관들 성문 밖까지 나와 배웅했는데, 거기 여포가 있음을 안 초선, 일부러 두 손으로 얼굴 가리고 우는 시늉을 했다는 것이다. 여포, "늙은 도둑놈, 초선을 내게 돌려준다더니 새빨간 거짓말이었구나." 왕윤이 그 자리에 있다가, 모른 척

(晋)으로 되어있고 『삼국지』에서는 장웅이 죽었다고 했으나 『설원복은편』에서는 용감하게 싸워 승리하는 모습만 그리고 있다.

說苑復恩篇 楚莊王賜群臣酒, 日模酒酣, 燈燭滅, 有引美人之衣者,
美人援絶其冠纓, 告王趣火來上視絶纓者, 王曰賜人酒, 使醉失禮,
柰何欲顯婦人之節而辱士乎, 乃命左右曰, 今日與寡人飮,
不絶冠纓者不懽, 群臣百餘人皆絶去其冠纓而上火, 盡懽而罷,
後晋與楚戰, 有一臣常在前, 五合五獲首, 卻敵卒得勝人,
莊王怪問, 乃夜絶纓者. 『고사성어사전』 학원사, p914

동탁의 처사에 분개하는 태도를 보이며 여포를 달래어 자기 집으로 데려가서 "태사가 말도 없이 초선이를 빼앗았으니 이는 하늘이 노하고 땅이 노할 일입니다. 나 같은 늙은이야 어쩔 수 없다지만 장군 같은 영웅이야 실로 참기 어려운 일 아니겠습니까?" 그 소리를 듣자 여포, 분노 폭발하여 주먹으로 땅을 두드리며 울부짖었다고 했다. 여포, "부자의 의리를 맺은 자를 죽이면 훗날 사람들이 뭐라 할까 두렵습니다." 왕윤, "엄연히 장군은 여씨고 태사는 동씨입니다. 비록 부자의 연을 맺었다 하나 훗날 그 일 탓할 사람 아무도 없습니다. 게다가 봉의정에서 태사가 화극을 던져 장군을 죽이려 했던 사실을 세상 사람 모두가 알고 있습니다." 왕윤 다시 말을 이어 "장군이 만약 태사를 해하고 왕실을 바로 세운다면 그 공로 청사에 길이 남을 것입니다." 여포, "알겠습니다. 나도 이제는 깨달은 바가 있습니다." 여포가 가고 왕윤은 황완(黃琬)과 손서(孫瑞)를 불러 여포의 계획을 말하고 계책을 의논했다. 손서, "동탁에게 가짜 칙사를 보내 천자위(天子位)를 물려줄 테니 궁으로 들어오라는 서한을 보내어, 그가 대궐 문안으로 들어오면 여포를 대기시켰다가 쳐 없애면 될 것입니다."

그리하여 왕윤은 여포와 기도위(騎都尉) 이숙을 불러 상의했다. 여포, 이숙에게 "지난날 공은 나로 하여금 정건양을 죽이고 동탁에게 오게 했소. 그런데 동탁은 천자위를 노리어 백성들을 해치고 있소. 이제 나는 왕대감과 힘을 합하여 동탁을 죽이려 하오. 그러니 공도 이 일을 도와주기 바라오." 이숙, "실은 나도 진작부터 동탁을 없애 버려야겠다고 생각했소. 장군도 나와 뜻을 같이 한다니 내 무엇을 사양하겠소." 그리하여 가짜 칙사로 찾아간 이숙에게 동탁, "천자가 무슨 일로 그대를 내게 보냈는고?" 이숙, "천자께서 불원

간 태사께 보위를 물려드릴 생각이 있는 듯하옵니다.” 동탁, “간밤 용이 몸에 감기는 꿈을 꾸었더니 이런 기쁜 소식을 듣게 되는구나.” 하고 모든 장수들에게 행군 준비를 시키고 초선에게 호기를 부리며 “내, 천자가 되거든 너를 귀비(貴妃)로 삼을 테니 그리 알아라!” 장안으로 떠나는 동탁을 호위하는 수레가 백여 대, 따르는 군사 삼천여 명으로, 천자의 위세가 무색할 지경이었다고 했다. 백여 리를 갔을 때 동탁이 탄 수레의 바퀴살이 부러져 수레가 기울어졌는데 동탁은 마부를 목 베고 말을 타고 갔다고 했다. 오륙십 리를 더 갔을 때 말이 고삐를 물어 끊어버렸다고 했다. 두 번의 변고를 보고 동탁이 이숙에게 물었다. 이숙, “낡은 것이 새것으로 바뀐다는 의미이니, 이것은 태사께서 제위에 오르신다는 길조입니다.” 다음날 장안이 가까웠는데 별안간 하늘이 캄캄해지고 바람이 사납게 불었다고 했다. 이숙, “이건 주공께서 불원간 제위에 오르려 하시니 홍광(紅光)과 자무(紫霧)가 어울려 하늘의 위엄을 강하게 하는 것입니다.” 장안에 이르러 승상부에서 성대한 축하연이 벌어졌는데 어디선가 애절한 노랫소리가 들렸다고 했다. “천리초 · 千里草/하청청 · 何靑靑/십일상 · 十日上/부득생 · 不得生.”이라는 내용이라 했다. 천리란 무거울 중(重)을 말하는 것이고 초는 초두(++)를 말하는 것이다. 이는 동탁의 동(董)을 해체하여 이른 말이고 하청청은 ‘청청하기는 하지만’의 뜻이고, 십일상은 탁(卓)자를 해체하여 이르는 말이다. 부득생이란 죽는다는 뜻이다. 동탁이 저게 무슨 노래냐고 물으니 이숙, “저 노래는 한실의 유씨(劉氏)가 망하고 동씨(董氏)가 새로 일어선다는 뜻인 줄 아옵니다.” 그 말 듣고 동탁은 매우 기뻐했다는 것이다. 이튿날 궁문을 향해 당당히 들어가는데 검은 두건에 푸른 도포를 입은 늙은이가, 삼베 헝겊이

동여매어져 있는 하얀 깃발에 입구(口)자가 두 자 쓰여진 깃대를 들고 서 있었다는 것이다. 동탁, "저 사람은 뭔가?" 이숙, "아마 미친 점쟁인가 봅니다." 삼베 헝겊은 여포(呂布)의 포(布)를, 입구자 두 개는 여포의 여(呂)를 표상하는 것으로 여포를 경계하라는 뜻이었다고 했다. 북액문(北掖門)을 들어가는데, 누구를 막론하고 군사를 거느리고 들어갈 수 없는 금문(禁門)이었으므로 수레에서 내린 동탁, 문안을 들어서며 보니 왕윤 이하 만조백관들 전문(殿門) 앞에 늘어서 있는데, 모두 검을 잡고 있었다는 것이다. 동탁이 의심쩍어 이숙에게 물었을 때, 왕윤이 별안간 큰 소리로 "늙은 도적이 나타났는데 무사들은 무엇 하는가?" 그러자 사방 백여 명의 무사들이 몰려나와 동탁을 사정없이 찔렀다. "이 역적놈!" "이 천벌 받을 놈." 동탁 쓰러지며 "여포야, 내 아들 여포는 어디 갔느냐?" 말 떨어지기 무섭게 뛰어나온 여포, 동탁을 굽어보며 검을 내리갈겼다는 것이다. 여포가 조서를 읽었는데 "어명을 받들어 역신 동탁을 죽였다. 나머지 무리에겐 죄를 묻지 않으리라!" 여포는 이숙, 황보승 등과 3만 군사로 미오성을 토벌하러 갔는데 그곳 이각, 곽사, 장제 등은 밤을 도와 양주(洋州)로 달아났다고 했다. 마음 급한 여포, "초선아, 동탁을 죽였으니 이제는 우리 세상이다. 너와 나는 이제부터 인생을 마음껏 즐길 수 있게 되었다." 하고 외치며 초선을 찾아 다녔다고 했다. 동탁이 쌓아두었던 황금 수십만 근, 백금 백여만 근, 갖은 금은보화는 장안으로 보내고 800만 석의 곡식은 백성들에게 나누어 주었다고 했다.

매미의 절명가(絶命歌)- 여포는 초선을 데리고 장안으로 왔다고 했다. 그러나 여포가 외출하고 없는 사이 초선은 지니고 있던 단도로 목숨 끊어 세상을 하직했다고 했다.

여자의 살결 약하다고 하지만/ 거울 대신 검을 품으면/
검은 정의의 마음 굳세게 하도다./ 나 스스로 가시밭길 가련다./
양부모의 은혜 갚는 길/ 그것 또한 나라 위한 일이라면/
춤추던 손에 든 악기를 버리고/ 비수 숨겨 들고 역적에게 접근하여/
마침내 독배(毒杯)를 올렸도다./ 들려온다. 죽음 앞 이 귓가에/
장안 백성들 드높이 부르는 평화의 노래/ 그리고 천상에서 날 부르는/
죽음의 소리!

여포, 그 시를 수십 번 읽은 후 초선이는 자기를 사랑한 것이 아니라 "처음부터 계획적으로 나를 속인 것이로구나!" 하는 사실을 깨닫고 초선의 시신을 번쩍 들어 후원 우물 속에 던져버렸다는 것이다.[87)]

초선(貂蟬)은 그 이름이 두 자가 다 다른 동물의 명칭으로 되어 있다. 초(貂)는 담비, 선(蟬)은 매미를 가리키는 것이다. 초는 족제비과의 길짐승이고 선은 여름 한철, 그것도 뜨거운 햇살에 항거나 하듯 큰 소리로 울어대는 곤충이다. 짙은 나무숲 그늘에 깃들어 길게 뽑아내는 그 울음소리에 맞설 만한 소리는 어디에도 없을 것이다. 그 울음소리 어떻게 해서 그렇게 커야 하는 것일까? 그렇게 크지도 못한 몸뚱이에 그렇게 크면서 허공이 찢어져라고 높은 음계에까지 그 울음소리를 올려야 하는 그 절실한 생태적 본연의 필연성은 물론 수놈에게 주어진 권리이며 책무라 할 수 있을 것도 같다. 우화(羽化)하여 나무 위로 오르자마자 생명을 재촉하는 초침

87) 『삼국지』 나관중, 정비석 역, 은행나무, 2008, pp297-329

은 사정없이 생존의 울타리 밖으로 재깍재깍 밀어내고 있기 때문이라 할 수 있지 않을까? 첫 울음 터뜨린 지 한 이레 이어졌을까 하는 사이에 어느덧 그 작은 몸뚱이는 생존의 울타리 밖으로 밀려날 수밖에 없는 숙명을 지고 났기 때문이라 할 수 있지 않을까? 그 이레쯤의 틈을 비집고 생명의 끈을 어떻게 하든 이어내어야 하는 그 절실함. 이레쯤의 그 틈도, 폭염이 죽어버린 암흑의 밤. 수없이 반짝이며 빈틈 없이 내려다보며 숲 속 나무등걸에 붙어 숨은 매미의 작은 몸뚱이를 수색(搜索)해 내려는 듯 별들이 눈동자를 굴려대는 하루의 반 동안엔 죽은 듯 없는 듯 숨도 쉬지 못 하고 매달려만 있어야 할 것이니, 따지면 그 이레도 반쪽 이레 밖에 못 될 것 아닌가. 어떤 때 만약 한 매미 우화되어 날개 한번 펴 볼 마음 먹고 나무등걸 타 오를즈음 달아 한 이레쯤 비만 내리든지 안개나 자욱할 뿐이라면 울음소리 한번 터뜨리지 못하는 그 작고 예쁜 몸뚱이의 삶이란 아예 죽음에 예속될 수 밖에 없는 비참한 운명이 아닐까?

어쨌든 폭염에 항거하는 것처럼 들릴 수도 있는 매미의 그 울음은 기실 내리쬐는 한여름 햇살처럼 뜨거운, 절실한 열정으로 짝을 불러 찾는 절규라 할 것이다.

매미 암컷은 벙어리다. 벙어리는 아마도 더 크고 더 높은 음계에까지 울음소리 울릴 수 있는 수매미를 찾아갈 것 아닐까? 벙어리는 잠자코 식물의 속살에다 무심한 듯 의미심장한 알을 낳고 산란된 알이 부화되면 땅 속으로 파 들어가 식물 뿌리에 촉수를 꽂고 수액을 빨며 일곱 해를 산다고 한다. 참매미는 그렇고, 털매미 같은 것은 4년 만에 어미가 된다고 한다. 북아메리카에서는 열일곱 해 만에 어미가 되는 것도 있다고 한다.[88] 이렇게 본다면 매미는 기다림과 인내의 표상적 동물이라 할 수 있을 것 같다. 그런데 매미는 풀잎 한 모서리도 뜯어 먹는 일 없고 작은 벌레 한 마리 잡아먹는 일도 없다고 한다. 다만 나무의 수액만 빨아먹을 뿐이라서 나서 죽을 때까지 더러운 찌꺼기 몸에서부터 내 보내는 일이 있을 수 없다는 것이다.

어쩌면 그렇게 맑고 깨끗하게 살다 가기 때문에 아무 거리낄 것 없고, 대공(大空)이 찢어져라 울 수 있는 성품과 배포, 자질이 생긴 것이라 말할 수 있을 것도 같다.

비워두는 것, 몸통 안에 찌꺼기 될 무엇도 끼워두지 않고 텅 비워서 오직 소리만 살 수 있게 하는 것, 그래서 최소한의 이슬만 빨아먹어 내리쬐는 한여름 햇살에 항거하듯 큰 울음소리 내지를 수 있는 원기로 삼는 것. 그것이 매미가 청렴고결(淸廉高潔)한 삶의 표상(表象)이 되는 연유(緣由)라 할 것이다. 일생 먹는 일 한번 없이 한 방울의 물에 삶을 의지하는 곤충 그것이 매미인 것이다. 그 울음소리 첫 한 소절(小節)에서 마지막 한 소절까지가 결코 한 마디도 양보할 수 없는 절대적 절명가(絶命歌)[89]라 할 수 있을 것 같다.

그 울음소리 어찌 크지 않고 어찌 높지 않을 것인가!

매미에게 다섯 가지 덕이 있다고 했다. 육운(陸雲)의 「한선부·寒蟬賦」에 매미가 다섯 가지 덕을 가졌다. 머리에 갓끈이 드리워져 있으니 이는 문사(文士)임을 나타내는 것이고, 대기를 머금고 이슬만 마시니 이는 (그 생태가) 맑음을 말해 주는 것이다. 기장과 피 곧 곡식을 누려 먹지 않으니 이는 그 청렴함을 알리는 것이고, 집을 짓고 깃들여 살지 않음은 그 검소함을 말해주는 것이며, 기후

88) 『동아백과사전』 11 p475
89) 절명가 : 목숨 거두기 전에 남기는 마지막 노래

에 응하여 절기를 지킴은 그 믿음을 말해주는 것이다.(필자 역)[90] 라고 했다.

담비[91]는 포유류 식육목(食肉目) 족제비과의 일 종으로 족제비보다 약간 크고 다리는 짧으며 머리는 가늘고 길다. 주둥이는 뾰족한데 꼬리는 길고 그 끝은 가늘며 털이 부드럽고 광택이 있어 아름다운 동물이다. 보통 1,800m 높이의 삼림지대에 서식한다. 그 모피는 모피 중 최상품이라고 한다.

옛 글에 시중과 중상시(벼슬이름)는 황금 고리를 하였는데 거기다가 매미 문양을 새겨 넣고 담비 꼬리로 장식을 하였다.[92](필자 역)는 말이 보인다. 또 매미와 담비 꼬리로 꾸민 관을 초선관(貂蟬冠)이라고 한다는 것이다. 그러니까 시중이나 중상시와 같은 벼슬아치의 관에 장식으로 붙이고 매었던 매미와 담비 꼬리 그것을 초선(貂蟬)이라 하였다는 것이다. 초(貂)에 관한 기록에 무관의 고깔이나 (정식 예복에 맞춰 썼던) 큰 면관, 시중의 관에 금고리를 하고 왼쪽에 담비 꼬리를 달았다. 옛날 (전국시대 말) 조(趙)나라 무령왕(武靈王)이 호복(오랑캐 옷)을 입었는데, 진시황이 조나라를 멸하고 (그 옷을) 시중에게 주었다. 그래서 그 옷을 시중의 옷이라 했다.[93](필자 역)는 글이 보인다. 초선에 관한 이런 내력을 살펴보

---

90) 선오덕(蟬五德) : 육운의 「한선부」에 蟬有五德 頭上有緌 則其文也, 含氣飮露 則其淸也, 黍稷不享 則其廉也, 處不巢居 則其儉也, 應候守節 則其信也. 『고사성어사전』 학원사, 단기 4315(서기 1982), p492
육운(陸雲)은 춘추시대 진(晋)나라 사람(BC 262-303). 자 사룡(士龍), 육기(陸機)의 동생, 저서 『육사룡집 · 陸士龍集』

91) 담비 : 『동아백과사전』 8 p372

92) 『후한서 · 後漢書』에 侍中 中常侍 黃金璫附蟬爲文貂尾爲飾. 『대한한사전』 p1562. 시중 : 중국 한 대의 천자 좌우에 있었던 고문. 중상시 : 항상 임금을 모시던 벼슬

93) 『사물기원 · 事物紀原』에 武弁大冕侍中冠之, 今璫左貂, 昔趙武靈王胡服也,

았을 때 『삼국지』에 등장하는 미녀 초선은 아마도 시중이나 중상시 또는 그에 근접했던 벼슬아치의 딸이었을 것이라 짐작된다.

나라를 기울일 만한 미인 초선의 아버지는 어쩌면 크나큰 불행을 맞았거나 피치 못 할 사연이 있어 왕윤이라는 사도(司徒) 벼슬자리 집에 딸을 양녀로 주지 않았을까 하는 생각이 든다.

동탁(董卓)과 여포(呂布)

이병석

으스스 밀려 오가는 안개 속
대륙의 밤과 낮 끝없이 방황할 때
어딜 가나 힘센 놈이 장땡이라
태산 같이 쌓은 욕망 천하 누르고
동탁의 그 위세 흐르는 구름 찌르니
한(漢)나라 사백년[94] 누더기 되어 펄럭였다네.

누런 금관 받아 머리에 눌러 쓰니
황홀하여 함박 만큼 입 절로 찢어지고
적토마(赤兎馬)[95] 로 꿈결 헤쳐 달려온 여포
무지개 타고 내린 초선에게 넋 앗겼다가
의부(義父) 동탁에게 그 무지개 뿌리채 빼앗겨선
그만 왈칵 두 눈 뒤집히고 말았다네.

秦始皇滅趙以賜侍中, 故爲侍中之服. 『고사성어사전』 p426
『사물기원』:송나라 고승(高丞)편찬 10권, 사물의 시원을 게재한 책. 위의 책 p426

94) 사백년 : 유방이 한나라 건국한 것이 BC 202년, AD 8년 왕망이 평제(平帝)를 살해 신(新)을 세웠다가 AD22년 유수(劉秀)가 신을 평정, 낙양에서 후한을 재건, AD 220년에 멸망한 기간을 어림잡은 햇수 『동아대백과사전』 29 pp400-401

95) 적토마 : 동탁이 탔다는 명마. 통탁이 여포에게 주었는데 여포 죽고 조조에게 갔다가 관운장이 탔다는 중국 제일 천리마 『삼국지』 1, 정비석 역, p212

땅 위에 다시 없는 꽃으로 꾸며
미오성(郿塢城)[96] 바라 초선을 데려가니
문무백료 모두 엄숙히 배웅할 때
팔백이나 되는 꽃들 피다가도 떨어지고
터지는 가슴 칡넝쿨로 동여매는 여포를
왕윤이 달래는 척 분기 더 돋구었다네.

“천자께서 태사(太師)[97]께 양위할 듯하다.”
그 말 한 마디에 미친 듯 바빠진 마음
수레바퀴 부숴지고 말이 고삐 물어 끊어도
한낮이 밤을 삼켜 캄캄 무시무시해져도
동탁은 들뜬 마음 걷잡지 못 했다네.
천자 사는 궁궐 북액문(北掖門)[98] 들어설 때
무사들 칼로 찔러 쓰러지는 역신(逆臣)[99]
천리초(千里草) 하청청(何靑靑)
십일상(十日上) 부득생(不得生)[100][101]
여포가 노려보며 목 잘라 죽였다네.

인내천(人乃天)[102]이라 하였던가.
인간들의 욕망 간 곳마다 불붙을 때
하늘 위의 하늘인들 무슨 소용 있으랴.
민초들의 아우성 천리 밖 휘쫓겼네.

---

96) 미오성 : 동탁이 차지해 있었다는 성
97) 태사 : 동탁에게 주어진 존칭
98) 북액문 : 한나라 궁성에 군사를 대동해 들어갈 수 없었다는 금문(禁門)
99) 역신 : 역심을 품은 동탁을 이름
100) 천리초 십일상(千里草 十日上) : 동탁(董卓)이란 이름을 해체 풀이한 글
101) 부득생(不得生) : 죽는다는 말
102) 인내천(人乃天) : 천도교의 기본 사상. 최제우(崔濟寓) (단기 4157-4197 · 서기1824-1864)가 주창함

초선(貂蟬)

이병석

하늘여인[天女][103] 내리시니
화각(畵閣)으로 모셔다가
눈물 젖은 사도 왕윤(使徒 王玧)
엎드려 큰 절 거듭 올렸다네.

무슨 일로 하늘 뚫고 내려
악하고 어지럽기 그지없는
땅 위에 날개 펼치려 하였던가?
연푸른 하늘의 빛 그 날개에 감돌 때
붉은 먼지 천지에 뒤덮이고
가나 오나 대륙의 미친 세월
안락도 숲의 푸르름 다 삼켜버렸다네.

인세(人世) 오직 덧없는 꿈일 뿐
하늘 가 외로 뻗은 가지 끝에
홀로 앉아 푸른 울음 한 소절
날려 보낸 매미여

애처로운 절명가[104] 한 소절에
목 찔려 토한 바람의 붉은 피

103) 천녀(天女) : 왕윤은 초선을 천녀라 하고 화각으로 모셔다가 큰 절 올려 한(漢)나라 구해줄 것을 눈물로 호소했다
104) 절명가 : 임종 직전에 부르는 노래

3. 네 번째 꽃 - 양귀비

양귀비, 중국 4대 미인 중 마지막 등장인물. 현종과 양귀비의 사랑이 당나라를 기울게 했다.

양귀비가 마지막으로 등장했다. 현종의 열여덟 번째 아들 수왕(壽王)의 후궁이었다고 했다. 그러니까 양귀비는 현종의 며느리였던 것이다.

예종(睿宗)으로부터 양위를 받은 현종(玄宗)은 당나라 제6대 황제로 등극했다. 태평공주 일파를 숙청하고 내환을 제거한 뒤 주옥(珠玉)과 비단을 궁전 앞에 쌓아 불태워버리고, 일체 사치를 금했다는 것이다. 이는 군주의 호사와 후궁들의 사치 문란이 쇠망의 길임을 통감한 현종의 굳은 결심의 소산이었다. 어진 신하를 등용하고 간언(諫言)의 길을 열며 문예를 장려하여 당대 최성기라고 일컫는 개원(開元)의 치세(治世)시대가 열렸던 것이다. 어진 재상 요숭(姚崇)은 백성을 위하는 것이 나라를 번영시키는 원칙이라는 신념으로 사치를 경계하고 조세를 감하게 하여 〈개원의 치〉의 기초를 닦았다고 했다. 요숭의 뒤를 이어 송경(宋璟)은 거리낌 없는 직언으로 현종으로 하여금 바르고 바람직한 치세를 전개하도록 신심을 아끼지 않았다는 것이다. 또 동평장사(同平章事- 宰相職) 한휴(韓休)는 송경보다 더 강직한 사람으로 현종에게 잘못이 있으면 그것이 아무리 작더라도 빠짐없이 직언했다고 했다. 연회석상에서도 가끔 현종은 "한휴가 눈치 채지 않았을까?" 하고 두려워했을 정도라고 했다. 어느 날 한휴를 두려워하던 간신 하나가 현종에게 "한휴가 재상 된 뒤로 폐하께서 무척 수척해지셨습니다. 이대로 가다가는 폐하의 건강이 염려되옵니다. 한휴를 물리치심이 어떻겠습니까?" "그렇소. 한휴를 재상으로 발탁한 뒤로 짐은 말랐소. 하지만 그 대신 천하가 살찌지 않았소."라고 현종이 말했다는 것이다.

현종은 소탈하고 소박하며 농을 즐겼다고 했다. 현종이 노주별하(潞州別賀- 노주라는 곳의 별하라는 직책을 지칭하는 것으로 보이며, 별자가 앞에 붙은 것을 보아 별찮은 한직인 듯 하다.)로 있을 때 어느 늦봄 놀이꾼 10여 명이 세 척의 배를 띄우고 주연을 베푼 자리에 현종이 털썩 끼어들어 앉았다고 했다. 아주 소박한 호복(胡服)차림이었다고 했다. 한참 떠들며 놀다가 어떤 사람이 자기 집안 자랑을 하고 싶었던지 "오늘은 각자의 문벌과 관품(官品)을 소개하는 것이 어떻겠습니까?" 하였는데, 차례가 된 현종이 "증조부는 천자, 조부도 천자, 아버지는 상왕(相王), 나는 임뇌군왕(臨惱君王) 이융기(李隆基)라고 하오." 하니 모두 깜짝 놀라 도망쳐 버렸는데, 현종은 배를 나란히 이어놓고 남은 술 다 퍼마신 뒤 유유히 떠났다고 했다.

측천무후(則天武后) 전성기 때, 현종이 어린 소년 시절, 무후의 일족 무유기(武攸暨)가 조당(朝堂- 朝廷)을 제멋대로 쥐고 흔들고 있었다. 그는 아내를 죽이고 태평공주를 맞아 들였다고 했다. 소년은 무유기를 붙잡고 소리쳤다. "조당은 우리집 조당이야. 너 따위들이 벌이나 독충처럼 어른거릴 데가 아니란 말이야!" 곁에서 보고 있던 무후가 입을 딱 벌리고 말을 못했다는 것이다.

이림보(李林甫)는 간신이었다. 배운 데 없어 문맹이었으나 머리 굴림엔 타고난 재주 있었고 간사하기 비길 데 없었다. 냉혹하고 침착하여 구렁이 담 넘어가듯 일을 꾸며내고, 남을 해쳐 능청스레 올라섰다고 했다. 기민하여 수단 가리지 않고 일을 신속히 처리하여 결국 자미령(紫微令- 宰相職)의 자리를 차지했다는 것이다. 이림보가 등장하는 무렵 개원(開元)의 태평성대가 무너져 내리기 시작했다는 것이다. 현종의 태자, 조려비(趙麗妃)의 아들 영(瑛)을 폐하고 그 자리에 자기 아들 수왕(壽王)을 앉히기 위해 기회를 엿보고 있던 무혜비(武惠妃)와 손을 잡고 모략을 꾸몄다고 했다. 무혜비는 수왕을 태자로 만들기 위해 이림보를 적극 추천하면서 태자 영과, 악왕요(鄂王瑤), 광왕거(光王琚) 등이 황제와 자기를 헐뜯고 다닌다는 무고를 하면서, 울며 현종에게 매달려 "차라리 저를 절간에라도 버려 주시옵소서." 하고 넋두리를 늘어놓자 현종은 당시 무혜비를 무척 총애했으므로 "내가 너를 왜 절간에 버린단 말이냐. 태자와 다른 두 왕자를 폐하면 될 것 아니냐." 하며 무혜비를 어루만져 주었다고 했다. 그러나 한휴의 뒤를 이어 자미령의 위에 오른 장구령(張九齡)은 현명한 재상이었으므로 현종에게 "근거 없는 소문만으로 태자를 폐해서는 안됩니다. 예부터 후궁의 말만 믿는 군주는 모두 나라를 어지러운 싸움터로 몰아넣은 사실을 되새겨야 합니다."는 간언을 하여 무혜비와 이림보가 꾸민 각본은 현종에게 먹혀들지 못했다는 것이다.

이림보와 무혜비는 끈질기게 설쳐 장구령을 마침내 몰아내고 간신 우선객(牛仙客)을 발탁시켜 조정의 의사(議事)를 뜻대로 움직여 갔다고 했다.

어느 날 이림보, 무혜비가 태자 영(瑛)과 요왕(瑤王), 거왕(琚王)에게 화급히 사신을 보내 "궁중에 적란(賊亂)이 일어났습니다. 서둘러 구원병을 내 주십시오."라고 말하자, 세 왕자들 얼떨결에 각기 병력을 이끌고 황궁으로 쇄도했다는 것이다. 그때 이림보 등이 현종에게 고하기를 세 왕자가 난을 일으켰다고 하여 세 왕자들은 참형을 당할 수밖에 없었다고 했다. 악한 흉계의 구렁텅이에 길사(吉事)가 있을 수 없는 것, 그 해 마지막 달 무혜비 급병으로 세상을 떠나가니 현종의 가슴만 찢어지고 있었다는 것이다. 현종은 깊이 모를 슬픔에 빠져 내리고, 이림보는 실망 중에 현종의 무혜비에 대한 추모심을 자극하여 끈질기게 수왕을 밀어 그의 어두운 욕망을 채우려 했다는 것이다.

현종은 범용(凡庸)한 수왕보다 학문을 좋아하고 시문에 능한 충왕 흥(忠王 興- 元獻皇后의 아들)을 사랑했다. 충왕은 또 사려가 깊고 효경심도 대단했으며, 현종의 남은 자식들 중에 제일 나이가 많았다고 했다. 현종의 뜻을 헤아리고 있던 환관 고력사(高力士)의 조언으로 충왕을 결국 태자로 책봉했다는 것이다. 이림보는 그래도 단념하지 않고 태자를 감시하고 헐뜯을 거리를 찾는데 눈을 떼지 않고 괴롭혔다는 것이다. 어느 날 현종이 태자궁에 행차하여 보니, 뜰에 잡초가 무성하고 궁전이 황폐할 대로 황폐하여 버려진 악기 위엔 먼지가 쌓여 있고, 심부름하는 시녀 하나도 없었다고 했다. 현종이 고력사를 나무라자 "보고하려 했으나 태자께서는 부제(父帝)를 괴롭혀서는 안된다고 말씀하므로 보고하지 않았다."고 고력사가 말했다는 것이다. 태자는 현종의 뒤를 이어 등극했으니 그는 7대 숙종(肅宗)황제라 했다. 그러나 그는 이림보에게 그렇게 시달림 받고 안록산의 난을 겪으면서 건강이 나빠져 천수를 누리지 못했다는 것이다.

양귀비(楊貴妃)의 본 이름은 옥환(玉環)이었다고 했다. 옥같이 곱고 옥으로 만든 고리와 같이 끝 간 데 모를 아름다움을 지녔다는 뜻의 이름이라 할 것이다. 귀비의 화용월태(花容月態)에 걸맞는 이름이었다. 귀비는 촉주사후(蜀州司后- 촉주라는 지역의 사후 벼슬) 양현염(楊玄琰)의 1남 4녀의 막내딸로 태어났다고 했다. 일찍 부모 잃고 하남부사조(河南府士曹) 벼슬살이 하고 있던 숙부 양현규(楊玄珪) 집에서 모두 자랐다고 했다. 양현규는 옥환이 영리하고 예쁜 모습에다 자태가 아름다워 장안으로 보냈는데 현종황제의 형 영왕(寧王)의 시녀가 되었다는 것이다. 영왕이 일찍 죽자 17살 때 현종의 18번 째 아들 수왕(壽王)의 비가 되었다고 했다.

귀비(貴妃)란 당나라 궁실에 거주하는 여관(女官)의 명칭이라고 했다. 당시의 궁실에는 4비(妃) 9빈(嬪) 3부인(夫人) 27어녀(御女)라는 여관제도(女官制度)가 있었다고 했다. 4비에는 귀비(貴妃) 덕비(德妃) 숙비(淑妃) 현비(賢妃)가 있었고, 9빈에는 소의(昭儀) 소용(昭容) 소원(昭媛) 수의(修儀) 수용(修容) 수원(修媛) 충의(忠儀) 충용(忠容) 충원(忠媛)의 직급이 있었다고 한다. 살펴보면 귀비란 황후 다음으로 가장 높은 직급을 말하는 것이다. 그러니까 양귀비란 양(楊)씨 성을 가지고 귀비(貴妃)라는 직급에 종사하는 궁중여인이라는 말이 된다고 볼 것이다.

화청궁(華淸宮)은 여산(驪山) 자락에 있는 이궁(離宮)이다. 여산은 그 높이가 1,274m라 했으니, 우리나라 경상남북도(청도, 밀양, 울주)에 걸쳐 앉은 가지산(迦智山) 보다 살풋 더 높은(약 30여m 더 높은) 산인 것 같았다. 아마도 산 모양이 말처럼 생겼다 해서 여산이라 한 것 아닐까 생각해 보았다.

여산에 온천물 솟는 것을 일찍 알고 주(周)나라 때 유왕(幽王)이 휴양차 갔다가 그의 폭정에 원한을 품은, 정부인(正夫人) 신후(申后) 일족에 의해 왕이 살해된 적이 있고, 진시황이 지상에 더 보기 어려운 높은 무덤을 쌓기 위해 70만 인부들의 피와 기름을 짜낸 곳이기도 하다. 이곳에 현종은 궁을 짓고 온천궁이라 하였다가 뒤에 화청궁으로 고쳐 불렀다고 했다.

현종은 무혜비와 길 따라 수없이 다니던 옛일을 회상하고 있었다. 해마다 10월이면 무혜비와 나란히 이곳 여산 온천궁으로 내려와 추운 한겨울을 더운 온천물에 담그고 해 바뀌어 배꽃 곱게 필 무렵이면 장안으로 돌아갔다고 했다. 이제는 유명을 달리한 두 사람, 현종의 마음 처량하기 그지없고 인생무상을 뼛속 깊이 새기고 있었다. 말발굽 경쾌하게 길거리 스쳐갈 때 흔들리는 금방울 소릴 듣는 것만 해도 민초들의 가슴은 울렁거렸을 것이고 화려하고 장대한 행렬 속에 꽃처럼 어여쁜 미녀들이 흘리고 가는 웃음 아래 뭇 사람들은 어느 하늘 구름 속에라도 놓여 있는 듯 황홀감에 휩싸이고 있었을 것이나, 막상 그 화려한 행렬의 주인공인 현종은 도무지 흥이 나지 않고 서글프기만 했던 것이다.

"참으로 아름다운 경치로구나. 여산 자락 여기 저 이름 모를 새를 보렴. 나를 위해 날고 나를 위해 노래하는 것 아니냐. 저 빨갛게 물들어가는 단풍잎을 보렴, 홍도야, 내 마음 빨갛게 물들이기 위해 나를 향해 드리워져 있는 게 아니냐." "네, 그렇고말고요. 양비(楊妃)마마." 하고 양옥환의 시녀가 말했다. 어머니 무혜비(武惠妃)를 잃고, 황태자 책봉에서 떨어진 답답한 마음을 달래기 위해 이번 행렬에 수왕(壽王)도 양옥환을 대동하고 참여하게 되었던 것이다. 그럴 때 "감문장군(監門將軍), 저 구룡전(九龍殿) 앞 연못가를 서성이며 산천의 운치를 즐기고 있는 저 두 여인은 누구이냐. 분명 풍류를 즐길 수 있는 여인들이군. 누구인지 가까이 데려와 보도록 하라." 하고 현종이 말했다.

말 떨어지자 서둘러 간 고력사, 그 요염한 자태 앞에 그만 정신이 황홀해졌다는 것이다. 무르익은 젊음이 아른아른 금세 터질듯한 몸매, 복숭아꽃도 무색하도록 붉게 타오른 두 뺨, 짐작도 못할 비밀을 지닌 듯 길게 자란 눈썹 속에 숨어 파묻힌 두 눈, 아! 하늘 높이 어느 별의 속삭임을 남김없이 삭혀들인 수정방울인가? "내가 지금 어느 누구 앞에 서 있는 것인가?" 고력사 고개 들지 못하고 간신히 말했다. "양비마마, 황제께서 찾아 계시옵나이다." 양옥환은 말했다. "이를 어쩌나, 어찌 소첩이 폐하 어전에 나갈 수가 있겠나이까?" "폐하께옵서 승하하신 무혜비마마를 잊지 못하시옵고 비감에 잠기시와 옥체가 무척 쇠진하여지셨나이다. 조례를 폐하신 지 오래 되시옵고 오로지 번뇌 속에 지내시옵는데, 오늘 방풍각에서 단풍을 즐기시다가 마침 양비마마를 보시옵고 모시라는 분부이시오니, 아무쪼록 폐하 어전에 납시와 어의를 위로하시옵소서."라고 고력사가 말했다는 것이다.

"고력사는 왜 이리 늦도록 돌아오질 않는가?" 현종이 말끝에 연못가를 내려다보았다. 비상전(飛霜殿) 앞으로 한 교자를 앞세우고 고력사가 급한 걸음 재촉해 오고 있었다.

들어서는 여인, 현종은 황홀했다. "세상에 이런 여인이 있었던가! 이 이상의 여인을 찾을 수는 없을 것이다. 전한(前漢) 성제(成帝)가 사랑했다던 조비연(趙飛燕)[105]이 이에 비해 올 수 있을까? 은(殷)나라 주왕(紂王)이 그토록 사랑했다던 달기(妲己)[106]라 한들 이만큼 아름다울 수 있을까? 아! 이 어여쁜 여인을 누구에게 비하랴." 가늘게 뻗은 허리, 삼단같이 길고 윤나는 머릿결, 옥같이 빛을 발하는 살결, "내 마음 이미 저 수정 같은 두 눈 속으로 빨려 들어가고 있는 것인가!"

현종은 감탄을 누를 길 없었다. 그리고 소관(簫管)의 통 속에서 굴러 나오는 것 같은 맑고 낭랑한 목소리는 현종으로 하여금 별세계로 이끌어 가는 것 같았다.

옆에 대령하고 있던 재상(宰相) 이림보(李林甫)와 환관 고력사(高力士)는 현종이 양옥환을 대하는 태도가 심상치 않음을 즉각 깨달았다. 고력사가 수왕(壽王)의 비(妃)라고 소개하자 현종은 당

---

105) 조비연 : 전한 성제의 비, 미인이며 몸이 가볍고 특히 춤과 노래에 뛰어났다고 했다. 『故事成語』 학원사, 단기 4315(서기 1982), p403

106) 달기 : 달기는 너무 아름다워 주왕이 어떤 충신의 말을 거절할 수는 있어도 달기의 비위에 거슬리는 말은 한마디도 할 수 없었다고 했다. 둘은 잔인하기도 하여 포락(炮烙)의 형, 곧 숯불 위에 기름칠 한 구리 기둥을 걸쳐놓고 죄인을 건너가게 하여 죄인이 떨어져 숯불에 타 죽으면 손뼉 쳐 웃었다고 했다. 주(周)나라 무왕(武王)에게 피살됨. 주나라 유왕(幽王)의 비 포사(褒似)와 함께 중국 역사상 가장 음란하고 잔인한 여인이라 함. 『동아백과사전』 8 단기 4319(서기 1986), p316

황하여 "허! 수왕의 비라고?" "네, 그러하옵나이다." 양옥환이 대답했다. "그래 올해 몇 살이나 되는고?" "스물 두 살이옵나이다." 이림보가 현종의 눈치를 살피며 "양비마마는 당나라 천지에서 가장 아름다운 분인 줄로 아뢰오." "과연 그렇겠군. 자 이 붉은 수정 목걸이를 짐이 걸어주지. 가까이 오도록 하라." 양옥환의 얼굴 더욱 붉어지며 기쁨을 감추지 못했다는 것이다.

"고력사, 그래 당나라 천지에 양비보다 예쁜 여자는 없단 말인가?" 현종이 말하자, 등에 찬물을 끼얹힌 듯 고력사 깜짝 놀라며, 정녕 현종이 양비에게 마음이 쏠리고 있구나. 난처한 일이로구나. "폐하, 진정하시옵소서." 고력사의 말에 "아니 그력사, 짐이…… 짐이……." 현종은 말을 더 못했다는 것이다.

"음, 아바마마께서 우리 귀여운 양비를 정말 예쁘게 보셨구먼." 하고 침실에 든 수왕이 말하자 "뭐, 그렇겠소이까. 어찌나 과만한 칭찬을 하옵시던지 어쩔 줄 몰랐나이다. 그리고 제가 권하는 약주를 여섯 잔이나 받으셨나이다." 양옥환이 말하자 수왕은 "정말 영광이오. 진작 당신을 예쁘게 보실 기회가 있었더라면 지난 번 동궁 책봉은 당신 덕분에 내게로 떨어졌을 것을……." 하고 말했다는 것이다.

연회가 벌어졌다. 주악소리 울려 퍼지는 높은 누각, 춤과 노래 휘늘어지고 술잔 오고가니 흥이 절로 났다. 현종은 양옥환이 보고 싶어 일 각을 견디기 어려웠다. 하사한 수정 붉은 목걸이를 목에 걸고 화려한 의상 진한 단장에 사뿐사뿐 걸어 들어오니 현종은 마구 가슴이 뛰기 시작했다. "무슨 망녕인가?" "내가 왜 이럴까?" "내 나이 쉰여섯, 거기다가 양옥환은 18번째 아들의 비, 나이도 겨우 스물 둘이라 하였지 않으냐." 현종은 한없이 즐거우면서도 바로 옆에서 술을 따르고 있는 양옥환을 한번 만져보고픈 마음 억누르기 너무 어려웠다. 현종은 애써 무혜비(武蕙妃)를 떠올려 본다. 하지만 무혜비는 구름 속 달처럼 잠간 나타났다가 금세 사라지고, 꿈인가 생시인가 양옥환의 어여쁜 모습 방글방글 웃으며 잔을 따르는 모습만 선녀인양 황홀하였다.

"고력사, 짐의 마음 어찌 이리 괴로운가?" "무혜비 마마를 못 잊어하시기 때문으로 아뢰오." "틀렸어." "소신의 우둔한 생각으로는……." "고력사, 속 시원히 말을 해 보라." "폐하께옵서는…… 폐하께옵서는……." "내가 어쨌다는 거냐?" "……폐하께옵서는…… 연정을 느끼고 계시는 줄 아뢰오." 현종은 말문이 딱 막혀 버렸다. 가슴 속 깊이 웅얼거리고 있는 알 수 없는 과녁의 한가운데를 고력사가 사정없이 꿰 뚫어버렸기 때문이었다는 것이다.

스스로 안타깝고 답답하여 견딜 수 없는 현종은 이럴 때 고력사(高力士)가 옆에 있어 그나마 천만다행이라 생각하고 있었다.

"폐하, 모든 일을 소신에게 맡기시옵소서. 폐하께옵서는 천자이시옵나이다. 그러므로 세상의 범부(凡夫) 같이 인륜(人倫)을 따르실 필요는 없으시옵나이다. 모든 신하와 백성은 오로지 천자를 위하여 있는 것이옵나이다. 선제(先帝) 고종황제(高宗皇帝- 당나라 3대 황제)께옵서 아버지이신 태종황제(太宗皇帝)의 후궁을 황후로 모셔온 것도 천자이셨기 때문이옵니다. 사가(私家)에서는 흉이라 하옵는 일이 황실에서는 꼭 흉이 된다고만 할 수 없사옵나이다. 소신에게 계책이 있사오니 너무 괘념치 마시옵고 오로지 어의를 편안케 하시옵소서."라고 고력사가 말했다는 것이다.

욕심 많고 간사한 이림보(李林甫)는 현종이 여락(女樂)에 빠져되도록 정사에 참견하지 말아야만 정권을 마음대로 휘두를 수 있다고 생각하여 고력사의 계책을 손뼉 치며 환영하였다고 했다.

어느 날 이림보는 "영남도호부(嶺南都護府)에서 올라온 얘기를 듣사온즉 절도사(節度使)의 행패가 극심하옵고 백성들 원성이 높다 하오니, 어사를 내려 보내시와 자세히 조사 하오심이 가한 줄로 아뢰오." 현종이 말했다. "재상이 알아서 처리하라." "왕래에 고생은 되겠사오나, 어사에는 수왕(壽王) 전하를 보내심이 가할 줄로 아뢰오." 그 말에 현종이 깜짝 놀랐다. 영남도호부가 있는 광주(廣州- 지금의 광동)까지는 수만 리 험한 길로, 2년이 걸리는 거리이고 도중에 병들어 죽는 일도 적지 않았다는 것이다. 사리에 누구보다 밝고 정정당당하였으며 이른바 개원의 치로 당나라 최전성기를 열었던 현종, 그런 그가 아들 수왕을 머나먼 험로로 보낸다는 것은 생각하기 어려운 일이라 할 것이다. 그러나 그의 며느리 양옥환을 그리는 연정의 늪에 빠져버린 현종에게 그 늪, 빠져 나오려고 할수록 오히려 더 빨려드는 마력의 수렁이었다. 그런 불합리한 연민을 정당화 시킨 것이 이림보와 고력사의 계책이었던 것이다.

그리하여 마침내 "영남은 서울에서 멀리 떨어져 있는 곳, 항시 말썽이 많은 곳이니 대소사 철저히 조사하여 곤기를 바로잡고 돌아오도록 하라."라고 현종이 어명을 내렸다. 이에 "소신 지성을 다 하겠사옵니다. 폐하, 그동안 옥체 만녕하시옵소서." 하고 수왕은 어명 받들어 머나먼 광주로 떠났다고 했다. 칙서 받아 나온 수왕 우선 기쁨이 앞섰다고 했다. 황제의 신임을 받는다는 생각과 다녀와 공을 세운다면 영광의 길이 열릴 수 있다고 여겼기 때문이라 하였다. 부황 현종의 엉뚱한 생각을 수왕은 헤아릴 수 없었던 것이다.

수왕 일행이 멀리 보이지 않을 때까지 망경문(望京門) 위에서 바라보며 양옥환은 쏟아지는 눈물로 이별을 서러워했다는 것이다.

다음날 양옥환은 태진(太眞)이라는 도교 이름이 하사되고 그날로 태진궁(太眞宮)으로 옮기도록 하라는 어명이 떨어졌다.

하루아침에 여도사(女道士)가 되어버린 양옥환, 황후가 무색하도록 화려한 의상을 차려입고 더없이 크고 빛나는 황금잠계(黃金簪笄)[107]를 칠흑같이 검은 머리에 꽂고, 곱게 그려진 눈썹, 흑진주같이 반짝이는 두 눈은 천고(千古)의 비밀을 간직한 것 같았다고 했다.

역대의 요조숙녀(窈窕淑女) 어느 누가 감히 양태진의 아름다움에 비겨 올 수 있었으랴. 꽃다운 얼굴, 잊혀졌다 갑자기 나타난 어느 별이었을까? 발산하는 빛, 사람의 마음 복사꽃 짙은 빛으로 붉게 물들이고, 쓰다듬어 올린 머릿단에서 어찌 잘 못 흘러내린 듯, 두어 가닥 비단 금실이 꽃 볼 모서리 타내려, 보는 사람의 정념 야릇 발그스레 어디론가 낚아가고 있었던 것이다. 한 발 한 발 조용히 옮기는 발길 따라, 매달린 귀고리 사람의 마음줄을 흔들고 있었다고 했다. 한무제(漢武帝)의 이부인(李夫人)이 못 다한 사랑을 마저 꽃 피우기 위해 요염(妖艶) 무비(無比)의 결심으로 다시 태어난 것일까? 연지분 짙게 바르고 고개 돌려 한 번 미소 띄우니 여섯 궁궐 삼천 미색들 모두 낯빛 잃고 말았다고 했다.

현종이 자리에 앉고 좌중이 정돈되자 비파(琵琶)와 수공후(竪箜篌), 현(絃), 관(管) 여러 악기들 소리 높이 예상우의곡(霓裳羽衣曲)[108]을 주연하니 그 소리 그날 밤 따라 더욱 미려하고 화음이 절묘하게 어울리는 것 같았다고 했다. 현종 앞에는 재상 이림보와 걸안(契丹- 거란)을 쳐서 공을 세운 평로절도사(平盧節度使) 안록

---

107) 잠계(簪笄) : 비녀, 잠과 계가 다 비녀의 뜻으로 쓰이는데, 계(笄)는 중국에서 15세 되는 여인이 성인이 되었다는 표시로 머리에 꽂는 장식으로 쓰였다고 한다

108) 예상우의곡 : 월궁(月宮)의 음악을 모방하여 만들었다고 하는 곡 이름

산(安祿山)이 자리 잡고 있었다는 것이다. 그날 밤은 안록산의 공을 치하하기 위해 특별히 그를 참석시킨 자리라고 했다. 풍악 소리 속을 누벼 양태진(楊太眞)이 천천히 걸어나와 현종에게 허리 굽히니 "허, 옥환은 오늘부터 도사(道士)가 되었다고, 정녕 기특한 일인지고."라고 현종이 말했다고 했다. 안록산 "과연 경국지미인(傾國之美人)이로고." 하며 그 요염한 염태(艶態)에 취해 침을 삼키고 있었다고 했다.

연회를 마치고 현종은 부용장막(芙蓉帳幕) 둘러쳐진 양태진의 방으로 갔다는 것이다. 현종은 "좀 가까이 오도록 하오." 다가온 양태진을 현종은 허리를 얼싸안아 무릎 위에 올려놓은 것이라 했다. "어찌하랴! 황제를 모신다는 일이 이러한 일이란 말인가?" 양태진은 쩔쩔매고 있었다는 것이다. 눈 감은 양태진에겐 사흘 전에 광주로 길 떠난 수왕의 모습이 어른거리고 있었다고 했다. "아! 부정(不貞)한 내 몸이여!" 결국 수왕의 비였던 양옥환은 태진이란 이름과 함께 그 시아버지인 현종의 비가 되고만 것이라고 했다. 현종의 가슴에 안겨든 양태진은 시간이 지나자, 만 백성 허리 굽혀 천자라고 쩔쩔매는 황제도 한낱 평범한 사내, 동물적 속기(俗氣)를 벗어나지 못한 존재라는 것을 깨달았다는 것이다. 양태진은 어린 소녀처럼 수줍은 듯이 고개 숙여 조용히 말했다고 했다. "다만 폐하께서 소첩을 버리지만 말아 주시옵소서."라고 어느 날 양태진이 말하자, 현종은 "암 암, 짐이 태산이 무너진들 양태진을 버릴 리가 있겠는가."

마침내 충신 장구령(張九齡)이 간언을 올렸다. "폐하, 진정하시옵소서. 폐하께옵서 일찍 음란과 사치, 유흥에 빠져 폭정을 일삼던 위씨황후(韋氏皇后) 일족을 토멸하시던 기개를 어찌 하시옵고 왕자의 비로서 후궁을 삼으시는 패륜지정(悖倫之情)을 맺으셨나이까?" 이림보 등은 장구령을 역린(逆鱗)109)의 죄로 다스릴 것을 주장하여 현종은 사형1등형(死刑一等刑) 중에 교살형(絞殺刑- 목 졸라 죽이는 형벌)을 명했다는 것이다.
형장 위에 갑자기 수천 마리의 가마귀 떼가 몰려와 밤처럼 하늘 덮고 지저귀었다고 했다. 사람들은 충신의 죽음을 하늘이 노하고 슬퍼하는 일이라고 말했다는 것이다.

광주(廣州) 땅은 멀고 멀었다. 높은 산 험한 고개 수 없이 넘고 수 백의 강을 건너야 했다는 것이다. 바람결에 끼니를 때우고 이슬 밭에 새우잠 자며(풍찬노숙 · 風餐露宿) 모진 고생 끝에 광주 땅에 도착했다는 것이다. 수왕은 심복 소삼기(蘇三己)를 시켜 문무(文武) 각 방면과 민정을 염탐토록 하였으나, 영남절도사 고병(高騈)에겐 흠 잡을 데가 없었다고 했다는 것이다. 되돌아오는 길에 오른 수왕, 그는 꿈에 부풀어 말 등에 채찍질을 가했다고 했다. 어서 장안에 도착하여 업무를 보고하고 진상품을 바쳐 공을 쌓아 앞길을 탄탄히 열고, 무엇보다 양옥환을 어서 빨리 만나고팠던 것이라고 했다. 사저에 도착한 수왕, 거소는 썰렁하고 옥환은 보이지 않았다. 반기는 시녀 옥매(玉梅)를 재촉해 물었으나 옥매는 고개만 숙이고 말을 못했다는 것이다. 수왕의 거듭되는 다그침에 천근 입을 여는 옥매 "황제의 후궁이 되어 가셨나이다." 이윽고 정신을 차린 수왕, 터지는 오장 속에 술을 붓기 시작했다는 것이다.

상주(上奏) 올리려 온 수왕을 현종은 외면하고, 재상 이림보에게 보고하라고 했다는 것이다. 수왕은 양옥환이 말 할 수 없이 미웠다. "목숨 걸고 정숙(貞淑)을 지켰더라면 어찌……." 하늘과 땅이

109) 역린 : 용의 턱 밑에 거슬러 난 비늘을 말하는데, 임금의 분노를 일으키는 일을 가리킴. 한비자(韓非子)의 「세난편(說難篇)」에 나오는 말

뒤범벅되는 듯한 혼란과 견잡을 수 없는 분노, 영원한 암흑이 밀어닥친 듯한 절망을 수왕은 감당할 길이 없었다고 했다. 그때 흥경지(興慶池) 쪽에서 사죽(絲竹) 소리와 각종 악기의 음률이 바람 타고 새어오고 있었다고 했다. 수왕은 자기도 모르는 사이에 원수가 되어버린 마녀 옥환을 마음으로 용서하지 못하고, 원망과 복수의 날을 마음으로 세워 흥경지 쪽으로 가고 있었다고 했다. 측천황후(則天皇后) 때 심었던 모란이 현종의 개원(開元)시대에는 수천 그루가 되었다고 했다. 모란 꽃나무를 헤집고 마녀의 모습을 분명히 직시(直視)하기 위해 수왕은 조심스레 다가가고 있었던 것이다.

현종이 말했다. "오늘은 명화(名花- 모란)를 관상(觀賞)하고 태진과 더불어 잔치를 베푸는 자리에 어찌 구닥다리 노랫말을 들을 수 있겠느냐? 이태백(李太白)으로 하여금 새로운 노랫말을 짓도록 하라." 환관들 황급히 한림학사(翰林學士) 이터백을 찾아 나섰다. 이리저리 술집들 뒤져 겨우 찾은 이태백, 취해 늘어진 몸을 들쳐 업고 심향전에 당도했다. "취하였구나. 고력사, 이태백의 얼굴에 물을 끼얹고 신을 벗겨라." 현종의 말에 신을 벗기는 고력사에게 이태백 하는 말 "흥, 더러운 손으로 인하여 내 신이 더럽혀지겠구나." 고력사는 치솟는 분기를 겨우 참아내고 있었다고 했다. 황제의 분부 따라 가인(歌人) 이구년(李龜年)이 금화전(金花箋) 색종이를 내밀며 새로운 노랫말을 지으라고 했다. 대취한 이태백, 붓 잡고 즉석에서 3장(三章)의 글을 지었는데 그 글의 품이 완려정절(婉麗精切- 예쁘고 아름다우며 정밀하고 적절함) 하여 모두가 감탄해 마지않았다고 했다.

청평조사 1 (淸平調詞 一)

이태백

구름은 님의 옷자락 꽃은 님의 얼굴
봄바람 건듯 난간에 불어 올 때
어여뻐라 그 모습 함초롬히 무르녹네.
만약 군옥산 머리에서 만난 적 없었다면
필시 달 밝은 요대[110]에서 뵈오리.

운상의상화상용
雲想衣裳花想容
춘풍불함로화농
春風拂檻露華濃
약비군옥산두견
若非群玉山頭見
회향요대월하봉
會向瑤臺月下逢

청평조사 2 (淸平調詞 二)

이태백

농염할손 한 꽃떨기 짙은 향 드러나네
비구름 부리는 무산선녀도 부러워 애간장 끊나니
아서라. 한나라 궁중 누가 감히 비겨오랴.
새 단장한 조비연[111]만 더욱 가련하구나.

---

110) 요대(瑤臺) : 은(殷)나라 주왕(紂王)이 지은 대, 달의 다른 이름. 『고사성어사전』 p716, 신선이 사는 대

111) 조비연(趙飛燕) : 한나라 제일 미인

一枝濃艶露凝香 (일지농염로응향)
雲雨巫山枉斷腸 (운우무산왕단장)
借問漢宮誰得似 (차문한궁수득사)
可憐飛燕倚新粧 (가련비연의신장)

청평조사 3 (淸平調詞 三)

이태백

모란꽃 경국미인 서로 반길제
임금님 같이 웃음 띄워 보냈네.
건듯 부는 봄바람 끝없는 원한 헤풀어
심향정 북쪽 난간에 기대네. [112)]

名花傾國兩相歡 (명화경국양상환)
長得君王帶笑看 (장득군왕대소간)
解釋春風無限恨 (해석춘풍무한한)
沈香亭北倚欄干 (심향정북의난간)

(필자의 졸렬한 생각을 위주로 하여, 딴 분들과 해석을 달리한 곳 많음을 양해 구함)

현종이 감탄, 무릎을 치며 “과연 당나라 일등 문장이로구나.”라고 했다는 것이다. 양태진도 눈이 똥그레지며 “어쩌면 그렇게 술이 대취하고서도 이렇게 좋은 글을 지을 수가 있아오이까.” 하니 “이태백은 진실로 당나라의 보배요 하늘이 내린 천재로다. ‘청평조사’라 이것은 태진, 당신의 지극한 아름다움을 찬양한 노래요.” 현종

112) 『중국의 역사』 7 증선지. 김광주 편역, 단기 4317(서기 1984), p177
『이태백』 장기건 편저, 태종, 단기 4321(서기 1984), pp102-107

은 그리고, "이태백, 우리 태진에게 술 한 잔 권해 보도록 하라." 이태백, 술을 권하고 난 뒤 "폐하, 자고로 너무 지나친 미인이 나오면 나라가 흔들린다고 하였사옵는데 태진마마께옵서는 족히 천하를 흔들 만한 미인이신가 하나이다." 현종이 크게 웃으며 "하하하, 이구년! 태백이 지은 청평조사를 사죽(絲竹-絲管- 현악기와 관악기)에 맞추어 노래 부르도록 하라."

흥경지에 노래와 풍악, 남녀의 웃음소리가 한창 뒤범벅되고 있었다. 수왕은 몸 숨겨 숲 사이를 기어가는 꿩 모양으로 허리 구부려 모란꽃 밭으로 기어들었다. 불빛에 아롱진 양옥환의 얼굴, 수왕은 순간 가슴 속에 돌이 치밀어 드는 것 같았다. "아, 요녀(妖女)로다. 내 가슴에 이렇게 큰 돌 사정없이 처막아버린 마녀(魔女)로다. 참을 수 없는 분노여!" 양옥환은 금잔을 현종에게 바쳐 올리고 있었다. 요염한 웃음, 수왕은 모란꽃 가지를 헤치고 좀 더 가까이 다가갔다. 이때 고력사가 무심코 바라본 모란꽃 밭, 거기에 분명 사람 그림자가 기어오고 있는 것 아닌가. "앗! 저것이!" 고력사가 저도 모르는 사이에 소리를 질렀다는 것이다. "모란꽃 밭 속에 분명 사람이 들어 있사옵니다." "빨리 잡아내어 대령하라!" 놀란 현종 화가 불같이 솟았다. "수왕, 네 이 놈! 네 품 속에 칼 든 걸 보니 분명 네 놈이 짐을 시역(弑逆)할 기회를 엿보고 있었구나. 네 이 놈!" 수왕은 분에 찬 목소리로 외쳤다. "천하의 요녀 양옥환은 들어라! 내가 죽어 귀신 되어서라도 네가 얼마나 부귀영화 누리며 잘 사는지 똑똑히 지켜볼 것이다." 그리하여 모진 고문을 당해 만신창이가 된 몸으로 감방 깊이 갇혔다는 것이다. 가련한 수왕 억울한 심회 풀 길 없어 죽을 날 기다리다가 심복 소삼기(蘇三己)의 목숨 내건 필사적 구출 작전으로 옥리들을 모두 살해하고 탈출하여 어디론가 사라져 다시는 사람 모여 사는 곳에 흔적을 내보이지 않았다고 했다.

이태백은 또 현종이 양귀비를 너무 총애하여 밤낮 화청궁에만 있어 도무지 정사 돌볼 생각 없이 세월만 허송하는 것을 보고 시를 지었다고 했다. 그 시 이름 오서곡(烏棲曲), 불길한 징조를 상징하는 까마귀가 깃든다는 뜻의 이 시는 전국시대에 있었던 오나라 왕 부차(夫差)와 월나라 왕 구천(句踐) 사이의 원한에 사무친 전쟁에 구천의 애첩 서시(西施)가 개입되어 오나라 부차가 결국 환락에 빠졌다가 나라를 망치게 되는 내력을 읊어 당 현종의 앞날을 염려하는 뜻을 담은 시라고 했다.

오서곡(烏棲曲) 113)

이태백

고소대 위에 가마귀 깃들 때
오왕은 궁중에서 서시에게 취해 있다.

오나라 노래와 초나라 춤에 즐거움 아직인데
푸른 산 어느새 해의 반을 삼키려 한다.

은화살 금항아리에 누수(漏水)는 많이 고이고
바라보는 가을 달 강물에 떨어졌다.

어느새 동쪽 하늘 차츰 밝아지거니
아! 어쩌리. 그 즐거움 어쩌리.

---

113) 『당시전서』 김달진, 민음사, 단기 4320(서기 1987), pp191,192

故蘇臺[114]上烏棲時　吳王宮女醉西施
(고소대 상오서시　오왕궁여취서시)

吳歌楚無歡未畢　靑山欲銜半邊日
(오가초무환미필　청산욕함반변일)

銀箭金壺[115]漏水多　起看秋月墜江波
(은전금호 누수다　기간추월추강파)

東方漸高柰樂何
(동방점고내낙하)

시인 하지장(賀之章)은 사명광객(四明狂客)이라고 스스로 호를 정하고 현종 때 예부시랑(禮部侍郎)이 되었다고 했다. 그는 초서·예서에 능했고 술을 매우 좋아했다고 했다. 사명광객이란 그의 호가 의미하듯이 말년에 방탕한 생활을 즐겼다고 했다. 그런 점 42세 아래인 이태백과 유사한 면모가 있었다고 보여지는데, 그는 이태백을 귀양 온 신선 곧 적선(謫仙)이라고 불렀으며 이태백을 현종에게 추천한 사람이라고 했다.

안록산– 안록산(安祿山)은 본래 오랑캐 나라 변방 사람으로 본명은 알락산(軋犖山)이라고 했다. 알락산이란 돌궐(突厥)의 군신(軍神)의 이름이라고 했다. 그의 생모 아사덕(阿史德)은 무당으로서 알락산을 해산하는 날 하늘에 광채가 휘황하고 백조(白鳥)와 금수(禽獸)가 일시에 소리쳐 우는 가운데 해산하였다는 것이다. 사람들이 천상(天祥)의 길조라 하고 앞으로 천자(天子)가 될 아이라고 일컬었다고 했다. 이 소문 퍼지자 당나라 범양절도사(范陽節度使) 장인혜(張仁惠)는 숲 속을 헤치며 찾아가 죽이려 하였으나 알락산의 생모는 알락산을 필사적으로 숨겨 죽임을 면했다는 것이다.

그의 생부는 강(康)가였으나 아사덕이 재가하게 되어 계부의 성

114) 고소대(故蘇臺) : 부차가 구천을 물리치고 서시를 얻은 것을 기념하여 세운 대

115) 은전금호(銀箭金壺) : 은침과 금항아리로 시간을 측정할 수 있는 장치(물시계)

을 따라 안록산이라고 불렀다고 했다. 돌궐에 난이 일어나자 배다른 형제간인 안사순(安思順)과 함께 당나라로 도망쳤다는 것이다. 안록산은 영리하고 사람의 마음을 살피는 재주 있어 유주장사(幽州長史) 장수규(張守珪)의 마음에 들어 그의 수양아들이 되었다고 했다. 장수규는 안록산을 평로토격사(平盧討擊使)로 임명, 거란(契丹)을 치게 하였더니 날례(涅禮)에게 대패하여 장수규가 죽이려 하자, 안록산, "오늘날 제가 싸움에 패하였지만 장차 대승할 것을 생각하지 않으십니까?" 하니 장수규가 그를 경사(京師)로 보냈다고 했다. 재상 장구령(張九齡)은 "옛날 한나라 사마양저(司馬穰苴)는 군법을 어긴 죄로 장고(莊賈)를 죽여 장군의 위엄을 세웠으며, 오나라 손무자(孫武子)는 궁빈(宮嬪)을 죽여 법을 바로잡았나이다. 법을 어기어 어찌 사면하시려 하시나이까. 안록산의 인상(人相)은 모반(謨叛)할 상으로서 지금 죽이지 않는다면 후에 반드시 후환이 있을 것이오이다."라 하니, 현종은 "경은 진왕(晋王) 이보(夷甫)가 석륵(石勒)의 관상 본 것을 흉내 내어 관상으로서 충량(忠良)을 가리려 하는가?"라고 말했다는 것이다. 생각하면 장구령은 형안지견(炯眼之見- 관찰력이 뛰어난 견해)이 있었던 것이라고 하겠다. 장구령은 옛날 제(齊)나라 환공(桓公)이 경중(敬中)을 죽이지 않고, 한(漢)의 고조(高祖)가 오(吳)의 유비(劉濞)를 죽이지 않고, 진(晋)의 부견(符堅)이 모용수(慕容垂)를 죽이지 않아 큰 화를 당한 것과 같이 지금 황제가 안록산을 죽이지 않는 것을 가리켜서 성덕(聖德)이라고 말하나 한 사람의 목숨으로 인하여 장차 수만 사람 목숨이 없어지게 된다면 그 어찌 성덕이 될 수 있을 것인가 하고 개탄했다는 것이다.

장구령은, 그 사람됨에 밝음이 있었다고 보인다. 사람의 밝음에는 세 가지가 있다. 그것을 통털어 3명(三明- 세 가지 밝음)이라고 한다. 3명은 6신통(六神通)에 속하는 지혜들이다. 지혜(智慧)는 지식(知識)과는 전혀 별개의 것이다. 알음알이를 축적하여 아는 것을 쌓아가는 과정에서 얻는 것을 지식이라 한다면, 지혜는 지식과 지식을 얻는 과정을 철저히 파괴하는 과정에서 겨우 밝은 알이의 첫 문이 열리는 것이라고나 할까. 장구령은 안록산의 인상(人相)을 살펴 앞으로 모반할 것임을 예견했다는 것이다. 인상은 심상(心相)의 껍질과 같은 것이라 할 수 있을 것이다. 3명(三明) 중에 숙명명(宿命明)이 있다. 아득히 지나간 옛 일을 눈앞에 바로 비춰 알 수 있는 밝은 지혜를 통달한 것을 말한다. 숙명명을 얻은 사람은 아득히 먼 미래를 눈앞에 바로 비춰 볼 수도 있음을 짐작해 볼 수 있을 것이다. 또 6통(六通) 중에 타심통(他心通)이 있다. 다른 사람의 마음을 거울에 비춰보듯 다 알 수 있는 지혜를 말한다. 장구령이 지혜를 통달했느냐 하는 것을 여기서 논할 일은 아니라고 보아진다. 다만 현종과 장구령이 주고 받은 대화와 각기 가지고 있었던 견해를 놓고 생각해 볼 때, 안타까운 것은 현종이 장구령의 진실한 충의(忠意)와 그 능력을 제대로 받아들이지 못했고 인정해 주지도 못했다는 것이라 할 것이다. 여색의 진구렁텅에 빠져 허우적거렸다는 현종이 그 옛날의 영명(英明)을 다 잃어버렸기 때문이었을까?

현종보다 504년 앞서 태어났다는 제갈공명(諸葛公明)의 읍참마속(泣斬馬謖)이라는 옛 일을 생각해 본다.

마속의 5형제는 다 뛰어났다고 했다. 유비는 임종 시에 "마속은 일보다 말이 앞서니 절대로 중용해서는 안된다."라고 했지만, 제갈량은 그 유지를 받들지 않았다. 밝은 공명이 왜 그랬을까? 공명의 마속에 대한 인간적인 격별한 정 때문이었을까? 그러나 결과적으로는 공명이 눈물 머금고 '가정(街亭)의 전쟁', 나라의 명운이 걸렸다 할 정도로 중요한 그 전쟁에서 공명의 작전 명령을 어기고 크게 참패해 버린 마속의 목을 잘라버린 공명은, 법의 엄한 날을 더 세워 전체를 일사불란하게 다스려갈 수 있는 기연을 잡았던 것이다. 그러나 현종은 스스로 밝게 판단할 수 있는 밝은 눈을 잃어버렸을 뿐 아니라 명신의 충성어린 간언을 저버린 결과 마침내 수많은 사람들을 죽이게 되고 나라의 기틀을 흔들리게 한 것이 아니었던가?

안록산이 연회에 초청되었다. 그가 선물한 비단으로 지어 입은 양귀비의 붉은 예복, 안록산은 그 예복을 보자 양귀비가 자기에게 마음이 기울고 있는 것이라고 무척 기쁘게 생각했다는 것이다. 현종은 몇 잔이고 안록산에게 술을 권했다. 양귀비는 스스로가 보이지 않는 어떤 억센 힘에 차츰 안록산에게 끌려가고 있음을 느끼고 있었다는 것이다. 어느 날 안록산이 뜻밖의 말을 했다. "어마마마(안록산은 양귀비를 의모로 정하여 그녀에게 부담 없이 다가갈 수 있는 기회를 만들었다), 어찌하여 폐하를 섬기심이 소홀하여지셨나이까?" 양귀비, "아니, 대장군 그것이 무슨 말씀이오?" 안록산, "마마, 그러시면 어찌하여 폐하께옵서 그동안 거들떠보시지도 않으시던 매비(梅妃)를 찾으셨나이까?" 현종의 한 가닥 애정의 줄에 매달려 있던 양귀비의 심장에 안록산의 말 한 마디가 비수처럼 꽂혔던 것이다. 그날 따라 매비가 불쌍한 생각이 들어 현종은 매궁(梅宮)에 들어 매비를 만나고 있었던 것이다. 그것을 호시탐탐 기회를 노리고 있던 안록산이 고자질하여 현종과 양귀비 사이에 틈을 내고자 한 짓이라고 했다. 귀비가 알아보라고 급히 보낸 시녀가 말했다. "매궁에 불이 휘황찬란하고 환관들이 파수를 보고 한 시녀 말하기를 황제께서 들어 계신다 하였나이다." 양귀비의 두 눈에 흘러 내리는 뜨거운 눈물 아무리 그치려 해도 그칠 길이 없었다. 일의 발단은 환관 고력사에게 있었다. 고력사는 귀비의 종형 양국충(楊國忠)이 너무 미웠다. 때마침 봄, 매화를 무척 좋아했다는 매비의 매궁엔 매화꽃 만발해 있었던 것이다. 고력사가 매궁에 가득 핀 매화 소식을 고하자 현종, 불현듯 잊고 있었던 매비가 너무 불쌍하게 생각되었다고 했다. 그리하여 그날 밤 양귀비와 매비가 풀어헤치는 희비의 두 곡선 화청궁을 휘감았다는 것이다. 울며 밤을 새운 귀비 현종에게 따져 물었다. "마마, 어찌하여 저를 버리고 매비에게 가셨나이까?"

현종, 깜짝 놀라 "그걸 귀비가 어떻게 알았소!" 귀비는 더욱 서럽게 흐느꼈다. "귀비! 짐이 이 세상에서 귀비만 사랑하고 있거늘 어찌 짐의 마음을 그렇게도 몰라주오." 현종이 달래어 말하니, 귀비 "폐하, 소첩 단 하루라도 거짓없는 진정한 사랑을 받고프옵나이다." 현종, "옳지. 짐도 그러하오. 귀비 용서하오. 짐이 다시는 매비를 찾지 않으리오." 하며 애가 닳도록 귀비를 달래면서 "귀비, 여기 이 여지(荔枝)116) 좀 드시오." 하며 애걸하듯 어루만져 주었다는 것이다. 양귀비는 생각이 많아졌다고 했다. 안록산의 생각이 예사롭지 않게 다가오는데다 현종 이미 노쇠의 길에 놓여 있다고 생각하니 마음이 갈라지기 시작하고 걱정이 앞섰다고 했다. "현종이 사라지고 없으면…." 양귀비 마음 불안해지고 조급해지기 시작한 것이다. "그래, 내가 아들을 낳아야 될 일이다." 양귀비는 현종에게 말하여 아흐렛 동안 감업사(感業寺)에 머물며 기도하기로 했

116) 여지 : 중국 남부 지방에서 생산되는 과일, 10~15m의 상록교목에 열매크기 3cm 정도라 함. 과육은 투명하고 시고 달며 독특한 향이 있다 함. 중국 남부지방에서는 과일 중의 으뜸이라 함

다는 것이다. 때는 칠월 백중(百中) 조상 천도 기간 중이라고 했다.

귀비는 새벽 산길 홀로 걷는 것이 즐거웠다. 온갖 풀잎 함초롬히 이슬 방울방울에 눌려 마치 수 없는 진주알들에 눌려 기쁜 신음을 연발하는 것 같고, 이름 모를 산꽃들 저마다 형형색색 제 모습 뽐내며, 싱그러운 풀냄새 귀비의 숨결 새롭혀주는 것이 좋았던 것이다. "아! 자연의 품에 마음껏 안겨 새벽 한 때를 행복의 나라로 옮겨가는 즐거움이여! 걸음마다 새들 번갈아 축하의 노랠 불러주는 것 이 아니냐!" 그때, 옆을 보니 태산 같은 안록산이 장승처럼 우뚝 솟아 있었다는 것이다. 양귀비 소스라쳐 소리 지를 뻔 했다. "하하하, 어마마마. 놀라시었나이까?" 하고 안록산이 말했다는 것이다. 안록산이 기회를 엿보고 있었던 것이다. 안록산, 미친 듯이 달려들어 비호 같이 양귀비의 허리를 얼싸안았다고 했다. 양귀비, "아아, 무엄하사이다." 발발 떨리는 목소리, 은바늘 구멍으로 빠져나오는 바람 같았다고 했다. "마마, 당나라는 내 손아귀에 있아오이다. 내일이라도, 아니 지금 당장이라도 마마께서 원하신다면 요동천지 새까맣게 군졸들이 몰려 올 것이옵니다." "마마, 마마와 소신의 운명은 하늘이 맺어주신 것이옵니다. 마마, 이 안록산의 진정한 사랑 받아 주시옵소서……." 그렇게 안록산은 선녀 같은 양귀비를 끌어안고 모반의 첫 깃발을 여산 자락에서 아무도 모르게 흔들었다는 것이다. 안록산이 말했다. "마마, 마마는 내 것이외다." 승리자처럼 양귀비의 귓전에다 속삭였다고 했다. 짐승의 바로 그 물적(物的) 외침이었던 것이다.

양귀비를 풍자하는 노래 장안을 맴돌았다고 했다. 그 노래에 '아들을 낳았다고 기뻐하지 말라. 딸을 낳았다고 슬퍼하지 말라. 그대는 보지 못하는가. 위자부(衛子夫)117)가 천지에 판치는 것을'.

또 장호(張祜)라는 시인이 시를 지어 장안에 널리 퍼뜨렸다는 노랫말에

> 배꽃 피어 고요한 뜰 사람이 없는데
> 한가로이 영왕의 옥피리 잡고 부노나.

> 이 화 정 원 무 인 견
> 梨花靜院無人見
> 한 파 영 왕 옥 적 취
> 閑把寧王玉笛吹
>
> \- 장호(張祜)[118]

현종의 형 영왕이 죽으면서 그가 무척 아끼던 옥피리를 옥환(楊貴妃)에게 주었다는 것이다. 귀비, 어느 날 영왕을 생각하며 옥피리를 불었는데, 궁녀들의 한 맺힌 인생살이를 민요조로 노래한 것을 궁사(宮詞)라 했고 장호 시인의 시가 궁사로서 이름 있었다고 했다. 이 노래가 현종의 귀에 들어갔다. 현종의 애정이 일시에 분노로 바뀌어 폭발했다는 것이다. "짐의 홍은(鴻恩)을 망각한 요망스런 년! 아 그래 짐에게 충성을 다짐한 년이 죽은 영왕을 사모하다니! 고이얀 일이로다." "당장 그 년을 양가(楊家)네로 내쫓으란 말이야!" 현종은 눈앞에 보이는 것이 없었다고 했다. 분노를 참지 못하고 몸을 부들부들 떠는 모습이 꼭 미친 사람 같았다고 했다.

옆에서 보던 사람들 모두 쥐구멍에라도 뚫고 들어가야 할 것 같은 심회였다고 했다. 양귀비, "정녕 폐하의 어명이시라 하였는가?

---

117) 위자부 : 한무제의 고모 평양공주(平陽公主)의 비녀(婢女)였는데, 아비 모르는 사생아였다. 무제의 사랑 받아 황후가 되고 그녀의 아들이 황태자로 책봉되고 위씨 가문이 모두 높은 벼슬을 했다. 『중국의 역사』 7 p242

118) 장호 : (서기 792-852?) 만당(晩唐)의 유미파(唯美波) 시의 창도자라 했다. 그의 시가 사회 풍기를 문란시킨다는 이유로 벼슬길이 막혔다 했다

진정 소첩에게 출궁토록 하라는 어명을 내리셨단 말인가!" "그런 줄로 아옵나이다." "허무하여라, 현종의 사랑." 양귀비는 몸서리쳐짐을 어쩔 수 없었다.

남편 잃고, 시아버지의 첩이 되어버린 지 어언 다섯 해, 이제 부귀영화가 절정에 이르렀고, 온 천하가 모두 자기 앞에 무릎을 꿇었지만, 이제 하룻밤 사이에 현종의 마음 미친 듯 변하니 하늘과 땅이 무서워졌다는 것이다.

"마마, 늙은 황제의 숨이 끊어진다면 마마도 역대 비후들이 걸어온 슬픈 고역의 길을 밟으시게 되옵니다."라고 말한 안록산이 생각났다. 양귀비의 목소리 얼음장보다 차고 매정스러웠다. 오뉴월 한낮에 서리가 내리고 있었던 것이다. "고력사 장군에게 그 동안 누가 많았소이다. 이제 다시는 만날 수 없음을 생각하오니 섭섭하오이다. 부디 폐하를 잘 보살피시어 성수무강하시도록……." 그때 흑!! 하고 흐느꼈다. 이별이 서러워서가 아니라, 부귀영화에 대한 미련이 있어서가 아니라, 인생을 짓밟아놓은 현종에 대한 분노, 가랑잎처럼 뒤집혀버린, 보잘 것 없는 현종의 애정에 대한 각혈 같은 저주였다고 했다. 양귀비, 옥비녀 뽑아 삼단 같이 머리카락 늘어뜨리고 현종의 거처 신룡전(神龍殿)을 향해 세 번 절하고 일어서는 양귀비, 희고 맑은 얼굴 눈물에 젖어 더욱 요기(妖氣) 서리고 두 눈동자 더욱 신비로왔다고 했다. "과연 절세미인이로다." 고력사의 숨어드는 탄복소리 따라 힘없이 교자에 오르자 봉래궁 떠나갈 듯 일시에 울음바다에 빠지고 말았다는 것이다.

그때 마침 아침에 간(肝)에 붙었다가 저녁에 쓸개에 붙는 자가 있었다고 했다. 호부랑중(戶部郎中) 길온(吉溫)이라는 자라고 했다. 그는 절호의 기회를 놓칠 수 없어 출세의 길 뚫으려 현종 앞으로 나가 엎드려 말씀 올렸다고 했다. “황제께옵서는 어찌 궁중 땅 한 평을 아끼시와 귀비마마를 궁중에서 참하지 않으시고 사가로 내쫓아 죽음보다 더한 창피와 부끄러움을 주시옵니까? 차라리 다시 불러 죽음으로써 창피를 면하도록 하시옵소서.” 양귀비를 내쫓은 일이 후회 막심했던 현종 “오! 내가 어찌 양귀비를 내 쫓았는고?” “귀비를 죽이다니 천부당 만부당 한 말, 내게 양귀비가 없어진다면 나는 불꺼진 화로 바로 그것이로다.” 당장 현종이 어사를 보냈다. 양귀비 일어나 세 번 절하고 현종이 보낸 선물 여지와 비단을 받아 들고 쏟아지는 눈물 소나기처럼 내려 단박 옷섶을 적시었다고 했다. 양귀비, “소첩이 몸에 지닌 모든 금옥진보(金玉珍寶) 모두 황제폐하께옵서 하사하옵신 것이온데, 이제 또 성은을 내리시오니 폐하의 망극한 그 은혜 그 무엇으로 사답(謝答) 하오리오.” 말 맺은 양귀비, 칠흑 같은 머릿단 한 움큼 잡아 가위로 싹둑 잘라내니 어사 장도광 놀라 말리려 하였으나, 양귀비는 벌써 흰 비단에 머리카락 싸서 어사에게 주며 “소첩이 황제폐하에게 바칠 것은 이것뿐이옵니다.” 현종, “오! 귀비가 머리를 바치다니, 머리를…” 현종 그만 눈물 쏟아 울었다고 했다. 현종, 창피고 체면이고, 그런 따위 사치스런 감정 내보일 틈도 없이 고력사를 보내 양귀비를 어서 채연(彩輦- 채색한 연- 수레)에 태워오라 영을 내리고야 말았다는 것이다.

양귀비를 내보낸 지 수 삼일, 꺼멓게 타들어간 현종의 속 아무도 이해할 수 없었던 것이다. 물 밖으로 나와 비늘 타 들어가는 물고기나 짐작할 수 있었을까? 수랏상에 오른 음식이 자갈덩이 같았고 은그릇에 떠 온 물이 출렁이는 모래 같았다고 했다. 잠을 잡아먹은 아지랑이가 허공에 가득 우굴거리고 있었던 것이다. “백성들의 비웃음이 어찌 내 이 짐의 속 비집어들 틈을 찾을 수 있으리오!" "양귀비가 얼마나 서러워하고 있을 것인가. 이 못난 짐을 얼마나 원망하고 있을꼬! 내가 무슨 짓을 했다는 것인가?"

불길에 쫓긴 듯 양섬의 집으로 간 고력사가 황제의 어의를 전하자 양귀비, "한 번 폐하께 버림 받은 죄인, 어찌 다시 폐하의 용안을 뵈오리까. 폐하의 은총 바다보다 깊고 산보다 높아 헤아릴 길 없지만 소첩, 장차 불도를 닦아 폐하에 대한 죄를 빌고자 하오니 방심하시옵도록 아뢰어 주시옵소서." 양귀비는 현종의 사랑을 정말 믿을 수 없는 것이라고 생각했던 것이다. 지금 안록산이 온다면 함께 먼 길 떠나 온갖 우수 고뇌 다 잊고 살아가고픈 마음이 앞서기도 했다는 것이다. 고력사, "마마, 마마께옵서 출궁(黜宮) 되신 후 황제 폐하께옵서는 침식을 잊으셨고 괴로워하고 계시나이다. 이제 더 참지 못하시옵고 즉시 모시라는 분부이시오이다." 양귀비, "기구한 팔자로 태어난 여자가 어찌 지존의 천자를 모실 수가 있겠나이까?" 그렇게 말을 주고 받는 동안 어느새 칠흑 속에 집집마다 불이 켜지고, 고력사의 마음 타들기 시작했다. 그럴 즈음 등불 밝혀들고 우선객(牛仙客)이 달려왔다. 그가 궁으로 돌아가 보고하자 현종이 "뭣이! 귀비가 입궐하라는 내 영을 어긴단 말이냐?" 그때 "양귀비를 참(斬)하라!"라고 현종이 영을 내린다면 이 일 어쩔거나 하고 우선객 마음 조려 견딜 수가 없었다고 했다. 드디어 현종이 말했다. "그렇다면 짐이 친히 귀비를 데려올 터이다. 그러니 너는 어서 채비를 차리도록 하라." 그리하여 중국 역사에 다시없었던 일이 생기게 되었다고 했다. 오색찬란한 등불들이 밝히는 길 따라 현종이 탄 수레 양섬의 집에 도착하니 고력사 어쩔 줄 몰라 했다.

양귀비, "죄 많고 천한 소첩 때문에 어찌 지존하옵신 폐하께옵서

이 누추한 곳까지 거동하시었나이까? 흑, 흑, 흑,!" 그만 울음을 터뜨리고 말았던 것이다. 자리에 쓰러지는 양귀비. 현종은 귀비를 덥석 끌어안으며 "귀비! 짐이 잘 못 했소. 어서 입궐할 채비를 차리시오. 귀비." 혹시라도 깨어질세라, 꺼져 없어질세라, 현종은 조심조심 귀비를 일세워 어가에 오르게 하니 양귀비 비로소 현종에게 매달리며 어가에 올랐다고 했다는 것이다. 양씨 문중의 모든 사람들 어가 옆에 엎드려 황제를 배웅했다. 흑암지옥(黑暗地獄)에 떨어진 듯 꺼졌던 양씨 문중의 불이 찰나에 천상궁전(天上宮殿)에 오른 듯 기쁨의 불이 밝혀졌다고 했다. 양귀비의 사랑을 되돌려 찾은 현종, 마음이 가벼워졌다. 그러나 양귀비는 현종의 마음이란 허망한 것임을 절실히 느꼈던 것이다. "귀비, 정말 그동안 귀비가 보고 싶어 짐의 마음 한없이 타들었소."라고 현종이 말했다. "폐하, 폐하께옵서 말씀 안하시와도 소첩 눈물로 밤 새웠사오며, 하룻밤도 잠 제대로 이룰 수가 없었사옵니다."라고 양귀비가 말했다. 양귀비 아직 설움이 남았는지 간혹 흑, 흑, 흐느끼고 있었다는 것이다. 양귀비의 남은 설움만으로도 현종의 가슴 속 미어지는 듯 애가 끊어지는 듯 애처롭게 여겨지는 마음 울렁거리고 있었다는 것이다. 양귀비는 앞날을 점쳐 보았다. 아무리 생각해 보아도 현종의 사랑엔 믿음이 굳어지지 않았다는 것이다. 더구나 인생고개 다 넘은 현종과 청춘 만리를 앞에 둔 자신이 너무 동떨어진다는 생각 지울 수가 없었다고 했다. 또 현종이 옛날 그토록 사랑했다는 매궁(梅宮)의 매비(梅妃)에게로 변덕쟁이 황제가 마음 쏠려 다시금 이 낡은 사랑일망정 잃어버리게 된다면 그런 낭패가 없을 것이라고 생각한 양귀비는 매비를 멀리 내 보내야 된다고 마음먹었던 것이다.

매비(梅妃)는 늘 생각하고 있었던 것이다. 옳은 말 간(諫)하다가 비명에 죽어간 재상 장구령(張九齡)과 자기의 처지가 같다는 것을. 그래 그가 죽기 전에 읊었던 시 한 수를 매비는 언제나 슬픈 마음으로 읊조리고 살았던 것이다.

거울 속에 비친 백발을 보며(照鏡見白髮)

장구령(張九齡)

그 옛날 품었던 청운의 뜻
다 어그러지고 백발만 성성
그 누가 알아주리 거울 속엔
가련한 내 모습만 비쳐 들었네.

宿昔靑雲志(숙석청운지)
蹉跎白髮年(차타백발년)
誰知明鏡裏(수지명경리)
形影自相憐(형영자상련)

매비는 매화를 무척 좋아했다. 현종은 멀리 안서(安西)[119]에서 두루 진귀한 매화나무를 구해 매비를 위해 많이 심어 주었다고 했다. 매화꽃 곱게 피는 봄 현종과 더불어 즐겼던 그 매궁을 등지고 폐궁이 된 상양궁으로 쫓겨날 것을 생각하니 매비는 가슴만 무너지고 있었다는 것이다. 양귀비에 밀려 쫓겨날 것을 생각하니 분하기 그지 없었다고 했다. 그래 매비 다시금 황제에게 사정해보기 위해 신룡궁으로 향했다. "폐하……." 말 못하고 흐느끼는 매비를 본

119) 안서(安西) : 중국 감숙성 북서부에 있는 현, 서방과의 교역의 관문

현종도 가슴 미어지는 듯 측은했다.
"폐하, 소첩 무슨 죄 있사와 폐궁인 상양궁으로 쫓으려 하시나이까? 폐하의 은총의 표적으로 심어 주옵신 매화나무 아직 시퍼렇게 살아 있아옵니다. 소첩 매화꽃이라도 쳐다보며 매궁에서 길이길이 살고프옵나이다."

매비가 상양궁으로 쫓겨난 지 긴 세월 흘러간 어느 날 아침 양귀비가 신룡전에 당도하였다고 했다. 이유는 귀비의 언니 괵국부인(虢國夫人)에게는 관불식(불상에 향수를 뿌려 목욕시키는 의식) 예물을 하사하고 귀비에게는 아무 것도 하사하지 않았음에 대한 항의 방문이었다고 했다. 공교롭게도 현종은 전날밤 매비를 불쌍히 여기다 못해 그녀를 불러들여 만단의 정을 나누고 곤히 잠들어 있었다고 했다. 시녀가 황급히 달려와 "귀비마마께서 오셨나이다." 하니 "뭣이! 귀비가?" 현종이 간줄 떨어진 표정으로 소리 질렀다는 것이다. "음, 야단났구나! 나 참, 해가 벌써 높은 걸, 고력사! 어서 매비를…." 고력사가 말했다. "폐하, 그렇게도 양귀비가 무서우시옵나이까?" 현종, 갈팡질팡하다가, 임금 옷으로 매비를 감싸 금장(禁帳- 출입금지된 장막) 옆에 숨기고 나니 귀비가 어전에 들어왔다는 것이다. 두 개의 약주잔, 번개같이 양귀비의 두 눈에 분노의 불길을 지펴 올렸다. "음, 음……. 약주잔! 어젯밤 고력사하고 심심하여……." 현종이 흐리는 말 꼬리에 "고력사는 술을 마시지 못하지 않사오이까?" "오! 이 비취 판잠! 이것 분명 매비, 매비의 것이옵나이다. 폐하, 떳떳하게 매비를 폐하 앞에 나오도록 하시옵소서." 현종. 머리끝끝 하늘로 일어서고 가슴 속엔 수 많은 독충이 들끓는 것 같은 순간에 세월이 흔들려 아득했다. "고연놈, 고력사! 그놈을 당장 목베도록 하여라." "이 판잠과 신을 급히 매비에게 전하도록 해라." 그런 뒤 남산에서 뺨 맞고 한강에서 눈 흘긴다는 우리 속담도 있지만 현종은 매비를 데리고 온 소황문(小黃門)을 그 날로 목 베었다고 했다. "오~ 분해라. 오~ 내 팔자야, 나를 그렇게 감쪽같이 속이고~ 오 분해라." 양귀비는 그렇게 울었다는 것이다. 양귀비는 적국에 끌려온 볼모의 공주와 같은 신세라고 생각했다는 것이다. 진정 현종은 자기를 사람으로서 사랑하는 것이 아니고 오로지 하나의 노리갯감의 미색으로서 대하는 것이라고 생각했던 것이다. 금원의 푸른 나뭇가지를 내다보는 양귀비의 눈엔 이슬이 넘쳐나고 있었다고 했다. 처소로 돌아온 양귀비 "홍도야 어서 술 더 가져오너라." 술잔 기울이는 양귀비의 마음 속엔 안록산이 점점 더 가까이 다가오고 있었다고 했다. 얼굴을 침상에 처박고 흐느끼는 양귀비의 그 마음 현종의 품을 떠나고 있었던 것이다.

양귀비의 사랑을 빼앗아 들였다고 생각한 안록산, 더욱 양귀비가 보고팠다. 늙은 현종에게 양귀비의 살결이 농락 당한다고 생각하니 질투의 불길이 타오르고 있었다는 것이다. "아, 양귀비를 내 옆에서 떠나지 못하게 하는 방법? 그것은 반당(反唐), 반당의 길 밖에 없다."라고 깊이 생각하게 되었다는 것이다. 현종과 양귀비가 여산으로 거처를 옮긴 며칠 후 11월 9일 안록산이 드디어 범양(范陽)에서 반란을 일으켰다. 11월 15일 북경부유수(北京副留守)로부터 안록산이 난을 일으켜 태원을 통과했다는 보고가 있었다고 했다. 양귀비는 지긋이 눈을 감고 생각에 잠겼다. 중신들 얼굴만 쳐다보고 있는 현종은 분명 세도를 미끼로 큰 소리치는 허수아비로 보였다. 절망의 한탄을 연발하고 있는 현종, 역사의 굽이굽이에 얼룩진 여산의 비극이 또 한 번 벌어질 것인가? 범양평로절도사(范陽平盧

節度使)에 임명된 봉상청(封常淸)이 6만 군사로 하양교(河陽橋)를 끊고 수비에 들어가고, 현종의 5번째 왕자 영왕(榮王) 완(琬)이 원수가 되고 고선지(高仙芝)를 부원수로 삼아 안록산을 물리치게 했다는 것이다. 황하를 건너 벌써 안록산이 걸어오고, 봉상청 고선지가 퇴각하자 중신들의 만류를 뿌리치고 현종은 봉상청, 고선지를 목 베어 죽였다고 했다. 고선지는 고구려 출신 무장으로 전에 무훈을 크게 세운 장수였다고 했다. 양귀비는 생각했다. 안록산이 자기 때문에 현종에 대한 충성심을 내 팽개치고 대전쟁을 일으켰다고 생각하니 하늘이 무섭고 땅이 두려웠다고 했다. 아무것도 모르는 현종, 양귀비에게 논의까지 하니 양귀비는 양심이 찔리고 기가 막혀 어찌 할 바를 몰랐다고 했다.

안록산, 대연(大燕)이라는 국호와 성무(聖武)라는 연호를 정하고 나라를 세웠다고 했다. 현종은 부들부들 떨리는 목소리로 외쳤다. "그 잡호(雜胡)놈이 천지를 무섭게 여기지 않고 자칭 황제라니 정말 괘씸한 일이로다. 그래 당나라 장수 중에 그 역적놈의 목 잘라올 사람 하나 없단 말이냐!" 그런 중에 안록산, 군사 10명을 변복시켜 양귀비에게 밀서를 전했다는 것이다. 양귀비는 탄식했다. "아, 나는 두 남자를 사랑하고 있구나. 아니 나는 현종을 의리로 동정하고 있는 것이다. 나는 안록산을 사랑하고 있구나……." 양귀비는 감업사로 기도하러 간다는 핑계를 대고 스님으로 변장한 안록산의 부하들을 산으로 가는 길에서 모두 처치하고 말았다고 했다. 급박한 사태가 숨쉴 틈 없이 전개되고, 마침내 현종은 촉으로 몽진의 길에 오르게 되었다는 것이다. 현종은 진을 굳게 지키고 있는 가서한에게 계속 나가 싸우라고 독촉하자 마지못해 수비 필승의 계책을 버리고 전쟁으로 나선 가서한, 그는 결국 안록산의 군에게 사로

잡히고 말았으니, 사태는 급속도로 악화되고 말았다는 것이다. 몽진길 저녁, 마외역(馬嵬驛)에 도착한 현종, 결국 최후의 결정을 내리지 않을 수 없었다고 했다.

경조부(京兆府) 사록(司錄) 위악(韋諤)이 꿇어 엎드렸다. "폐하, 이제 병사들을 진압시키는 방도는 없습니다. 재난이 폐하에까지 미치고 있나이다. 속히 결정을 내리시옵소서." 현종이 말했다고 했다. "나라 이 꼴 되게 한 책임지고 물러날 것이오. 태자 형에게 나라 맡기겠으니 병사들에게 그 뜻 전하고 죄 없는 귀비를 죽게 하지 마오." 그러자 "양귀비야말로 당나라를 망친 여자다!" "와~~" 밖에서 벌에 쏘인 듯 병사들이 황제가 있는 거실로 쳐들어올 듯 일제히 고함소릴 높이고 있었다는 것이다. 양귀비, 비로소 현종의 참사랑을 느끼며 한없이 흐느껴 울었다고 했다. 자기를 구하기 위해 지존의 자리도 아낌없이 버리겠다는 말에 양귀비, 새삼 복받쳐 오르는 후회와 설움 감당할 길 없었다고 했다. "내 어찌 현종의 진정한 사랑을 몰랐을까? 아! 내 어찌 안록산 같은 막되어 먹은 폭도에게 마음 쏠렸다가 나라를 기울이고 나의 최후를 맞게 되었을까? 황제마마, 죄 태산보다 높이 쌓인 양귀비, 어찌하오리까?" 양귀비의 흐느낌, 죽음이 두려워서가 아니었다. 현종을 배신한, 땅이 좁고 하늘이 오히려 낮은 뉘우침의 눈물이었다. 미친 듯 울부짖었다. "폐하! 폐하! 성은이 망극하나이다. 이 죄 많고 많은 계집, 용서하시옵소서. 폐하……." "고력사, 오랫동안 신세 많이 졌아옵니다. 나는 나라와 폐하를 위해 기꺼이 죽어가겠습니다. 아무쪼록 폐하를 오래오래 보살피옵소서……." 고력사 말했다. "귀비님께 죄 없아옵니다. 폐하께서 마지막 불공을 올리라고 말씀 하셨나이다. 칼을 쓰지 않도록 하라고 하셨나이다." 양귀비에게 남은 것은 오직 현종에 대한 사랑과 충성심 뿐이었다고 했다. 현종의 나라가 길이 태평성대 이룩되기를 비는 마음 뿐이었다고 했다.

양귀비의 두 눈 눈물의 강줄기에 빠져 더욱 빛을 발하고, 흔들리는 대국(大國), 그 위기를 밟고 소리 높여 부르짖는 창생들의 아우성을 삼키며, 붉은 피 토하는 저녁 노을에 마지막 혼을 태우는 양귀비의 처절한 아름다움, 하늘 땅 그 어디에선들 비겨 볼 수 있었으랴!

4. 회고시

화청궁 입구에 세워진 작은 정각과 화청지라고 새겨진 돌표지

백낙천(白樂天)이 성당(盛唐) 3대가라 일컬어지는 왕유(王維) 이백(李白) 두보(杜甫)보다 칠십여 년 뒤에 태어났다. 그의 명시 「장한가(長恨歌)」는 시대를 초월한 걸작이라 할 수 있을 것이다. 120행의 이 장시에 현종과 양귀비의 사랑을 묘사해 담아낸 그 시취와, 생생하고 절실한 서정은 읽는 사람의 감정을 사로잡아 시인의 가슴 속 깊이 끌고 간다.

눈길 돌려 짓는 한 웃음에 말로 못할 아름다움 넘쳐,
여섯 궁중 빼어난 미인들 낯빛 잃었네.
싸늘한 봄 임금의 은혜로 화청지에 목욕할 제
온천수 매끄럽게 연지분통 같은 살결 씻었네.

회모일소백미생 육궁분대무안색
迴眸一笑百媚生　六宮粉黛無眼色
춘한사욕화청지 온천수활세응지
春寒賜浴華淸池　溫泉水滑洗凝脂[120]

후궁에 아릿다운 미인 삼천이 있지만
삼천명이 받을 총애 한 몸에 다 받았네.

후궁가려삼천인 삼천총애재일신
後宮佳麗三千人　三千寵愛在一身

- 백낙천「장한가」중

라고 표현하여 양귀비의 아름다운 모습과 현종이 쏟은 사랑의 정도를 능히 짐작케 한다.

또, '나아가 천하의 부모된 마음으로 하여금 아들 낳기를 중히 여기지 않고 딸 낳기를 중히 여겼다네(수령천하부모심 부중생남중생녀 · 遂令天下父母心 不重生男重生女)'라는 표현에서 양귀비라는 미인의 값이 얼마나 높았던 것인지를 짐작할 수 있게 한다.

날 새면 언제 해 지는 줄 모르고 해 지면 언제 날 새는 줄 몰랐을 두 사람의 사랑 때문에 올바른 정사(政事)가 진행될 수 없었고 민심이 이반 되자, 마음 속 깊이 무척 양귀비를 연모해 왔던 안록산(安祿山)이 난을 일으켜 쳐들어오매 서촉으로 몽진 길에 나선

120) 응지(凝脂) : 燕脂, 홍람화즙으로 응지시킨 것을 말하는데, 연나라에서 처음 나왔으므로 연지라 한다.『明文新玉篇』서기 2006, p349

행렬이 마외파(馬嵬坡) 언덕에서 더 나아가기를 거절하므로 양귀비는 스스로 최후를 결단내어야 했다고 한다. 백낙천이 이 시의 마지막에 두 사람의 애절하기 비길 데 없는 사랑의 희원(希願)을 이렇게 그리고 있다.

하늘에 있다면 비익조[121]가 되고지고
땅에 있다면 연리지[122]가 되고지고
끝 모를 하늘 땅 다 하는 때 있을지언정
사랑 잃은 이 한은 끝없이 이어져 끊어지지 않으리.

재천원작비익조　재지원위연리지
在天願作比翼鳥　在地願爲連理枝
천장지구유시진　차한면면무절기
天長地久有時盡　此恨緜緜無絶期

- 백낙천「장한가」중

121) 비익조 : 몸이 붙어 하나 된 두 새, 오른쪽 새는 오른쪽 날개, 왼쪽 새는 왼쪽 날개만 있어 뜻이 서로 다를 수 없음

122) 연리지 : 따로 떨어져 싹튼 두 나무가 자라면서 가지가 한데 붙어 한 나무가 된 것

화청지 전경

화청궁에서

이병석

1.

두 몸 한데 어울러 비익조 되시면
만리장천 날아올라 사소서.
연리지로 한 나무 되어 사실려면
서 발 넘어 씨 떨어지지 마소서.
어울러 더 푸른 한 가슴에
해와 달 깃드리다.

임금 되는 인연일랑 아예 외면하소서.
하찮은 벼슬자리 쳐다보아 무엇 하리.
숲 좋고 물 맑은 곳
움막 하나 엮는다면

그 사랑 가득하리.
하늘 땅에 가득하리.

2.
빈 뜰 지켜선 나무 절로
허리 굽혀 기다려도
옛 주인 돌아오지 않아
화청궁 붉은 기둥 쓸안으며
무심한 바람 몇몇 오락가락

풍류 실어 즐거웠던
반달배는 이끼 푸른 물가에
목사리 비끌려 매어 있고
꿀같이 환락 흘러 내리던
모퉁이 돌아서니 꽃밭
갖은 꽃들 옹기종기 둘러서서
양귀비 옛 자태 저마다 얘기하네.

양귀비 넋을 기려

이병석

봄날에 안겨든 햇살 하늘 가득 부풀 때
모란꽃 함빡함빡 너를 기려 웃음 열고
이끼 푸른 연못 위에 너를 반겨 고개 얹어
부용꽃 간들간들 붉은 웃음 뿌렸으리.

땅을 박차 솟나를듯 넓은 소매 휘두르니
휘말리는 구름 속에 온 넋들 빨려 들고
방긋 웃어 돌아보니 꽃들 향긋 피어나매
낮빛 잃고 뛰는 가슴 여섯 궁에 숨었으리.

해 뜨는가 하였더니 어느새 어둠 오고
어둠 드나 하였더니 어느새 새벽이라.
철없는 세월만 헛돌아 빙빙
낮은 밤을 밤은 낮을 어서어서
서로 불러 나랏님 곤룡포엔
즐거움만 주렁주렁

탕곡(湯谷)[123] 더운 물에
해 지듯 양귀비 들어 갈 때
꾀꼬리 짝지어 숲에 깃들고
해 뜨듯 양귀비 물 위에 솟을 때
꽃결 같은 살결에 진주알 흐르고
야릇한 안개에 휩싸여 가는
여산자락 알 수 없는 어디쯤
금방울 소리 자르릉 굴렀으리.

사랑이 무슨 죄
깊이 빠져 허우적 거렸을 뿐
지존이 무슨 죄
너무 높아 내리지 못했을 뿐
아름다움이 무슨 죄
인간의 내력만 천만번

123) 탕곡(湯谷) : 신선 사는 바다에 있다는 골짝, 그 골짝 물에서 해가 뜨고 진다고 함

기울고 기울어지고 있을 뿐

아름다움에 미끄러진 지존의 그 허물
누리 덮어 어둡고
사랑에 빠진 두 넋
뒹굴었네 뻘구덩이,
하늘 나라에 태어나도
삼독(三毒)[124] 벗기 어렵나니
시기와 질투의 덩굴 자라
꿈결에도 너를 휘감아 들면
고뇌의 어쩔 수 없는 노예 되고
분기의 먹구름 걷어내지 못하리.

놓아라. 버려라. 쉬어라.
탐내는 그 마음
성내는 그 마음
어두운 그 마음
놓아 버리고 쉬어라.
아름다움에 스스로 속아
고달픈 너의 마음
부귀 영화의 신기루에 속아
괴로운 너의 마음
흐르는 구름에 띄워 보낸다면
어디라 할 것 없이 낙원은 웃어오리.

---

124) 삼독(三毒) : 탐욕심, 진심(성 내는 마음), 치심(어리석은 마음)의 3가지 마음을 독에 비유한 것

5. 여산에 엉긴 전설

그 하나, 오누이 부부 맺돌 인연- 여산(驪山)에 허다한 전설이 있다고 했다. 여산 마루에 두 개의 사당이 있는데 그것은 노모묘(老母廟)와 인조묘(人祖廟)라고 했다. 이 세상에 사람 없을 때 산 마루에 오누이 둘 살았는데, 부부연을 맺고 싶었으나 오누이 관계라 망설이다가 하루는 맷돌 두 짝을 산 위로 메고 올라가 두 짝을 굴려 내려보기로 했다. 하늘의 뜻을 물어보는 중요한 연출이었던 것이다. 두 짝을 굴려 내려서 두 짝이 한데 합쳐지면 부부가 되어도 좋다는 하늘의 응낙이 떨어지는 것으로 판단하고, 따로 떨어져 버리면 하늘의 응낙이 없다는 것으로 판단하겠다는 의도라고 했다. 두 짝 맷돌을 굴렸다. 골짝을 가르며 쏜살같이 소리소리 내리구른 두 짝 맷돌 산 아래까지 가서 여지없이 한데 딱 붙어 버렸다는 것이다. 어떤 달 밝은 밤의 연출이었다고 했다. 두 오누이는 그날부터 부부가 되어 오순도순 잘 살았는데 오늘날 수많은 세상 사람들 모두 그 부부의 자손들이라는 것이다. 그 부부의 뜻을 기려 세운 것이 인조묘(人祖廟)라고 했다. 현종과 양귀비가 썼던 침소(寢所) 그 곳이 바로 굴려내린 맷돌짝이 딱 붙어 하나가 된 곳이라고 했다. 여산 자락에 흔히 나오는 사람 뼈들은 그때 살던 사람들 뼈라고 한다는 것이다. 그렇게 두고 생각해 본다면 남매는 같은 혈육, 그 중에서도 가장 가까운 혈육, 부모가 다 같은 혈육끼리 부부연을 맺었다는 걸 고려한다면, 상당히 부적절하고 몹쓸 짓이라고들 하지만 시아버지와 며느리는 혈육 다른 사이이니 남매간 부부연에 비교한다면 크게 문제될 일 아니라 할 수도 있을 것 같다. 문제는 아들 수왕을 속이고 먼 고생길 보낸 뒤, 아버지의 도리를 깡그리 저버리고 아들의 여인을 취했다는 패륜이 문제라 할 것이다.

세상에 둘도 없는 맷돌짝, 그 누구 자손 귀한 부부 있어 그것들 찾아 달 밝은 밤 쉬엄쉬엄 메고 올라가 다시 한 번 굴려보면 어떨까 싶은 것이다.

그 둘, 포사의 독 웃음– 주(周)나라 유왕(幽王)[125]은 왕비 포사(褒姒)를 무척 사랑했는데 그 아름다운 포사는 도무지 웃는 일이 없었다고 했다. 주나라 11대 선왕(宣王)이 붕어(崩御)하자 강후(姜后)마저 너무 슬퍼하다가 세상을 떠나가고 없어지니 즉위한 유왕은 고삐 풀린 망아지 같았다고 했다. 성격이 난폭하고 술 마시며 유흥에 빠지기에 바빠 정사에는 관심 없었다고 했다. 거기다가 아첨만 일삼는 괵공(虢公), 제공(祭公), 윤구(尹球) 등의 벽에 가려 나랏일은 엉망이 되고 있었다는 것이다. 어느 날 "기산(岐山– 中國 섬서성 기산현 동북쪽에 있는 산)이 무너지고 그 산에서 발원하는 세 하천에 지진이 일어났나이다." 하고 보고가 들어오자, 유왕이 "산이 무너지고 지진이 일어나는 것은 보통 있는 일인데 짐에게 고할 것 까지는 없다."고 하니, 태사 백양부와 대부(大夫) 조숙대(趙叔帶)가 탄식하며 "옛적에 낙(洛)이 마르니 하(夏)나라가 망하고, 하(河)가 마르니 은(殷)나라가 망했소. 기산은 문왕(文王)의 조부 태왕(太王– 고공단보 · 古公亶父)이 주나라의 터를 닦은 나라의 발상지인데, 이 산이 무너진다면 나라에 어찌 탈이 없겠소."라

125) 주나라 유왕과 포사 : 『중국의 역사』 1 증선지, PP97–118

고 말했다는 것이다. 이어 조숙대가 "위방불입(危邦不入- 위태한 나라엔 들어가지 않음)하고, 난방불거(亂邦不居- 혼란스런 나라엔 머물지 않음)라 하니 서주(西周)에 맥수노래(맥수지탄 · 麥秀之嘆- 『사기(史記)』의 「송세가편(宋世家篇)」에, 기자(箕子)가 은(殷)나라가 망한 뒤에도 보리만은 잘 자란다고 한탄했다는 고사)가 불려짐을 차마 볼 수 없다." 하고 진(晉)나라로 가니, 대부 포향(褒珦)은 대궐로 들어가 "대왕께서 어진 신하를 내쫓아 나라가 공허하니 사직(社稷) 보전하기 어려울까 하나이다."라고 말했다가 옥에 갇혔는데, 3년이 지나도 석방되지 않았다고 했다.

포사(褒姒)는 절세미인이라고 했다. 어느 궁녀가 아이를 잉태했는데 무려 40년 만에(?) 출산한 아이를 거적에 싸서 물에 띄워 버렸다는 것이다. 그때 뽕나무 활을 만들어 성중에 팔러 갔던 한 사람이 아내가 잡혀 사형 당하자 도망쳐 가는 도중에 물가에 놓여져 있는, 거적에 싸인 아이를 발견하고 포성(褒城)이라는 곳 친척 집에 맡겨졌던 여자아이라고 했다.

어느 날, 바른 말 한 마디 간했다가 옥에 갇혀 석방되지 못하고 있는 포향(褒珦)의 아들 홍덕(洪德)이 포성 어떤 집 앞을 지나가다가 물 길러 가는 아가씨를 보았는데, 첫눈에 보기에 눈이 휘둥그레질 정도로 어여쁜 미인이었다는 것이다. 그녀가 바로 14살에 미태(美態)를 세상에 또없이 피워 올린 포사였다는 것이다. 그래서 홍덕은 집으로 달려가 어머니와 의논 끝에 포백 3백 필을 주고 그 아가씨 포사를 사서, 포악한 호색가 유왕에 바쳐 아버지를 구하기로 했다는 것이다. 그 당시 부패할 대로 부패한 주나라에서는 뇌물을 바치면 사형수도 구해낼 수 있었다고 했다.

유왕이 포사를 얻게 되자 주변에 허다히 많은 만 명의 미인들이 다 소용없이 되어버렸다는 것이다. 동침을 해보니 목마른 고기가 신선 사는 물속에 노니는 것 같았다고 했다. 유왕이 영을 내렸다. "여봐라, 포향을 여태 풀어주지 않고 뭣하느냐! 어서 풀어주고 옛 벼슬 그대로 내리거라."

유왕 즉위 4년째, 포사를 얻은 후 열흘이 지나도 조회를 받지 않아 왕의 모습도 못보고 퇴궐하는 사람마다 나라 걱정을 하지 않는 사람이 없었다고 했다. 깊숙이 포사를 숨겨드고 밤낮이 짧게 포사와 즐기는 유왕에겐 세상만사에 아무 관심이 없어진 것이라 했다. 그때 왕후는 신후(申后)였는데 유왕은 달이 가고 가도 신후 궁에 한 번 들어가지 않았다고 했다. 신후의 아들 태자 의구(宜舊)가 어느 날 포사의 궁 앞 뜰 화단의 꽃들을 궁녀들로 하여금 다 따게 하자 언성이 높아지고 태자가 포사의 머리채를 낚아채는 일이 벌어졌다는 것이다. 그래서 유왕의 영이 떨어졌다. "태자 의구, 심히 무례하고 온순하지 못하다. 외가 신국(申國)으로 가서 외숙 신후(申候)의 교훈을 받으라." 그 이후 발길 한 걸음도 감시 받던 신후(申后), 꾀병을 빙자하여 어떤 궁녀의 어미를 불러 들였다. 그녀를 궁 밖으로 내보내는 길에 비단 두 필과 신국의 태자에게 보내는 밀서를 지니게 했다가 발각되고 말았다고 했다. 유왕, 칼을 뽑아 그 노파를 두 동강 내버렸다고 했다. 유왕이 노기를 내뿜으며 영을 내렸다는 것이다. "짐은 왕후 신후(申后)와 태자 의구(宜舊)를 폐하고, 포사(褒姒)를 정궁으로 그 아들 백복(伯服)을 태자로 봉하노라." 태사 백양부가 "삼강(三綱)이 이미 끊어졌으니 주나라 망할 것을 서서 기다릴 수 없다." 하고 벼슬 내던지고 떠나가니 주나라엔 아첨꾼, 간신배들만 우글거렸다는 것이다.

나라야 망하든 말든 유왕이 바라는 것은 오직 절세미인 포사가 옆에 있기만을 바라고 포사가 기뻐하는 모습을 보고 싶었을 뿐이라 했다. 그런데 포사는 기뻐하는 모습 한번 짓는 일 없고 즐겨 찾는 것도 없었다고 했다. 꽃 피고 새 울어도 포사는 웃는 일 한 번 없었다고 했다. 유왕, 포사에게 말했다. "너는 음악도 듣기 싫다면 무엇이 좋으냐?" 포사, "첩은 좋아하는 것 없고, 다만 비단 찢는 소리가 좋습니다."고 말하니 유왕이 즉각 매일 비단 백 필씩 꺼내다가 팔 힘이 좋은 궁녀를 시켜서 비단을 찢게 하여 요물 포사를 기쁘게 했다는 것이다.

유왕, "너는 웃는 모습을 못 보겠으니 어찌하면 좋겠느냐?"

포사, "……."

이때 괵석부(虢石父)가 "선왕(宣王- 주나라 11대 왕)께서, 서융(西戎)이 강성하여 염려되니 여산 아래 봉화터 20여 곳 세우고 큰 북 수십 개 배치하여, 오랑캐 들어오면 알리도록 만든 것들 있나이다. 왕후(포사 · 褒姒)께서 웃어 이가 들나는 것을 보고 싶으시다면 여산에 올라 밤에 봉화를 피우면 장안에 적군이 침입한 줄 알고 사방 제후들 황급히 군사를 몰아 올 것이옵니다. 그들이 장안에 아무 일 없음을 보고 그대로 돌아가는 꼴을 보시면 왕후께서 반드시 진주 같은 그 잇발 들내 웃으실 것이옵나이다." 유왕, "경의 계획 참으로 그럴 듯하다."

그 계획 실행된다는 소식 들은 정백우(鄭伯友) 급히 여궁(驪宮-여산에 있는 궁전)으로 달려가 그 불가함을 역설했으나 소용없었다고 했다. 드디어 여산 주변에 있는 봉화마다 불 지피니 수십 개의 봉화불 밤하늘 다 태울 듯 붉게 타오르게 되고 원근에 있던 제후들, 호경(鎬京)에 적이 쳐들어 온 줄 알고 별안간 놀라 군사들

재촉하여 구름 같이 달려와 적과 싸울 태세를 갖추었다는 것이다. 수만 창검 빼어들고 적군을 찾아보았으나, 한가한 서울에는 적이라곤 하나 없고 다만 여산 꼭대기에서 유왕이 포사를 앞에 앉히고 한가로이 술잔 기울이고 있었다는 것이다. 허파에 가득 끓어올랐던 김 힘없이 빠져나간 제후들과 구름같이 몰려들었던 병사들 풀 죽어 힘없이 돌아가니, 그 꼴을 뒤에서 내려 보고 있던 포사, 손뼉치며 큰 웃음 터뜨렸다는 것이다.

신국(申國)에 있던 신후(申候), 상소를 올렸다. “옛날 걸왕(桀王)은 매희(妹喜)를 총애하여 하(夏)나라를 망쳤고 주왕(紂王)은 달기(妲己)를 총애하여 은(殷)나라를 망쳤사온데, 지금 대왕은 포사를 총애하여 폐적입서(廢嫡立庶- 적자를 폐하여 서인으로 만듦)하였으니 이미 부부지의(夫婦之義- 부부간의 의리)를 어기었고 또 부자지정(父子之情- 부자간의 정)을 상하였나이다. 걸주의 일이 지금 다시 나타났으니 하·은 두 나라의 화난이 목전에 박두하였나이다. 바라옵건대 대왕은 명령을 거두시어야 망국의 재앙을 면하오리이다.” 유왕이 대노하여 “도적이 어찌 감히 어지러운 말을 하는가!” 하며 신후를 크게 나무라니 마침내 신후(申候) 등은 오랑캐 견융(犬戎- 西戎의 일파)을 끌여들여 주나라로 쳐들어갔다는 것이다. 유왕은 전쟁에서 피살되고 포사는 오랑캐 견융의 수괴가 데리고 가려고 하였는데, 미처 빠져나가기 전에 포사는 목매어 죽었다고 했다.

그 셋, 진시황께 내린 선녀의 저주- 진시황(秦始皇) 때 여산에 있었던 어전(御殿) 가까이 한 선녀(仙女)가 살고 있었는데, 여자를 어지간히 좋아했던 진시황이 여러차례 그 아름다운 선녀에게 후궁

되어주기를 간청했으나, 선녀는 진시황의 간청을 들어주지 않았다는 것이다. 그래서 진시황은 어느 날 선녀를 잡아다가 겁탈을 했는데 성난 선녀 진시황 얼굴에 침 뱉고 저주를 하자 선녀의 침 묻은 자리마다 보기 흉측한 사마귀가 생겨났다는 것이다. 곤란을 당한 진시황 할 수 없이 선녀에게 잘못을 빌고 사마귀를 없애 달라 애걸하자 선녀는 진시황을 용서하고 화청지(華淸池)의 물로 씻으라고 가르쳐 주었다는 것이다. 그 물로 씻었더니 얼굴에 생겼던 사마귀들 모두 없어졌다는데 그 화청지가 당 현종이 화청궁을 지은 바로 그 곳이라는 것이다.

4부
비석의 숲과 대안탑

대안탑과 문묘(文廟)라고 새겨진 비림의 정문

중국을 한 눈에 살필 수 있는 곳이 비석의 숲(비림 · 碑林)이다. 고대에서 근현대에 이르기까지 중국의 민족적 특질, 역사, 사상, 종교, 예술 등 그의 모든 분야의 흔적들을 이곳에서 찾아 볼 수 있기 때문이다. 세계에서 가장 큰 교과서라고 말하는 논어비석 옆에서 유교를 잠깐 살펴 보고, 중국적 생명의 시원과 본질, 태평성대 얘기를 엮어 보았다. 특히 눈길 끄는 두 비석, 하동선인(河東仙人) 관운장의 충성심을 대나무시로 그린 관제시죽도(關帝詩竹圖)와 갈잎 띄워타고 강을 건너는 달마도강도(達磨渡江圖)에 관하여 사족을 붙여 보았다.

대자은사는 당고종이 효심으로 지은 대 가람, 대안탑은 현장법사가 삼태기로 쌓아 올린 대탑, 오승은(吳承恩) 서유기의 발원지라 할 수 있을 그 곳 탑안에 인도에서 모셔온 경전 수천 권과 석가여래 진신사리 만과를 봉안하고 경전한역 사업을 펼친 내력을 엮어 보았다.

1. 유교를 살피다

- 비석의 숲에서 더듬어 보는 중국

비림(碑林)에서

9월 6일 차분하게 가라앉은 아침거리 장안 옛 성벽 지나 버스가 멎은 곳. '문묘(文廟)'라는 두 글자 반듯하게 새겨진 문 앞에서 합장하여 절하고 필자가 마지막으로 들어서니 공자(孔子) 모신 곳에만 있다는 문이요 벽같이 생긴 건축물이 우리를 맞아 주었다.

태학(太學)- 태학(太學)에 문묘를 두었다는데, 태학이란 지금의 대학과 유사한 교육기관이라고 했다. 서주(西周)시대에 천자가 설립한 대학을 벽옹(辟雍) 또는 태학(太學)이라고 하였다는데, 한(漢)나라 무제는 동중서(董仲舒) 공손홍(孔孫弘)의 건의로 한나라대의 최초로 태학생 50명을 두었다고 하였다. 그때의 태학에서는 유교

경전만 가르쳤고, 위진(魏晋)시대부터 명청(明淸)시대까지 태학 또는 국자학(國子學)을 설립하거나, 양자를 동시에 설립하였는데, 모두 유교경전을 전수하는 최고 학부였다고 했다.[126]

우리나라에서는 단기 2705년(서기 372년) 고구려 소수림왕 2년, 처음으로 태학을 세워 상류층 자제들을 교육하였고, 영양왕 11년, 이문진(李文眞)을 태학 박사로 삼은 기록이 있다고 했다.

백제에서는 단기 2707년(서기 374년) 근초고왕(近肖古王) 29년 고흥(高興)을 박사로 삼았으며, 『삼국사기』에 오경(五經)박사 명칭이 있고, 일본에 한문을 전한 아직기(阿直岐)와 천자문과 논어를 전한 왕인(王仁)에 관한 기록이 있다.

신라에서는 단기 2981년(서기 648년) 진덕여왕(眞德女王) 2년, 김춘추(金春秋)가 당나라에 들어갔다 와서 국학(國學) 설립을 추진하였고, 단기 3015년(서기 682년), 신문왕(神文王) 2년에 국학을 세우고 경(卿) 1인을 두었으며 단기 3050년(서기 717년) 성덕왕(聖德王) 6년, 태감(太監) 김수충(金守忠)이 당으로부터 공자와 공문10철(孔門十哲)[127] 및 72제자 영정을 가져와서 국학에 안치했다는 기록이 있어 석전(釋奠)의 의식이 봉행되고 있었음을 알려주고 있다. 국학에서는 「주역(周易)」「상서(尙書)」「예기(禮記)」「춘추(春秋)」「좌씨전(左氏傳)」「문선(文選)」「논어(論語)」「효경(孝經)」 등을 가르쳤다고 했다.

고려에서는 단기 3263년(서기 930년) 태조 13년, 서경에 학교를

126) 『유교대사전』 地, 단기 4340(서기 2007), 성균관, P230

127) 공문10철(孔門十哲) : 『논어』 선진(先進)에 나오는 인물들. 덕행에 안회(顔回) 민자건(閔子騫) 염백우(冉伯牛) 중궁(仲弓), 언어에 재아(宰我) 자공(子貢), 정사에 염유(冉有) 계로(季路), 문학에 자유(子游) 자하(子夏) - 위의 책 天, P173

설립하고 박사관(博士官)을 두었으며 학원(學院)을 두어 6부생(六部生)들을 가르쳤고, 단기 3353년(서기 1020년) 현종 11년, 최치원(崔致遠)을 선성묘(先聖廟)에 배형(配享)하였고, 뒤이어 신라한림(新羅翰林) 설총(薛聰)을 배형하고 홍유후(弘儒候)로 추봉(追封)하였다. 단기 3424년(서기 1091년) 선종(宣宗) 8년 72현(賢)의 초상을 국자감 벽에 그렸고, 단기 3464년(서기 1131년) 인종(仁宗) 9년, 노장학(老莊學)을 금하였으며, 단기 3652년(서기 1319년) 충숙왕(忠肅王) 6년 문성공(文成公) 안유(安裕)를 문묘에 종배(從配)하였다고 한다.

비림을 나오는 입구에서 찍은 글벗들

조선조에 들어서는 단기 3730년(서기 1397년) 태조 6년, 태학을 건립하고 정도전(鄭道傳) 권근(權近) 등을 명하여 경사(經史)를 강론하였는데, 이때를 성균관대학교 창립연도로 삼고 있다고 하였다. 그렇다면 성균관대학은 우리나라에서는 물론 세계에서도 보기드문 긴 역사를 가진 대학이라고 해야 할 것이다. 단기 3850년(서기 1517년) 중종(中宗) 12년에 정몽주(鄭夢周)를 종배(從配)하였고, 단기 3943년(서기 1610년) 광해군 2년에 김굉필(金宏弼) 정여창(鄭汝昌) 조광조(趙光祖) 이언적(李彦迪) 이황(李滉)을, 그 72년 뒤 숙종 8년, 이이(李珥) 성혼(成渾)을, 그 뒤 김장생(金長生) 송시열(宋時烈) 이준길(李浚吉) 박세채(朴世采) 김인후(金麟厚) 조헌(趙憲) 김집(金集)을 종형(從亨)하였다고 했다.128)

유교(儒敎)는- 천칙(天則- 하늘이 정한 법칙)을 선천적으로 갖게 갖추고 있는 존재로서의 인간을 전제(前提)하는 것이라 할 수 있을 것 같다. 『시경』 「대아(大雅)」에 하늘이 뭇 백성을 낳으셨으니 사물이 있으면 법칙이 있다. 백성들은 항상 변하지 않는 도리를 잡고 있어서 아름다운 덕을 좋아한다(천생증민 유물유칙 민지병이 호시의덕 · 天生蒸民 有物有則 民之秉彝 好是懿德)129)이라는 말에서 인간은 천(天)을 생명의 본원(本源)으로 삼고 탄생한 백성, 곧 칙(則)을 선천적으로 갖게 갖추고 있는 존재라는 것이다. 사물에 내재하는 천부(天賦)의 칙이 곧 사물의 당위를 결정짓는 준칙이 되는 것이며, 그러한 행위의 근거가 인간에게 내재화되어 그로부터 인간의 도덕적인 지평이 열린다는 것이라 하였다.130)

---

128) 위의 책 人, p23 -25
129) 위의 책 地, p2132 右
130) 위의 책 地, p2132

맹자(孟子)는, 인간의 본질은 천부의 칙이며 따라서 모든 존재와 가치의 근거인 천(天) 그 자체라는 것이다. 그 본성을 알면 곧 하늘을 안다(지기성측지천의 · 知其性側知天矣-『맹자진심 상(盟子盡心 上)』)라는 말은 그와 같은 사실을 단적으로 나타내는 것이라고 하였다.131) 『중용(中庸)』에서 '하늘이 명한 것을 성(性)이라 하고 성을 따르는 것을 도(道)라 한다(천명지위성 솔성지위도 · 天命之謂性 率性之謂道) 라는 명제는 천과 결합되어 있는 성을 근거로 한 인간의 당위, 곧 도를 제시한 것이라고 하였다. 따라서 본성에 따라 실천하는 것이 진리의 실현이 되고 그러한 인식을 기초로 인의예지(仁義禮智)와 오륜(五倫)으로 대표되는 도덕적 가치와 규범이 정립된 것이라고 하였다.132)

유가의 기본 윤리는- 오륜(五倫)이다. 그 가운데 특히 부자, 군신, 부부의 윤리를 강조한 것을 삼강(三綱- 군위신강 · 君爲臣綱, 부위자강 · 父爲子綱, 부위부강 · 夫爲婦綱)이라 하였다. 오륜이란 부자유친(父子有親), 군신유의(君臣有義), 부부유별(夫婦有別), 장유유서(長幼有序), 붕우유신(朋友有信)을 말한다. 오륜과 삼강을 대비해 볼 때 각기 다른 특색이 있다. 첫째로 오륜에서는 부자 관계가 먼저 부각되는데 반하여 삼강에서는 군신 관계가 먼저 제시된다. 둘째로 오륜이 일반적 인간관계를 규정하고 있는데 반하여 삼강은 군신, 부자, 부부의 세 가지 관계에만 한정하고 있다. 셋째로 오륜은 인간 본성의 자연스런 발로에 의한 보편적 윤리를 표방하는데 반하여 삼강은 통치 기준에 입각한 윤리 규정이라 할 수 있을 것이다. 삼강의 성격은 미루어 볼 때 오륜과는 달리 시대적

131) 위의 책 地, p3133 左
132) 위의 책 地, p3133 右

요구와 역사적 배경 가운데서 성립되었음을 알 수 있을 것으로 본다.

강(綱)이라는 것은 벼리 곧 그물의 모든 그물코가 달려 있는 굵은 줄기를 말한다. 벼리를 당기면 모든 그물코가 딸려오게 되는 것처럼, 임금은 신하의 벼리가 되고, 아버지는 아들의 벼리가, 남편은 아내의 벼리가 된다는 이론이라 할 것이다.[133)]

『맹자(孟子)』에 '사람에게는 도(道)가 있다. 배부르게 먹고, 따뜻하게 입고, 편히 살면서 배움이 없으면 짐승과 별로 다르지 않다. 성인이 이를 걱정하여 설(契)을 사도(司徒)로 삼아 인륜을 가르쳤으니, 부자(父子)는 친함이 있어야 하고, 군신(君臣)은 의리가 있어야 하고, 부부(夫婦)는 분별이 있어야 하고, 장유(長幼)는 서열이 있어야 하고, 붕우(朋友)는 신의가 있어야 한다.'(「등문공(滕文公)」上)라고 하였으며, 『중용』에서는 군신, 부자, 부부, 곤제(昆第- 兄第), 붕우의 다섯 가지 인간관계를 내세우고 이를 오달도(五達道)라는 말로 표현하여 오륜이 가장 기본적인 윤리규범임을 천명하고 있다. 『맹자』와 『중용』에서 제시된 오륜사상은 한대에 유학이 관학화 함에 따라 일반 윤리로 널리 보급되었다고 했다.

오륜(五倫)이란 말은 - 명대(明代)에 선종(宣宗)이 『오륜서(五倫書)』를 편찬하고 영종(英宗)이 널리 보급함으로서 일반화된 것이라 했다. 부자유친(父子有親)은 혈연적 긴밀성을 기초로 제시된 윤리 규범으로, 거기에는 본능적인 사랑의 감정이 존재한다. 이러한 관계를 친(親)이라고 표현한 것이다. 이는 '아버지는 사랑하고 자식은 효도해야 하는 것(부자자효 · 父慈子孝)'으로 표현된다. 군신

133) 『유교대사전』 天, p878 左下- 右上

유의(君臣有義)는 후천적 인위적 결합에 기초하여 제시된 윤리 규범이라 할 것이다. 임금과 신하의 관계를 결속하는 것은 의리(義理)라고 할 수 있다. '임금은 의로워야 하고 신하는 충성되어야 한다(군의신충 · 君義臣忠)'는 것이다. 군신간의 윤리는 충으로 대표하게 된 것이다. 부부유별(夫婦有別)에서 별(別)의 의미는 첫째 직능적 구별로 남자의 할 일과 여자의 할 일을 각기 구별하여 지켜야 한다는 것이다. 그 둘째는 윤리적 한계로 부부간은 더할 수 없이 가까운 사이이지만 말과 행동에 있어서 그 한계를 지키지 못하면 그 관계의 건전성을 보장받을 수 없게 된다. 따라서 부부간에 지켜야 할 도(道)가 있으니 그것은 '서로 공경하기를 손님 대하듯 하라(상경여빈 · 相敬如賓)'는 것이다. 장유유서(長幼有序)는 연령적 질서를 확립하려는 윤리 규범이다. 어른은 선배로서 인도하고 어린 사람은 후배로서 선배를 받들고 따라야 한다는 것이라 하였다. 이는 본래 형제간의 윤리가 사회 윤리로 발전한 것이라고 볼 수 있다고 하였다. '형은 사랑하고 아우는 공손해야 한다(형우제공 · 兄友弟恭)'는 것이라고 하였다. 붕우유신(朋友有信)은 횡적 인간관계에 있어서 그 유대를 공고히 하기 위해서 제시된 윤리 규범이라고 하였다. 동등한 친구 사이에 쌍방간 서로 신의가 있어야 이우보인(以友補仁- 우정으로 仁을 도와 더욱 새롭고 공고하게 한다)하는 목적을 달성할 수 있다는 것이다.

부모 자식 간의 관계가 인간관계의 시초이고, 그 다음이 형제간의 관계이고 그 다음이 사회적인 관계라고 하였다. 그러므로 유가의 윤리는 가정윤리에서 시작되고 효(孝)를 모든 윤리적 행위의 근본으로 삼는 것이라고 하였다.[134]

134) 위의 책 天, pp1413 -1414

사덕(四德)과 오상(五常)- 유교는 네 가지 덕을 높이 선양하고 있다. 그 가운데 인(仁)은 유교 윤리에서 최고 덕목으로 극히 포괄적인 의미를 갖는다. 의(義)는 국가나 집단의 구성원으로서의 인간이 공통 규범에 합치하는 행동을 스스로 취하는 것을 말하며『중용』에서는 '의란 마땅함(의 · 宣)'이라고 규정하고 있다. 그 다음으로 예(禮)는 사회 질서를 유지하기 위한 유교 윤리 규범의 하나로 종교적 의의와 제도적 의의를 함축하고 있다.『사기(史記)』「태사공자서(太史公自序)」에 '아직 그러하기 이전에 금하는 것이 예이고 이미 그러한 후에 적용하는 것이 법'이라고 하였다. 마지막으로 지(智)는 인간의 인식작용, 인식과정 및 그것에 의해 획득되어진 인식의 내용, 인식의 결과 등을 통칭하는 것으로 인식, 지각, 지식 등의 의미를 포함하는 말이라고 하였다. 지를 인 · 의 · 예와 함께 인간에게 선험적으로 구비되어 있는 사덕(四德)의 하나로 규정하고 있는 것이다.

사덕에 신(信)을 합하여 오상(五常)이라고 하였다. '신은 성실함이니, 사람[人]과 말[言]의 회의자(會意字)이다.'라고 하여 인간 언어가 거짓 없이 실천되는 것을 의미한다고 허신(許慎)의『설문(設文)』에서 말하고 있고, 주희(朱熹)는 '말과 행위가 서로 일치되는 것을 신이라 한다.'고 하였다. 신이 가장 두드러지게 나타나는 경우는 친구 사이의 관계에서라고 하였다.

공자는 오상 가운데 인(仁)을 가장 중시하였고 '지혜로운 사람은 미혹(迷惑)되지 않고, 어진 사람은 걱정하지 않고, 용감한 사람은 두려워하지 않는다.'라고 하여 지 · 인 · 용(智 · 仁 · 勇)을 얘기하였다. 맹자는 인에 의(義)를 더하고, 예(禮) 지(智)와 함께 사덕(四德)을 말하였는데, 한(漢)대의 동중서(董仲舒)가 처음으로 이것들 사덕에 신(信)의 덕목을 추가하고 인(仁)을 목(木), 의(義)를 금(金), 예(禮)를 화(火), 지(智)를 수(水), 신(信)을 토(土)에 상대시켜 오상(五常)의 개념을 안출해 냈다고 하였다. 동중서는 또 '오상의 도는 왕자(王者)가 마땅히 수식(修飾)해야 할 바이다.'라고 하였다는 것이다.

『서경(書經)』에서 보이는 그 내용은 오전(五典)을 오상(五常)의 가르침으로 해석, 그 내용은 아버지는 의(義)롭고, 어머니는 자애(慈愛)로우며, 형은 우애(友愛)롭고, 아우는 공경(恭敬)하고, 자식은 부모에게 효(孝)를 다해야 하는 것으로 이해했다는 것이다. 불교에서는 불살생(不殺生), 불투도(不偸盜), 불사음(不邪淫), 불음주(不飮酒), 불망어(不妄語)의 오계(五戒)를 말하고 있는데, 『천태인왕경소 상(天台仁王經疏 上)』에서는 '불살생은 인(仁), 불투도는 지(智), 불사음은 의(義), 불음주는 신(信), 불망어는 예(禮)이다.'라고 하여 오상의 인 · 의 · 예 · 지 · 신과 오계를 대비시키고 있다고 하였다.[135)]

그런데『천태인왕경소 상』에서 밝힌 5계와 5상의 대비설에는 상당한 무리가 따른다고 필자는 말하고 싶다. 불교에서 말하는 5계는 철저하게 개인적 수행의 규정인 것이다. 성불을 향한 가장 기본적이며 기초적인 수행의 길을 제시한 것이다. 이에 반해 유교의 5상은 범사회적인 일반적 윤리 도덕의 규범을 제시한 것이다. 따라서 5계와 5상의 적용범위가 현격히 다르다는 점에서 이 두 가지를 직접 대비 설명하는 데는 그 당위성이나 합리성에 있어서 상당한 무리가 따를 수밖에 없다고 생각되는 것이다. 실례로 불살생계와 5상의 인을 대비시킨 것은 어느 정도 수긍이 가는 점이 있다고

---

135) 위의 책 天, pp1420. 1421

보여지기도 한다. 또 불사음과 의, 불망어와 예 같은 대비에서도 어느 정도 수긍이 된다고 보여진다. 그러나 불투도 곧 도둑질하지 않는 것과 지(智)를 대비시킨다는 것, 불음주 곧 술 마시지 않는 것과 신(信)을 대비시키는 것은 문제가 있다고 보여지는 것이다. 지(智)는 지식·지혜 등과 연관되는 덕목이지만 도둑질하지 않는 것은 행위의 정당성에, 내면적으로는 깨끗하고 맑은 마음을 지켜야 한다는 덕목 다시 말해서 무탐(無貪) 무욕(無慾)의 마음자리를 확보해야 된다는 것이라고 본다면 유교의 지(智)와 불교의 불투도(不偸盜) 두 덕목의 직접적인 연관성을 도출해 내기에는 무리가 따를 수밖에 없지 않을까 하는 생각이 들기 때문이다. 물론 무탈 무욕의 투명한 마음, 때 묻지 않은 거울과 같은 마음이라야만 올바른 지혜가 생길 수 있다고 할 수는 있지만 투명한 거울 그 자체가 지혜가 아닌 이상 직접적 대비는 긍정적이라 할 수 있을까 하는 의문을 떨쳐버릴 수가 없기 때문이다. 또 불음주는 인간 개체에 국한되는 행위에 대한 계목(戒目)인데 반하여 신(信)은 개체와 개체 또는 개체와 다수 또는 다수와 다수 사이의 믿음을 강조하는 덕목인 것이다. 따라서 불음주와 유교의 신(信)의 대비에도 무리가 있다고 보여진다. 5계와 5상의 발생의 역사적 계기를 본다면 5계는 불교의 출현과 더불어 성불의 필연적 조건에 의해 당연히 성립된 것이라면 5상은 동시적 필연성에서 성립된 윤리 덕목이 아니라 그때그때의 시대적 요구와 그에 따른 유교정신의 발전적 필요성에 의해 만들어진 것이다. 5계와 5상을 대비 설명하려 한 것은 중국 역사상 당시의 어떤 사회적 욕구 또는 필요성에 의해서 만들어진, 다소 무리가 따르는 이론이 아닐까 생각해 본다.

『천태인왕경소』는 『인왕경소』라고 해야할 것 같다. 『인왕경』

은 천태종에서 『법화경』 『금광명경』과 함께 호국 삼부경(護國三部經)이라고 하는데, 우리나라에서는 신라 때부터 고려 때에 빈번히 열렸던 인왕백고좌회(仁王百高座會- 백고좌회란 백 명의 고승들이 한자리에서 모임을 갖는 일)의 근거가 되었던 것으로 나라를 지키고 융성하게 하는 중심 사상과 그 이치를 제시하는 매우 중요한 경전을 말한다. 석가세존 당시 인도의 16국왕들이 자리를 함께하고 특히 파사익왕(부처님과 생일이 같고 부처님 성도일에 왕이 된 사위국의 왕, 불법을 독실히 믿어 불법 외호의 역할을 하였고, 그의 아들 기바태자는 기원정사를 세워 부처님에게 바쳤다고 함)이 중심이 되어 석가세존과 문답하는 광경이 서술되고 있다. 그 「정종분(正宗分)」에 반야(般若)가 능히 지켜져야 하는 이유 즉 내호(內護)를 밝히고, 반야에 의해 지켜지는 국토(國土) 즉 외호(外護)를 밝힌 다음, 그 인과관계를 명시하고 있다.

그 「유통분(流通分)」에 불멸 후 정법이 쇠퇴할 것을 예언하고, 7난(七難)이 없어지고 7복(七福)이 일어나도록 하기 위해 16대 국왕들에게 반야의 법문을 간직할 것을 당부하자 대중들은 부처님 말씀 받들어 정법호지(正法護持)의 맹서를 하고 기뻐했다는 것을 설하고 있다. 이 경은 국토를 안온하게 하고 국가를 융창하게 하는 방책을 불교의 본의(本義)로부터 논증하고자 하여 내외의 수호와 인과(因果)의 상호의지의 관계에 기댈 것을 명시하고 그 본질을 반야바라밀다 즉 불지(佛智)의 증오(證悟- 증득하고 깨달음)에 있다고 한 것이다. 그러므로 만약 나라와 가정에 어려움이 있어서 그 어려움을 구하고자 하면 반드시 반야를 이해하게 하고 이것을 실답게 수행하지 않으면 안된다는 인과설(因果說)로써 국가를 보는 종교적 · 철학적인 태도를 확정하게 한 것이라고 할 것이다. 『인왕경』에 대한 소(疏)와 주(註)는 중국에 15권, 한국에 13권이 있는데 중국의 길장(吉藏: 서기 549-623)이 쓴 『인왕경소(仁王經疏)』 6권과 신라 원측(圓測: 서기 613-696)이 쓴 『인왕반야경소(仁王般若經疏)』 6권이 양대 소로 꼽히고 있다.[136)]

『인왕경』이 호국이념을 강조한 경이므로 그 소(疏)에 호국안민(護國安民)의 의취(意趣)로 5계와 5상을 대비시켜 보았다고 여겨지는데 앞의 소에서 말한 것처럼 불살생 계목을 5상의 인에 대비시키는 것이 얼핏 타당해 보이기도 하지만, 불투도 곧 도둑질 하지 말라는 계목, 불망어 곧 거짓말하지 말라는 계목, 또는 불사음 곧 삿된 음행하지 말라는 계목 등을 5상의 인(仁)에 대비시켜 안 된다고 할 수는 없지 않을까 라고도 생각되는 것이다. 또 도둑질하지 않는 사람을 지혜로운 사람이라고 말한다면 이는 너무 심한 논리의 비약이 되지 않을까? 또 삿된 음행을 하지 않는다는 계목(戒目)은 지극히 개인적인 내적문제라면 의(義)는 대외적인 또는 대아적인 의지와 발로가 있을 때라야 비로소 할 수 있는 말이라 할 것이기에 둘을 대비한다는 것도 걸맞다고 말하기는 어렵겠기 때문이다. 음주를 한다고 해서 신의(信義)가 없다고 한다면 억지스런 주장이라 할 것이다. 그러므로 불교수행의 방편으로 제시되는 5계를 유교의 5상에 대비한다는 것은 수긍하기 어려운 대목들이 많다고 보아진다.

나무들 검푸르게 잘 가꾸어진 긴 길을 지나 비림이라 새겨진 문 앞에서 단체사진을 찍고 천천히 걸어들었다. 비(碑)의 숲, 유구한 중국 역사와 뿌리 깊은 문화의 향취가 물씬거리는 곳 여기 저기를

136) 『불교학대사전』 p1298

다니며 갖은 비석들 앞에서 안내자의 설명을 들었다.

오륙천 년의 역사가 담겨 숨 쉬는 곳 시대에 따라 다른 정신적 풍모가 신비롭고 다채롭다. 상주(商周)시대에 유행했다는 갑골문(甲骨文)과 금문(金文), 진(秦)의 전(篆), 한(漢)의 록(錄), 위진남북조(魏晋南北朝)의 묘지(墓志), 대당(大唐)의 서가층출(書家層出), 송대(宋代)의 4대가(四大家), 명청서화(明淸書畵) 등 헤아리기 어려운 문화재들이 그야말로 숲을 이루고 있다.

중국에는 5제(五帝) 때 이미 사관(史官) 창힐(倉頡)이 글자를 만들었다는 전설적 이야기가 있다. 한 나라 또는 민족의 체질이나 그 문화적 특성을 알려면 거기서 생성된 신화나 전설을 살펴보는 것이 주효하다. 중국 문화의 통사적(通史的) 대 집결지라 할 수 있는 서안 비림에서 창세(創世)의 신화 · 전설을 살펴보는 것도 뜻 있는 일이겠기에 잠깐 살펴보기로 한다.

2. 생명의 시원과 본질, 태평성대

인류의 조상 반고(盤古)가 태어났다고 했다. 검고 흐린 마치 계란 같은 속에서 1만 8천 년의 잠에서 깨어나니 맑은 것 올라가 하늘 되고, 탁하고 흐린 것 가라앉아 땅이 되었다는 것이다. 반고의 키 하루 한 자씩 자라나니 하늘과 땅이 그 키에 밀려 멀어졌다. 반고의 육체력은 헤아릴 수 없어 하늘과 땅이 점점 멀리 갈라서게 되고 마침내 생명체들 살아갈 세상이 만들어졌다. 반고는 그렇게 전지전능한 신이요 불가해한 자연이었다. 반고의 눈물은 강, 숨결은 바람, 목소리는 천둥, 번득이는 눈동자에 번개 일고, 그가 웃으면 하늘 개이고 노할 땐 구름 덮여 흐렸다는 것이다. 그가 죽어 숨결은 풍운으로 소리는 뇌성, 눈동자는 일월, 사지오체(四肢五體)는 산, 피는 강, 혈관은 길, 살은 논과 밭이 되었다고 했다. 남해에 큰 묘 하나가 있다고 했다. 그 묘에 반고의 혼이 묻혀 있다는 것이다. 거기에 반고국(盤古國)이 있어 그곳 사람 모두가 반고씨라고 했다. 이것이 하늘과 땅, 자연이 전개된 개벽의 중국식 내력이라는 것이다.

인간 창조– 천지개벽에 이어 인간 창조에 관한 신화가 있다. 그것은 황제(黃帝), 상병(변)(上餅), 쌍림(雙林), 여화(女媧)라는 4신의 인간 창조설이다.

황제는 인간 음양의 성기(性器)를 만들었고, 상병은 눈과 귀, 쌍림은 손과 발, 여화는 흙을 빚어 인간 몸뚱이를 만들었다는 것이다. 여화가 일일이 인간을 빚어내려니 힘들고 지쳐 궁리 끝에 흙탕을 적당히 만들어 거기다가 새끼줄을 담궈 건져낼 때 뚝뚝 떨어지는 흙탕물 방울 하나하나가 인간이 되었다는 것이다. 흙탕물 방울이 변해서 태어난 인간, 그렇다면 이보다 더 보잘 것 없고 비천한 태어남이란 없지 않을까? 차라리 그런 태어남을 제발 당하지 말아야할 것 같기도 하다. 여화가 손으로 직접 흙으로 인간을 빚어 만들 때도 거기에 들어간 정성 여하에 따라, 또는 피로도 여하에 따라 천태만상으로 서로 다르게 인간이 태어나게 됨은 어쩔 수 없었을 것이다. 인간의 빈부귀천(貧富貴賤)이 다른 것은 그때 그 여화의 인간 제조 방법과 여러 가지 조건 때문이라는 것이다. 빚어져 태어난 인간들이 죽음을 면치 못하자 여화는 끝없는 인간 제조 작업을 해야 될 형편이었기에, 남녀를 따로 만들어 그들 남녀가 서로 교합하여 스스로 탄생의 기쁨과 고통을 맛보게 만들었다고 했다. 여화를 뒷사람들은 아들 낳게 해 주는 신으로 모시고 그 이름을 고매(高禖)라고 하였다. 그러니까 여화 곧 고매는 인간을 만든 신이며 잉태의 신이 된 것이다. 그녀는 또 비를 멈추게 하는 신으로 숭앙받는다고 하였다. 그 내력은 음의 수신(水神) 공공(共工)과 양의 화신(火神) 축융(祝融)이 전쟁을 벌였는데, 전쟁에서 패한 공공이 행패를 부리게 되었다는 것이다. 부주산(不周山)137)이 있는데, 중국 서북에 솟은 높은 산이라고 하였다. 그 산 꼭대기에 하늘을 받친 기둥이 있었고 기둥을 비끌어 맨 밧줄(지유 · 地維)이 있었는데, 성난 공공이 그 기둥을 머리로 받아버렸다는 것이다. 그러자 기둥이 부러지고 밧줄이 끊어져 하늘은 서북, 땅은 동남으로 기울

137) 부주산(不周山) : 그 둘레를 알 수 없을 정도로 크다는 뜻을 지닌 산

고 일월성신(日月星辰)은 동남에서 서북으로 회전하기 시작했고, 하천과 흙먼지는 서북에서 동남으로 흐르게 되었다고 하였다. 구멍 뚫린 하늘엔 억수같이 비가 쏟아져 사람들은 생지옥에 빠졌다. 이때 여화가 물속에서 채취한 오색 돌을 녹여 뚫린 하늘 막고 큰 거북 사지를 떼어 하늘 네 모퉁이를 받치고 갈대를 꺾어 모아 태운 재로 넘치는 강물을 막았다고 하였다. 중국 대륙이 서북에서 동남쪽으로 기울어진 연유가 그 사건 때문이라고 하였다. 이 이야기가 여화의 보천전설(補天傳說)이라는 것이다.[138]『한서(漢書)』「려태자전(戾太子傳)」에 여화를 일러 아들 낳게 하는 신(求子之神也)이라 하였고, 아들 낳게 해 달라고 비는 말을 매축(禖祝- 고매에게 비는 축문)이라 한다고 하였다.[139]

채호복희씨와 여화

삼황(三皇)이 있었다고 하였다. 반고의 천지창조나 여화의 인간창조에 이어 천황씨(天皇氏), 지황씨(地皇氏), 인황씨(人皇氏)가 있었고 또 유소씨(有巢氏), 수인씨(燧人氏)가 있었다는 것이다. 그 다음으로 복희(伏羲), 신농(神農), 황제(皇帝), 이들을 삼황이라고 하였다. 황제 대신 여화 또는 수인을 내세우는 경우도 있다고 하였다. 복희는 뇌택(雷澤)이라는 늪의 뇌신의 후예로 몸은 뱀, 머리만

138) 『중국의 역사』 1 pp19-22, 천지창조
139) 『대한한사전』 장삼식, 교육서관, 단기 4320(서기 1987), p1266

사람 모습으로 여화와 함께 사람 모습이 아니었다는 것이다. 그는 익혀먹는 법을 가르쳤고, 팔괘(八卦)를 만들어 길흉을 점쳤으며, 글자(서계 · 書契)를 만들고, 그물을 발명 수렵법을 가르쳤고 여화를 아내로 맞아 혼인법을 만들었다고 하였다. 염제신농(炎帝神農)은 사람 몸에 소 머리였다고 하였다. 태양신으로 농사법을 가르쳤는데, 단장초(斷腸草)를 씹었다가 장이 터져 죽었다는 것이다.

신농씨의 세 딸과 무산운우(巫山雲雨)- 신농씨에게 딸 셋이 있었다는데 그 중에 첫째는 신선이 되어 가고, 둘째 여와(女娃)는 동해로 목욕하러 갔다가 익사했는데 그 넋이 정위(精衛)라는 이름으로 환생, 발구산(發鳩山)에서 살았다고 하였다. 정위는 그녀를 익사시킨 동해에 보복하기 위해 날마다 입으로 자갈과 나뭇가지를 물어다가 동해를 메우려 한 슬픈 전설의 주인공이라는 것이다. 셋째 요희(瑤姬)는 여와처럼 아름답고 정열적인 소녀였는데 시집갈 나이에 버려져, 그녀는 고요산(姑媱山) 중턱에 가련한 노란 꽃의 한 그루 요초(瑤草)로 화신하였다는 것이다. 요희의 운명을 불쌍히 여긴 천제(天帝)는 이윽고 그녀를 사천성(四川省) 무산(巫山)으로 파견해 구름과 비의 신으로 봉했다는 것이다. 그래서 그녀는 아침마다 아름다운 한조각 구름으로 화해 산골짝을 어루만지고, 저녁에는 이슬비가 되어 산골짝에 내려 가슴속 달랠 길 없는 정열을 진정시켰다고 하였다. 후세의 전국시대 초(楚)나라 회왕(懷王)이 운몽택(雲夢澤)에서 놀다가 고당(高唐)의 대(臺)에서 깜박 조는 사이에 환영처럼 나타난 그녀의 타는 듯한 정열로 회왕과 동침했다는 것이다. 그 뒤 회왕은 그리움을 견디지 못해 고당 가까이 조운묘(朝雲廟)를 세워 그녀의 넋을 위로해 주었다는 것이다. 더더욱 이상한 일은 회왕의 아들 양왕(襄王)도 그곳에서 놀다가 그날 저녁 왕의 꿈속으로 그녀가 묘한 자태로 나타나 열렬한 사랑을 펼쳤다는 것이다. 2대에 걸친 야릇한 이 정사의 시작과 끝을 왕을 모시던 궁정시인 송옥(宋玉)[140]이 쓴 시부가 「고당부(高唐賦)」[141]와 「신녀부(神女賦)」라는 곳에 전해 내려오고 있다는 것이다. 그래서 남녀의 비밀스런 정사를 '무산의 꿈' 또는 '무산의 운우(雲雨)'라고 하게 되었다는 것이다. 당나라 때 이태백이 크게 취한 채로 현종 앞에 끌려가 밤내 읊었다는 「청평조사(淸平調詞)」 2에 나오는 구절 '운우무산왕단장(雲雨巫山枉斷腸)'은 이를 두고 읊은 것이라고 여겨진다.

신농씨의 뒤를 이어 520년 그의 자손 8세(八世)에 걸친 치세가 끝나고 황제 헌원(黃帝 軒轅)이 치세하였다는 것이다. 황제(黃帝)의 황은 중국을 상징하는 색이다. 누런 물결 넘실넘실 흘러내리는 황하와 주변의 황토 넓은 땅, 그것은 중국의 대륙적 표상이며 풍요의 과시라 할 것이다. 황제는 둥어리 집이나 땅 속 집 대신 지상

---

140) 송옥(宋玉) : (BC 290?-222?). 중국 전국시대 말 초(楚)나라 궁정시인, 굴원(屈原)에게 사사, 굴원에 버금가는 부의 대시인으로 <굴송(屈宋)>이라 병칭되었다. 그의 부 16편 중 『초사(楚辭)』에 실린 「구변(九辨)」과 「초혼(招魂)」, 『문선(文選)』에 실린 「풍(風)」「고당(高唐)」「신녀(神女)」「대초왕문(對楚王問)」「적(笛)」「대언(大言)」「소언(小言)」「풍(諷)」「조(釣)」「무(舞)」「고당대(高唐對)」의 14편이며 『초사』 『문선』에 기재된 것은 문학사 상 특히 중요하다. 그의 부는 비애의 서정이 짙고 청각문학(聽覺文學)의 개조로 알려져 있다. 『동아백과사전』 17 단기 4329(서기 1986), 동아출판사, p603

141) 「고당부(高唐賦)」: 초나라 송옥 지음, 초나라 양왕(襄王)이 운몽택(雲夢澤)에서 놀 때 지은 부, 양왕의 부친 회왕(懷王)이 고당에서 놀 때 꿈속에 무산신녀(巫山神女)와 동침을 한 일과 고당의 모습 등을 그렸다. <운우(雲雨)>라는 말이 남녀의 정교(情交)를 뜻하는 말로 쓰이게 된 것은 이 부에 '꿈에 한 부인을 보다. 그녀가 말하기를 첩은 무산의 여자로 이 고당의 객이온데 듣자하니 군자께서 고당에 머무신다 하오니 원컨대 침석(枕席)을 권하게 하여 주소서. 왕이 이를 허락하였다. 자리에서 떠날 때 이르기를 첩은 무산의 양(陽- 양지쪽) 고구(高丘- 높은 언덕)의 조(岨- 험한 산길)에 있어 아침에는 행운(行雲- 흐르는 구름)이 되고 저녁에는 행우(行雨- 지나가는 비)가 되어 조조모모(朝朝暮暮- 메아리소리) 양대(陽臺- 밝은 대)밑에 있습니다.'라고 적혀 있는 데서 유래되었다. 무산은 지금의 사천성(四川省) 무산현(巫山縣) 동쪽에 있다. 위의 책3 p23

에 집을 지어 사람을 살게 했다고 전한다. 옷감 짜는 법을 고안하고, 배와 수레를 만들었다고 한다. 글자를 갖추고 천문 역산(天文曆算)을 가르쳤다고 전한다. 의술을 발전시키고 활과 지남차(指南車)를 발명했다는 것이다. 그는 얼굴이 넷이라 하였다. 그가 세상에 내려 왔을 때 행궁(行宮)은 곤륜산 위에 있었고 임금뜰(어원 · 御苑)은 보배나무(보수 · 寶樹), 신령스런 짐승(영수 · 靈獸), 상서로운 새(서조 · 瑞鳥) 등 온갖 신비스런 것으로 가득 찼다고 하였다.

황제(黃帝)는 황제(皇帝)와 상통하는 말로 황제란 황천상제(皇天上帝)를 가리키는 천상의 주신(主神)을 말한다.

황제(黃帝)의 전위대장 치우(蚩尤)는 눈이 네 개, 손이 여섯, 구리로 된 머리, 쇠 이마를 가지고 쇠와 돌을 즐겨먹는 이상한 신으로 호랑이와 이리 떼를 거느렸다고 하였다. 또 청소를 맡은 바람의 신(풍백 · 風伯), 비의 신(우사 · 雨師)이 황제를 보필하였다는 것이다. 난폭자 치우는 풍백, 우사, 그의 72형제와 함께 난을 일으켰다. 황제는 8전8패 하였다. 황제는 지혜의 신 풍후(風后)에게 명하여 지남차를 만들어 앞세우고, 그의 딸 **발(魃)이라는 신**에게 명하여 적군 풍백 우사가 일으킨 비바람, 짙은 안개를 걷어내고 마침내 승리를 얻게 되었다고 하였다. 문제는 그 다음에 있었다. 황제의 딸 발(魃)은 용모가 추했고, 대머리였다는데 그것은 그녀의 온몸에 엄청난 열기가 용광로처럼 끓어 여자다운 자태를 잃고 괴물처럼 변했다는 것이다. 그 열기로 하여 전쟁에서는 이길 수 있었으나, 열기를 너무 많이 소모한 발은 다시 하늘로 올라갈 기력을 잃고 땅에 머물러 있을 수밖에 없었다고 하였다. 그녀가 머무는 곳 한 방울의 비도 내릴 수 없어 가뭄이 있을 뿐이라고 하였다. 그래서 사람들은 그녀를 한발(旱魃)이라고 부르며 원망하게 되었다는 것이다.[142)]

5제(五帝)가 - 삼황의 뒤를 이어 세상을 다스렸다고 하였다. 소호(少昊), 전욱(顓頊), 제곡(帝嚳), 제요(帝堯), 제순(帝舜) 등이 그들이라고 하였다. 황제(黃帝)의 아들 소호 김천씨(金天氏)의 이름은 현효(玄囂)라 하였다. 그에게 봉(鳳)새가 때때로 날아들고 새로서 관직을 다스렸다고 하였다. 소호는 새의 종족(조족 · 鳥族)이라고 하였다. 춘추 말기 공자가 '세상의 오탁과 혼란에 절망해서 봉새가 날아들지 않는구나.' 하며 탄식했다는 말로 짐작해볼 때 소호 시대는 태평성대였으며 그가 새의 종족이었음을 말해준다는 설이 있다고 하였다.

두 번째 제왕인 전욱 고양씨(高陽氏)는 소호의 형의 손자라고 하였다. 제 3 제곡 고신씨(高辛氏)는 태어날 때 스스로 자기 이름을 불렀다고 하였다. 그의 자손에 제요(帝堯)를 비롯하여 은(殷)나라 시조 설(挈)이나 주(周)나라 시조 후직(后稷)이 출현한 유명 가계라고 하였다. 제 4 제요(帝堯) 도당씨(陶唐氏)는 제곡의 아들로 궁전 입구에 〈비방(誹謗)의 나무〉라는 기둥을 세워 누구라도 요의 정치에 불만 있는 사람은 이 나무 곁에 서서 탄원하도록 하고, 또 북을 달아 〈감간(敢諫)의 북〉이라 이름하고 누구나 요의 정치에 불비한 점을 발견한 사람은 그 북을 치도록 하였다는 것이다. 제요가 태양을 정벌했다는 신화가 있다. 반고가 죽은 뒤 그 두 눈이 해와 달이 되었다는 얘기도 있지만, 또 다른 얘기에는

태양 열 형제와 예(羿)- 제준(帝俊)이라고 불리운 천제와 그의 아내 희화(羲和) 사이에 10명의 형제가 태어났는데 그들 모두가 태양이었다는 것이다. 동쪽 바다 끝 희화의 나라에는 탕곡(湯谷)이

142) 『중국의 역사』 1 위의 책, pp23-29

라는 끓는 바다 계곡이 있는데 그들 10명의 형제는 그 물에서 목욕을 하고 부상(扶桑)이라는 나무에 차례대로 올라간다는 것이다. 맏형이 꼭대기 가지에 올라가 제 1의 여명을 열고 검은 새를 탄 다음 하늘을 다 건너 다시 탕곡으로 돌아오면 그것이 제 1일이 된다는 것이다. 그다음 둘째, 셋째, 차례로 그렇게 10형제가 다 하늘 건너 돌아오면 10일이 된다는 것이다. 그런데 제요가 치세하던 어느 때 장난끼가 발동한 10형제들, 한꺼번에 하늘을 건너가게 되니 땅은 곧 염열지옥으로 변하여 강물이 말라 곡식이 자랄 수 없고 사람이 먹고 마실 것이 없어지게 되었다는 것이다. 제요는 태양들의 아버지 천제 제준(天帝 帝俊)에게 호소하지 않을 수가 없었다. 제준도 놀라 활의 명수 예(羿)를 하계로 파견했다는 것이다. 예는 요의 궁중에 도착하자마자 언덕에 올라서서 열 개의 태양을 향해 활을 쏘기 시작했다는 것이다. 놀랍게도 예의 화살에 맞은 태양은 하나, 둘, 셋, 떨어지기 시작하여 아홉 번째 태양이 떨어지고 나머지 하나의 태양만 남게 되었다고 하였다. 그 덕으로 지상은 옛날처럼 살기 좋은 곳으로 변했다는 것이다. 염열(炎熱)과 배주림이 없어졌기에 요시대에는 태평이 유지될 수 있었음을 비유적으로 만든 이야기라 여겨진다. 어느 날 요제가 미행(微行)중에 백발노인이 흥에 겨워 부르는 노래를 들었다고 했다.

해 뜨면 들에 나가 일하고
해 지면 잠자리에 든다.
우물 파서 목마름을 달래고
허기증은 밭 갈아 채운다.
내 살림에 천자님은
있으나 마나 마찬가지니라.

이 노래를 「격양가(擊壤歌)」 143)라고 했다는 것이다. 노래를 듣고 요는 중얼거렸다고 했다. "진정 이러한가! 백성들 정말 스스로 즐기고 있구나. 이러하니 손 안 쓰고도 천하를 다스린다는 내 정치적 이상이 이루어졌구나!"

순임금과 상수(湘水)의 비극 – 요는 순(舜)이라는 인재를 찾아 재위 98년 만에 그에게 양위하였다는 것이다. 제순(帝舜) 유우씨(有虞氏)는 전욱(顓頊)의 6세손으로 아버지는 고수(瞽– 장님 고, 瞍–장님 수)였다 하였으니 앞 못 보아 장님이었던지 아니면 어리석고 도리 모르는 사람이었던지는 알 수 없다고 하였다. 순은 효성이 지극했다. 이복동생 상(象)은 난폭하고 마음이 나빴으나 부모는 상만을 칭찬하고 순에게만 벌을 내렸다고 하였다.

그로 미루어 보아 고수는 어리석고 도리 모르는 사람이었음이 분명해 보이고 거기다가 앞 못 보는 육체적 결함까지 곁들인 말하자면 정신적 육체적 결함을 다 지닌 사람이었을지도 모를 일이라 할 만하다. 순은 마침내 집을 나갔다고 하였다. 타향에서 들일, 고기 잡기, 그릇 만들기 등 여러 일에 종사했는데 어디 가서 무슨 일을 하든 일하는 품이 성실하기 짝이 없었고, 실패하는 일이 없었기에 동료들의 모범이 되어 그 덕을 흠모하는 사람들이 구름 같이 모여 마을을 이루고 도시를 이루었다고 하였다. 순의 나이 30세, 그의 지극한 효성과 덕으로 흠앙 받는다는 소문을 들은 제요(帝堯)는 순(舜)을 불러 그의 두 딸 아황(娥皇)과 여영(女英)을 취(娶)하게 하고 제위(帝位)를 물려주기로 마음먹었다는 것이다.

143) 격양가(擊壤歌) : 중국 당요(唐堯)때 태평시대를 즐겨 불렀다고 함. 격양이란 약 1자 3치 길이의 신짝같이 생긴 나무로 1개를 맞은편에 놓고 삼사십 보 앞에서 던져 맞히는 놀이. 또는 땅을 치며 태평을 노래하는 일이라 함

동생 상(象)은 형 순(舜)을 죽이기로 결심했다. 상은 어머니와 짜고 아버지 고수를 꾀어 형 순을 지붕 위에 올려놓고 불을 지르게 했는데, 순의 두 부인의 기지로 화를 면했다는 것이다. 상은 또 궁리 끝에 형 순을 우물 속에 들어가게 하여 우물을 치게 한 뒤 생매장시키려 했으나 또 두 부인의 기지로 겨우 빠져나와 슬그머니 집으로 온 뒤 피범벅된 옷을 갈아입고 태연히 거문고를 뜯고 있었다는 것이다. 그때 상(象)은 흥얼거리며 "이번 일은 모두 나의 공, 형의 유산, 소·양, 쌀광은 부모님께, 형이 애지중지하던 창, 방패, 거문고, 활 그리고 두 형수는 내 것."이라고 노래하며 집으로 돌아와 보니, 형 순은 태연히 거문고를 뜯고 있는지라 놀란 상이 "형님 어떻게 되었소? 얼마나 걱정했는지 아시오?"라고 말했으나 얼굴을 들지 못하고 쩔쩔 매었다고 했다.

순은 여전히 부모에게 효도하고 아우 상을 전과 다름없이 잘 보살펴 주었다는 것이다. 제요(帝堯)는 순에게 벼슬을 맡겨보니 무엇이든 틀림없이 처리해냈다고 했다. 순의 나이 60세에 천자의 자리를 물려받게 되었다고 했다. 제순(帝舜)은 인재들을 등용했다. 요 때부터 치수(治水)에 공이 큰 우(禹)를 비롯해서 농경에 직(稷)[144] 교화에 설(挈), 치안에 고도(皐陶), 전악(典樂)에 기(夔) 등을 기용하여 태평성세를 구가했다는 것이다.

향긋 불어오는 남풍
백성들의 마음 부드러이 어루만져 주고
때 맞춰 부는 바람
백성둘의 재물을 살찌운다.

144) 직(稷) : 피 또는 메기장이라는 곡식을 말하는 것으로 농사를 맡은 신을 직신이라고 하는 것으로 보아 순임금 때의 농경을 맡은 직이라는 사람이 농정을 잘 운영해 갔기 때문에 그에 연유된 말이 생긴 것이 아닐까 생각해 봄직하다

라고 노래하며 거문고 줄을 뜯고 즐겼다고 했다.

제순의 부인 아황에게는 소생이 없고 여영의 외아들 상균(商均)은 불초자(不肖子)로 춤과 노래에 빠져 있어 천하를 맡길 수 없었다고 했다. 제순의 재위 39년 남쪽으로 순행하다가 창오(蒼梧)에서 병사했다는 것이다. 남행길 따라 상수(湘水)에 도달한 두 왕비 돌연한 소식에 비탄을 못 이겨 흘린 눈물 그 옆 대나무에 떨어져 얼룩반점이 생겼다고 했다. 지금도 상수 주변에 보랏빛 반점이 있는 반죽(斑竹)이 나는데 그것은 그때 두 왕비의 눈물 흔적이라고 한다는 것이다. 두 왕비 세상 떠난 남편을 흠모하여 얼싸안고 상수 물에 몸 던져 생애를 마쳤다고 했다. 뒷사람들 상수 가에 애도의 사당을 세우고 황릉묘(黃陵廟)라고 이름 하였다. 그 뒤 아황은 상군(湘君), 여영은 상부인(湘夫人)이라고 불려지고 오랫동안 사람들 가슴을 울려왔다고 했다. 초(楚)나라 대시인 굴원(屈原)의 『구가(九歌)』 중에 「상군(湘君)」은 38행, 「상부인(湘夫人)」은 40행으로 짜여져 있다.

「상군」의 몇 행을 인용해 보면

그녀 애틋한 마음에 날 위해 한숨 짓고
눈물 줄줄 흘리며
님 그려 가슴 아프게 슬퍼하누나.
계수나무 상앗대와 목란 돛대로
얼음 깨고 눈 치우며
벽려를 물 속에서 캐고
부용을 나무 끝에서 뽑노라.

－『굴원』[145] 중

女嬋媛兮爲余太息(여선원혜위여태식)
橫流涕兮潺湲(횡류체혜잔원)
隱思君兮陫側(은사군혜비측)
桂櫂兮蘭枻(계도혜난설)
斲冰兮積雪(착빙혜적설)
采薜荔兮水中(채벽려혜수중)
搴芙蓉兮木末(건부용혜목말)

-『屈原』 中

이라는 대목이 있고 「상부인」에서는

님이 나를 부르는 소리 들리면
수레 타고 함께 가리라
물 속에 집을 짓고
연잎으로 지붕을 이리라
창포 벽에 자줏빛 조개껍질 깐 마당

-『굴원』146) 중

聞佳人兮召予(문가인혜소여)
將騰駕兮偕逝(장등가혜해서)
築室兮水中(축실혜수중)
葺之兮荷蓋(즙지혜하개)
蓀壁兮紫壇(손벽혜자단)

-『屈原』 中

---

145) 『굴원』 하정옥 편저, 서원, 단기 4334(서기 2001), p152
146) 위의 책 p160

이라는 대목이 보인다.

우(禹)- 하왕조(夏王祖)- 제순이 죽은 후 사람들의 추대를 받아 우(禹)가 천자의 자리에 오르니 그가 바로 하왕조(夏王朝)의 시조였다. 우는 9주(九洲- 중국 전토를 9구역으로 구분)를 개척, 길을 트고 둑을 쌓았으며 산이란 산은 모두 측량했다는 것이다.

우의 뛰어난 노력에 의해 개간된 광대한 영역을 우역(禹域)이라고 불렀다고 했다. 그는 처자의 울음소리를 듣고도 발걸음 멎지 않고 치수에만 열중한 나머지 살이 빠지고 등은 낙타처럼 굽어져 절름발이 걸음을 걸었는데 후에 그런 걸음걸이를 우의 발걸음 곧 우보(禹步)라고 하였다는 것이다.

그런데도 우는 "요나 순이 천자로 계실 때, 백성들은 모두 천자의 마음을 자기 마음으로 알았었다. 지금 사람들은 각기 사리사욕에 잡혀 있다. 그것은 나의 덕이 부족한 탓이다."라고 말했다는 것이다. 의적(儀狄)이라는 신하가 어느 날 물에 담근 쌀에서 향긋한 감미를 맛보았는데 전에 느끼지 못한 고상한 맛이라 했다. 그 음식이 바로 세상에 처음 출현한 술이었던 것이다. 우가 말했다. "너무 맛있구나. 이렇듯 맛이 좋아서야 후세에 이 때문에 나라 망치는 자도 있으리라." 그래 다시는 술을 입에 대지 않았으며, 의적을 꺼려했다는 것이다.

우왕(禹王)의 만년, 모산(茅山) 또는 동산(棟山)이라는 곳에서 모임을 가졌는데 그때 수만의 제후들이 갖은 옥과 패물 비단을 가져왔는데 그 공을 모여 논의하였다는 의미를 따서 산 이름을 회계산(會稽山)이라고 하였다는 것이다. 그때 우왕이 병들어 죽었는데, 일생 동안 너무 애쓴 나머지 기력이 다해 최후를 맞게 되었다고 하였다.

중국 역사에 회계산에서 일어난 일들이 많다고 했다. 전국시대에 월(越)나라 구천(句踐)은 오(吳)나라 부차(夫差)에게 포위되어 죽을 고비를 겨우 넘기고 그 뒤 매일 짐승의 쓸개를 핥으며 그 수치를 잊지 않고 신고 끝에 오나라로 쳐들어가 서호에서 놀이하던 부차를 죽게 했다는 고사가 있고, 진나라 시황제가 천하순행 중에 이 산에 석지를 세웠다고 했다. 항우는 초나라 대장 항연(項燕)의 후손이라 했는데 칼을 들고 진시황을 시해하려 했을 때 그의 숙부 항량(項梁)이 겨우 말려 사태를 진정시켰다고 했다.[147] 이 모두 회계산에서 일어난 일이라고 했다.

반고(盤古)가 1만 8천 년의 잠에서 깨어나니, 맑은 것 올라가 하늘이 되고 탁한 것 가라앉아 땅이 되었다는 중국의 천지창조설은 충분히 흥미롭고 시사하는 바가 크다. 우선 하기 쉬운, 흔히 하는 말의 창조라는 의미가 여기에는 없다. 인류의 조상 반고가 만들어진 것이 결코 아니고 다만 잠에서 깨어났을 뿐이다. 그러니까 원래부터 반고는 존재하고 있었다는 것을 암시한다. 또 원래부터 존재해 온 우주(하늘과 땅), 흐린 계란 속과 같았던 것이 맑은 것은 올라가 하늘이 되고, 흐리고 탁한 것은 가라앉아 땅이 되었다는 것이다. 반고는 각성(覺醒) 곧 깨어 정신을 차렸을 뿐 어떤 작위(作爲)나 작용의 흔적이 없는 것이다. 피조(被造)적 상념의 그림자가 깃들지 않았다. 반고의 깊은 잠을 제3의 어떤 존재가 깨운 것도 아니다. 반고의 깨어남은 오직 반고 자신의 자성(自醒)일 뿐인 것이다. 오히려 반고의 그 자성이 하늘과 땅이 전개되어가게 만들었

---

147) 『중국의 역사』 3 증선지 저, 김광주 역, p40 下

다고 해야 할 것이다. 따져 말한다면 흔히 하는 말, 창조란 애초부터 타당한 말이 아닌 것이다. 원래 있었던 것이 다른 형태로 변화 전개되는 것이라 해야 할 것이다. 그 변화 전개의 중심에 인류의 조상 반고가 있는 것이라 할 것이다. 하루 한 자씩 자라는 반고의 키와 힘에 의하여 하늘과 땅이 점점 멀어지고 거기에 생긴 공간에 인류가 살게 된 것이라면 중국의 천지개벽은 지극히 인간적이며 인간중심적이다. 반고는 끊임없이 눈물 흘린다. 그것이 천만갈래의 강물로 흐른다. 바람은 그의 숨결, 천둥은 그의 목소리, 눈을 번득이면 번개가 인다. 그가 웃으면 하늘 개이고, 노할 땐 구름 덮여 흐리다는 것이다. 이보다 크고 완벽한 정감적 삶이 따로 있겠는가? 반고 그는 바로 삼라만상이고, 삼라만상의 변화 그것은 바로 반고의 삶의 모습이었던 것이다. 그 어떤 신(神)이라 할지라도 이에 미칠 수는 없는 것이다. 그가 죽어 숨결은 풍운(風雲)으로 흐르고, 그의 소리는 뇌성이 되어 때로 하늘과 땅을 놀라게 할 수 있었으며, 눈동자는 해와 달이 되었다고 했다. 그의 사지와 몸뚱이는 산이 되어 솟고, 피는 강이 되어 흐르며, 혈관은 길이 되어 뚫리고, 그의 살은 부스러져 논과 밭이 되어 생명을 이어갈 수 있는 터전이 되었다고 했다. 이 신화에 따른다면 반고는 죽은 것이 아니라 몸을 갈라 하늘 땅 모든 형체(形體)로 변전(變轉)된 것이다. 그것도 부분 부분들이 따로 흩어져 분산된 형태(形態)가 아니라 유기적(有機的)인 관계를 완벽하게 갖춘 또 다른 인격체로 바뀐 것이다. 반고의 신화는 해와 달 지구를 아우르는 소우주적 세계(世界-세계란 원래 시간과 공간이 묘하게 어울어져 변전되는 것을 말한다)성립의 이야기인 것이다. 이런 점들을 상고(想考)해 볼 때 반고의 신화는 충분히 흥미롭고 시사하는 바가 크다 할 것이다. 초극의 어떤 원리를 보여주는 것은 아니지만, 중국다운 대륙적 발상으로 지상 어디에도 이에 견줄 만한 신화는 찾기 어려울 것 같다.

여화(女媧)의 인간 창조설도 흥미롭다. 흙과 흙탕, 새끼줄로 인간을 만들었다는 것. 소박하고 간단하다. 여화의 단순노동의 결과로 빚어진 것이 인간이라는 것이다. 인간의 길흉화복 부귀빈천은 오로지 여화의 정신상태와 정성을 얼마나 치밀하게 알뜰히 쏟아 붓느냐에 달려 있을 뿐인 것이다. 그러니 인간은 오로지 여화에게 빌고 빌어 보다 안락하고 고귀한 그리고 부유한 삶을 점지해 달라고 빌어야 할 수밖에 없는 노릇이 아니겠는가? 여화를 뒷사람들은 고매(高禖)라고 불러 잉태의 신으로 모셨다는 것이다. 이런 점 우리나라의 삼신(三神)할머니 신앙과 상통하는 것이고, 여화의 보천전설(補天傳說)은 중국의 지리적 형상에 맞추어 이루어진 이야기라고 보여진다.

뱀의 몸을 가졌다는 복희씨와 여화, 소의 머리였다는 염제신농씨의 신화에서 중국에서는 일찍부터 사람이란 동물에서 분화되어 나온 존재임을 인지하고 있었다고 보여진다. 신농씨의 딸 요희(瑤姬)에 얽힌 전설에서 선사시대에 이미 남녀 간의 애절한 사랑 얘기가 중국 역사를 관류할 기미를 예시하는 것 같은 느낌을 받는다. 황제(黃帝) 때 있었다는 풍우와 한발(旱魃)에 관한 이야기는 순수 자연조건에 의한 현상을 이야기로 꾸민 것이라고 말할 수 있겠으나 요즘 지구 처처에 일어나고 있는 갖은 재난들은 욕망의 불길에 휩싸여가는 인류가 저질러 인위적으로 일으키는 것이라 생각한다면 한가히 신화 · 전설을 읽고 즐길 수만은 없는 심각한 문제라고 여기지 않을 수 없을 것이다.

삼황의 처음 출현자 복희씨가 늪에서 나왔다는 대목에서 생명체의 시조는 물에서 시작되었음을 시사하는 것이 아닐까 생각해 보게 된다. 물(바다)에서 강으로 강에서 늪으로, 늪이란 물에서 뭍으로 오르는 최종의 길목이라 할 것이다. 따라서 복희씨를 비롯한 삼황의 시대는 생명체 출현의 시발을 알리는 시기라고 보아진다. 그 다음 삼황의 마지막인 황제의 아들 소호 김천씨(少昊 金天氏)가 5제의 처음 출현자로 나타나게 된 것이라고 하였다. 소호는 새의 종족으로 하늘에서 하강했다고 말한다. 이는 삼황시대를 거쳐 인류가 물의 세계에서 뭍의 세계로 올라와 삶의 터전을 열게 된 뒤에 5제의 시대에 새의 종족이 하늘에서 내려 인류를 다스리게 되었다는, 상승과 하강의 조화를 보여 인간 역사가 열려왔음을 말하는 것이라고 생각된다. 물과 뭍 중간에 누워 있는 늪, 멎어버린 시간 아래 질편히 누워있는 늪 그것은 새로운 생명을 탄생시킬 진지한 명상(冥想)의 터전이라 할 만하다. 욕구와 욕망의 불길 마구 일으켜 개발(開發)이란 허울 좋은 명목으로 마구 늪을 묻어버리는 인간들의 몹쓸 행위는 지극히 삼가야 할 일이라고 생각된다.

뱀– 뱀은 강하고 질긴 생명력의 상징이다. 필자가 젊은 시절 선후배 두 사람의 권유로 같이 산 밑 외딴 재실에서 공부를 한답시고 머문 적 있었는데, 재실 안채에 살았던 주인집 손자가 허약하다고 하여 보신삼아 먹이려고 살모사 한 마리를 잡아 머릴 자르고 껍질과 내장을 제거한 뒤 탱자나무에 매달아 두었던 것이다. 사흘 뒤 궁금증에 못이긴 어떤 사람이 꼬챙이로 빨갛게 벗겨진 그 뱀을 건드려 보았는데 그때 "나 아직 죽지 않았어." 하는 듯이 뱀이 꿈틀하자, 그 사람 기겁(氣怯) 초풍, 꼬챙이 떨구며 달아나는 현상을 본 적 있었다. 필자가 어렸던 시절 우리 뒷집 할머니가 어느 더운 여름날 자기 집에 큰 뱀이 나왔는데, 그 할머니 부엌에 들어가서 칼과 도마를 가져 나오더니 도마 위에 억지로 뱀을 기어오르게 하여 부엌칼로 토막토막 몇 토막을 내었는지 잘 모르지만 도마 위에 마당에 뱀 토막들 죽지 않겠노라고 한사코 꿈틀거리던 모양새라니 지금도 눈에 선하다. 왜 그랬을까? 그 할머니 그 도마 위에 그 칼로 김치 썰어 먹었는지는 알 수 없지만 뱀은 사탄의 후예라는 것이었다. 그래서 뱀을 토막 내어 죽였다는 것이다. 그 할머니 최면에 걸려도 엄청난 최면에 걸린 건 아니었을까?

사탄- 사탄(Satan)은 굳세고 끈질긴 악의 상징이다. 구약성서 창세기에 에덴동산 이야기가 나온다. 사탄의 꾀임으로 아담과 이브가 금기의 선악과를 따 먹고 동산에서 추방되었다는 것이다. 성경에는 이미 절대적 개념으로 선과 악을 갈라놓고 있다. 선을 행하고 악을 행하지 말며 하나님을 믿으라는 것이다. 틀린 말 같지 않아 보인다. 하지만 선과 악을 구별하는 절대적 규범이나 규정이 있겠는가? 여기의 선이 저기의 악으로, 저기의 선이 여기의 악으로 규정될 소지는 충분히 있다고 보아진다. 그렇다면 선과 악을 따로 세워놓고 선 쪽으로 오라고 하는 정도의 규범이나 법칙 같은 것은 절대적 진리라 하기에는 수긍하기 어려운 점이 많다고 할 것이다. 선악과가 열리는 나무를 에덴동산에 심어둔 것은 상당한 의도성이 있다. 말하자면 인간을 한 쪽으로 몰아가려는 철저한 계산이 밑에 깔려 있지 않았을까 하는 의구심을 떨쳐낼 수가 없다는 것이다. 그러한 판국에 불행히도 뱀의 몸을 나툰 사탄이 설정되었다는 것이다. 이런 점 구약성서의 뱀 곧 사탄과 중국신화에 등장하는 뱀의 몸을 가졌다는 복희씨와의 비교는 너무나 다른 이미지를 부각시키고 있다고 보아진다. 이러한 현격한 신화 상에 나타난 차이는 앞으로 언젠가는 중국과 서구가 어떤 타협할 수 없는 불합치를 예시(預示)하는 면이 있지 않을까 하는 생각이 든다. 중국의 뱀은 생명의 시원(始源)으로서의 없지 못할, 지극히 당연한 긍정적 이미지로 다가오는 반면 서구의 뱀은 대 악마로서의 지극히 부정적인, 있어서는 안되는 힘의 이미지로 부각되고 있기 때문이다.

돌아나오는 입구에서 글벗들의 관심을 제일 많이 끄는 것은 왕휘지(王徽之) 구양순(歐陽詢) 안진경(顔眞卿) 조맹부(趙孟頫) 등의 명필 서적들이었다.

비림 전시관에 전시된 수천의 전시물 중에 특히 필자의 눈길을 끄는 그림 작품 셋이 있었다. 그것은 한재(韓宰)가 그린 〈관제시죽도(關帝詩竹圖)〉와 청나라 때 봉전(鳳顚)이 그린 〈달마면벽도(達摩面壁圖)〉 〈달마도강도(達摩渡江圖)〉였다.

3. 관제시죽도關帝詩竹圖

관제는 삼국지연의(三國志演義)에 등장하는 촉나라 무장 관우(關羽)를 높여서 부르는 명칭이고 시죽은 그가 전쟁에 패하여 간웅 조조(曹操)에게 볼모로 잡혀있을 때 그의 형이자 촉나라 황제였던 유비(劉備)에 대한 충성심에 찬 정의(情誼)를 시로 표현한 것인데, 그 시가 글로 쓰여진 것이 아니라, 대나무 그림으로 표현된 것이다. 다시 말해 얼핏 보면 대나무그림인데 자세히 분석해 보면 대나무 잎잎이 모두 모여 시어가 되어있는 것이다. 물론 유비가 촉나라 황제가 된 것은 그 뒤의 일이고 당시에는 유비가 원소에게 의탁해 있었던 시기였다. 그러니까 유비·관우·장비 세 의형제가 모두 뿔뿔이 흩어져 있던 시기의 관우에 관한 역사적 산물로서의 대나무 그림시가 〈관제시죽도〉인 것이다. 그 내용을 잠깐 살펴보면

불사동군의(不謝東君意)로 시작되는 충성시를 대 잎으로 그린 관제시죽도(關帝詩竹圖)

不謝東君意(불사동군의)　　丹靑獨立名(단청독립명)

莫嫌孤葉淡(막염고엽담)　　終久不凋零(종구불조영)

임금의 뜻 저버리지 않나니
홀로 그 이름 아름답게 새기고
외로운 잎 맑게 가짐 싫어하지 않나니
(그 마음) 결코 시들어 떨어지지 않으리.[148](필자역)

동군(東君)은 동쪽에 솟아오르는 임금 곧 해를 말하는 것으로 여기는 볼모로 잡혀 있는 관운장(관우)의 마음에서 떠나지 않는 유비를 가리키는 것이다. 단청(丹靑)은 대궐이나 사찰 같은 건물을 보전하고 아름답게 그림으로 채색하는 것을 말하는 것이다. 여기서는 유비를 떠나 있어 외로웁고 그리운 마음을 퇴색 되지 않게 더 아로새김을 뜻하는 것이라 할 것 같다.

관우(關羽) (서기 ?~219)는 자를 운장(雲長)이라 하였는데 후한 말 하동군 해현(河東郡 解縣)마을(지금의 산서성 운성현- 山西省 運城縣) 사람인데 키가 9척(九尺)에다 기름한 얼굴은 대춧빛, 입술은 연지를 칠한 듯 붉었고 봉의 눈에 삼각 수염은 두 자 길이나 되었다고 했다. 봉의 눈 위엔 날선 긴 눈썹이 뻗혀 있고 그 목소리는 쇠북을 울리는 것 같이 우렁찼다고 했다. 그는 공맹학(孔孟學)에 능통하였고 무예 또한 뛰어났다고 하였다. 평소에 백학선(白鶴扇)을 들고 수레를 타고 다녔는데, 그 모습 하늘사람이 내린 듯 하여 사람들이 "하동선인(河東仙人)"이라 불렀다고 했다. 어느 날

---

148) 비림 제4실 서쪽에 있는 비각 '관제시죽'의 내용
「섬서명비각명흔상」, 서안지도출판사, 무천합(武天合) 편저, 서기 1999, p108

관우는 말 달려 탁현(涿縣)으로 가는 벌판에서 큰 싸움을 구경하게 되었는데. 그 싸움, 한 사람이 오십여 명을 상대로 하여 벌인 싸움이라 했다. 그런데 그 한 사람이 닥치는 대로 달려드는 무리를 공중높이 집어 던지기도 하고. 다리를 잡아 비틀어 족치기도 하여 땅바닥에 내동댕이쳐 즉사시키기도 하여 삽시간에 삼십여 명이 죽어가자 나머지 무리들이 줄행랑쳐 달아났다는 것이다. 죽거나 달아난 그 무리는 황건적들이었고 무리를 상대하여 싸운 한 사람은 장비(張飛)149)라 하였다. 장비는 원래 무반(武班)이었는데 황건적의 행패로 부하들이 다 달아나고 홀로 남아 황건적에 대한 원한의 마음을 불사르며 멧돼지 사냥을 하면서 세월을 보내고 있었다고 했다. 그런 중에 황건적들이 들이닥쳐 돈을 요구하였기에 싸움이 붙어 피바람이 불게 되었다는 것이다. 통쾌한 싸움판을 구경하고 섰던 관우가 장비를 만나 통성명 한 뒤 주막에 들러 술을 마시는데 장비의 주량이 밑 빠진 독이라 했다. 두 사람 의기투합하여 설왕설래하면서 해를 넘기고 유비를 만나러 가기로 약속하였다는 것이다.

도원결의(桃園結義)- 유비(劉備)(서기 161-223)는 자를 현덕(玄德)이라 했는데, 전한 제6대 황제인 경제(景帝)의 먼 후손이라 했다. 어느 날 현덕의 어머니가 "비야 내가 어젯밤에 이상한 꿈을 꾸었는데, 오늘 너한테 좋은 일이 있을지도 모르겠구나." "어머니 무슨 꿈을 꾸셨는데 그러십니까?" "네가 친구 두 사람과 함께 용을 타고 하늘로 날아가는 꿈을 꾸었다. 그때 하늘에는 오색구름이 영롱했고, 땅 위에서는 수십만 대중이 너를 우러러보며 박수갈채를 보내고 있었다. 암만 생각해도 그것은 예사 꿈이 아닌 것 같구나."

149) 장비(서기 ?~221) 자 익덕(益德) 그는 털복숭이 같이 호랑이 수염을 하고 잠을 잘 때도 큰 눈을 뚱그렇게 뜨고 잔다고 했다

그날 관우와 장비가 찾아와 결의 형제를 맺기로 약속했다는 것이다. 현덕의 집은 가난한 초가집에다 돗자리를 짜며 생계를 이어가고 있었는데 그 마당에 밑둥이 아름드리 되는 뽕나무가 있어 그 뽕나무가 마치 천자의 거개(車蓋)[150]와 같이 생겼다고 했다. 그래서 유비가 사는 작은 마을을 누상촌(樓桑村) 곧 누각처럼 생긴 뽕나무가 있는 촌락이라 했다는 것이다.

빨갛게 피어오른 복숭아꽃 봄자랑에 겨워 하늘거리는 산비탈 과수원, 유비의 어머니가 밤새워 마련해둔 제상에는 오우(烏牛- 검은소), 백마(白馬)[151]를 비롯하여 갖은 제물이 진설되었는데, 유비·관우·장비는 의형제로서의 결의를 천신에게 빌었다고 했다. 그 제문에 "세 사람이 형제의 의를 맺어 동심 협력 곤란한 것을 구해주고, 위태로운 것을 붙들어주며, 위로 국가에 보답하고 아래로 백성들을 편안케 하되, 동년 동월 동일에 같이 죽기를 원하오니 황천후토(皇天后土)는 굽어 살피사 의리를 배반하고 은혜를 잊거든 하늘과 사람이 함께 죽여주소서."라고 관우가 그 결의의 내용을 적었다고 했다. 원래 관우가 연상이었으나 황손인 유비가 장형, 관우가 중형, 장비가 막내가 되었다고 했다.[152]

관운장과 청룡언월도(青龍偃月刀)- 유비·관우·장비는 탁현 일대에서 5백명의 군사를 얻는 성과를 거두었으나, 같이 먹고 살아갈 양식과 무기를 구할 방책이 묘연하여 전전긍긍하던 차, 우연히

150) 거개(車蓋) : 일산(日傘), 마차 위에 햇빛을 가리는 양산을 말하는데 황제의 것은 황금색, 왕과 황태자의 것은 붉은색, 왕세자의 것은 검은색이었다고 한다『대한한사전』P849

151) 오우 백마 : 검은 소는 소 중에 귀한 것이고. 백마는 말 중에 귀한 것

152)『삼국지』나관중, 정비석 역, P129

말 오십여 필 몰고 가는 두 사람을 만나 관우가 그들을 설득시켰던 바 말 오십여 필은 물론 금은 오백 냥과 빈철(鑌鐵- 강철의 일종으로 눈꽃이 찬연한 금속. 예리한 무기를 만드는 것이라 함) 일천 근, 짐승가죽 직물 백 필도 흔쾌히 주면서 요긴하게 쓰라는 말을 했다는 것이다. 그 두 사람은 거상 장세평(張世平)과 소쌍(蘇雙)이라 했다.

관운장(關雲長) (출처 : 살아있는 한자 교과서)

삼 형제는 용기백배하여 무기를 만들었는데 유비는 쌍고검(雙股劍- 칼등이 두 부분으로 휘어진 넓적한 칼?) 관우는 무게가 80근이나 되는 청룡언월도(靑龍偃月刀)153) 장비는 장팔사모(丈八蛇

153) 청룡언월도(靑龍偃月刀) : 관운장이 썼다는 무기. 80근이 나가는 중무기. 언월도란 칼날이 위가 넓고 끝이 빨며 칼등이 위로 젖혀져서 초생달 모양을 한 무기.

矛)[154]를 만들어 가지고 유주(幽州) 탁현(涿縣) 대흥산(大興山) 속에 운집해 있는 황건적 오만 명을 치기 위하여 태수 유언과 의논한 끝에, 거느린 오백 명을 이끌고 토벌길에 올랐다고 했다. 장비가 황건적 부장 등무(鄧茂)의 가슴을 찔러 죽게 하니, 노하여 쌍검을 휘두르며 달려나오는 황건적 대장 정원지(程遠志)의 목을 관운장이 청룡언월도로 단칼에 잘라버렸다고 했다. 그것이 유·관·장 3형제가 황건적을 토벌한 최초의 전과라 했다.

관운장의 활약– 동탁(董卓) (서기 ?~192)이 득세하여 헌제(獻帝 – 후한 13대 황제)를 옹립하고 국가 권력을 장악하여 전횡을 휘두르자 원소(袁紹) (서기 ?~202)를 총대장 조조(曹操) (서기 155~220)를 참모로 하여 18개 주군(州郡)의 태수들이 한데 뭉쳐 후한의 서울 낙양을 공격해 올 태세를 갖추고 있을 때라 했다.

동탁의 옆에 시립하고 섰던 여포(呂布)가, "저에게 조조(曹操) (서기 155~220), 원소(袁紹) (서기 ?~202), 손견(孫堅) (서기 156~192) 같은 자들은 초개(草芥– 풀잎이나 짚검불)로 밖에 보이지 않습니다. 저에게 군사 수 천 명만 주시면 역도들의 머리를 모

삼재도회에 안사도무여위자지묘(三才圖會 按使刀無如诿子之妙) 연기도법유수(然其刀法有數), 예고이능식파자(藝高而能識破者), 어지무난(禦之無難), 유관왕언월도(惟關王偃月刀), 도세기대(刀勢旣大), 기삼십육도법(其三十六刀法), 병장우지무불굴자(兵仗遇之無不屈者), 도류중이차위제일(刀類中以此爲第一), 마상도요장(馬上刀要長), 수전과마수후과마미방선(須前過馬首後過馬眉方善). 『삼재도회』에 칼을 씀에 있어 멀리 휘두르는 묘미를 가진 것은 그만한 것이 없다. 그 칼 사용법이 여럿 있는데 (도법을) 잘 연마하여 터득한 자는 방어에 어려움이 없다. 유독 관운장의 언월도는 그 칼의 모양새가 매우 크다. 그 36가지 도법이 있는데 병장기를 만나서 굴복시키지 못할 것이 없다. 칼 종류 중에 이래서 제일이 된 것이다. 말 위에서는 칼이 길어야 할 필요가 있는데, 모름지기(길어서) 말머리보다 지나고 말 꼬리보다 지나는 것이 좋다.(필자 역) 『고사성어사전』 p628

154) 장팔사모(丈八蛇矛) : 장팔은 18자, 사모는 뱀처럼 끄불꼬불한 창 『삼국지』 1 정비석 역, pp134~139

조리 베어 오겠습니다." 동탁, "여포가 내게 있는 한 무슨 걱정 있으리오." 그때 화웅(華雄)이 나서며 "여포 장군님, 닭 잡는데 소 잡는 칼을 쓸 필요가 없지요. 소장이 역도들의 머리를 죄다 베어 오겠습니다." 화웅은 9척 키에 위풍당당한 용장이라 했다.
포충(鮑忠)이라는 장수가 화웅에게 달려들어 싸움을 걸었는데, 싸움이 채 벌어지는가 싶기도 전에 포충의 머리가 달아났다고 했다.

손견(孫堅) (서기 156~192)은- 17세 때 전당항(錢唐港)에 갔다가 해적들이 양민을 약탈해 노략질 하는 걸 보고 혼자 그 해적들 속으로 들어가 단칼에 해적 두목의 목을 잘라버리고 그들이 빼앗아가려던 재물을 거두어 양민들에게 되돌려 준 용장이라 했다. 그 손견이 20만 대군을 이끌고 낙양을 향하여 진군을 시작했다는 것이다. 손견 밑에는 4명의 명장이 있었는데 철척사모(鐵脊蛇矛)를 잘 쓰는 정보(程普), 철편(鐵鞭- 쇠 채찍)을 잘 쓰는 황개(黃蓋), 대도(大刀)를 잘 쓰는 한당(韓當), 쌍도(雙刀)를 잘 쓰는 조무(祖武)가 그들이라 했다. 그런데 손견의 위세가 커지는 것을 달갑지 않게 생각한 원술(서기 ?-199)이 손견에게 군량미를 보내지 않아 굶주리고 있는 손견의 진지 뒤쪽으로 동탁의 부하 이숙이 몰래 침투하여 불을 지르고 화웅이 쳐들어와 손견과 싸움을 벌였다. 사세 불리함을 파악한 손견은 후퇴를 할 수 밖에 없었는데 화웅의 군사들이 손견의 붉은 투구를 향해 빗발 같이 화살을 퍼부어 오기 때문에 손견은 부득이 투구를 말뚝 위에 얹어 놓고 도망치는 수 밖에 별 대책이 없었다고 했다. 까마귀 떼처럼 몰려오는 적진 속에서 조무가 화웅을 발견하고 달려 나와 외쳤다고 했다. "이 역적의 졸개야. 내 칼 받아라!" 화웅이 성난 호랑이처럼 달려 나오며 "이놈은 여태 목숨을 부지하고 있었구나!" 하는 소리와 함께 칼빛 번쩍, 그만 조무의 목이 떨어졌다는 것이다.

손견의 투구를 창 끝에 꿰어들고 화웅이 원소의 진지 앞으로 달려와 싸움을 재촉하고 있을 때라 했다. 원소가 "누가 나가서 화웅의 목을 베어 오겠소?" 하니 효장(驍將- 사납고 날쌘 장수) 유섭(兪涉)이 "소장이 나가 싸우겠습니다."라고 하니 원소가 기뻐하고 얼어붙었던 진지의 분위기가 조금 누그러졌다는 것이다. 그런가 하였더니 얼마 되지 않아 유섭이 화웅의 칼에 목이 잘렸다는 비보가 날아들었다고 했다. 기주 자사 한복이 그의 상장(上將) 반봉(潘鳳)을 내보내어 화웅의 머리를 베어오게 했는데 그 또한 제대로 싸워보지도 못하고 화웅에게 목이 달아났다는 것이다. 원소가 한탄하며 "내 상장 안량(顔良)과 문추(文醜)를 데려왔다면 화웅 따위는 문제가 아닐텐데"라고 했다는 것이다. 그때 "소장이 화웅의 머리를 베어 장하(帳下- 장막 아래)에 바치오리다." 하는 그 목소리 쇠북 울리듯 하는 바 있어 모두 돌아보니, 키가 9척에 봉의 눈을 뜨고 두 자 수염을 늘이고 얼굴은 대추빛으로 붉은 장수였다고 했다. 원소가 물었다. "저 사람이 누군고?" 공손찬(公孫瓚) (서기 ?-199)이 "유현덕의 의형제 관우입니다." "벼슬이 무엇이오?" "유비 밑에서 마궁수(馬弓手- 말 타고 활 쏘는 사람)로 있는 사람입니다." 원소가 크게 꾸짖었다. "우리에게 아무리 장수가 없기로 네가 누구를 업신여기느냐? 한낱 궁수 따위가 어디라고 함부로 입을 놀리는고! 당장 밖으로 내쫓아라!" 그러자 조조가 "맹주는 너무 노여워 마십시오. 일단 한 번 싸워보게 하십시다. 꾸짖는 것은 나중에 해도 늦지 않을 것입니다." "일개 궁수를 내보냈다가 적에게 웃음거리가 되면 어찌할 것이오?" "저 사람 비록 궁수이지만 생김새가 호걸풍인데 어찌 적장이 궁수인 줄 알아보겠습니까?" 그리하여 조조가 친히 관우에게 술 한 잔 따라주었다고 했다. 관우 "이 술잔, 화웅의 머리를 베어가지고 와서 마시겠습니다." 말 마치기 무섭게 청룡언월도를 들고 말달려 나갔는데, 잠시 후 진중에 아우성소리 북소리 요란스레 어울려 터졌기에 제후들 깜짝 놀라 바라보니 관우가 화웅의 머리를 들고 들어섰다는 것이다. "과연 저것이 화웅의 머리더냐?" "오오, 화웅의 머리가 분명하오." 관우가 조조 앞으로 걸어나가 "그럼 이제 술잔을 들겠습니다." 조조 "수고하셨소. 한 잔 더 드시오." 관우 "아니올시다. 어찌 저 혼자 오늘의 승리에 도취하오리까." 그때 "아직 도취하기에는 때가 이르오. 이번에는 제가 동탁을 생으로 잡아다가 제후들 앞에 바치리다." 하는 말 있어, 모두들 돌아보니 그 사람 열여덟 자나 되는 사모(蛇矛)를 손에 들고 있는 장비였다. 원소의 아우 원술이 장비의 그 말을 매우 못마땅하게 여겼다는 것이다.

화웅의 전사 소식을 접한 낙양의 승상부가 크게 당황했다는 것이다. 동탁 "낙양에는 원소의 작은아비 원외가 있지 않은가?" "네, 태부(太傅)[155] 벼슬을 지내고 있습니다." "참으로 위험한 일이로다. 만약 그자가 원소와 내응하면 큰 일 아닌가?" 그리하여 이유는 즉시 원외와 그 가족들을 모두 죽였다고 했다.

호뢰관(虎牢關) 전투- 동탁은 이유, 여포, 번주(樊綢), 장제(蔣濟) 등의 장수들과 15만의 병력을 거느리고 낙양에서 50리쯤 떨어진 호뢰관(虎牢關)에 진을 쳤는데, 여포는 3만 명으로 성문 밖을 지키게 하고 동탁은 12만 명으로 성안을 지켰다고 했다.

원소는 왕광, 교모, 포신, 원유, 공융, 장양, 도겸, 공손찬 등을

155) 태부 : 주나라 때 관명, 3공(三公)의 하나. 태사(太師), 태부(太傅), 태보(太保)를 두었다 함. 『고사성어사전』 p1093

이끌고 호뢰관을 공격하기 위해 출정하고 조조를 유군(遊軍- 遊擊軍- 게릴라군)으로 남겨두었다고 했다. 중앙군을 이끈 왕광이 호뢰관에 당도했을 때 여포가 철기(鐵騎) 3천을 거느리고 나와 길을 막았다고 했다. 『삼국지』에 등장하는 장수들 중에 여포처럼 요란하고 화려한 치장을 한 사람은 없었을 것 같다. 여포는 갑옷을 겹쳐 입었다고 했는데 그 갑옷들엔 보석 고리가 달렸고 붉은 비단으로 만든 백화전포(百花戰袍)를 입었다고 했는데 백화전포란 이름 그대로 온갖 꽃 모양으로 장식하여 꾸민 전포 곧 전쟁터에서 입는 붉은 두루마기인 것이다. 자극적이고 요란한 분위기를 연출한 것이라 할 것이다. 머리에는 삼차속발(三叉束髮)의 자줏빛 금관을 썼고, 등에는 사자(獅子)가죽으로 만든 화살통을 둘러메고, 손에는 방천화극(方天畵戟)을 잡고 있었다고 했다. 삼차속발이란 세 갈래로 꼬아 묶은 머리칼일 것이니 그것이 자기 머리칼로 꼬아 만든 것인지 머리칼 모양의 어떤 조형물인지는 알 수 없으나 그 모양새도 쉽게 볼 수 있는 것은 아닐 것 같다. 조조도 황금 투구를 썼다고 했지만 황금 투구도 흔한 것은 아닐 것 같고, 그 황금 투구가 자줏빛이라 했으니 여포의 신발 빛은 어떤 것이었는지는 모를 일이겠으나 여포는 멀리서 보아도 온통 붉은빛으로 타오르는 불꽃같은 이미지를 풍겼을 것 같다. 그의 화살통은 사자 가죽으로 만들었다 했으니 소나 말 가죽 정도가 아니고 그보다 귀하다고 할 호랑이 가죽도 아닌 사자 가죽으로 만든 것이라 했다. 방천화극은 어떻게 생긴 창인지는 잘 모르겠으나 '방천화'라는 이름의 그림을 그린 창일 것 같은데 창에다 그림을 그린 것도 흔한 것은 아닐 것 같다. 그가 탄 말은 적토마(赤兎馬)라는 이름의 명마였다는데 한번 뛰면 그 말 천리를 달린다고 했다. 중국 천하의 명마 중에서도 으뜸으로 치는 다시 없는 명마라 했다. 타오르는 불꽃같은 치장을 요란스레 하고 적토마를 타고 바람 가르며 내달리는 명장 여포의 시각적 위세는 감히 그 누구도 따를 수 없었을 것 같다.

원소 측 대장 왕광의 부하 맹장 방열(方悅)이 여포의 군에 육박하니 여포가 달려 나와 싸움이 벌어졌는데 미처 오 합을 버티지 못하고 방열의 머리가 달아났다고 했다. 왕광이 달려 나가 여포와 싸웠으나 십여 합 쯤 되자 힘이 빠져 원유, 교모 등의 응원으로 겨우 죽음을 면했다는 것이다. 이튿날 장양의 부장 목순(穆順)이 달려나가 여포를 맞아 싸웠는데 그는 창을 매우 잘 쓰는 장수로 이름 높았으나 두 번을 못 싸워보고 머리가 땅에 떨어졌다고 했다. 공융의 부장 무안국(武安國)이 달려 나갔으나 그 역시 여포 앞에서는 어른에게 달겨 드는 어린애 같았다고 했다.

조조가 말했다. “여포는 백년에 한 번 나올까 말까한 맹장이요. 그자와 일대 일로 싸워 이길 자는 어디에도 없을 것이오. 모든 장수들이 한꺼번에 집중공격을 하여 그자가 지쳤을 때 사로잡아야 할 것이오. 여포만 잡으면 동탁을 죽이는 건 문제가 아니오.” 그 말 끝에 제후들이 일제히 달려 나간 선봉에서 공손찬이 창을 휘두르며 여포와 싸웠으나 패주했는데, 여포가 적토마를 달려 바람처럼 다가와 공손찬의 목을 칠려는 찰나 “이놈, 여포야 연인(燕人) 장비의 장팔사모를 받아라!” 하고 달려 나가니 그때는 여포도 찔끔하더니 장비를 향해 공격해 왔다고 했다. 두 장수가 싸우기를 삼십 합이 넘고 오십 합이 되어도 용호상박(龍虎相搏)의 그 전세는 지칠 줄 모르고 이어져 모·극(矛·戟)이 번개같이 허공을 난도질하며 맞부딪는 소리 수십만 군사들의 귀를 멀게 하고 한량없이 많은 간담을 빼어가고 있었다고 했다. 그 광경 바라보고 있던 관운장이

80근 청룡언월도(青龍偃月刀)를 번쩍 높여들고 화살같이 내달려 들었다고 했다. 여포를 상대하여 관우, 장비가 연합하여 달려드니 말들이 좌충우돌 뒤엉켰다 떨어졌다 하는데, 달리는 말 소나기로 짓밟아 소용돌이치니 말굽 아래 갈기갈기 찢어지며 넋 잃은 허공이 뿌우옇게 떠올랐다고 했다. 그렇게 삼십여 합 창칼 부딪쳐 싸워도 여포를 이기지 못함을 보자 유비마저 마음조림을 이기지 못하고 쌍고검 번쩍이며 말 달려 나왔다는 것이다. 싸우는 모습, 자욱한 먼지 구름 위에 우뚝우뚝 솟아오른 산봉우리들이 사정없이 내부딪치며 와락 밀어드는가 싶더니 무너질 듯 물러나기도 하며 창검소리 번개를 일으키고 우레 같은 고함소리 산천을 무너뜨릴 듯 했다는 것이다. 얼마나 더 싸웠을까 천하 명장 여포도 그만 지쳐 말머리 돌리고 패주해 달아나자 이제는 구름처럼 군사들 소리 높이 달려 나왔다는 것이다. 결국 무승부로 끝을 맺은 그 때 그 날의 전투를 훗날 '호뢰관의 삼전(虎牢關의 三戰)'이라고 불렀다는 것이다.

'호뢰관의 제1전'은 여포(呂布)와 장비(張飛)의 싸움이었다. 붉은 투구에다 붉은 전포를 휘날리며 대륙 제일의 준마였던 적토마(赤兎馬)를 타고 바람같이 내닫는 여포와 호랑이 수염이 밤송이처럼 뻗쳐있고 중발 같은 눈을 부릅뜨고 달려드는 장비, 그는 일찍이, 무리지어 쳐 들어오는 50여 명의 황건적들을 맨주먹으로 치고 던지고 내동댕이치며 삽시간에 30여 명을 죽여 눕혔던 명장이 아니었던가. 두 장수의 무기 방천화극(方天畫戟)과 18자 길이의 장팔사모(丈八蛇矛)가, 토해내는 큰 소리와 함께 맞부딪칠 때 날카롭게 울려 퍼지는 소리와 튀어 번쩍이는 번개를 바라보던 수십만의 간

담들이 모두 콩알만큼 오그라들지 않았을까? 성난 파도처럼 그렇게 싸우기를 50여 합, 전세가 어느 쪽으로도 기울지 않자 우두커니 서서 바라보고만 있을 수 없었던 장수는 당연히 관운장이었을 것이다. 청룡언월도(靑龍偃月刀), 그 장중(莊重)하고 위엄 있는 무기는 감히 어느 것도 비교해 올 수 없었을 것으로 짐작 되는데, 9자 키에 봉의 눈을 뜨고 두 자의 긴 수염을 바람에 맡기며 청룡언월도 비껴 들고 말달려 나온 관운장의 위용(威容)은 그 누구도 흉내내지 못했을 것이다. 관운장이 장비와 함께 여포를 상대하여 벌인 한 판의 싸움을 '호뢰관의 제2전'이라 해야 할 것 같다. 진퇴를 거듭하는 싸움에 승패의 결말이 나지 않고 끊임없이 이어지자 이번에는 현덕 유비(劉備)가 쌍고검을 휘두르며 내달아 나왔다고 했다. 현덕은 용장(勇將)은 아니고 지장(智將)도 못되었으나 원만한 인품과 후덕한 성품으로 주변의 신뢰를 두터이 받았다고 했다. 귀가 길어 장이자(長耳者)라고도 알려졌던 현덕이 더 참을 수 없어 말달려 나왔던 것이다. 그러하여 여포를 상대하여 장비, 관우, 유비가 협력 공세를 행한 전투를 '호뢰관의 제3전'이라 할 것이다. '호뢰관 삼전'은 상상만 해도 많은 사람들의 가슴을 옥죄게 만드는, 역사에 희귀한 대 무용의 연출이라 할 수 있을 것 같다. 미루어 생각해 볼 때 여포의 그 용력(勇力)은 상상이 얼핏 닿지 못할 대단한 맹장이라 할 것 아닐까 생각해 본다. 한(漢)나라의 실권을 손에 쥐고 황제를 폐위시킬 정도로 위세를 떨쳤던 동탁도 한때 여포를 매우 두려워했던 것이다.

관운장과 적토마(赤兎馬)- 적토마는 명마 중에 으뜸가는 명마로 알려져 있다. 『삼국지』 전체를 통틀어 살펴보아도 적토마처럼 두드러지게 명성을 떨친 말은 그 어디에도 없다. 그런 적토마의 원주인은 동탁이라 했다. 동탁은 적토마를 자식보다 더 귀하게 여겼다고 했다. 그런 적토마를 동탁이 여포에게 주고, 여포가 타고 강토를 주름잡던 말이 조조에게로, 조조에게 있을 땐 적토마가 마치 잠이라도 자는 듯 크게 활동상이 보이지 않았다. 그러다가 그 말 관운장에게 가자마자 강산이 놀랄 정도로 활약상이 두드러지게 나타난 것이라 했다. 생각해보면 적토마의 주인다운 주인은 관운장이라 해야 할 것 같다. 그것은 관운장이 참으로 명장이기 때문이기도 하지만 그보다 그의 신선(神仙)과 같은 풍모(風貌)와 산처럼 든든한 신의(信義), 털끝만큼도 이즈러짐 없는 충성심(忠誠心), 봉(鳳)과 같은 인품(人品)을 가졌던 인물이었기 때문이라 할 것이다.

적토마 여포에게로- 어느 날 동탁이 "천자는 의지가 박약하고 성품이 나약하오. 천자의 동생 진류왕은 학문이 도저하고 기개가 높으니 차제에 새 천자로 책립하는 것이 옳을 줄로 아뢰오. 여러분은 어떻게 생각하시오?" 동탁은 그렇게 신하된 입장으로 감히 꺼낼 수조차 없는 망언을 지껄여 버렸다고 했다. 그러나 좌중은 겁에 질려 침만 꿀꺽꿀꺽 삼키고 있었는데, 형주(荆州) 자사(刺使) 정원(丁原)이 "본관은 반대하는 바이오. 천자(후한 12대 영제 · 靈帝)께서는 적자(嫡子)로 등극하셨고, 아무 잘못도 없는데 신하의 신분으로 어찌 폐립할 수 있단 말이오?" 그러자 동탁 "입 닥치지 못하겠느냐!" 하고 칼 뽑아들고 벌떡 일어나 정원을 노려보는데, 정원이 "칼 뽑아들고 어쩌자는 건가?" 하고 외치는 순간 그의 등 뒤를 보니 기골이 장대한 위장부(偉丈夫)가 동탁을 노려보며 빙그레 웃고 있었다는 것이다. 이글이글 타오르는 눈빛에 늠름한 위세, 맹호와 같은 풍골이라 했다. 그때 모사 이유가 동탁의 옷소매를 잡아당겼다고 했다. 그러자 중랑장 노식(盧植)이 "그 문제는 단념하시오. 천자의 폐립을 함부로 떠들다가는 동탁 공이 오해를 사게 될 것이요." "닥쳐라. 너도 내 손에 목이 달아나고 싶으냐?" 하고 동탁이 외치자 이유가 동탁의 앞을 막으며 "노식 장군은 천하 백성들이 다 존경하는 대 학자이십니다. 이런 분을 해한다면 백성들의 원성이 끊이지 않을 것입니다." 노식은 그 자리에서 삭탈관직(削奪官職)을 당하고 말았다고 했다. 동탁이 이유에게 물었다. "정원 뒤에 선 그 위장부는 대체 누군가?" "그자는 정원의 양자 여포(呂布)이옵니다." 그 말 듣고 동탁은 더욱 여포를 두려워하게 되었다고 했다. 그런데 바로 그 이튿날 아침 정원, 여포가 많은 군사를 이끌고 동탁의 진지를 공격해 왔다는 것이다. 그날 싸움에서 동탁은 크게 패했는데, 동탁, 장수들을 모아 놓고 크게 탄식하며 "정원은 문제 아니지만 여포와 싸워서는 승산이 없을 것 같구나. 나에게도 여포와 같은 부하 한 사람만 있었으면……." 그러자 호분중랑장(虎賁中郞將)156) 이숙(李肅)이 "장군님이 애지중지하시는 적토마(赤兎馬)와 금은보화 한 자루만 주시면 제가 여포를 꾀어 오겠습니다." 동탁, "아니 그게 무슨 말인가?" 이숙, "여포는 탐욕스럽고 재물에 눈이 어두운 자입니다. 또 여포는 저와 동향인인데 선물만 준비되면 꼭 꾀어 올 자신이 있습니다." 동탁 "여포는 정원의 양자라는데 아들이 아비를 배반할 수 있겠는가?" 이숙, "그건 제게 맡겨주십시오." 동탁이 이유를 돌아보며 묻자 "천하를 얻기 위한 일인데 말 한 필을 아껴서야 되겠습니까?" 그리하여 이숙이 적토마에 금은보화 가득 싣고 여포에게 갔다는 것이다. 여포 "아, 자네가 여긴 웬

---

156) 호분 : 천자를 호위하는 군사 또는 용사.
중랑장 : 옛 중국 벼슬이름. 오관서(五官署)와 좌서(左署), 우서(右署)를 통활하였음

일인가?" 이숙 "자네 만나는 일이 너무 반가워 선물을 가져왔다네." 여포 "음, 이거야말로 천하명마일세. 이런 귀한 선물을 받아서 괜찮겠는가?" 이숙, "원 별소릴, 자네와 나 사이에 무슨 허물이 있을 것이며 무엇을 주고받은들 아까울 게 뭐 있겠는가." 그리하여 술자리가 펼쳐졌는데, 여포, "자네는 현재 누가 가장 훌륭한 장수라고 생각하는가?" 이숙, "그야 물론 동탁장군이지. 실은 오늘 가져온 선물은 동탁장군이 보낸 것일세." 여포, "뭐 동탁장군이 내게 선물을 보냈단 말인가?" 이숙, "적토마로 말하자면 동탁장군이 아들보다도 더 아끼던 말일세. 자네에게 반해 아낌없이 자신의 애마를 선사한 것이지. 그 뿐인 줄 아는가? 금은보화도 잔뜩 싣고 왔다네." 이숙이 예물을 보여주고 나서 "자네는 아마 최고의 대접을 받게 될 걸세. 어떤가? 나와 함께 동탁장군을 모셔볼 생각 없는가?" 여포, "자네는 공이 많으니 후한 대접을 받겠지만, 나야 아무런 공로도 없는데 무슨 연고로 후한 대접을 받겠는가?" 이숙, "아닐세, 동탁장군은 공로보다 인물 됨됨이를 더욱 귀하게 생각하는 분이라네." 여포, "내가 만약 양부 정원을 죽이고 투항하면 공로를 인정해주겠는가?" 이숙 "그래 준다면 그 이상의 공로가 어디 있겠는가? 사실 자네는 정원 밑에서 썩기는 너무 아까운 인물일세." 그날 밤 삼경 여포가 정원의 침소를 찾아가 "너의 시시한 양자 노릇은 오늘로 끝내겠다." 정원 "이놈, 그게 무슨 말이냐?" 하고 일어나려는 정원을 여포가 단칼에 목을 베었다고 했다. 여포, 피가 뚝뚝 떨어지는 정원의 수급을 들고 중군 군사들 향해 "정원이 옳지 못한 짓을 하기에 내가 목을 베었다. 뜻 있는 자는 나를 따르고 그렇지 않은 자는 나를 떠나라." 하고는 여포가 수많은 군사를 이끌고 동탁에게로 가서 "대장부는 자기를 알아주는 사람을 위해 목숨을 아끼지 않는다고 들었습니다. 저는 오늘부터 장군을 의부(義父)로 모시겠나이다." 동탁은 기쁜 마음 어쩔 줄 모르고 여포의 환심을 사려고 즉석에서 기도위(騎都尉)157) 중랑장(中郎將) 도정후(都亭侯)158)라는 벼슬을 내렸다는 것이다. 그리하여 무지막지(無知莫知)한 동탁은 그 품에 여포를 안아들여 근심을 덜고 두억시니(夜叉 · 야차) 같은 여포는 세상 두려울 것 없어 적토마 위에 몸을 싣고 욕망의 전포를 마음껏 휘날렸을 법하다.

나라 삼킬 위세로 무소불위(無所不爲- 못할 것 없는)의 전횡(專橫- 권력을 혼자 쥐고 마음대로 하는 것)을 일삼던 동탁과 동탁을 아버지라 부르며 맹목적인 욕망을 채우기에 바빴던 여포, 그 두 사람으로 하여 한나라의 명운이 바람 앞 등불같이 흔들렸다고 했다. 토지와 민생을 맡아 다스렸다는 사공(司空) 장온(張溫)이 그 어떤 절차나 논의 한 마디 없이 한순간 여포의 칼날에 목이 달아나고 사도(司徒) 왕윤(王允)이 계략을 꾸며 여포의 손으로 동탁을 제거하게 되자159) 잠간 평화가 오는가 싶었는데, 왕윤이 대대적인 토벌대를 동원하여 심복들인 이각, 곽사, 장제, 번주 등을 쫓고 있을 때, 왕윤의 토벌대가 민간인까지 죽인다는 소문이 퍼지자 많은 역반응이 일어나 토벌대에 맞서는 사태가 벌어졌다는 것이다. 그때 관군의 총대장은 여포라 했다. 반군은 여포와 맞싸워서는 승산이 없다고 판단하고 야간 기습을 하여, 여포의 동향인 이숙을 치니 이숙은 대패하여 도망쳐 왔는데 여포는 이숙의 목을 쳐버렸다고 했다. 여포가 대군을 이끌고 토벌길에 올라 처음 만난 장수는 우보라 했다. 우보는 도저히 여포의 상대가 못되어 그의 부장 호적아와 함

157) 기도위(騎都尉) : 군무를 맡아 수령을 보좌하던 기병장군
158) 도정후(都亭侯) : 군현을 다스리던 벼슬이름
159) 미녀 초선의 얘기 참조.

께 보물을 훔쳐 도망을 치는데, 호적아가 뒤에서 우보의 머리를 잘라 여포에게 바치니 여포는 호적아의 목을 베게 했다는 것이다. 그때 이각이 "여포는 정면으로 싸워서는 절대로 이기지 못하오. 그자의 용맹은 천하제일이라, 지략이 부족한 그를 계교를 써서 응대해야 하오." 그리하여 이각은 여포를 산중으로 유인하고, 장제와 번주는 장안을 향해 쳐들어갔다는 것이다. 장안엔 반란군과 내통하던 무리가 있어 성문을 열어주는 바람에 반군이 노도같이 밀려들었다고 했다. 신음하는 황제(헌제 · 獻帝) 옆에서 한 시종이 "제 아무리 반역의 무리라 해도 천자를 몰라볼 리 만무하오니, 친히 선평문(宣平門) 누상(樓上)에 오르셔서 난리를 멈추도록 어명을 내리심이 좋을 듯 아뢰옵니다." 누상에 오른 황제, "너희들 어찌하여 짐의 허락도 없이 장안으로 밀려들었는가?" 그때 이각이 "황제 폐하! 동탁 태사는 폐하의 충신이옵고, 국가의 공신이었사옵니다. 왕윤 일파의 간계로 참사 당하여 그 시체가 거리에 뒹굽니다. 소장들의 행위는 결코 반란이 아니옵니다. 간악한 왕윤만 내어 주신다면 곧 물러가겠습니다." 사태 심각함을 직감한 왕윤, 누상에서 몸을 던지니 수많은 창검에 찔려 죽었다고 했다. 헌제는 마침내 이각을 거기장군(車騎將軍), 곽사를 후장군(後將軍), 번주를 우장군(右將軍), 장제를 표기장군(驃騎將軍)에 임명할 수밖에 없었다고 했다. 이각은 동군(東君) 태수 조조에게 황건적을 토벌하라는 명령을 내렸다고 했다. 토벌 백여 일 전에 조조 휘하로 몰려든 병력 30여 만, 점령지역에서 새로 뽑은 군대를 합쳐 백만에 가까운 대군을 얻고, 유능한 인재들을 끌어 모을 수 있었다고 했다. 비옥한 토지도 넓게 확보 할 수 있었는데 조정에선 조조에게 진동장군(鎭東將軍)을 제수했다는 것이다. 원소의 수하였던 순욱(荀彧)과 그의 조카 순유

(荀攸)를 맞으며 순욱에게 "귀공을 대하니 장자방(張子房)160)을 얻은 것만 같구려."라고 했다는 것이다. 순욱에겐 행군사마(行群司馬), 순유에겐 행군교수(行軍敎授)라는 벼슬을 내렸다고 했다. 뿐만 아니라 조조는 산중에 들어 사는 정욱(程昱)과 들에 숨어 사는 곽가(郭嘉)를 불러들였다. 키가 1장(一丈- 10자)이나 되고 80근짜리 창검을 회초리 다루듯 하는 전위(典韋)와 유엽(劉曄) 만총(滿寵) 같은 무사도 몰려들었다고 했다.

순식간에 위세가 세상을 덮을 듯 해지자 조조는 피난살이 하고 있는 그의 아버지 조승을 모셔오라고 태산(泰山) 태수 응소(應劭)에게 명령을 내렸다고 했다. 그리하여 호위하여 오는 도중 서주(西州) 태수 도겸(陶謙)이 그의 부하 장수 장개(張闓)에게 군사 5백으로 호위하게 했는데, 밤중에 장개가 조조의 동생 조덕, 아버지 조승과 그 일가친척 백여 명을 몰살하고 금은보화를 탈취하여 도망갔다고 했다. 그러자 조조는 부모형제의 원수를 갚는다는 명목으로 대군을 이끌고 서주를 치러가는 도중에 군사들이 약탈과 행패를 일삼아 민심이 극도로 흉흉해졌다고 했다. 그럴 때 황건적 토벌에 나섰던 공손찬 휘하에 있던 유비가 죄 없이 시달리는 도겸을 동정하여 유비, 관우, 장비 삼형제가 서주로 향했다는 것이다. 그 때 도겸이 "이 세상에 장군 같은 의인(義人)이 계시는 줄 미처 몰랐소이다."라고 했다는 것이다. 유비가 사자를 보내어 조조에게 "사사로운 원수를 갚을 생각을 접고 나라를 바로 잡는 일에 힘쓰라."고 하자 조조가 그 사자를 목 베라고 했다는 것이다. 그때 달려온 병사 하나가 "연주가 여포에게 탈취 당했습니다."라고 전하자, 별안간 천길 얼음 구멍에 떨어져 버린 듯 새파랗게 질린 조조가 목

160) 장자방 : 장량(張良), 유방을 도와 한나라 건국에 공신이 됨. 소하(蕭何), 한신(韓信)과 함께 한나라 창업 삼걸(三傑)이라 함

베일 뻔한 사자에게 "내가 얼떨결에 화를 냈지만 생각하니 유장군 말씀이 백번 옳은 것 같소이다." 하고 사자를 보내어주고 서주에서 철수해 갔다는 것이다. 실로 카멜레온 같은 순식간의 변색이라 할 것 같다. 덕 쌓을 생각을 하지 않고 사세(事勢)에 민감하게 반응하는 간웅(姦雄)의 행태(行態)라 할 것 같다. 도겸은 죽음의 위기에서 벗어나 유비에게 백배사례하며 서주를 맡아주기를 간청했으나, 유비는 극구 사양하다가 소패(小沛)라는 작은 촌락을 맡아 서주를 외곽에서 지켜주기로 했다는 것이다.

조조와 여포- 조조는 여포를 지략 없는 장수라 여겨 자기의 상대가 되지 않는다고 여겼고, 천하에 둘도 없는 맹장임을 자부했던 여포는 조조쯤이야 어린애 다루듯 할 수 있다고 여겼던 것 같다. 조조는 조인(曹仁)에게 연주성을 포위하게 하고 그는 복양(濮陽)을 칠 계획으로 군사를 이끌고 갔는데, 여포는 성안 서쪽 진지가 약하므로 그쪽으로 수비하는 게 좋겠다는 진궁의 간언을 듣는 체도 아니하고 아예 성 밖에서 5백의 군사만 거느리고 조조가 오기를 기다렸던 것이다. 야밤, 조조가 북양성을 점령했다는 말 듣고 잠에서 깨어난 여포가 "북양성 쯤은 나 혼자서라도 탈환할 테니 너희들은 적을 보는 대로 죽여라." 했다는 것이다. 조조는 북양성을 차지하고도 사세 불리함을 깨닫고 좌충우돌 남으로 동으로 북으로 탈출하려 했으나 수많은 적들을 감당하지 못하고 다시 성 안으로 들어가려는데 화살이 빗발쳐 쏟아지자 "이제는 죽었구나!" 하고 탄식하며 쩔쩔매는데, 바람처럼 달려오며 엄청 무거운 장창을 바람개비처럼 휘두르며 풀숲을 헤쳐 달리듯 적진을 짓밟아 오는 장수가 있었다는 것이다. 피투성이가 된 채 말달려 온 그는 3미터 키의 전위였다고 했다. 조조 감읍하여 "그대가 아니었으면 영락없이 죽은 목숨이었을 걸세." 한편 여포는 일약 복양성 성주가 되었다고 했다.

어느 날 허술한 차림의 장사치 하나가 삶은 통닭 한 마리를 막대 끝에 꿰어들고 조조의 진지 앞에서 얼쩡거리고 있어, 군사들이 밀정이 아니냐고 다그쳐 묻자. 조조를 만나게 해달라는 것이었다. 조조 앞에 끌려간 장사치가 통닭을 선물로 드린다 하니 조조, "너 이놈 밀정이 아니더냐?" 장사치, "밀정은 밀정이온데 해로운 밀정은 아니옵니다." 하고 주변을 물리쳐 달라하므로 수하 몇 사람만 남기고 모두 물리치니 통닭을 갈라 밀서 한 장을 끄집어내었다. 밀서의 내용은 "여포가 여양(黎陽)에 가 있어 복양성엔 몇 백 군사만 있을 뿐, 속히 복양성을 공격해 주시오. '의(義)'자 쓰인 백기를 성벽에 내걸테니, 그 신호로 적들을 일거에 섬멸시켜주시기 바라오." 그걸 읽고 조조는 "하늘이 나를 도와주시는구나." 하고 기뻐했다는 것이다. 드디어 공격의 날 또 밀서가 전달됐다. "오늘밤 초경(初更- 밤 7~9시), 별이 찬연히 빛날 무렵 성벽 위에 풍각소리 나거든 총공격 개시하소서. 성안 백성들 기다렸다가 문을 열겠나이다." 하후돈과 조인이 거느린 두 부대는 성문 밖에서 대기시키고, 하후연, 이전, 악진 등을 선봉대, 조조는 전위와 중군에 자리하여 성안으로 들어갔다고 했다. 별이 빛나는 초야 성문 위에서 풍각소리 들려왔다. "전군 총돌격하라!" 그와 함께 활짝 열리는 성문 안으로 조조군 성난 파도처럼 몰려들었다고 했다. 순간, 요란한 함성 터지더니 횃불 일시에 조조군 머리 위에 돌과 함께 억수같이 쏟아졌다는 것이다. "적의 계략에 속았구나!" "빨리 퇴각하라!" 여포 군사들은, 혼란에 빠져 쫓기는 조조 군사들을 사정없이 섬멸했다는 것이다. 그런 가운데 "주군, 이리 오십시오, 빨리 빨리!" 그렇게 소리치는 사람은 전위라 했다. 그러나 조조는 도저히 전위를 따라 갈 수 없어 몸부림쳐 내닫다보니 완전히 적진 속에 파묻혀 버렸다고 했다. 이윽고 횃불 들고 적장이 말달려 오는 모습이 눈에 띄었는데, 군사들이 좌우로 비켜서기에 조조도 옆으로 비켜서며 바라보니, 마상의 장수는 다름 아닌 여포가 아닌가. 조조는 얼른 철모를 눌러쓰고 길을 비켰다. 그러자 여포는 조조가 자기편 장수인 줄 알았던지 마상에서 창 끝으로 어깨를 두드려 주며 "수고하네. 조조란 놈은 어디로 갔는가?" 조조, "저도 지금 조조를 찾고 있는 중이옵니다. 듣자오니, 그놈이 갈색 군마를 타고 저쪽으로 도망갔다는 소문이옵니다." 여포, "뭐, 말을 타고 저쪽으로 도망을 갔어!" 얼마쯤 달려가던 여포, "가만, 아까 그놈이 조조가 아니던가?" 그 틈에 도망 나온 조조 진지에 도착하자마자 자리에 쓰러졌다고 했다. 이 전투의 진행은 진궁의 지략에 의해 전개된 것이라 했다. 여포가 만약 조금만 더 신중한 장수였다면 조조는 이 전투에서 생을 마감했을지도 모를 일이었을 것 같다. 그런 뒤 "하하핫!" 조조가 호탕한 웃음 갑자기 터뜨리자, 옆에 있던 장수들이 소스라치게 놀라며 "주군, 웬일이십니까?" 조조, "하후연 거기 있는가?" "예, 주군" 조조, "그대가 주관해서 내 장례식을 치러주게." "네? 무슨 그런 불길한 말씀을?" 조조, "만 천하에 오늘 새벽 내가 죽었다는 선언을 하라. 어서 내가 죽었다는 소문을 퍼뜨리고, 가짜 관을 마능산(馬陵山)에 파묻으란 말일세." 그리하여 닷새 뒤 마능산에 조조의 시신을 묻는다는 소문을 여포도 들었던 것이다. 정해진 날 조조의 부하 장수들이 상여를 메고 산을 오르는지라 여포가 수많은 군사를 이끌고 "조조의 잔당들을 섬멸할 때는 지금이다. 총 공격하라!" 하고 명령을 내리니 여포의 군사들 일제히 함성을 지르며 달려드는데, 상여

메고 가던 장수들 상여를 버리고 호령하자 사방에 매복해 있던 군사들이 몰려나와 마능산에 무참한 피바람이 불었다고 했다. 여포, "아차, 조조의 계략에 속았구나" 하고 적토마 달려 전투를 벌였으나 양군이 정신없이 뒤엉켜 싸우는 바람에 맹장 여포도 속수무책이었다고 했다. 여포는 절치부심(切齒腐心)하며 복양성으로 돌아갔다고 했다.

조조의 영토였던 연주를 여포의 부하 설란(薛蘭)과 이봉(李封)이 지키고 있었는데, 날마다 술과 계집에 미쳐 민심을 완전히 잃었다는 소식을 조조가 들었다. "음, 지금이 연주를 칠 적기로다."라고 조조가 말하자 허저가 "제가 설란과 이봉을 잡아 주군께 바치겠습니다."라고 주청했다는 것이다. 허저는 소 두 마리를 한 손에 한 마리씩 잡고 제압하는 장사라 했다. 그렇게 하여 싸움이 벌어졌는데, 말 달려 나오는 이봉을 허저가 두 합 만에 머리를 쳐서 떨어뜨리니, 이번에는 겁에 질려 달아나는 설란을 여건(呂虔)이 목을 후려갈겨버리는 바람에 그 부하 병사들 뿔뿔이 도망쳤다고 했다. 조조는 연주를 쉽게 점령하고 내친 김에 여포가 있는 복양성마저 뺏으려고 군사를 돌렸다고 했다. 진궁이 여포에게 "우리의 반격 태세가 완전히 갖추어지기 전에는 싸우지 않고 성을 지켜야 합니다." 그러나 여포, "어리석은 소리 작작하라. 조조 따위를 겁낼 내가 아니다." 마침내 허저가 말 달려 나오며 "오! 이제야 더불어 싸울 만한 장수를 만났구나!" 하고 맞부딪쳐 싸우는데 나이는 들었지만 여포는 그때까지 10만 대군을 두려워하지 않는 맹장이었으므로 조조가 "허저가 비록 천하장사라 하나 혼자서 여포를 이겨내기는 어려우니 누가 나가 도우라!" 하니 3미터 키의 전위가 80근 철근을 휘두르며 달려 나갔으나 두 사람이 여포를 이겨내지 못했다는 것이다. 그러자 하후돈, 하후연, 이전, 악진 네 장수까지 달려 나갔으나, 여섯 맹장이 여포 하나를 둘러싸고 공격을 가하니 천하의 맹장 여포도 위협을 느껴 산골짜기로 도망치기 시작했다는 것이다. 그래도 여포는 적토마를 탔으니 살 같이 달려 적들을 따돌리는가 싶었더니, 골짝에 걸쳐져 있어야할 적교(吊橋)가 번쩍 들려져 앞이 막히고 말았다고 했다. 여포 소리 높여 "어서 다리를 내리고 성문을 열어라!" 하고 고함쳤으나, 지방의 부호 전(田)씨가 성벽 위에 서서 여포를 굽어보며 "그대는 다시 성으로 돌아올 생각을 말라. 어제의 동지는 오늘의 원수다. 나는 오늘부터 잇속을 차려 조조 장군을 돕기로 했다. 하하하!" 전씨는 일전 조조의 진영으로 가서 통닭놀이를 벌였던 소인배라 했다. 여포는 치미는 분노를 억누르며 정도(定陶)로 도망쳐 달아났다고 했다. 깃들 곳 잃어버린 여포, 기주로 사람을 보내 원소에게 하소연을 했으나, 원소의 모사 심배(審配)가 "여포는 대단히 용맹하지만 천성이 시랑(豺狼- 승냥이와 이리, 그같이 사납고 욕심 많은 사람) 같은 인물입니다. 그자가 연주를 탈환하고 나면, 우리를 노릴 것입니다."라고 하니 원소도 "딴은 옳은 말이오!"라고 했다는 것이다. 원소는 심복 안량(顔良)에게 군사 5만을 주며, 조조와 협력하여 여포를 토벌하게 했다는 것이다. 사세 더욱 난감(難堪)해진 여포, 서주로 유현덕에게 가서 의탁할 뜻을 밝히자, 유현덕의 모사 미축(糜竺)이 "원소도 여포를 거절했거늘 어찌 그런 자를 받아들이려 할 것입니까?" 하고 유현덕에게 말했다는 것이다. 그래 현덕 유비, "여포는 결코 덕망 있는 장수는 아니오. 그러나 우리가 조조에게 침범 당했을 때, 여포가 배후에서 연주를 공격했지 않소. 그때 여포가 아니었다면 서주는 이미 조조의 손에 들어갔을 것이오. 지금 여포를 모른척 한다면 그건 의인의 도리가 아니오." 그때 관우 장비는 "우리 형님은 인심이 너무 후해서 큰일이야!" 했다는 것이다. 유비는 30리 밖까지 나가 여포를 영접하니, 패망의 맹장 여포, 말에서 내려 국궁배례를 했다는 것이다. 여포를 맞은 유비, 서주 태수의 패인(牌印)을 여포에게 내밀었다는 것이다. 여포, "아니, 나에게 서주 태수의 패인을 주시겠단 말씀입니까?" 하고 크게 놀라며 그 패인을 받으려 했는데, 그때 유비의 등 뒤에서 관우, 장비가 부릅뜬 눈으로 여포를 노려보자, 여포 "하하, 아닙니다. 나는 워낙 무변(武弁)이라 행정을 모르니 그것만은 사양하겠습니다." 했다는 것이다.

유비가 여포에게 성대한 환영 잔치를 베풀어주니, 여포는 감동되어 이튿날 유비를 객사로 초대했다는 것이다. "형님, 여포의 초대를 받아들일 생각입니까?" 관우와 장비의 그 물음에 유비, "물론 가야지, 남의 호의를 무시할 수 없는 일 아닌가?" "형님, 호의는 무슨 빌어먹을 호의요? 여포는 서주를 뺏으려는 야망이 분명 있습니다." 유비, "나는 어디까지나 성실로 사람을 대할 뿐일세." "여포에게 그 성실이 통한답니까?" "그건 상대방의 일일 뿐이지." 관우, 장비가 하는 수 없이 여포의 초청에 유비 따라 가게 되었는데, 여포, 유비에게 술을 권하며, "서주는 조조에게 공격 받았으면 함락될 게 뻔했는데 나의 덕택으로 구원 받은 것입니다. 그런데 이제 내가 서주에 몸을 의탁하여 현제(賢弟- 아우뻘 되는 사람을 높여 하는 말)의 신세를 지게 되었으니 사람일 알 수 없는가 하오." 그 말 떨어지자. 장비, "여기가 어디라고 네놈이 감히 우리 형님에게 '현제'란 말을 쓰는 게냐? 우리 형님으로 말하자면 황실 혈통을 물려받은 금지옥엽의 신분이시다. 이놈, 당장 밖으로 나가자!" 유비, 깜짝 놀라 "그런 무례한 말이 어디 있느냐?" 관우도 장비를 달래어 밖으로 내보냈다는 것이다. 잔치가 파한 뒤 여포가 유비를 배웅하려 나오니 장비가 장팔사모를 들고 벽력같은 소리로 "여포야, 오늘 나와 생사를 겨뤄보자!" 너무도 이외의 사태에 크게 놀란 유비, 관우에게 장비를 말리게 했다는 것이다. 다음날 아침, 여포는 부하들을 거느리고 유비에게 하직 인사를 고하러 찾아왔다는 것이다. "유 장군, 장군의 영제(令弟- 남의 아우를 높여 하는 말)들이 나를 용납하지 않으니 떠나야겠습니다." 그래 유비가 옛날 있었던 소패에 여포를 있게 하니 여포, 깊이 감사를 표했다는 것이다.

적토마 조조에게로- 처처에 할거하는 군웅들의 전세는 조석으로 바뀌고, 어제의 동지가 오늘의 원수로 변하는 불신과 불확실성이 소용돌이치는 한나라 말기, 황궁은 단말마의 숨결을 내쉬는 형국이 되어갔다. 여포는 조표(曹豹)의 딸을 얻어 애첩으로 삼고 그 이름을 초선(貂禪)이라 고쳤다. 동탁을 제거하기 위해 피어오르는 청춘의 몸과 마음을 기꺼이 버리고 한점 이슬로 사라져간 절세의 미인, 사도 왕윤의 양딸, 그 초선을 잊을 수 없어 여포는 조표의 딸을 얻어 그 이름을 초선이라 고쳐 불렀던 것이다. 어느 날, 여포가 조조 군사에게 포위된 채 하비성에서 토한 말, "아, 이제는 죽어도 몸 둘 곳 없게 되었구나!"라고 하며 초선이를 앞에 두고 밤낮 술만 마셨다고 했다. 모사 허사(許汜)와 왕해(王楷)가 여포에게 말했다. "회남의 원술은 세력이 대단합니다. 그와 사돈 연을 맺을 언약을 한 적도 있는데 그에게 도움을 청하여 조조를 물리치면 일이 쉽게 풀릴 것입니다." 그 말에 여포 서광의 빛을 본 듯 기쁜 마음으로 구원을 청하는 편지를 써서 원술에게 전하게 했다는 것이다. 원술 그 편지 보고는 "여포는 신의가 없는 사람이라 이 글월 믿기 어렵소. 전에 언약한대로 딸을 나의 며느리로 보내준다면 여포를 구해주겠소." 사자로 간 허사와 왕해, "지당하신 말씀이십니다. 곧 돌아가 주공께 품하여 영애를 모셔오겠습니다."라고 했다는 것이다. 어느 날 밤 삼천여 군사가 한 채의 가마를 호위하여 하비성을 나와 조심스레 행진하고 있었다. 유비의 진지를 지나게 되었을 때 척후병이 알려왔다. "날이 하도 추워 보초병들이 막사에 들어 잠자고 있는 모양입니다." 빈 수레를 군사들께 호위하게 명하고, 등에 열네 살 난 딸을 업고 조심스레 가던 여포, 유비의 영지를 100리쯤 지나가며 "얘야, 이제 조금만 더 가면 안심하고 원술 황제(원술은 스스로 황제라 참칭했다는 것이다)의 진지에 도달하여 너는 앞으로 황후가 되는 것이다." 하면서 길을 재촉하는데 앞서 가던 장요가 "앗, 관우다." 하고 기겁하며 뒤돌아보았다고 했다. 어쩔 수 없이 여포가 방천화극을 휘두르며 싸움하는데 갑자기 허저가 또 나타나 달려오므로 여포는 하는 수없이 하비성으로 되돌아와야 했다는 것이다. 하동선인(河童仙人) 관운장은 키가 2m70cm나 되고 그가 80근 청룡언월도를 회초리 흔들듯 휘둘러 나가면 어느 누구도 감히 맞설 장수가 없고, 허저는 어느 때 황건적들에게 진 빚을 갚으려고 준 소들이 되돌아왔을 때 한 손에 소 한 마리씩 움켜잡고 가서 돌려주었다는 장사라 했다.[161] 그러나 여포는 전에 장비, 관운장, 유비 3형제를 상대하여 호뢰관 전투를 벌여 본 적이 있었기에, 비록 관운장과 허저 두 사람을 상대하여 벌이는 싸움일지라도 두려워하지는 않았으나 등에 딸아이를 업고 싸우기란 무리였기에 하비성으로 되돌아갈 수밖에 없었다는 것이다. 허저. "여포를 잡아라! 여포를 살려주어서는 안 된다." 하고 외치며 수만 군사를

161) 『삼국지』 1 은행나무, 정비석 역, p365

이끌고 관운장과 함께 달려오는데, 위기일발의 상황에 적토마, 두 사람 등에 태우고도 힘껏 달리니 그 어떤 명마라도 따라 올 수 없었다고 했다.

하비성에 꼼짝없이 갇혀버린 나날의 여포, 초선을 앞에 두고 술만 퍼마시다가 얼핏 거울을 보고는 깜짝 놀라 “아! 내가 어느새 이리도 늙어버렸는가? 모두가 이 술 때문이로다.” 하고 외치며 그날로 성내에 금주령을 내렸다는 것이다. 며칠 후 여포의 수하 대장 후성이, 기르던 말 15마리를 훔쳐 유비에게 바치려던 자들을 잡아 죽이고 말을 다시 찾았기에 마침 송헌, 위속 등의 장수들이 축하차 찾아온 자리에서 술을 마시게 되었다는 것이다. 후성이 그 술 몇 병 여포에게 바쳤더니, 여포, “내 이미 금주령을 내렸거늘 대장인 네가 군령을 어기다니, 여봐라, 이 자를 당장 참형에 처하라.” 그래서 “장군, 후성 같은 맹장을 참형에 처하다니, 만약 이 일 적들이 안다면 얼마나 기뻐하겠습니까?” 하고 장수들이 말리자 여포, “제공들 그렇게까지 간청하니 참형은 면하되 볼기 백장(百杖- 막대기로 백번 침)을 쳐야겠소.” 후송이 수많은 수하들 앞에서 창피를 당하자 송헌과 위속이 후송을 위로하며 “여포가 제 가족들은 끔찍이 생각하면서 이 난세에 장수를 이리 혹독하게 다루니 우리 그만 도망갑시다.” “좋습니다. 그러면 여포가 급할 때 철통같이 믿고 있는 적토마를 훔쳐 타고 갑시다.” 그리하여 후성이 밤 깊어 적토마를 타고 조조에게 가서 그 말을 바치고, 내일 하비성에 송헌과 위속이 백기를 들면 쳐들어가기를 청했다는 것이다. 그리하여 결국 여포는 생포 되었다가 참형을 당하고 적토마는 조조의 것이 되었다는 것이다.

적토마 관운장에게– 조조는 허도로 돌아와 관운장에게 커다란 저택을 주어 유비의 가족들과 기거하게 했다. 조조는 관운장의 환심을 사려고 수많은 비단과 금은기명(金銀器皿)을 주었으나 운장은 하나도 쓰지 않고 두 형수에게 바쳤다는 것이다. 또 사흘에 한 번씩 작은 잔치를 베풀고 닷새에 한 번씩 큰 잔치를 베풀고 미녀 열 명을 뽑아 내렸으나 모두 내댁으로 들여보내 두 형수의 시중을 들게 했다는 것이다. 조조는 관우의 전포가 낡은 것을 보고 새 전포 한 벌을 지어 주었는데 새 전포는 안에 입고 낡은 전포는 밖에 입었다고 했다. 조조가 웃으며 "운장은 어찌하여 새 옷 위에 낡은 옷을 입고 있소?" 운장은 정중히 "승상께서 주신 새 전포가 좋다고 어찌 형님이 내려주신 옷을 버리겠습니까?" 하니, 조조 "운장은 신의(信義)가 굳은 사람이요." 했다는 것이다. 어느 날 조조, "운장은 눈물을 흘린 모양이니 어인 일이오?" 관운장 "두 분 형수님들께서 형님 생각에 통곡을 하시니 저도 눈물을 참을 길이 없었습니다." 조조는 그 말 듣고 술을 연거푸 권했다고 했다. 관우는 거나하게 취하자 수염을 내리 쓸며 "내가 살아서 나라에 보답도 못하고 형님을 배반한 꼴이 되었으니 실로 한심하기 그지없는 신세로다!" 조조는 그 말 들은 체도 않고 "운장의 수염, 장히 아름답구려!" 하니 운장 "제가 수염 하나만은 자랑할 만합니다." 조조는 곧 비단 수염주머니를 만들어 관우에게 주었다는 것이다. 천자가 보니 관우의 목에 주머니가 걸려 있는데 그 길이가 가슴 아래까지 내려와 있기에 "그게 무슨 주머니인가?" 천자의 하문에 "신의 수염이 길어 승상께서 비단주머니를 내려 감싸게 하였나이다." 천자, 관운장의 수염을 보고 "운장은 그야말로 미염공(美髥公)162)이구려!"

했다는 것이다. 그때부터 운장은 미염공이란 별명으로 불렸다고 했다. 어느 날 조조가 "운장의 말이 어찌 그리 수척하오?" 하니 운장, "천한 몸이 무겁기만 해서 말의 고생이 심해 살이 자꾸 빠지나 봅니다." 조조가 이때다 싶어 말 한 필 어서 끌고 오게 하여 관우에게 보이며 "운장은 이 말을 기억하오?" 관우 "전에 여포가 타고 다니던 적토마(赤兎馬) 아닙니까?" "그렇소 오늘부터 운장이 이 말 타도록 하오." 관운장 크게 기뻐하며 조조에게 두 번이나 절하여 감사의 뜻을 올렸다는 것이다. 조조 "전날 금백 미녀를 보냈을 땐 공이 기뻐할 줄 모르시더니, 오늘 한갖 말 한 필에 이처럼 기뻐하시니 웬일이요?" 관운장 "이 말 하루에 능히 천리를 달린다고 들었습니다. 이제 승상께서 이 말 저에게 내려주시니 형님 계신 곳 알기만 하면 그 날로 달려 갈 수 있지 않겠습니까. 그 어찌 기쁜 일 아니겠나이까?" 크고 좋은 저택에다 금은보화며 열 명의 미인들까지 주고 매 사흘마다 작은 잔치 매 닷새마다 큰 잔치 꼭꼭 베풀어, 관운장의 환심 사려고 밤낮 골똘히 정성을 쏟아도 운장의 마음 빗장 움쩍 않더니 한 필의 준마에 운장이 그렇게 기쁜 마음으로 감사해 하는 모습 보고는 조조, "하! 내가 큰 실수 저질렀구나." 하고 마음 속 깊이 크게 뉘우쳤다고 했다.

천하통일의 야심을 한껏 하루 빨리 펼치고 싶었던 간웅 조조는 반드시 관운장을 자기 사람으로 만들어야 한다고 굳게 마음먹고 있었던 것이다. 그것은 철썩 같이 굳은 운장의 신의(信義)와 태산 같이 높은 의리심(義理心), 봉(鳳) 같은 기풍과 신선 같은 풍골(風骨)이며 거기다가 범상치 않은 용력(勇力) 때문이었을 것이다. 그런 인물 따로 본 적도 없었기에, 운장을 얻는 것이 조조 자신의

162) 미염공 : 수염이 아름다운 사람을 높여하는 존칭

야심을 보다 쉽게 성취 시킬 수 있고 그의 변화무쌍한 간성난색(姦聲亂色)을 정당화시킬 수 있을 것 같다고 믿었기 때문이라고 사료된다. 조조는 여타의 수많은 장수들 대하듯 그렇게 만만히 대할 수 없었기에 온갖 정성과 열을 관운장에게 쏟아 부었던 것이다. 재물과 미색으로 그 마음을 움직일 수 없음을 알고 난 조조, 관운장의 환심을 살 절호의 기회라고 판단하고 얼핏 내려 주었던 적토마였던 것이다. 그러나 관운장에게 적토마는 천리 명마를 소유한다는 기쁨이 아니라, 조조로부터 탈출하여 헤어진 형제들을 만나러 달려 갈 수 있는 더 없이 좋은 수단이 될 수 있었기에 기쁜 마음으로 조조에게 머리 숙여 사례했던 것이다. 그 어느 누가 조조 앞에서 준마를 받자마자 "형님 계신 곳 알기만 하면 그날로 달려갈 수 있지 않겠습니까?" 하고 숨김없이 당당하게 말할 수 있었으리오. 관운장이 아니었더라면. 두려움을 만발시키는 가장 나쁜 씨앗, 그것은 탐욕심이다. 탐욕심이 없었기에 관운장은 마음 어느 구석에도 거짓이나 비굴을 숨길 일이 없었던 것이다. 관운장같이 고결한 성품의 소유자를 조조와 같이 불결한 욕구의 우리 안에 어찌 가두어 둘 수 있었으리오. 대광주리 만 번 던진다 해도 벽오동 푸른 가슴에 깃든 봉황 잡을 수 없고, 아무리 기묘한 통발이 있다 해도 구름 위에 나는 용 가둘 수 없는 일 아닐까?

조조, 장요를 불러 한탄했다. 장요 "제가 친구로서 운장의 본심을 알아보겠습니다." 장공을 만난 관운장 "장공의 우정과 조승상의 후대 고맙게 생각합니다. 그러나 마음은 한시라도 현덕 형님 잊을 수 없구려." 조조가 말했다. "주인을 섬기되 그 근본을 잊지 않으니 운장은 참으로 천하의 의사(義士)로구려!" 장요 말하기를 "그러나 운장은 승상의 은총을 생각해 떠나기 전에 반드시 큰 공을 세우겠다고 했습니다." 모사 순욱 "운장은 반드시 그럴 사람입니다. 그렇다면 공 세울 기회를 주지 말아야 합니다." 조조 "음, 좋은 생각이요." 조조는 고개를 끄덕이면서도 마음 한없이 외롭기만 했다는 것이다.

원소(袁紹)- 원소가 용장 안량을 선봉장으로 하여 백마성(白馬城)을 먼저 쳐들어왔을 때 조조, 여포의 부하 용장이었던 송헌을 불러 "네가 여포의 수하로 있을 때 떨쳤던 용맹을 지금 안량을 상대로 보여라." 그래 의기양양하게 창을 꼬나 잡고 달려 나간 송헌, 그는 제대로 싸워 보지도 못하고 그만 머리가 떨어졌다고 했다. 조조, "안량은 과연 용장이로구나 허어! 그러면 위속이 나가 송헌의 원수를 갚아라!" 위속도 역시 여포의 수하 용장이었다. 위속이 명 떨어지기 무섭게 번개같이 달려 나갔다. 그러나 안량의 단창에 찔려 피를 뿜으며 고꾸라졌다는 것이다. 조조, "저런! 안량을 당할 자 누구 없느냐?" 그러자 서황이 큰 도끼를 휘두르며 달려 나갔다. 그러나 열 합도 싸우지 못하고 힘이 다해 쫓겨 오고 말았다고 했다. 그러자 장수들 모두 겁에 질려 감히 싸우려 나서지 못했다는 것이다. 조조가 크게 근심하자 정욱이 말했다. "안량을 당해 낼 장군 꼭 한사람 있습니다." 조조 "그가 누구요?" "관운장입니다." "그건 나도 알고 있소. 그러나 운장에게 공을 세우게 하면 당장 떠나갈 것이니 그게 걱정이오." "유비가 죽지 않았다면 지금 원소에게 의탁하고 있을 가능성이 높습니다. 이제 운장을 시켜 원소의 군사를 치게 하면 원소는 유비를 의심해 죽일 것입니다. 그렇게 되면 운장은 갈 곳이 없어지게 됩니다." 조조, "그것 참 좋은 생각이오." 출전 명령 받은 관운장 "승상께서 두려워하시는 안량의 머리 곧 베어 오리다." 하고 청룡언월도 휘두르며 적토마 몰아 나는 듯 그대로 적진으로 뛰어드니 적진이 그 기세에 몰려 물길처럼 갈라졌는데, 그 틈으로 안량이 창검 휘두르며 살같이 달려 나왔다. 그러나 청룡도 번쩍하더니 순식간에 안량, 창검 한 번 부닥쳐 보기도 전에 쓰러져 땅바닥에 굴렀다는 것이다. 꿈결에 스친 전광석화 같았다고 했다. 안량의 목 잘라 바치니, 조조, "장군은 과연 신장(神將)이시오." 그러자 관우, "제 아우 장비에 비기면 저의 재주 아무것도 아닙니다. 장비는 적장 목 베기를 마치 주머니 속에서 물건 꺼내듯 합니다." 조조, 그 말에 크게 놀라 "그대들 일후에 장비를 만나거든 아예 싸울 생각을 마오."

원소 그 소식 듣고 크게 놀라 "안량을 죽인 자가 누구더냐?" "유현덕의 의제 관운장이었습니다." 그 말에 크게 노한 원소, 유현덕을 불러놓고 "그대의 아우 운장이 내 애장(愛將)을 죽였다. 현덕은 필시 운장과 통모(通謀- 짜고 남모르게 음모를 꾸밈)하려고 내게로 와 있는 것이 분명하구나. 여봐라. 이 자를 당장 참하여라." 갑자기 청천벽력을 당한 유비 "명공께서 어찌 일방적 보고만 듣고 그리 노하십니까? 저는 서주에서 운장과 헤어진 이후 그의 존망도 모르고 지내왔습니다. 조조가 우리의 내홍(內訌- 내분)을 도모하려고 딴 장수를 관운장으로 분장시켜 내 보냈을지 누가 알겠습니까?" 원소 "내가 그만 저수의 말만 믿었던 것이 잘못이오." 그런 뒤 안량의 원수 갚을 계획을 상의하는 자리에서 문추가 "소장이 나가 안량의 원수를 갚고 오겠습니다." 문추는 키가 팔 척(240m)에 해태같이 사납게 생긴 맹장이라 했다. 그때 유비가 원소에게 "제가 명공의 큰 은혜 갚을 길 없으니, 이번에 문추와 같이 나가 공을 세우게 해주십시오. 그러면 관운장 소식도 알아보겠나이다."

원소, "좋은 생각이오. 그리하오."

문추가 칠만 대군으로 선봉장이 되고 유비에게 삼만 군으로 뒤따르게 하여 황하를 건너 조조에게 싸움을 걸어왔다. 조조는 양초(糧草- 군대가 먹을 양식과 말 먹일 풀) 부대를 대열의 앞 쪽에 세워 나가게 하자 여건이 그 행군법에 의혹을 제기했으나 그대로 밀고 나갔는데 문추의 군사들이 그걸 보고 이때다 싶어 마구 달겨들어 양초를 뺏으니 조조, 양초를 버리고 산으로 도망치게 했다는 것이다. 그러자 송장 뜯어 먹으려고 달겨드는 이리떼처럼 문추의 병사들 양초를 탈취하고 마필(馬匹)을 뺏으려 정신없이 내달으니 질서가 무너지고 대열이 찢어져 버렸다. 그때 조조의 불같은 명령 떨어지자 무찔러드는 창칼 앞에 문추의 군졸들 수없이 죽어 갔다는 것이다.

일러 그것을 이적전법(餌敵戰法- 적에게 속임수로 먹이를 주어 치는 전법)이라고 했다. 조조, 채찍 들어 가리키며 "문추는 하북의 대장이다. 뉘 가서 사로잡아 오라." 말 떨어지자 장요와 서황 달려 나오며 "문추야! 네 어디로 가느냐?" 하고 외치자 문추, 뒤돌아보며 활을 쏘니 말에 맞아 장요가 땅에 곤두박질쳤다. 문추, 재빠르게 덤벼들 때 서황이 크게 놀라 큰 도끼 휘두르며 막아 싸웠는데 문추의 군사 무수히 달려들었다고 했다. 서황을 쫓아 황하강 가에 이르는 문추의 앞에 홀연 십여 기의 군마가 깃발 바람에 휘날리며 달려 나왔다. 바라보니 관운장이었는데, 운장, "이놈! 여기가 어디라고 쫓아 왔느냐?" 하며 바람 가르는 적토마 위에 80근 청룡언월도 휘두르며 달려오니, 문추 싸우지 않을 수 없어 마주쳤는데 삼합을 싸워보기도 전에 문추의 머리 땅에 떨어졌다고 했다. 그러자 문추의 군졸들 사방으로 흩어지며 외치는 소리 "우리의 대장을 죽인 적장은 수염이 길고 얼굴이 붉은 장수였다." 유비가 그 말 듣고 멀리 바라보니 한수정후관운장(漢壽亭侯關雲長)이라는 글자가 분명한 깃발이 펄럭이고 있었다는 것이다. 유비 속말로 '아! 내 아우 죽지 않고 조조에게 잡혀 있었구나! 이는 하늘이 나를 도와주심이로다.' 하며 크게 기뻐했다는 것이다. '한수정후'란 조조가 황제에게 진언하여, 관운장을 달아나지 못하게 하려고 내린 칭호라고 했다. 말하자면 명예의 밧줄로 운장의 발을 묶어두려는 심산이었던 것이다.

유비 돌아가니, 원소 "네가 관운장을 시켜 나의 두 명장 안량과 문추를 죽였구나. 여봐라 저놈의 목을 잘라라." 유비, "그만 노여움을 거두소서. 조조가 저를 해하려고 일부러 운장을 시켜 두 장수를 죽이게 했나 봅니다. 이제 저를 죽인다면 명공께서 조조의 계략에 속는 것이니 부디 명찰하십시오." 원소 "음, 듣고 보니 그럴 것도 같으오." 유비, "제가 밀서를 써 보내면 운장 꼭 저를 찾아 올 것입니다. 그때 운장에게 조조를 치게 하겠습니다." 원소 무릎을 치며 "내가 관운장만 얻을 수 있다면 안량, 문추가 살아오는 것보다 더 기쁘겠소."

여남에 있는 황건적 유벽(劉辟)과 공도(龔都)가 강성하여 조홍이 여러 차례 싸워 패했으니 급히 응원군을 보내야 된다는 보고가 들어와 운장이 토벌 행차를 자원했다. 그때 순욱이 "운장은 아직도 유비를 사모하는 모양이니 그를 멀리 보내면 돌아오지 아니할지도 모르는 일입니다." 조조, "이번에 공을 세워 돌아오면 다시는 내보내지 않을 것이오." 관운장 여남에 도착했을 때 진중으로 세작 두 명을 끌고 왔기에 복면을 벗기니 그중 한 사람이 손건이었다는 것이다. 손건은 서주에서 패하여 떠돌다 유벽에게 기탁해 있었다고 했다. 유현덕이 원소에게 있다는 손건의 말을 듣고 운장, "형님을 뵐 수만 있다면 백번 죽어도 두려울 것 없소, 그러나 내가 원소의 두 장수를 죽였으니 형님에게 누가 될까 걱정이오. 이번에 허도로 돌아가면 조조에게 하직인사를 해야겠소." 이튿날 싸움판에서 공도가 관운장을 대하여 "너는, 유현덕이 원소에게 의탁하여 있는데, 조조를 섬기고 있으니 배반자가 분명하구나." 하며 싸움을 걸어오자 운장 청룡도를 휘두르며 달려 나가니 공도, 뒤돌아보며 "장군께서 급히 진격해 오시면 우리가 여남 땅을 양보해 드리오리다." 마침내 관운장 여남을 수중에 넣고 허도로 돌아오니 그 또한 운장이 조조에게 바친 큰 공이 되었던 것이다. 어느 날 원소의 부하 진진(陳震)이 찾아와 유비의 친서를 전해주었다. 친서에 "비(備- 유비)가 그대와 더불어 생사를 같이하기로 도원결의(桃園結義)를 맺었더니, 이렇듯 은의(恩義- 은혜와 의리)가 끊길 줄 누가 알았으랴. 그대 공명 부귀를 도모할 뜻이라면 나의 수급을 보내어 공을 세우도록 하겠소. 말 다하지 못하고 오직 죽음을 기다릴 뿐이오." 관운장 목 놓아 통곡하며 진진에게 "형님 계신 곳 몰라 뵙지 못 했을 뿐, 어찌 부귀를 꾀하여 신의를 저버릴 수 있겠소." 관운장 붓 들어 쏟아지는 눈물자국에다 "의리(義理)는 마음 저버리지 아니하고, 충성(忠誠)은 죽음을 돌보지 않는다 하옵는데 꿈엔들 어찌 형님과의 결의(結義) 저버릴 수 있으리까. 전날 하비성 함락될 때 양식 떨어지고 원병 없어 죽음을 각오 했사오나, 형수 두 분 계시므로 목숨 버리지 못하고 조공에게 의탁했던 것이옵니다. 이제 조공(曹公- 조조)에게 하직인사 하고 형수님 함께 형님 찾아 가겠나이다. 만의 하나 제가 엉뚱 마음 품었다면 신령과 사람이 죽음 내릴지오니 그윽한 심정 이루 아뢰지 못하옵니다. 통찰해 주시옵소서."라고 적어 진진에게 주어 현덕공에게 전하라 한 뒤 곧장 승상부로 찾아 가니 조조는 운장이 올 것을 미리 알고 피객패(避客牌, 피객은 손님을 피한다는 말이니 면회사절의 패쪽을 말함)를 문에다 걸어 놓았다. 생각다 못해 관운장은 장요의 집을 찾아 갔으나 피객패가 걸려 있기는 마찬가지였다는 것이다. 관운장은 조조가 준 물건 하나도 건드리지 않고 가지고 왔던 짐만 꾸려선 떠났다고 했다. 운장이 조조에게 서신을 남겼다고 했다. "우(관우)가 일찍이 황숙(유비)을 섬겨 생사를 같이 하기로 결의를 맺은 바 이는 황천후토(皇天后土 - 옥황상제- 하느님과 토지신)가 들은 일입니다. 제가 승상을 찾아 올 때 말씀드린 세 가지는 이미 응낙하신 일이거니와 이제 형님께서 원소의 군 중에 계신다는 것을 알았기에 길을 떠나려 합니다. 승상께 입은 은혜 두텁사오나 의(義)를 저버릴 길 없어 붓 들어 하직 인사 고하오니 살펴주시옵소서." 관운장이 성문을 지키는 장수를 호통쳐서 물러서게 하고 성을 벗어났다는 말 듣고, 장수 채양(蔡陽), "저에게 군사 3천을 주시면 관운장을 사로잡아 오겠습니다." 조조 "운장이 의리(義理)를 저버리지 않을 뿐 아니라 오고 가는 태도가 그리도 분명한데 내 어찌 그를 탓하겠소." 모사 정욱이 "승상께서 그리 후대했는데도 기어코 떠나는 것은 배은망덕입니다. 운장이 원소에게 가면 우리에게 크게 해로울 것이니 차제에 아예 없애버리는 것이 상책입니다."라고 하니 조조 "내 이미 언약한 일이거늘 어찌 실신(失信- 믿음을 저버림) 한단 말인가? 운장이 그의 가형을 찾아가는 신의(信義)가 가히 대장부다우니 차라리 노자와 금포(錦袍- 비단 두르막)를 내리고 뒷날을 기약할까 하오." 조조가 허저, 서황, 우금, 이전 등의 장수를 거느리고 운장 앞에 나타났다. 조조, "운장은 어이 이렇듯 급히 떠나시오?" 관우, 마상에서 깊이 머리 숙이며 "소장의 가형이 하북(황하의 북쪽)에 계신다는 소식 듣고 승상께 누차 하직인사 올리러 갔으나 피객패가 걸려 있어 하직문 올리고 떠나게 되었습니다." 조조 "기어코 떠나신다면 굳이 붙잡지는 않겠소. 그러나 섭섭한 마음 금할 길 없구려. 이것은 적으나마 노자로 써주시기를 바라 드리는 은자(銀子- 은돈)이니 받아 주시기 바라오." 관우 "전에 승상께서 주신 은자 아직 넉넉히 남아 있으니, 그 황금 잘 갈무려 두셨다가 공을 세운 장병들께 내려 주소서." 조조, "내, 복 없어 운장 같은 맹장 곁에 두지 못하는구려! 그러면 금포 한 벌 드릴 테니 이것만은 받아주시기 바라오." 한 장수 말에서 내려 두 손으로 금포를 받들어 관우에게 바쳤다. 관우 말 탄 채 청룡도 내밀어 창끝으로 받아 올렸다. 그러자 허저, "저런 무례한 짓이 있는가? 승상께서 저런 무뢰한을 어찌 그냥 두신단 말씀입니까?" 조조, "저는 한 사람, 우리는 수십 명이니 경계하는 것이야 당연하지 않은가?" 조조, 운장 앞으로 걸어 나오며 "나는 운장이 언제든 돌아와 주시길 바라오. 운장을 보내는 슬픔 천하를 잃는 슬픔보다 크구려." 운장 "그럼 뒷날 기회가 되면 다시 뵙겠나이다." 하고 말 몰아 다리를 건너갔다는 것이다. 조조, 사라져 가는 관운장의 뒷모습 바라보며 추연히 서서 앞산이 꺼져라하고 한숨 내 쉬었다고 했다. 그리하여 관운장, 두 형수를 모시고 다섯 관문 지날 적마다 길 막는 장수 여섯을 베고 가형 현덕을 찾아 길을 재촉했다는 것이다.

관운장을 신격화하여 관제(關帝), 관왕(關王), 관성제군(關聖帝君)이라고 한다. 임진왜란 때 그를 무신(武神)으로 모신 묘(廟)가 경북 성주와 안동 지방에 남아있다. 단기 3935년(서기 1602년 선조 35년) 명나라 신종의 칙령으로 서울 동대문에 동묘(東廟)를 세우고 관제를 사주(祀主)로 모신 적 있다. 그를 받드는 관성교(觀聖敎)가 있는데 그를 지상지존(至上至尊- 더 없이 높고 더 없이 존귀한 분), 삼계(三界- ①욕계 · 欲界: 지옥, 아귀, 축생, 아수라, 인간, 6욕천 등 욕망으로 살아가는 세계 ②색계 · 色界: 욕망 없고 형체만 있는 세계 ③무색계 · 無色界: 욕망도 없고 형체도 없는 듯 투명하고 고운 세계)의 복마대성(伏魔大聖- 마귀를 굴복시키는 대성인)으로 받들고, 병을 고쳐주며 자손을 주고 소원을 성취시켜주는 축복자로 추앙한다.[163]

관운장(關雲長)

이병석

떨어지는 복사꽃
술잔에 어려 고운 빛
깊이 지신(地神)을 물들이고
높이 황천(皇天)을 붉힐 때
결의의 언덕에 바위벽 굳어 섰네.

날 새면 드세찬 흙바람
들을 채우고 산을 덮어
피듯 말듯 잎새들 휘불려
푸른 채 떨어져 흩어지고
삶과 죽음 뒤엉켜 산천이 울 적에

천리 준마 적토마 눌러 타고
휘날리는 긴 수염 바람을 빗질하며

---

163) 『동아백과사전』 4 p88

봉의 눈길 하늘가에 내걸 때
의기(義氣)의 번개 청룡언월도에 번쩍였네.
간 곳마다 적들 삼대같이 쓰러지고
민초들 파릇파릇 허리 펴고 일어섰네.

산같이 굳은 신의(信義) 세상을 덮었거니
승상 조조, 그의 길 막을 수 없었다네.
간웅의 팔뚝에 올라앉을 새매 아니거늘
두 날개 활짝 펴고 구름 위에 나르나니
봉(鳳)이여.
선인(仙人)이여.
대륙의 가슴 위에 이천 년
날아 높은 넋이여.

4. 달마도강도達磨渡江圖

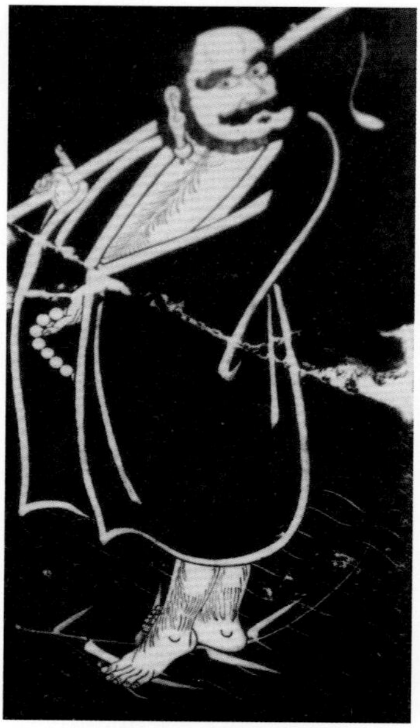
달마도강도(達磨渡江圖)

달마는 벽을 바라보고 있는 스님이라는 뜻으로 벽관바라문(壁觀婆羅門)이라 했다. 달마는 인도의 남쪽에 있었던 작은 나라 향지국(香至國)에서 세째 왕자로 태어났다고 했다.

향지국은 지금 인구 15만 정도의 작은 도시로 칸치뿌람이라고 부른다는데 칸은 황색을 의미하고 치뿌람은 스님들이 입는 가사(袈裟)를 이른다고 한다.164) 그 지명 이름에서 짐작할 수 있는 바 향지국은 불교가 아주 번창했던 나라였음을 보여주고 있다 할 것이다. 대사는 반야다라존자(般若多羅尊者)의 법통을 이어 받았다. 그리하여 달마는 석가여래의 첫 번째 법제자인 가섭존자 이후 스물여덟 번째 조사가 되어 배를 타고 중국 광주에 도달했다. 거기서 대사는 양(梁)나라 무제를 만났는데 그때 나이 130세였다고 했다. 무제는 불심천자(佛心天子)라고 일컬어졌

164) 정찬주의『남인도 불교유적기행5』, 불교신문, 불기2557년(단기 4346, 서기 2013) 3월 2일, p16

다는데, 그는 「방광반야경(放光般若經)」을 강의하고 「오경의주(五經義註)」 200여 권 및 많은 저술을 했다고 전한다. 무제가 대사를 초청 대화를 나누었는데, 무제 묻기를 "짐이 수많은 절을 짓고 스님들을 공부하게 하여 불사를 크게 일으켰는데 그 공덕 얼마나 됩니까?" 하고 물었더니 달마 "무공덕"이라고 한마디로 잘라 말하니 무제, 어리둥절해 있다가 또 묻기를 "어떤 것이 성인입니까?" 했더니 달마, "확연무성" 곧 성인이란 확연히 없는 것이라고 말하자. 무제, 돌처럼 굳어져 있다가 "짐의 앞에 계신 분은 누구십니까?" 했더니 달마, "불식(不識- 모른다)"이라고 잘라 말하니 무제 정신이 아득해져 더 말을 잇지 못하고 물러났다고 했다.

육안(肉眼)으로 보기에는 달마와 무제가 한자리에 같이 앉아 대화하는 듯 보였겠지만, 중생 무제는 오감과 의식으로 보고 느껴 인식하고 가상(假相)의 세계에 앉아 있었던 것이고, 달마는 실상(實相)의 진계(眞界)에 앉아 있었기에 서로 간의 경계는 너무나 동떨어져 있었던 것이다. 하늘과 땅 차이는 차라리 가까운 것이었다 할 것이다.

달마가 무제의 얼굴 한 번 비춰보라고 명경지수(明鏡止水)를 펼쳐주어도 무제는 그저 그 물에 물장구나 치고 노는 형국이라고나 할까?

그런 다음 혹설에 달마는 갈댓잎을 강물에 띄워 타고 북쪽 위나라(魏國)로 갔는데, 그곳 숭산(嵩山) 소림사(少林寺)에서 면벽 좌선에 들어 9년을 앉아 있었다하니 사람들은 도무지 달마의 뜻을 헤아릴 수 없었다고 했다. 그때 향산에서 신광(神光)스님이 8년 동안 좌선에 들었다가 달마의 높은 풍격(風格)을 듣고 달마를 찾아와 제자 되기를 청하였으나 달마가 거들떠보지도 않았다고 했다.

몇날 며칠 신광이 뜰 아래서, 벽을 바라보고 앉은 달마를 향해 서 있었다는데, 마침 추운 겨울 눈이 쏟아져 무릎이 빠질 정도가 되었다고 했다. 그래도 달마는 요지부동. 마침내 신광이 칼을 빼어 왼팔을 잘라 팔은 잘려나가고 붉은 피 흘려 백설을 선연히 적시니 달마가 비로소 신광을 받아들여 이름을 혜가(慧可)로 고쳐 불렀다는 것이다. 그리하여 달마는 중국 선종(禪宗)의 시조가 되고 혜가, 승찬(僧璨), 도신(道信), 홍인(弘忍), 혜능(慧能)으로 법맥이 이어졌다는 것이다. 선의 목적은 사람의 마음을 바로 가리켜 그 본성을 바라보아 부처를 이루게 하는 것 곧 직지인심견성성불(直指人心見性成佛)에 있는 것이다. 선은 말과 문자에 얽매여 부처의 본뜻을 오히려 가리게 되는 폐단을 없애고 인식의 굴레를 벗어나 맑고 깨끗하여 때 묻음 없는(청정무구 · 淸淨無垢) 그 본 자리를 터득하게 하는 수행법으로 멀리는 석가여래로부터 시작되어 가섭존자 아난존자를 거쳐 28대 조사인 달마대사에 이르게 된 것이라 했다. 대사는 당시 인도에 유행하던 소승불교 유파들을 하나로 묶어두고 중국으로 향했던 것이다.

대사는 보리유지(菩提流支)와 광통율사(光統律師)의 시기심을 사 피살되었다는 설이 있다. 웅이산(熊耳山) 상림사(上林寺)에 장사 지냈는데 그런 뒤 3년이 되었을 때 위나라 사신 송운(宋雲)이 인도 사신으로 갔다가 돌아오는 길에 대사를 만났다고 했다. 송운이 총령(蔥嶺)고개를 넘어 오는데 대사가 외짝 미투리를 지팡이에 꿰어 매고 인도로 가는 모습을 보았다는 것이다. 그래 송운이 중국으로 돌아와 그 얘기를 하니 문도들이 달마의 무덤을 파 보았는데 거기엔 외짝 미투리만 남아있었다고 했다.

달마가 남긴 글에 이입사행론(二入四行論)이 있다. 이입이란 이

입(理入)과 행입(行入)을 어울러 이르는 말로 이입(理入)이란 바른 스승의 가르침을 받고 중생과 부처가 모두 동일한 진성(眞性)을 본유(本有)하는 사실을 믿어 수행하는 것을 말하고, 행입이란 진리에 입각하여 올바른 수행을 실천하는 것을 말한다. 행입에는 보원행(報冤行), 수연행(隨緣行), 무소구행(無所求行), 칭법행(稱法行)이라는 덕목들이 있는데 이들을 일러 4행이라 한다.

보원행- 원(冤)이란 지난날에 있었던 죄과(罪過)의 묵은 빚을 말하는 것, 수도자는 수행 시에 고난과 역경을 만나게 되면 이것은 과거에 한 몸으로 저질렀던 악업에 대한 과보라고 생각하고, 지금은 비록 잘못을 범하지 않았지만 이 모든 것은 지난날의 앙화와 악업이 익어서 된 결과이므로 마음 다져 참고 결코 원망도 제소도 하지 않는 것을 이르는 말이다. 이런 마음이 생길 때 진리에 상응하여 도에 나아가게 되는 것이다.[165](필자역)

수연행- 중생이 본래 무아(無我)인 것인데 모두 업으로 말미암아 윤회변전되는 것이다. 고락과 오감으로 받아들이는 것은 모두 연(緣)을 좇아 생기는 것. 무릇 수승한 과보나 영예라든가 슬프고 괴롭고 근심스런 일들 모두 과거에 있었던 원에 감업하는 것으로 연이 다하면 무(無)로 돌아가는 것이다. 이 득실(得失)이 연을 따라 생길뿐 마음 그 자체에는 더하고 덜하는 것이 없음을 밝히는 수행법을 말한다.[166](필자역)

---

165) 보원행(報冤行) :「冤」指過去罪業之宿債. 修道者於修行時若遇苦難逆境, 自念此乃一己過去所犯惡業之果報, 今雖無犯, 是皆宿殃惡業之果熟, 甘心忍受, 都無冤訴. 此心生起時, 相應於理, 體冤而進道, 故稱報冤行『불광대사전』5 p4921

무소구행- 이미 발심하여 일체 세간 욕락과 명문이양(名聞利養)을 구하지 않고 위로 보리를 구하고 아래로 중생을 교화하는 것 외에는 구하는 바가 없는 태도와 행위를 일러 무소구행이라 한다. 만약 구하는 바가 있다면 처처에 탐착하여 필연코 구하여도 얻지 못하는 고통을 받을 것이고 구하는 바 없으면 어떤 고통도 없게 되고 대 자재(自在)를 얻게 된다.[167](필자역)

칭법행- 법성의 체에 맞는 행법, 진공(眞空) 진리에 입각한 수행법을 말한다. 곧 사람의 본성(本性)이 맑고 깨끗하다(淸淨)는 이치에 입각하여 자리이타(自利利他) 행을 실천하는 것을 말한다.

---

166) 수연행(隨緣行) : 謂衆生本無我, 皆由業所轉, 苦樂兼受, 皆從緣生. 擧凡報榮譽, 哀苦憂惱等事, 皆過去宿因所感, 緣盡還無. 明此得失隨緣, 心無增減, 冥順於道, 稱爲隨緣行 『불광대사전』 7 p6355

167) 무소구행(無所求行) : 謂旣已發心, 卽不求一切世間慾樂, 名聞利養, 除上求普리, 下化衆生之外, 別無所求之태態度與行, 稱爲無所求行. 有所求, 則處處貪着, 必有求不得之苦, 若無所求, 則無諸苦, 得大自 『불광대사전』 6 p5093

보리달마(菩提達磨)

이병석

개개비 풀빛 노래 쌍돛 올려 높이니
꺾어 띄운 갈댓닢 강물 가르네.
발 아래 실물결이 길러 만첩첩
피워 부풀리네. 기쁨

살아 생생 외 짝 미투리 꿰어 매고
총령(葱嶺)168) 숲길 지나 서쪽으로 가는
달마를 보았다는 송운(宋雲)169)의 말에
공연히 빈 무덤 파헤쳐
찾아 던져 버렸다네. 외 짝 미투리

확연무성(廓然無聖)170) 한 마디에
말길 이미 끊어지고
눈 한 번 껌뻑할 새
아홉 해 흘렀다 하는건가?
세월이 멎은 것을

동으로 온 적 없거늘
어이 서론들 간단 말가
허공을 바라보매
흰 구름 너울너울
무심한 춤결이여.

---

168) 확연무성 : 분명코 성인이란 없는 것
169) 총령 : 파미르(pimir) 고원
170) 송운 : 북위(北魏)의 사신 인도에서 경전을 가지고 중국으로 왔음. 오는 도중 이미 열반하여 시체를 웅이산(熊耳山)에 묻었다는 달마가 총령을 넘어가는 것을 분명히 보았다고 했다

5. 대자은사와 대안탑

- 한역대장경의 발원지

옛 서울 장안을 내려보는 대안탑. 현장법사가 모셔온 부처님 사리와 경전을 안치하였음. 기단 1면 42m 높이 52m

대자은사(大慈恩寺)- 당 태종의 태자, 뒷날의 고종이 그의 모후 문덕황후(文德皇后)에게 은혜를 갚는다는 효심의 발로로 지은 큰 절로 당시 천팔백여 간이었다니 그 규모를 짐작할 수 있다. 실크로드의 종착지였던 장안에 자리 잡아 동서 문화 교류의 중심적 역할을 하였다. 18년 전 처음 이곳을 찾아 왔을 때 대안탑이 멀리 내다보아 내 눈시울 뜨겁게 해 주던 기억이 생생하였다. 그때 무슨 불사가 있었던지 독경소리 낭랑하고 맹발소리 별알을 굴리는 것 같아 감격스러웠다. 법당은 그리 웅장하지 않아 보였고 오래된 바닥은 검은 벽돌을 깔았는데, 발길에 홈이 파여 벽돌 하나에 물 한 대접은 고일 것 같았다. 일곱 번 절하고 일행들 뒤 따라 가려니 마음 바빴다.

이번에는 아예 일행들 법당에 들릴 틈도 주지 않고 안내원이 대안탑으로 안내했다.

대안탑(大雁塔)- 어느 해 추운 계절 기러기가 날아가다가 무슨 연고 있었던지 대자은사 도량에 떨어져 죽었다고 했다. 그래 그때 그걸 본 스님 중에 구워 먹자 하는 사람이 있었고, 또 한 스님은 불쌍하니 묻어주자고 했다. 높이 하늘 멀리 날아다니던 기러기의 넋을 달래어 땅 깊이 묻고 그 위에 탑을 쌓아 대안탑, 곧 큰 기러기 탑이라 이름 지었다고 했다.

불기 1195년, 서기 652년에 현장삼장(玄奘三藏)법사의 삼태기로 이 탑을 세웠다는데 기단 각 면의 길이가 42m 높이 52m 7층 전탑(磚塔)이라 했다. 현장삼장법사라 하니 현장과 삼장이라는 두 인물을 말하는 것처럼 잘 못 알고 있는 사람들이 더러 있는 것 같아 군말을 덧붙인다.

삼장(三藏)이란 경장(經藏), 율장(律藏), 논장(論藏)을 아울러 이르는 말로, 경장이란 석가여래 부처님께서 중생들의 어두운 마음을 밝게 열기 위해서 설(說)하신 경전의 갈무림(藏)을 말하는 것이고, 율장이란 깨달음을 얻고 지켜야 할 도리를 행하여야 하는 실천 규범을 갈무림한 것을 말하는 것이며 논장이란, 경과 율의 갈무림을 논구(論究)하여 보다 알기 쉽게 또는 구체적인 예증(例證)을 논리적으로 펼쳐 갈무림한 것을 말한다. 이것은 석가모니 열반 뒤에 대덕스님들이 스스로의 깨달음을 바탕으로 하여 전개한 것들을 말한다. '장(藏)', 여기서 말하는 '갈무림'의 범주에 속하는 말씀이나 글이 되기 위해서는 반드시 진리를 깨달은 사람의 말씀이나 글이라야 한다. 아무리 해박한 지식과 아무리 명석한 두뇌를 가진 사람의 말씀과 글이라도 깨달음의 바탕 위에 전개되지 못했다면 '장'또는 '갈무림'의 범주에 들지 못하는 것이다. 그것은 단순한 논(論)일 뿐인 것이다. 덧붙여 말한다면 신(神)도 깨달아야 하는 존재이다. 깨닫지 못한 신의 말씀과 글이 경 · 율 · 논 삼장의 범주에 들지 못하는 것은 지극히 당연하다 할 것이다.

삼장이란 그렇게 중요하고 보배가 되므로 달마 곧 법의 보배라는 뜻으로 법보(法寶)라 일컫는 것이다. 8만 대장경을 봉안한 해인사를 법보종찰(法寶宗刹)이라고 하는 연유가 거기 있다.

일상생활에 빗대어 비근한 예를 들자면 경장이라고 하는 냉장고와 율장이라고 하는 냉장고가 있다면 두 냉장고에는 사람이 마음과 정신적으로 먹고, 나를 가장 나답게 만들어 줄 수 있는 갖가지 영양소와 필수품들이 갈무리되어 있다면, 그 영양소와 필수품들의 구성요소라든가 복용법 또는 그 효과에 대해서 여러가지로 분석하고 복용 절차와 같은 구체적인 활용법을 갈무려 두는 것을 논장이라 할 수 있을 것 같다고나 할까. 이만 군말을 맺을까 한다.

현장(玄奘)스님은- 왕유, 이백 보다 약 100여 년 전에 태어났다. 현장스님은 25-6세 때 인도로 들어가 인도 전역 일곱 나라를 주유하며 설법하여 모든 국왕들의 추앙을 받고 헬 수 없는 진보들을 공양 받아 십수 년 만에 당으로 돌아왔다. 불기 1189년 서기 641년 귀국길에 오른 현장스님은 거국적 환영을 받았다고 했다. 그리하여 인도에서 모셔온 석가여래 진신사리(眞身舍利) 1만 과와 경전 74부 1,300여 권을 대안탑에 봉안해 놓고 경전들을 한역(漢譯)하였다고 했다. 그때 신라 문무왕 때의 스님 원측(圓測)이 위주가 되고 현장스님의 법제자 규기(窺基)스님 등이 참여했다고 했다. 대자은사에서 멀지 않은 곳에 흥교사(興教寺)가 있다. 거기 뒤뜰에 현장스님 원측스님 규기스님을 모신 탑 셋이 있다. 이번에는 성지순례(聖地巡禮)차 온 것이 아니기에 다음 기회에 참배하기로 할 수 밖에 없었다. 몇 년 전 세 탑 앞에서 불자들이 모여 기도한 적 있었는데 세 탑 중심에 현장스님 탑 그 왼쪽에 원측스님 탑 그 오른쪽에 규기스님 탑이 모셔져 있었음을 알 수 있었다. 불보살을 모실 때 중앙에 주불 또는 주보살을 모시면 그 왼쪽에 으뜸 보처 그 오른쪽에 다음 보처 보살을 모시는 것이다. 생각해보면 원측스님은 현장법사의 상좌가 아니었지만 왼쪽에 그 탑이 모셔져 있다는 것은 그만큼 경전 번역 사업에 으뜸 역할을 하였다는 증거라 할 것이다. 들은 바 원측스님은 범어(梵語) 곧 인도 말에도 능통했다는 것이다.

당나라 때 과거 시험에서 장원급제한 한 사람만 대안탑을 오를 수 있었는데 백낙천이 가장 어린 나이로 탑에 올랐다는, 대안탑에 관한 조그만 옆가지 이야기를 안내원이 들려주었다. 대자은사에는 현장삼장스님의 전기「자은전 · 慈恩傳」과 현장스님의「대당서역기 · 大唐西域記」, 명상(明祥)의「대당고삼장현장법사행장 · 大唐故三藏玄裝法師行狀」등 서책이 있었다고 했다.

탑의 형세 땅에서 솟아난 듯
외로이 높아 하늘에 우뚝하다.
위에 오르면 세계를 뛰어난 듯
돌층계 허공에 서리어 있다.

탑세여용출　고고용천궁
塔勢如湧出　孤高聳天宮
등임출세계　등도반허공
登臨出世界　磴道盤虛空

여고적설거등자은사부도(與高適薛據登慈恩寺浮屠)
잠삼[171]이 지음.

잠삼은 두보보다 세 살 아래라 했다. 호방파 시인이라 일컫는 그의 대안탑을 노래한 첫 구절을 인용해 보았다.

필자 또한 대안탑과 현장법사 동상을 바라보며 느낀바 있어 잉크 한 점 떨어뜨려 본다.

대안탑 바라보며

이병석

화려했던 비단 꿈 안은 채
옛 장안 쓰러진 지 오래이고
가벼이
천년 벗어 내리고
또 한 천년 벗어 내리려고

우람한 그 모습
대안탑 옛터 굳게 눌러 서서

---

171) 『唐詩全書』 金達鎭 역해, 민음사, 1987

하늘 높여 이고 있네.

먹고 살기 좋아
육신이 편해진 중생들
마음 닦는 일 애써 저버리고
교활한 지식 잔뜩 채운 머리 들어
웃음 뿌리며 구경거리 찾아 나서네.
편리에 편리를 좇아 질주하는 모습들
파멸이 엄습해 와도 아랑곳하지 않고
어제도 오늘도 마음 흩뿌려 쏘대네.

육환장(六環杖)[172] 세워 짚고
현장삼장법사(玄奬三藏法師) 내려 보는 큰 거리
언제부턴가 철없이 내달리는
개똥가제 무리무리 쏟아지네.
밤낮 없이 쏟아지네.

별 지고 햇님 솟아
맑아지는 가을 하늘 끝
대안탑 휘안아 두를 꿈에 겨워
구름 하나 설핏 잠에 빠졌네.

---

172) 육환장(六環杖) : 깨달음을 얻은 큰 스님이 짚고 다니는 지팡이, 지팡이 머리에 여섯 고리가 달려 있는데 여섯 고리는 육도 곧 깨달음을 얻기 위해 불철주야 수도 정진 해야 되는 여섯 가지 수행법을 상징하는 것이다. 그 첫째가 보시(布施- 베푸는 수행), 두 번째가 지계(持戒- 계율을 지키는 것), 인욕(忍辱- 억울하고 욕된 것을 참는 것), 정진(精進- 힘써 노력하는 것), 선정(禪定- 마음에 중심을 잡아 산과 같이 흔들리지 않는 것), 지혜(智慧- 모든 알음알이를 떠나 무념무상의 바탕에서 어디에도 걸리지 않는 만고진리를 터득하는 것)를 상징하는 것이다. 육환장을 가지고 쿵쿵 땅을 짚어 걸어가면 숲 속의 작은 미물들이 밟혀 죽지 않고 피하도록 하는 역할을 하기도 한다. 여섯 고리가 달린 지팡이기에 육환장이라 하는 것이다

5부

발길, 은빛 날개에 맡기고

막고굴 앞에서 글벗 일행들

아직 금빛 바람 불어오지 않아 따갑기만 한 날의 한 때, 손수건 뜨겁게 적시며 한나라 소무(蘇武)가 띄워 보냈다는 안서(雁書)를 생각하다가 서안 정서 몰아 은빛 날개에 싣고 돈황으로!

우는 모랫산[명사산]이 하늘에 날 세운 진기한 모습과 오색 모래에 빛나는 감회를 펼쳐 보고 낙타 등에 올라 대상(隊商)된 느낌을 맛보기도 하고 백 길 높이 모랫산 올라 쏜살 같이 아찔아찔 쏟아져 내리는 썰매타기, 비스듬이 모래 위에 누워 깔리는 석양을 가로질러 차타고 내달리다가, 월아천에 얽힌 전설과 신비담을 엮어 보았다.

한 덩어리로 굳어진 돌산에 천년 넘어 구구각각 크고 작은 굴을 파고 수많은 불상을 조상, 그림 그려 넣은 보배산 막고굴의 몇 곳 참배 관람한 감회를 글과 시로 적어보았다. 거기 그림 5m 높이로 이어 펼치면 40~50km에 이른다 했다.

1. 옛 장안 떠나 돈황으로

가을 오기 전 서안의 하늘 밑은 유달리 따갑게 느껴졌다. 사막으로 떠나기 전 여백의 시간, 어디론가 한없이 떠밀려 나가야 할 것 같은 야릇한 느낌이 밀려들고 맑고 차갑기 한량없을 바이칼 호에서 이십여 년 간 기막힌 유폐생활을 해야 했던 한나라 소무(蘇武)의 고사가 떠올라 몇 자 적어본다.

따가운 이국 하늘 아래서

이병석

어느 명경알 빠져 나왔을까?
가장 맑게 찰랑찰랑 땅 위에 고여
헴 잃은 빛의 단세포를 마시며
온몸으로 반짝반짝 비늘 밀치고 있을
바이칼호는 아직 얼음 덮고 누울 뜻 없을지니
끊임없이 망각(忘却)을 저어 노니는
기러기 발 아무리 붉혀 있어도
아직 편지[173] 매달릴 때 아니라서

---

173) 편지(안서·雁書) : 전한(前漢) 7대 무제 때, 흉노로 포로 호송차 사신으로 갔던 소무(蘇武)가 선우(單于- 추장)에게 잡혀 북해(바이칼호) 근처에서 19년간 유폐 생활 하던 중, 기막힌 사연 편지로 써서 기러기 발에 편지 묶어 날려 보낸 것을 한나라 소제(昭帝)가 기러기를 쏘아 그 편지 읽었다는 고사 『故事成語辭典』

안타까움만 하늘 터칠 것 같은 때라서

남녘으로, 조금씩 조금씩 더 남녘으로
몸을 늬우며 까마귀[174] 날갯짓 쉴새 없이
누우런 금가루, 금가루만 뿌려댄다.
가장 욕심 많은 때의 중화대륙
하늘 왜 이리도 따가울까?
다 버린 마음 바다 멀리 건너와
세계의 옛 서울 천년 변두리
일 없이 땀 흘리고 선 가슴으로
맑디 맑은 그 호수 바람 잔뜩 안아
야릇한 물결 위에 서늘한 비늘 떼
은빛 은빛 잔뜩 밀어들고 있다.

9월달 옛 서울 서안 하늘에
쏟아지는 볕살의 폭격 아래서
손수건들 여기 저기서 적시던
배달의 글벗들 드디어 바퀴 위에
몸 실어 웃음 머금고 달려 공항에
내려 다시 은빛 새에 올랐다.

학원사, 단기 4315(서기 1982), p592, 『동아백과사전』 17 단기 4319(서기 1986), p467, 같은 책 19, p612.

174) 까마귀 : 해 안에 있다는 전설의 금까마귀, 『동아백과사전』 27 p620
'일중 금가마귀 가지말고 내 말 들어'- 노진, 『시조대전』 심재완 편, 일조각, 단기 4317(서기 1984), p634

만 구비 돌아 오는 낙타 떼

이병석

설레어 뛰는 스물두 가슴 붙안은
배달의 글벗들[175] 태워 모신 은빛 새 한 마리,
기쁨은 이끼 올올 숨은 돌 푸르고
슬픔은 삭아내려 성벽에 골이 진
넓으나 넓은 땅 옛 서울 장안 모퉁이에
덩그렇게 대안탑 꽂아 둔 채
조심조심 밀쳐내고 날개 띄우면

돈황이여, 모랫벌에 오직
꿈길 거슬러 더듬는가?
천년 잊어버린 그림 속으로
무리무리 구불구불
낙타 떼 몰려 온다.
입에 입에 생명주(生命紬) 거품 물고
만 구비 돌아온다.

---

175) 스물 두 글벗 : 한국문협 회원 22명

피어오르는 적막 한 송이

- 옛 장안 밀쳐 날으는 오후

이병석

어느 산자락 겨드랑에 숨어 살다가
정갈한 삶의 꼭지 떨구고 간 넋이
이름 묻혀 까맣게 잊혀진 즈믄 해
또 즈믄 몇 해 삭아 내린 뒤일까?

어느 산자락 겨드랑에
어린 바람 돌아 앉아
삭아 내려 잊혀진 옛일을
풀빛으로 뽑아 올렸는가.
실대궁
실대궁에 얹혀 피는
들국화 외따른 그 몸짓
감돌아 하늘 먹고 올라
내 눈 가득 맴돈다.

자은사(慈恩寺) 대안탑(大雁塔) 높이 손 흔들어
옛 장안 글썽, 멀어지는 오후
한 송이
하늘 먹고 노오랗게
피어 오르는 적막이여!

대상을 흉내내며 가는 낙타 행렬

9월 6일 오후, 그 옛날 마지막 흰 거품 입에 물고 기나긴 낙타 행렬 들어오고 있었을 장안 옛 서울, 화려했던 그 꿈 안고 쓰러져 누워있는 도시를 뒤로 밀어내고, 척박하여 삶을 이어 가기 어렵고 살벌하여 목숨을 담보로 하여 살아갔을 서쪽 변경을 향하여 중국 국내선 비행기는 미끄러져 날아갔다. 계절의 마지막 의상을 갈아입히기 위하여, 산 것들의 서글프고 난해한 정식(情識)을 밖으로 표출해 내는 진지한 마당을 열치기 위하여, 멀리서 가만가만 다가오고 있는 가을.

꽃구름 피우던 원대한 꿈도 말끔히 걷어내 버리고 어른어른 마음 조려오는 계절의 투명한 푸른 막을 뚫으며 한 마리의 새처럼 은빛날개 반짝이며 CZ6896호는 미끌어져 갔다. 넓디 넓은 대륙 날아 갈수록 인가는 드물어지고 자연이 때묻지 않은 본래의 제 모습으로 푸른 숨결 넘실대나 싶더니, 부산 서울 거리의 왕복이나 될 만큼 날고도 더 날아가자 비로소 죽음 잔뜩 길러 온 사막이 숨죽여 망망히 뻗어 들었다. 타클라마칸 사막(Taklamakan desert)이라 하였던가. 위구르 말로 '들어가면 나올 수 없다'는 뜻을 지닌다 했다. 중국신장 웨이우얼(新疆維吾爾) 자치구 타림분지의 사막인데 중국문자로 '塔克拉馬干(타클라마칸)'이라 표기하고 있다.

높이 100m 안팎의 크고 작은 모래 언덕이 이어지고, 그 언덕들 바람에 밀려 이동하기 때문에 교통상 큰 장애가 되고 있다고 했다. 겨울철의 혹한과 여름철의 혹서로 유명하고[176] 거친 토양과 기후 변화의 큰 차이 때문에 생물이 적응해 살아가기가 매우 어렵다고 했다.

돈황 공항

176) 『돈황과 실크로드』 화사문화예술출판사, 2007, p30

타클라마칸* 사막 위로 날며

이병석

어느 주검 이리 크게 쓰러졌을까?
썩은 살 바람에 날려 보냈을까?
시달려 만년 되는대로 툭툭 불거져
솟은 뼈다귀 산으로 굳어지고
검칙한 그 기세 너무 엄하여
귀신 하나 깃들지 못하리.

용납의 살 한 점 없거니
어느 뿌리 한 올 내리지 말라는
무쇠 같은 경고의 그 입다물음
뉘 있어 방긋 열어 보일 것이랴.

나무, 풀대궁이 씨알 하나 떨군다면
지긋지긋 죽음보다 더 질긴 인고의 줄기에
살찐 열음 한 알 맺지 못하리.
땀이란들 눈물의 짠 맛 거절된 이 곳
세월의 의미 멎어버린 여기
잘 못 들어선 구름 재가 될 뿐
영화의 웃음 한 번 없었나니
멸망의 비애도 없어라.
여기, 계절의 빛 빚어낼 엄두 접기에 쫓겨
똥그래지는 해 혼자 비켜 간다.

---

* 타클라마칸 사막 : 돈황막고굴이 있는 사막 이름.

얼마나 날아 갔을까? 졸음 잠간 밀쳐내고 아래로 내려보니 검붉은 사막 한가운데로 재빠른 거미처럼 무엇엔가 쫓겨가는 듯 살같이 달려가는 것 있었다. 신기하고 의아하여 다시보니 실 같은 선을 따라 내달리는 그것 자동차였다.

'들어가면 나올 수 없는 곳'을 신족통(神足通)을 얻지 못한 내가 두 발로는 걸어 들어갈 수 없었기에, 비행기라는 희한하고 편리한 큰 새를 타고 배달의 글벗들 함께 꿈 같은 비상을 해 갈 수 있었다는 것은 생각만 해도 가슴 설레는 일이었다.

푸른 숲 다가오고 숲 속에 인가가 보이기 시작하더니 조금 뒤 드디어 돈황 활주로에 내렸다. 옛보다 좀 더 길어지고 다듬어진 듯 트랩을 내리니 돈황(敦煌)이라는 금빛 글이 높이 박힌 공항 건물이 우릴 맞아 주었다. 화려하다거나 웅장하고 번잡한 맞이가 아니어서 좋았다. 그래도 초라하기 그지 없었던 것이었다고 생각되는 18년 전의 모습과는 확연히 달라졌으리라 생각하며 문을 나와 눈부신 돈황 햇빛을 다시 만났다.

2. 명사산鳴沙山

명사산 표지석 옆에서

푸른 나무들이 옛 같잖게 많이 늘어서 있었다. 사람들의 발길이 그만큼 많이 오간다는 말이 될 것 같았다. 길도 포장되어 오히려 옛 밟아 보았던 퍽퍽한 황토길이 그리워졌다. 차 바퀴 얼마 구르지 않았는데 희누런 모랫산이 다가서며 강산이 두 번이나 변한 뒤의 옛 웃음을 띄워 던져 주었다. 나도 다시 만나 하 기쁜 마음 반이나 선뜻 던져 주고는 어울어 웃음 머금었다. 아직 기울었다 하기엔 조금 이른 해가 따갑게 내려 보기에 볕가리안경을 끼었더니 무척 시원하고 모랫산 보기 새로웠다. 글벗들 모두 즐거워하고, 할리우드의 세트장에 나선 배우들이라도 된 것 같이 들뜬 마음 아무도 가라앉히려 하지 않았다. 내 잘 못 들었을까? 관광객들의 들뜨는 마음을 싣고 나를 낙타가 6백 마리가 된다고 하였다. 불과 여남은 마리나 되었을까 싶은 옛 생각을 하니 폭발적인 늘림이라 여겨졌다. 그만큼 중국이 살 만하게 되고, 한국 일본 관광객들이 많이 찾아오기 때문이라 생각됐다. 낙타 타 볼 뜻이 있는 사람들을 별도로 세워 조를 짜고, 붉은 물감을 들인 비닐 마대통 같은 긴 신발을 신게한 다음 꿇어 앉은 낙타를 타게 한 뒤 떨어지지 않게 조심스레 일어나 줄줄이 길을 나서는 것이었다. 우리 조엔 내가 맨 앞에 탔다. 내 앞엔 안내자가 탄 낙타가 있었다. 발걸음에 맞춰 약간씩 두 발 흔들며 자세를 들썩거리면서 가면 타 볼 만한 재미가 있었다. 대상(隊商)이 없어진 지금 낙타가 최소한의 노력으로 먹고 사는 길이 되고 낙타 몰잇군들은 돈벌이하는 수단이라 생각했다. 솥뚜껑처럼 발바닥 넓게 퍼져 있어, 엉겨붙을 힘 지니지 못한 모래를 흩어지지 않게 밟고, 실개울 한 가닥 흐르지 않는 끝모를 사지(死地), 어쩌다 씨앗 잘 못 떨어져 죽을 듯 타드는 목으로 이슬 한 방울 기다리다 검불처럼 말라 비틀어진 애작은 나무를 지나치며, 천리 만리 죽을 때까지 헤매 다녀야 하는 낙타, 하더나 큰 고달픔에 땅으로 처져 구부러진 걸까. 구부정정한 그 목 앞에 슬픈 얼굴 삐죽이 내밀어 있었다. 내가 탄 낙타 양 옆구리에 붙여 준 팻말의 붉은 글씨 244는 피같은 슬픔의 표지(標識) 같았다. 죄목 없는 형벌의 붉은 숫자를 달고 모래 비탈 이리저리 돌아 올라갔다가 내려오는 길, 서걱거리는 모랫소리는 얄랑 부는 바람소리에도 천녀(天女)의 의상을 휘날리듯 그 비애 하늘을 휘감았다.

낙타 등에서

- 낙타여 사람으로 태어나

이병석

끝없이 쌓였어도 정 한 번 얽혀 굳지 않고
부드럽게 서걱서걱 죽음만 속삭이는
사지의 이곳, 한 점 구름도 발 들이지 말지니
여러 만 년 흘러가도
여러 천 리 하나로 펼쳐 간

그 모래 밟으며 쌓인 업(業)
솥뚜껑같이 넓어진 발로 끝없는 걸음 걸음
자손 만대 뚜벅뚜벅 이어 내리는
네 발 밑에 피어나는 죽음의 여운
무슨 일로 죽음과 겨루어 목줄기 높이다가
이슬방울 바라며 타들어 가는
나무 풀 무심한 듯 지나칠 때
등 위에 흉물로 솟아오른 혹물통을
내심으로 조금씩 핥아 내리며
구태여 끌고 가는 인고의 업덩어리

그 고통 하더나 커서 땅으로 휘어지는
목줄기 구부정정 올려 세우며
끊임없이 하얀 비애를 갈아 씹는다.
구름의 재 부스러기 눈에 담다가
하늘 삼키는 모랫 바람에 그 눈 감추던
돈황의 울모랫산(鳴沙山) 누우런 비탈에서
오늘은 슬픈 등 위에 나를 얹어
거슬러 건들건들 그 옛 속 걸어 든다.

울모랫산 해 넘어가 검은 그림자 깃들 때
나그네 심정 소슬 바람에 쓸려가고
누런 빛 모래 어둠 덮고 눕는 가을 저녁
붉어지는 곳 열여드렛달 솟아 오를지니
지장보살님께 내 간곡히 비노라.
'낙타여 사람으로 태어나 착하게 살거라.'

낙타를 타고

사막의 황혼을 배경으로

우리들은 낙타에서 내려 지프차를 개조한 듯한 차를 타고 울모랫산 등 너머로 신나게 달려 양지바른 곳, 기우는 울모랫산 볕살 속에서 하릴없이 서성대다가 사진을 찍고 난 뒤, 황량한 사막 한가운데서 석양을 맞아 별난 즐거움을 나누었다. 큰물 빠져 나가고 마지막 삶을 애걸하는 송사리 떼의 절실한 몸부림을 가두고 목 말라 가는 웅덩이 속의 빨탕처럼, 자작거리는 한 뼘 볕살을 내려보며 울모랫산 서쪽 봉우리에 걸린 가을 해 혼자 두고 다시 달려 내려왔다.

썰매를 탔다. 울모랫산 8부 능선까지 올라가 플라스틱으로 만든 삼태기 비슷한 것을 타고 살같이 내리 쏟는 것이었다. 햇빛 있었으면 불꽃 튀는 모습 보였을까? 가을 들어 이미 백로, 더구나 햇살 없어진 시간이었기에 그런 진경 기대하는 건 무리였을 것이다. 절실하고 다급한 울모래의 아우성을 쏟으며 배달 글벗들 짜릿짜릿한 긴장의 한때를 즐겼다.

울모랫산(鳴沙山), 남북 20km, 동서 40km로 특히 해질녘 절경은 사람들 마음 사로잡고, 성하(盛夏)에 바람불면 부딪혀 나는 모래들이 불꽃 튀기고 그 소리 우레같다고 했다. 동한말(東漢末) 기원 220년 「신세삼진기」 라는 책에 '명사산 절 짓고 장생 빌어 꽃숲에서 님 만났네, 유정한 이합화 바람찬 독요초 얼시구 절시구 풀을 잡게나.'라는 노랫말이 있음을 보아 이미 고대로부터 돈황 울모랫산은 정감 감도는 인정의 고장으로 화사하게 빛나고 있었음을 짐작해 볼 수 있을 것 같다. 가벼운 바람 일면 왼 산이 관현악을 연주하는 듯 야릇한 노래소릴 울린다 했다. 폭풍 몰아치면 밤과 낮을 삼켜버리는 흙 먼지를 내 본 적 있다. 그럴 때 천지가 무너질 듯 천둥소리 들린다 했으나, 18년 전 그 날 돈황에 도착했을 땐 신열이 나고 숙식도 제대로 못해 그랬던지 그런 소리 들었다는 기억은 나지 않는다.

울모랫산(鳴沙山)은 홍, 황, 록, 백, 흑의 5색 모래가 쌓여 이루어졌다고 했다. 백, 황, 홍 3색은 납득이 가지만 5색이란 얼핏 인지 되기 어렵지 않을까 생각되었다. 「돈황록 · 敦煌錄」에 '명사산 성하에 운다. 사람과 말이 모래를 밟으면 소리 울림이 수십리에 들린다. 바람부는 단오날 성중의 자녀들이 모두 높은 봉우리 밟고 올라 일제히 미끌어져 내리면 그 모래 소리 우레같이 오랫동안 그치지 않았고 그로하여 그 감동이 긴 세월 지나도록 사람들을 떠나지 않았다고 했다.' 돈황시 환경보호국이 현장에서 측정한 결과 그 울림소리 최고 82.5데시벨이라고 했다는[177] 사실을 적고 있다.

명사산 정경

177) 『영원적 돈황 · 永遠的敦煌』 감숙 인민문화출판사, 2006, p84

울모랫산[鳴沙山]에서

이병석

슬픔 그렇게 쪼개고 쪼개면 다섯 빛
모래란 모래로 다 모여 쌓이는가?
높이 일어서는 율법 절로 준엄하여
칼보다 날카로이 하늘 저 푸르름에
서리어 알 수 없는 비밀
내갈라 쏟아내리려 들었을까?

실낱 같은 한 나올 삶도
용납하지 않거니
죽음이란 망념이 싹트지 못하는 곳
삶과 죽음, 먼 곳 시집 장가 들었다네.
오순도순 만화방창 잘도 꾸려 가더라네.
지금 더러 여기 와서 놀다 가도 좋을 것을

지금 더러 여기 와서
세상에 없는 묘한 울음 들어
세상에 시달린 설음 잊고
지금 더러 여기 와서
세상에 없는 묘한 불빛 보아
세상에 어지러운 불을 끄고
지금 더러 여기 와서
천둥쳐 무너지는 살갗 타내려
액(厄) 쏟는 세상일 모두 잊어 볼 것을

3. 월아천月牙泉

명사산 월아천

해는 이미 모랫산 너머 숨었고 삼삼오오 골짝 들어 월아천 만나러 갔다. 골짝 찾아 들수록 모랫산 양쪽으로 더 높아지는 듯 저녁 그리매 짙어지려는데 파란 물 검은 빛을 띠기 시작하고 바람기 있어 물결이 일고 있었다. 금세 모래에 파묻혀 흔적 조차 없어질 것 같은 좁은 골짝에 그렇게 맑고 푸른 샘이 수천 년 뻗어 있다는 것은 신비하기 그지없는 일이라 할 것이다. 바람 불어 천지가 파묻혀도 이 샘에 모래 한 알 날려 들지 않는다니 자연의 조화가 바로 신비 그것이라 할 것이다. 꼭히 말하기는 어렵겠지만 서쪽 하늘의 너댓새 되는 달 모양을 하고 있는 것이라 짐작되었다. 월아천이 만약 메마른 쪽박이라면 왼쪽으로 물을 담게 되어 있는 것이다. 샘에는 신비한 고기와 풀이 살고 있다고 했다.

사서(史書)에 명사산 중에 샘물 있어 모래우물(沙井)이라 부르며 모래 날아들지 않고 물맛이 단샘(甘泉)이라 한다고 했다. 바람 불면 모래산 산등성이를 따라 휘감아 하늘로 올라가지만 이 샘물에는 모래 먼지 전혀 날아들지 않는다고 했다. 거기에는 철배어(鐵背魚)가 있어 의아스럽고 진단하기 어려운 병을 고치고 칠성초(七星草)가 있어 양기를 북돋우므로 월천의 보배(月泉之寶)라 한다고 했다.[178]

천년 마르지 않는 샘, 남북 길이 100m 동서 길이 25m로 동으로 갈수록 깊어져 가장 깊은 곳이 5m라 했으니 샘이라 하기엔 엄청 크고 못이라 하기엔 조금 작다 할 것 같았다. 맑은 물, 딴 곳도 아니고 생명이 거부된 곳, 짝 없이 변화 부리는 울모랫산(鳴沙山) 좁기만 한 골짝에 깊이 자리하여 천년을 맑다랗게 단물 고여 있다니 얼핏 이해하기 어려운 신비의 샘이라 하지 않을 수 없었다.

옛 전설에 '돈황이 갑자기 황량한 황무지로 변하자 어여쁘신 어느 선녀가 슬픔에 못이겨 흘린 눈물이 샘으로 고였다. 그 샘 안에 초승달 던져 빛을 찾게 했다.'[179]는 얘기가 있다.

바람 자고, 고요한 샘물, 명사산 저녁빛 검깊이 젖어 내리고 있었다. 골짝 걸어나와 단체사진 찍고 산 한 번 더 돌아 본 다음 돌아와 족욕을 했다. 앳된 소녀 넷이 들어 왔다. 한창 귀염받고 자라야 하는 나이에 힘든 일 해야 하는 아이들이 가련했다. 그래 나는 메모지를 꺼내어 한문으로 적어 계속 읽게 했다. 그래 마칠 때까지 웃는 것이 일이었다. 별도로 팁을 주었다. 태양촌(太陽村)이라는 호텔로 돌아와 피로를 다스렸다.

178) 위의 책 p85
179) 『돈황과 실크로드』 p28

월아천을 내려보며

울모랫산[鳴沙山] 속 월아천(月牙泉)

이병석

푸른 이파리 하나 나울대지 않는 곳
바람 몰아 부는 까닭은, 때로
해 고스란히 눈 감겨 버리고
달 고스란히 눈 감겨 버리고
밤낮 없이 울모랫산 울어 울어
산 높이 모랫칼날 더 세우기 위해서일까.

깜깜 절벽으로 귀먹어 들고
하늘이 넋 나갈 때
땅 따라 넋 나갈 때

모래구름 더 높이 산 올라
번쩍이는 관운장(關雲長) 청룡언월도(靑龍偃月刀)보다
날카롭게 서슬 세워 세상 막고
흰 골짝 깊이 고여 천 년
살랑이는 외로움 오로지 지킴이어라.

어여쁘신 선녀 흘리어 고인 눈물[180]
푸른 반달로 고이 살아 가옵나니
세월 기꺼이 녹아든 그 바닥에 내려
일곱 별의 넋 풀로[181] 자라 너울대고
쇠도곤 굳은 마음 등 덮어 노니는 고기[182]
외로움 녹혀 먹고 세월 한껏 즐거워라.

꿈 찾아 드는 길에 만나면 초승달[183]
외떨어진 밤 고요 뿜어 짙은 어둠
달 속 깊이 별 잠겨 내리네.
검은 고요 덮고 잠든 울모랫산
울음 씻어 내린 하얀 꿈 속으로
별 잠겨 고운 월아천 안았네.

---

180) 그 옛날 화려했던 돈황이 황무지로 변하자 선녀가 슬퍼하여 흘린 눈물 고여 반달 같은 우물 되었다 함. 『돈황과 실크로드』 화샤문화예술출판사, 2007 p28

181) 일곱별의 넋 풀(七星草) : 월아천에 신비스런 칠성초가 있는데 사람의 양기를 도운다 함. 『영원적 돈황』 감숙인민문화출판사, 2006 p85

182) 고기(鐵背魚) : 칠성초 사이에 고기 있어 철배어라 하고 의아스럽고 진단하기 어려운 병을 고친다 함. 『영원적 돈황』 p85

183) 초승달 : 월아천을 앞두고 명사산으로 들어가면서 보았을 때의 월아천의 모습을 말함

꿈 기대었다 나오는 길에 만나 그믐달[184]
달 속 깊이 잠겨 들어 고운 별
실물결 떠나며 살랑살랑
은은히 부르는 노래에 새벽 푸르고
꿈 벗어 내리는 울모랫산
해 돋아 빛 올려 비추네.
높이 빛나는 울모랫산
월아천이 비춰 안았네.

184) 그믐달 : 명사산 골짝으로 들어갔다가 나올 때의 월아천의 모습을 말함

4. 돈황막고굴敦煌莫高窟

막고굴 입구

9월 7일, 호텔 식당엔 배달 글벗들 외는 손님이 없었다. 근 한 달 째 관광객이 잘 오지 않기 때문이라 했다. 거의 전 세계로 번져 유행하는 신종 인플루엔자 탓도 있지만, 신장 위구르 소요사태로 말미암아 돈황이 적막하다 했다. 그리 따갑지 않은 가을 사막의 아침 햇살 받으며 막고굴을 향해 달렸다. 팍팍했던 자갈길이 포장되어 있고 키 큰 버드나무들이 그새 많이 가꾸어져 있는 길을 차는 매끄럽게 달리는데 모두 마음들 들뜨고 있었다.

처음 왔을 때 아침 10시 쯤의 돈황 외곽은 이미 펄펄 끓어 온 천지가 푸른 바다처럼 출렁거리고 있었다. 오죽하면 여름철 아주 뜨거울 때 햇살 쏟아지는 열기에 못 이겨 모래알들이 떠 오른다 했을까. 그래도 아직 한낮 되어 갈 무렵이면 제법 따가운 햇살이 사람들을 그늘 밑으로 좇아 들이고 있었다. 그런데도 한결같이 마스크를 끼고 다니는 분이 있었는데, 평론가 오양호 선생이었다. 심포지엄 때는 그의 열변이 회원들을 모두 사로 잡았는데, 그 뒤로는 아예 말을 하지 않으려는 듯 따가운 햇살도 답답한 느낌도 철저한 선생의 위생관념 앞엔 아무런 의미가 없는 듯 보였다.

막고굴 정문 앞에서

막고굴 정문 앞 내 마음 경건해지고 설레는 가슴 가라 앉히며 안내를 맡은 연구원 한 사람과 사진을 찍었다. 김송배, 류종관, 서상만, 김년균, 황송문, 오양호, 제씨와 나 한 줄로 늘어서서 렌즈에 마음을 담았다.

서기 366년 낙준(樂僔)스님이 명사산에서 서광이 비치는 것을 보고 굴을 뚫기 시작했다고 했다. 북위, 수, 당을 거치면서 천 여 개의 굴을 개착하여 서역 불교의 성지를 이룩하게 되었다고 했다. 사막 높은 곳에 있는 굴이라 하여 막고굴(漠高窟)이라 하였다가, 어느 때부터인가 사막이란 뜻의 막(漠) 대신 말막자(莫)를 쓰게 되

었다고 했다.[185]

막고굴이 1991년 유네스코 세계문화유산으로 등재되므로서 세계의 이목을 끌어 들였다고 했다. 1900년 막고굴 도사 왕원록(王圓籙)이 장경동에 갈무려 둔 수만 권의 돈황 경서를 찾아낸 후 돈황학(敦煌學)이 출현하게 되었고, 서지적 연구는 물론 예술적 문화사를 연구하는데 있어서 수많은 돈황 유적들은 크나큰 열기의 연구자료가 되는 것이라 했다.[186]

1907년 영국의 A 스타인과 1908년 프랑스 P 펠리오에 의해 세계에 널리 알려지게 되었는데 안내자는 이들을 약탈자라 했다.

돈황석굴이 있는 산은 자갈 모래 진흙이 다져져 이룩된 한덩어리 돌산으로 거기엔 바로 조각을 하거나 그림을 그릴 수가 없는 산이다. 그래서 굴을 판 다음 천정과 벽면에 보드라운 흙을 이겨 바르는 방법으로 공간을 정비하고, 불상을 조상하는 데는 나무 골재에 풀잎으로 새끼를 꼬아 감은 다음 거기다가 강바닥의 질 고운 점토를 삼베나 모래 등과 배합하여 형상을 만들고, 그 위에 백토를 다시 입힌 뒤 거기다가 그림을 그리거나 금박을 입히는 방법을 썼는데 이런 방식을 채소(彩塑)라 한다고 했다. 돈황의 거대한 채소박물관인 막고굴의 천정과 벽면에 그려진 작품들을 5m 높이로 펼쳐 나간다면 25km에 뻗힐 수 있다고 했다.[187]

글벗 일행들은 연구원 안내로 **130굴** 앞에 섰다. 세계 3위의 대불이라 했다. 높이 35.5m 서기 695년 측천무후를 모델로 조성된 불상이라 했다. 의상은 왕의 용포 형태인데 당당한 모습의 거대한 불상, 그 앞에 굴종하기를 바라고 영원한 생명력과 완벽한 아름다

185) 『중국대륙의 문화』 3 동국대, 1990 p70
186) 『영원적 돈황』 p26
187) 『중국대륙의 문화』 3 p72

막고 130굴 대불(세계 3위)

움을 희구하는 무후의 간절한 염원을 의탁하여 불상을 조성한 것이라고 설명하였으리라.

148굴, 4천왕상(四天王像)이 있었다. 인간이 살고 있는 사바세계 위에 가장 가까운 하늘이 있는데, 거기 동쪽 하늘에 지국천왕(持國天王), 남쪽 하늘에 증장천왕(增長天王), 서쪽 하늘에 광목천왕(廣目天王), 북쪽 하늘에 다문천왕(多聞天王)이 있어 사마외도(邪魔外道)를 물리치고 불법을 옹호한다고 한다. 흔히 큰 절 입구에 조성되는데 그 키가 4.8m 정도라 한다. 이들을 호세천(護世天)이라고도 하고 수미산 중턱 4층급(四層級)을 주처로 한다. 모두 도리천(忉利天) 곧 제석천왕(帝釋天王)의 명을 받아 4천하를 돌아다니면서 사람들의 행동을 살펴 이를 보고하는 신이라 한다.

동벽 남측에 관무량수경변상(觀無量壽經變相)이 묘사되어 있고, 굴이 크고 여러 모습들이 방대하게 묘사되어 있었다. 무량수란 수명이 무량한 부처 곧 서방 정토 극낙세계의 아미타불을 이르는 말이다. 굴 남측에 비가 있어 775년 당대에 세워진 것으로 비 후면에 여래의 72 제자 이름이 새겨져 있고 BC 486년에 사라쌍수(沙羅雙樹)라는 두 줄로 늘어선 나무들 아래서 불멸했다는 기록이 있다고 했다.

152굴, 1,000여 년 전 송대에 조성되었다고 했다. 중앙에 다보불(多寶佛)을 주불(主佛)로 모시고 좌우에 문수보살(文殊菩薩), 보현보살(普賢菩薩)을 보처불(補處佛)로 모셨다. 다보불은 동방 보정세계(寶淨世界)의 교주로 '내가 성불하여 멸도한 뒤, 시방세계(十方世界- 동서남북 사유 상하 곧 十方의 입체적 세계) 어느 곳에서나 〈법화경〉을 설하는 곳에는 나의 보탑이 솟아나 그 설법을 증명하리라.'고 서원한 부처님, 석가여래가 영산에서 〈법화경〉을 설할 때 그 탑이 솟아 올랐다고 했다.

문수, 보현 두 보살은 석가여래의 좌우 보처로 세 분을 석가 3존불(三尊佛)이라 하는데, 문수보살은 보통 문수사리(文殊師利) 보살이라 하고 묘덕(妙德) 묘길상(妙吉祥)의 뜻이 있다. 석가여래의 왼쪽에서 협시하는데 지혜를 맡는다. 바른 손에 지혜의 칼을 들고 왼손에는 지혜를 상징하는 청련화(靑蓮華)를 들고 있다. 지혜와 용맹의 상징으로 사자를 타고 있는 모습으로 표현되기도 한다. 이미 성불하여 용존상불(龍尊上佛), 대신불(大身佛), 신선불(神仙佛)이라 하며, 미래에 다시 보견여래(普見如來)로 출현한다고 한다. 또는 현재 북방 상희세계(尙喜世界)의 환희장마니보적불(歡喜藏摩尼寶積佛)이라고도 한다. 이 부처님 이름을 들으면 4중죄(四重罪)가 없어진다 한다. 석가여래의 중생 교화를 돕기 위해서 권현(權現)으로 잠간 보살로 현현한 것이라 한다. 4중죄란 살생, 도적질, 사음, 거짓말을 말한다.

보현보살은 석가여래의 우협사(右脇士)로 이덕(理德), 정덕(定德), 행덕(行德)을 맡는다. 문수보살과 함께 일체 보살의 으뜸이 되어 여래의 중생 제도를 힘써 도운다. 중생의 수명을 길게 하는 덕이 있으므로 보현연명보살(普賢延命菩薩)이라고도 한다. 보통 흰 코끼리를 탄 모습, 연화대에 앉은 두 모습으로 현현한다.

여래(부처)를 세 가지 몸으로 분류하는데, 근원적으로 절대 불변인 맑고 깨끗한 그 체상을 근본불이라 하고, 그 체상의 덕상을 다 체득한 부처를 원만불, 다음으로 사무쳐 깨달아 천백 억으로 몸을 나툴 수 있는 응화불이 있다는 것이다. 석가여래는 응화불(應化佛)이다. 중생들이 고해에 빠져 떠돌아 다니는 현장에 출현하여 팔만사천 법문을 설하신 것이다. 석가여래와 다보불이 동시불은 아니지만 석가여래의「법화경」설법 현장에 다보불탑이 솟아 올랐다는 것은 부처와 부처의 경계가 시간과 공간을 초월하여 교감할 수 있음을 증명한 한 사례라 할 것이다. 석가여래의 좌우 보처인 문수보살과 보현보살이 다보불의 양 보처로 협시할 수 있음도 불보살의 경계가 획일적인 것이 아니라 무차자재(無遮自在- 곧 막힘없이 자유자재 함)함을 나타낸 것이다. 굴을 나올 때 연화문(蓮華紋) 정교하게 새겨진 바닥의 높은 예술성을 안내원이 설명해 주었다.

17굴, 16굴의 측실로 청나라 말기 덕종광서제(德宗光緖帝) 때 도사 왕원록이 쌓인 토사를 치우다가 벽이 무너지면서 발견된 것이라 했다. 소장 고문헌 5만 4천여 권이 있었는데, 한문을 비롯 티베트어, 산스크리트어, 고대 터키어, 위구르어 등으로 기록되었다고 했다. 문헌의 내용으로는 불경이 주류를 이루고 도교, 유교, 사적(史籍), 지지(地誌), 운서(韻書), 유서(類書), 역(歷), 본초(本草), 점복(占卜), 통속문학(通俗文學) 등 여러 분야의 문헌이 있었다고 했다.[188] 영국 고고학자 마크 스타인이 두 번에 걸쳐 고대 미술품과 경서류를 훔쳐 갔다고 했다. 그 뒤 프랑스의 동양학자 폴 펠리

188)『동아백과사전』10 동아출판사, 단기 4319(서기 1986), p61

막고 17굴 입구

오가, 그 뒤 일본인 오타니 고이즈가 경서류를 빼내어 갔고, 러시아, 미국에서도 수단을 가리지 않고 가져 갔다고 했다.[189)]

펠리오가 그때 혜초스님의 「왕오천축국전(往五天竺國傳)」도 가져 갔다고 했다. 「왕오천축국전」은 현장의 「대당서역기(大唐西域記)」, 의정(義淨)의 「남해기귀내법전(南海寄歸內法傳)」 「대당서역구법고승전(大唐西域求法高僧傳)」과 더불어 당시 세계적 4대 여행기로 손꼽힌다 했다. 그 책은 당시 서역, 인도는 물론 중근동 지방의 정세까지 담겨 있어 그때의 국제 정세 연구에 귀중한 자료가 된다 했다.

지금은 경전 1권 남겨지지 않은 텅 빈 공간에 홍변(洪䛒)스님상을 옮겨 안치해 놓고 있었다. 홍변스님은 당시 하서의 도통승으로 16, 17굴을 개착했다고 했다. 마주 그려진 두 나무 사이에 홍변스님 앉아 있고 좌협시의 비구는 물병이 걸린 나무 아래 둥근 부채 높이 들고 서 있었다. 우협시의 여인은 풍만한 체구, 볼에 살이 통통한 모습이 당시의 미인상이라고 보아야 하겠는데, 가방이 걸린 나무 아래 지팡이를 들고 서 있다.[190)] 두 나무는 대칭에 수렴하는 구도였고 두 나무를 타고 올라간 덩굴 줄기 있어 그 줄기

189) 『돈황과 실크로드』 p46
190) 『돈황과 실크로드』 p46 『중국대륙의 문화』 3 pp68~68

들 나뭇가지를 이리 저리 얽어 자연스레 밑으로 드리워져 있었다. 좌협의 나무는 길쭉한 타원형의 잎들로 연록색을 띠고 우협의 나무는 포도잎 비슷하게 갈라진 잎들로 연록색과 암록색으로 조화를 보이고 있었다. 좌협 나무의 마른 가지에 걸린 물병은 마치 관세음보살의 감로수병을 연상케 하는 것으로 길쭉하고 날렵하여 지혜스러워 보이고 우협 나무의 마른 가지에 걸린 가방은 넓고 안정감 있어 덕성스러워 보였다. 두 나무 줄기엔 유달리 옹이가 많고 구불구불 뒤틀려 오른 모습이 말해 주는 의미는 무엇일까? 시간과 공간의 역작용(力作用)에 대한 대응의 이정표라 할 수 있을 것이며, 밖으로부터 받아야 했던 갖은 어려움과 안으로 감돌아 들었던 온갖 고통과 고난의 흔적이라 할 수 있을 것 같았다. 옹이와 옹이 위에 새로운 가지를 치며 하늘 향해 뻗어나는 삶과, 깨달음을 향한 불굴의 의지, 그 끊임없는 표출이라 할 수 있을 것 같았다. 그러한 이정표와 의지의 표출로 뻗어난 등걸 위에 푸른 가슴 열고 하늘을 높이 품어 선 것이라 생각되었다. 그리하여 그 가슴 위 황금빛 하늘엔 쌍쌍으로 극낙새 날고 있었다.

죽어 꺾어진 가지엔 물병과 가방을 걸 수 있어, 살아 하늘 품는 일 못지 않게 제 역할 제대로 하고 있음을 볼 수 있었다. 생사일여(生死一如)의 진리를 꼭히 집어 말할 필요는 없지 않을까?

좌협 나무의 죽은 가지는 보검처럼 날카로왔다. 그 가지에 걸린 물병은 지혜스러움의 모습이란 이런 것이라고 말하는 것 같았다. 그 옆에 비구승이 당당한 자세로 서 있었다. 그가 오로지 한마음으로 높이 들고 있는 부채, 그것은 둥글어 대보름달처럼 원만해 보였다. 끝 모를 마음 천지를 탐험해 지나가야 하는 자가 올바른 나침판 하나 없다면 동으로 가고자 하여도 서로 가버릴 수도 있을 것이다. 지혜란 올바른 방향을 제시하는 나침반 같은 없지 못할 수단이 될 수 있을 것이고, 지혜의 물병엔 감로수 같은 생명수를 담을 수도 있을 것이다.

맑고 깨끗한 마음의 수행자가 고통 고난의 바다 건너 피안에 건너 갈 수 있는 6가지 수행덕목(6바라밀 · 六波羅密)의 마지막 단계를 지혜라고 한다. 지혜를 갖춘 수행자가 되어 끊임없이 더 마음 닦아 피안에 도달하는 것, 그것을 바로 부처되는 길을 원만성취한 것이라 할 것이다. 둥근 부채 그것은 대보름달같이 밝고 뚜렷한 깨달음의 원만성취를 표상하는 것이라고도 할 수 있지 않을까 생각해 보았다.

막고 17굴 내면 벽화

우협 나무의 죽은 가지도 좌협 나무의 것과 비슷하게 끝을 약간 높이 들고 서로 마주보며 조응하는 듯 보였다. 그 가지에 걸린 소박하고 넓은 가방은 보기만 해도 마음을 넉넉하게 해주고 있었다.

우협 보살이 들고 있는 지팡이는 여인의 키보다 훨씬 길었다. 지팡이란 사람의 힘을 지탱할 수 있는 지렛대이면서, 가는 길 앞에 혹시 놓여 있는 장애물을 제거할 수도 있고, 곤충 같은 어리석은 미물이 발에 밟혀 죽을 수도 있는 위기를 일깨워 줄 수도 있을 것이다. 또는 좀 더 먼 곳을 확실하게 가리키는 도구로, 때로는 경고나 지시의 수단으로 사용될 수도 있을 것이다. 지팡이가 그만큼 길다는 것은 홍변스님의 지혜와 덕량(德量)이 예사 사람이 헤아리기 어려움을 상징하는 것이라 할 수도 있을 것 같았다. 물병과 가방은 지혜와 덕상의 조응을, 지팡이와 부채는 빼어난 방편과 원만성취의 조응을 표출하려는 의도가 아닐까 생각해 보았다.

좌협 나무의 잎은 단조롭고 선명하며 단일한 녹색 계통이다. 그런가 하면 우협 나무의 잎은 좀 더 복잡하고 색상이 검칙한가 하면 녹색으로 또는 황색으로도 보였다. 좌협 나무의 잎은 수행자의 심상, 곧 단조롭고 단일한 일념 수행의 바탕을, 우협 나무의 잎은 세속 살이의 복잡하고 한가지로 졸잡아 말 할 수 없는 양태를 나타낸 것은 아닐까 생각해 보았다. 그러면서 두 나무는 같이 하늘을 가슴에 품고 꿋꿋이 자라나 있었던 것이다. 이는 불성(佛性)이 한 결같음을 그린 것은 아니었을까? 두 나무에 덩굴줄기가 감고 올라가 있었다. 덩굴줄기는 나무 가지들을 이리저리 얽어 오른 다음 자연스럽고 자유롭게 땅으로 향해 실실이 늘어져 있었다. 덩굴줄기란 자립성이 없는 중생심, 그것은 불심을 만났을 때 불심의 등걸을 제 몸처럼 감고 올라 자유를 누릴 수 있음을 나타낸 것이라고 보였다. 소나무 등걸 감고 오른 칡 덩굴은 천길을 솟아 오른다 하지 않았던가(松裏之葛 直聳千尋).[191] 그런 중에 그 덩굴 줄기는 나무처럼

191) 『초발심자경문』 원효(발심수행장), 불기 2539(서기 1995), p24

자주적으로 하늘을 안아 들이거나 하는 성과는 이룩하지 못하고 땅을 향해 늘어져 내리는 현상, 다시 말해 자성(自性)을 깨달아 우주의 한 주인으로서 입지(立地)를 확보하지 못하는 현상으로, 의존적이며 기대기만 해서는 그 삶이 성공할 수 없음을 말해주는 것 같았다.

홍변스님의 든든히 앉아 있는 자세에는 정(定)의 향취(香趣)가 솟아 오르고 있었다. 그 도안(道顔)에 번져나는 환희감(歡喜感)은 그 앞에 서는 사람들의 마음을 감화시키기에 모자람 없었다. 그 감화의 위상은 어느 정도일까? 보살 수행의 계위를 52단계로 설명한다.

그 첫 한 구간을 믿음(信)이라 하여 거기에 10단계가 있다. 그 다음 구간을 머물음(住)이라 하여 거기에 10단계, 그 다음 구간을 행(行)이라 하여 10단계, 그 다음 구간을 회향(回向)이라 하여 10단계, 그 다음 구간을 땅(地)이라 하여 10단계, 그 다음에 등각(等覺), 묘각(妙覺)의 경지로 완벽한 성불을 의미하는 단계이다.192)

여기에 비추어보면 41위가 되어야만 비로소 땅이라는 설 자리가 마련됨을 알 수 있다. 그 이전, 40위까지는 스스로의 입지(立地)가 생기지 못하는 것이라 할 것이다. 41위 그 단계가 바로 환희지(歡喜地)인 것이다. 환희지 이전에는 진실한 기쁨이 무엇인지 모르는 경우라 할 것이다.

오욕칠정의 늪에 빠져 허우적거리는 중생이야 감히 상상할 수 없는 기쁨, 그 지극히 귀중하고 높은 보배의 땅에 설 수 있을 때 얻어지는 것 그것이 환희인 것이다. 이리하여 41위를 환희지 또는 초지(初地)라 하는 것이다. 보아서 그런 기쁨을 감화 받을 수 있는

192) 『불교사전』 은허, 동국역경원, 불기 2531(서기 1987), p614

경지라면 적어도 초지보살 계위는 능가하는 위상이라 할 것이다.

285굴, 벽면마다 화려한 벽화들이 그려져 있다. 특히 남쪽 벽면에 「대반열반경 · 大般涅槃經」 변상도가 있는데 '오백강도성불도(五百强盜成佛圖)'가 그것이다. 옛 인도에 5백 명의 강도들이 떼지어 다니면서 악행을 저지르자 왕이 이들을 붙잡아 눈알을 뺀 뒤 험한 산으로 쫓아 버렸다. 그들이 부처님을 찾아가 고통스러워 울며 그 잘못 뉘우치고 착한 삶 살기를 서원하자 부처님이 신통력으로 눈을 다시 밝혀주게 되고, 불법에 귀의하여 부처를 이루었다는 내용을 그린 것이라 했다. 옛 중국 서위시대의 풍속과 신앙, 건축 양식을 살필 수 있다고 했다.

교각 미륵불

275굴, 교각미륵보살상(交脚彌勒菩薩像). 교각이란 다리를 X字로 교차하여 앉은 모습을 말한다. 응화불(應化佛)[193]이 새겨진 관을 쓰고 가슴에는 영락(瓔珞) 장식을 늘여 달고 채색의 군의(裙衣)를 입고 있었다. 다음 세상에 사바세계로 화생하여 중생을 제도하기 위하여 6욕천(六欲天)의 제4천인 도솔천에서 고요히 명상에 잠겨 있는 미륵보살상을 조형한 것이다. 오똑한 코, 뚜렷한 입술, 몸에 밀착된 군의 등을 미루어 서방 양식의 영향을 받은 것이라 했다.

193) 응화불 : 중생의 근기에 응하여 불 · 보살이 신통력으로 나타나는 부처님 형상

북벽 상층부에 감(龕)[194]이 뚫려 있고 감내에 안치되어 있는 반가사유상이 있는데, 이런 상이 모태가 되어 한국중앙박물관에 소장된 국보 78호, 83호와 같은 반가사유미륵보살상(半跏思惟彌勒菩薩像)이 탄생한 것이라고 알려지고 있다.

그 아래쪽에 석가의 전생 설화의 하나인 시비왕(尸毗王)과 그 주변을 그렸다. 매에게 쫓기는 비둘기를 구하기 위해 왕이 그의 살을 떼어 매에게 주었다는 내용이라고 했다.

등각에 오른 부처의 웃음을 조형

259굴, 소박하기 그지없는 불상이 앉아 있었다. 늠름하지 않고 위엄 넘치는 모습 더더구나 아닌, 평범하기만 하고 꾸밈새라고는 도무지 찾을 수 없는 자태로 앉아 있다. 오히려 초라해 보이기까지 하면서도 단정하여 흐트러짐 없는 가부좌에 두 손 모아 앉은 모습이 때 묻지 않은 어느 시골 여인 모습과도 같아 보였다. 머리 위에 뚜렷한 육계(肉髻)[195] 솟아 있고, 뒤쪽엔 두광(頭光), 신광(身光), 선형후광(船形後光)[196]이 선명함으로 보아 부처님이 확실하다고 보았다. 이 상의 미미소(微微笑)는 그 유를 찾기 어려울 정도로 미묘하기

194) 감(龕) : 불상 모시는 방

195) 육계 : 부처님 머리 위에 정골(頂骨)이 솟아 있는 형상, 32대인상의 하나로 인간과 하늘 어느 곳에도 볼 수 없으므로 무견정상(無見頂相)이라 함. 『불교사전』 동국역경원 p216 p676

196) 부처님 몸에 형성되는 3가지 광명. 머리 주변에 둥근 달처럼 비치는 빛을 두광, 신체에서 발하는 빛을 신광, 두광과 신광이 어우러져 배 모양으로 발하는 빛을 선형후광 또는 선상광이라 함

그지없었다. 연구원의 안내말처럼 인간적인 미소인 모나리자의 것은 감히 여기에 견줄 수 없으리라. 이를테면 비바람 몹시 몰아치는 한밤 홀로 모나리자상을 바라보고 있노라면 무서운 감정이 엄습해 온다는 말을 들은 적 있다. 같은 경우 이 불상 앞에 있노라고 가정한다면 비바람 몰아치는 바깥쪽 사항 잊고 더불어 미소 머금을 수 있으리라 믿어졌다.

막고 45굴 본존불 옆에 조성된
가섭존자, 관음보살, 신장상

45굴, 캄캄한 굴 속, 어둠은 나를 감싸 이끌어 들이는 기이하면서 친숙한 크나큰 느낌 있어 왈칵 울음 터질 것 같은 감회를 참으며, 말로 못할 기쁨에 쏟아지는 눈물 함께 오체투지(五體投地)197)하여 세 번 큰 절 올렸다. 알 수 없는 일이었다. 일어나 합장하니 묵묵히 서 있던 연구원이 작은 손전등 켜 들고 설명하기 시작했다. 불빛 머무는 곳, 높다란 좌대 위에 석가여래의 존엄상이 비춰졌다. 항마좌(降魔坐)198)에 항마결인(降魔結印)199), 엄숙하고 존귀한 그

197) 오체투지 : 두 무릎 두 팔꿈치 이마가 땅에 닿게 절하는 것
198) 항마좌 : 석가여래께서 우주의 마왕 파순의 온갖 방해를 물리칠 때의 앉은 자세. 오른쪽 발로 왼쪽 다리를 누르고 그 위에 왼쪽 발로 오른쪽 다리를 눌러 앉은 자세. 이런 식으로 앉은 자세를 결가부좌라 한다
199) 항마결인 : 악마와 대치하여 항복 받을 때의 손가락 모습. 결인이란 법덕의 표

모습 글벗들에게 무언의 말씀 내리고 계셨다. 좌 협시에 가섭존자, 존자 옆에 관음보살님이 서 있었다. 백옥같은 살결에 풍만한 몸매, 오른쪽으로 머리와 골반을 약간 기울인 자세에다 오른쪽 팔을 골반에다 붙일락 말락 손을 하늘 받쳐 가볍게 펼친 듯(손가락들 파손되어 구체적 모습 알 수 없음), 왼쪽 손은 무릎쪽으로 길게 늘여 엄지와 가운데 손가락을 가볍게 붙여 결인(結印) 맺어 있었다. 흰 살결 그것은 미인의 미백(美白)이라고 말할 수도 있겠으나 미추(美醜)에 치우치지 않는 안목으로 본다면 온갖 빛깔의 으뜸인 제왕의 빛이라 할 것이다. 수양처럼 휘어진 눈썹, 이마 위에 초승달같이 어여쁘게 놓여 있고 그 아래 감는 듯 뜨는 듯한 두 눈은 보는 듯 마는 듯 꿈과 생시가 함께 깃들어 있는 듯하고, 삶과 죽음이 함께 녹아 없어진 듯도 하였다. 구태여 미소 짓지 않아도 크나큰 환희가 절로 피어나 있는 입술, 앵두처럼 붉게 토실한 꽃으로 피어나 있었다. 높지도 낮지도 않은 코는 초승달 같은 두 눈썹 아래, 환희의 꽃으로 핀 입술 위, 생사가 녹아든 두 눈 사이에 원만하게 자리해 있었다. 뺨 밑으로 길게 내려온 귀에는 덕과 복이 절로 흘러내리고 있었다. 화려한 비단 군의(裙衣)에 어깨에다 긴 띠 둘러 맨 의상과 목에 드리운 화려한 영락은 그 과감성과 특이성이 드러나 있었다.

나의 모습은 내가 지어 온 업(業)의 소산이다. 그 업 덩어리가 부모에게 의탁하여 태어난 존재 그것이 나인 것이다. 그 나를 피 흘려 뜯어 고치고 성적 관능미를 억지로 추구하려는 마음은 크게 잘못된 것이라 할 것이다.

몸이 삼대처럼 쓰러질 듯 가냘픈 것이 아름다움이라고 착각하는 야릇한 물결에 휩쓸려 가는 여인이 있다면, 그 관음상 앞에 서서

시로서의 인(印)을 맺는다는 말로 밀교에서는 이를 심히 중히 여겨 인계(印契) 맺는 것을 꼭 스승에게 친히 배우고 남에게 보이지 않는다. 『불교사전』 p33

제 마음의 자세부터 잘못되었음을 밝게 비춰 보아야 하리. 온갖 번뇌 망상과 탐내는 마음, 성내는 마음, 어리석은 마음(貪心, 嗔心, 痴心), 이 세 가지 독에 검게 물든 마음들은 이 앞에 엎드려 독물 모두 씻어 내버려야 하리. 진실한 아름다움과 지복(至福)은 다생다겁(多生多劫)을 나들며 끊임없이 수행하여 크게 자라나게 한 나무의 달디단 열매라고 할 수 있을까?

관음보살상은 모든 것을 초월한 경지에서 온갖 누추한 욕망의 노예가 된 군상들에게 그 마음의 좌표를 현시하는 거울을 들고 서서 그 바르고 정당한 길을 제시하는 스승의 모습이라 할 만하다.

베푸는 수행에서부터 진리의 바른 지혜를 얻을 때까지 끊임없이 수행하는 육도만행(六度萬行)을 실천하여 불도를 닦고 중생 제도를 함에 있어 으뜸 가는 제자 곧 두타제일(頭陀第一)인 가섭존자의 얼굴에는 온갖 중생들의 온갖 번뇌와 고난의 모습 속속 배어 있고, 아난존자의 순결하고 당당하며 가식없는 모습이 자랑스러웠다. 잡념없이 무구(無垢)한 그의 머리 속엔 부처님의 팔만사천 법문이 빠짐없이 녹음될 수 있었을 것이다.

부처님의 제 일 법제자인 가섭존자

가섭존자는 석가여래의 10대 제자 중 제 1인자이다. 인도 왕사성 거부 바라문 니그루다칼파의 아들로 비팔라 나무 아래서 탄생했다고 했다. 다신처(多神處)에서 부처님 만나 8일만에 지혜의 경지에 올랐다고 했다. 그는 자신의 비단옷과 부처님의 분소의(糞掃衣- 오물장 누더기를 기워 만든 옷)를 바꿔 입었고, 수행자 제 1계위인 아라한과(阿羅漢果)를 얻었다고 했다.[200] 그는 석가여래의 법을 이어 받은 유일한 존자로 천오백 제자들의 추앙을 받았다.

세 번에 걸쳐 법을 이어 받게 되었는데 이를 삼처전심(三處傳心)이라고 했다. 그 첫 번째가 다자탑분반좌(多子塔分半坐)라고 했다. 다자탑이란 현겁천불탑을 말하는데 『연등회요』 권1에 실린 것에 의거하면 '세존께서 일찍이 다자탑 앞에서 자리를 반으로 나누어 앉아서 가섭존자에게 법을 전하셨는데 이를 일러 선종의 설법이라 했다(필자역)(多子塔卽賢劫千佛之塔 據聯燈會要卷一載, 世尊曾於多子塔前分座, 傳法予迦葉尊者, 此爲禪宗之說法)'.[201]

현겁(賢劫)이란 석가여래가 출현한 현재의 겁(劫)을 말하는데 여기에 천불(千佛)의 출현 명호가 있다. 과거 장엄겁천불(過去莊嚴劫千佛), 현재 현겁천불(現在賢劫千佛), 미래 성숙겁천불(未來星宿劫千佛) 이렇게 3겁 3천불 명호를 『삼겁삼천불명경(三劫三千佛名經)』에 싣고 있다.[202] 석가모니불은 현겁천불의 네 번째 부처님이다.

그 두 번째는 '염화미소(拈花微笑)'의 초우주적 전법 현장이다.

'부처님이 꽃 들어 대중에게 보이시매 그 즉시 가섭존자가 깨달음을 이룩해 마쳤기에 얼굴 가득 미소 띄움을 가르켜 진술한 바 『연등회요』 권1에 등재한 것에 의거하면 석가세존께서 영취산에서 자리에 오르시와 꽃을 들어 묵묵히 계실 때였다. 대중이 하나같이 그 뜻을 해득하지 못했는데 오로지 가섭존자만 홀로 얼굴 가득 미소 지었다. 이어 세존께서 대중에게 선언하시기를 '내가 가진

---

200) 『동아세계백과사전』 p149 『불교학대사전』 p8
201) 『佛光大辭典』 3 p2326 『삼처전심』 손경산 역술, 경산문도회, p20
202) 『삼겁삼천불명경』 불기 2562년(서기 1978), 삼영출판사

정법안장, 열반묘심, 실상무상, 미묘법문, 불입문자, 교외별전, 이 모두를 마하가섭에게 부촉 하노라'(필자역) (指佛佗拈華示衆, 迦葉尊者因了悟而破顔微笑之典故, 據聯燈會要 卷一載, 釋尊於靈鷲山登座, 當其拈華默然之際, 大衆俱不解其意, 唯獨摩訶迦葉破顔微笑, 世尊乃當衆宣言「吾有正法眼藏, 涅槃妙心, 實相無相, 微妙法門, 不立文字, 教外別傳, 付囑摩訶迦葉」).'203)

그 세 번째는 '곽을 열어 두 발을 보이심(槨示雙趺)'이다. '교화의 인연' 이미 다하여 중인도 구시나성 발제하변의 사라쌍수 사이에서 하루 낮 하루 밤 대반열반경을 설해 마치시고, 머리를 북쪽으로 얼굴은 서쪽, 오른쪽 옆구리로 누워, 제4선정을 일으킨 다음 이어 적멸에 드셨다. 이때 사라쌍수가 흰 꽃 피웠는데, 마치 백학무리가 머문 것 같았다. 즉시 전륜성왕의 다비식으로 금관(金棺) 옮겨 안치하고 모두 역사(力士)족 사람들이 금관 받들어 다비소로 옮겼다. 7일후 대 전단향나무 쌓고 향촉 던져 태우고자 하였으나 타지 않았다. 아누루태가 말하기를 이는 가섭존자 오기를 기다리심이라고 했다. 이때 가섭존자는 5백 제자들과 함께 기사굴산에 있었는데, 여래께서 열반하심을 알고 여래의 최후신을 참배하고자 하였다. 다시 7일 지나 다비소에 이르니 여래께서 이에 금관으로부터 두 발 내어 친견하게 하셨다. 모든 역사족들 보배 횃불 던졌으나, 역시 불붙지 않았다. 여래께서 대자비력으로 스스로 화광삼매에 드신 연유로 하여 가슴으로부터 불꽃 솟아 관 밖으로 나왔다. 점점 다비되어 7일 경과하니 완전히 다비가 다 되었다.

모든 왕들 부처님 진신사리 나누어 탑 세우고 공양 올렸다(장아함경권4, 사교의 권7)(필자역) (化緣旣盡, 於中天竺拘尸那城 跋提

---

203) 『불광대사전』 4 p3266 『삼처전심』 손경산 역술, 불기 2523(서기 1979), p22

河邊 沙羅雙樹間, 一日一夜 說大般涅槃經畢, 頭北面西, 右脇而臥, 從弟四禪定起, 乃入滅. 爾時四邊雙樹開白花, 如白鶴群居, 卽以轉輪聖王之茶毘式, 移置金棺至茶毘所. 七日後, 積大栓檀, 投香燭欲焚之, 而火不然. 阿㝹樓馱言是待迦葉之至. 時迦葉與五百弟子在耆闍堀山, 知如來涅槃, 欲拜如來最後身. 更經七日, 詣茶毘所, 如來自金棺中出雙足使 見之, 諸力士族人投七宝火炬, 亦實不然, 如來以大悲力, 自入火光三昧, 由心胸中火踊出棺外, 漸漸茶毘, 經七日, 皆悉焚盡. 諸王分取利, 各起塔供養(長阿含經卷四, 四敎義卷七).204)

이 세 번째 대목은 부처님 열반모습의 약술이다. 부처님은 이미 열반에 드셨는데, 사바세계에 수많은 사리(舍利)를 남겨 불타진신의 불가해한 모습을 남기시기 전에 마지막으로 관 열어 두 발을 보이심은 가섭존자에게 법 전함을 만천하에 알리심이었다. 불법(佛法)은 어느 누구의 전유물이 될 수 없다. 시작도 끝도 없는 그 진리의 실상을 석존께서 비로소 깨달을 수 있었기에 가섭에게 전하게 된 것이다.

부처님 10대 제자 중 다문제일의 아난존자

우 협시의 아난타(阿難陀) 존자는 부처님의 사촌 동생이며 부처님 성도일(成道日- 섣달 초 여드렛 날) 밤에 태어났다고 했다. 8세에 출가하였다. 여자의 유혹을 여러번 물

204) 『불광대사전』 5 p4153-4 『삼처전심』 p27

리쳐 몸을 잘 보호하였고, 다문(多聞) 제일의 제자가 되었다. 대가섭을 중심으로 제1차 결집 때 지대한 역할을 하였다고 했다.[205)]

45굴 남측 벽에 산중에서 상인들이 강도를 만나 겁에 질려 있는 모습의 그림이 있고 그 위쪽에 경전의 한 대목이 새겨져 있었다.

관세음보살 보문품의 한 부분을 그린 것

三千大千國土 滿中怨賊 有一商主 將諸商人 齎持重寶 經過嶮路 其中一人 作是唱言 諸 善男子 勿得恐怖汝等 應當一心 稱 觀世音菩薩名號 是菩薩 能以 無畏 施於衆生 汝等 若稱名者 於此怨賊 當得解脫 衆商人 聞 俱發聲言, 南無觀世音菩薩 稱其名故 卽得解脫[206)]이라는 대목이 그것이다. '삼천대천국토안에 도적들

---

205) 『불교학 대사전』 p995

206) 『묘법연화경』 범어사, 불기 2528(서기 1984) p689~11行 『묘법연화경』 溫陵開元蓮寺, 戒環解, 안진호편, 법륜사, 불기 2520(서기 1976) p663 『대정신수대장경』 9 소화 35 p191 F 『묘법연화경』 요진삼장법사, 보련각, p7 4행 下~9행下. 『관세음보살보문품경』 보련각, 불기 2529(서기 1985), p10

가득한데, 한 상인 있어 많은 상인들과 귀중한 보배를 가지고 험한 산길 지날 때, 그중 한 사람이 소리내어 말하기를 모든 선남자들이여 너희들 두려워 하지 말고 오로지 일심으로 관세음보살 명호를 불러라. 이 보살 능히 중생의 두려운 마음을 없애(무외심 · 無畏心) 주느니 너희들이 만약 그 명호를 부르면 도적으로부터 벗어날 수 있는 것이다. 여러 상인들 그 말 듣고 모두 소리 내어 나무관세음보살의 명호를 부른 연고로 즉시 해탈을 얻었다.'는 내용이다.

굴 입구에 선 두 호법신장의 모습은 흔히 우리나라에서도 볼 수 있는 그대로 힘과 용맹이 넘쳐나고 부릅뜬 두 눈에 위엄이 서려 돌았다. 그 발 밑에 눌려있는 마귀는 추잡한 인간 모습 그대로이고 그 실제의 크기가 사람과 같으므로 금강역사의 체구가 얼마나 우람한지 짐작해 볼 수 있을 것이다. 금강역사의 힘은 산을 들어 올릴 수 있고 코끼리 백만 마리의 힘을 능히 당해 낼 수 있다고 한다.

158굴 서쪽 벽에 석가여래의 열반상이 조성되어 있었다. 중당시대에 조성, 길이 15.1m, 두부 3.5m의 대불이라고 했다. 통통한 얼굴 반쯤 뜬 듯한 눈에 미소가 어려 있었다. 고통이나 비애의 감정이란 전혀 묻어 있지 않았다. 삶과 죽음이 둘이 아님을 여실히 보이고 계심이었다.

부처님 열반상의 모습

안내를 마친 연구원은 한국을 아주 좋아한다고 말했다. 우리는 감사의 인사를 나누고 막고굴 앞에 모여 단체 사진을 찍고, 기념품점에 들러 사고 싶은 것들을 샀다. 글벗들 거의가 책을 골라 사고 다소 한가한 시간을 즐겼다.

막고굴 천불동

이병석

뻗혀 오르는 서광 따라
스님 마음 하늘 닿았네.
빛 뿌리 찾아 정 망치 소리
손가락 마디마디 무너져라
파들어 간 지 천년,
또한 천년 굽이굽이
살아온 인심이 녹아들고
동서의 역사가 서려 들고
하늘 나라 풍속 감돌아 내리고
불심 불심, 이들 모두 정화시켜
피안을 이끌어 왔네.
갖은 꽃 정토 피워 올렸네.
천불동, 천불동
나무불타야.
나무달마야.
나무승가야.

그 미소 들리우리

- 259굴 앞에서

이병석

킬킬킬 흘리고 다니는 웃음에
스스로 속아 날개 펼치지 말거라.
너의 꿈 범람시켜 둑 무너지도록
붉게 부어오른 눈에 쏟아지는 눈물은
헛개비, 내붉은 화로 속에 하염없이
떨어지는 이슬 방울
시시비비(是是非非)에 입술 다 닳아 없어지도록
아귀다툼에 시달린 한 평생은
깨어진 사금파리에 번쩍 튀어 꺼지는 불빛
버려라. 버려 뒤돌아 보지 말거라.
떠나라. 육계(六界)[207] 다 떠나
여기 본래의 이 앞에 서 보거라.
키 높이 버드나무 잎 반짝일 때
비로소 귀에 들리우리.
우주의 빛 녹여 먹은 저 미소

207) 육계(六界) : 지옥, 아귀, 축생, 수라, 인간, 천상

장경동에서

\- 제 17굴 소묘

이병석

언제나 피어나는 푸른 그 한 빛
지혜의 그 가슴엔 하늘 깃들고
감로 약수 방울방울 생명 길러내네.
달 높이 솟아 하늘 땅 밝아라.

자비는 덕으로 피어나고
보시는 복으로 피어나니
더 짓푸른 그 가슴 넉넉만 하여
중생에게 한결같이 길 열어주리.

한 천년 눌러 앉은 태산 위에
홍변스님 미소 다시 피어나고
수만 권 장서 속에 묻혀 온
혜초스님 그 향기 5천축(天竺)돌아오네.[208)]

---

208) 혜초스님의 「왕오천축국전」이 이 동굴에서 발견 됨

이때가 그때이어라

- 45굴에서

이병석

즈믄 해 갈무려 가꾸어 오신
정갈한 이 어둠 이리 몰록
쏟아 내리시나이까!
마음에 피어난 환희꽃(歡喜花) 갈피갈피
이슬 떨어져 연꽃 바닥 적시나이다.
후련함이여!
기쁨이여!
이때가 그때이어라!

관음보살상 앞에서

- 45굴에서

이병석

야들야들 어여쁘신 아가씨는
이 앞에 와서 모습 한 번 보세요.

못생겼다 한탄하는 아가씨는
이 앞에 와서 모습 한 번 보세요,

탐욕심에 짓눌려 앓는 사람
이 앞에 와서 짐 한 번 내리세요.

마음섶에 불질러 타는 사람
이 앞에 와서 감로수(甘露水)를 받으세요.

마음등불 꺼뜨리고 헤매는 사람
이 앞에 와서 불씨 한 점 받으세요.

칡 씹듯이 말씀 잘 씹는 사람
이 앞에 와서 입술 한 번 보세요.

야들야들 어여쁘신 아가씨는
겁(劫) 간 뒤에 다시 와서 보세요.

6부

하늘가에 앓고 있는 황막천지

황막천지 양관

인도 스님 구마라집이, 경전 싣고 오던 백마가 죽어 그곳에 세워 기린 백마탑을 참배하고, 타클라마칸 사막 한참 달려 마치 낯선 별나라에 온 것 같은 황막천지 양관에서 옛 중국의 골칫거리였던 변방정세와 장건의 활약상을 듣고, 양관으로 전출해 떠나는 공무원을 따뜻이 시와 술로 대접해 보냈다는 대시인 왕유의 석상 앞에서 사진 찍고 글벗들 저마다 문심을 복돋우었다.

화면에서 보았던 돈황고성을 둘러보고 자갈 모래 천지에 총총 하늘의 별천지처럼 솟아 있는 광활한 묘지와 서진벽화묘를 둘러보고 돈황시장으로 돌아와 귀한 사막비 맞으며 마지막 밤 모두 모여 즐기고 잠자리 「태양촌」으로 돌아와 귀한 비 맞고 어디선가 엉금엉금 기어나온 놀라운 두꺼비 몇 마리 설레는 마음으로 마중들 하였다. 20여 년 전 돈황의 순수무구한 정취가 그리워 추억의 졸시를 되뇌어 보았다.

1. 백마탑白馬塔209)

9月 7日 막고굴 천불동을 나와 그 앞에서 단체 사진을 찍었다. 이십여 년 전 천불동 떠날 때의 아쉬움을 나누던 일이 떠올랐다. 사진 한 장 찍지 못하게 경비원들이 날카로운 눈초리를 휘둘리고 있을 때, 뜨거운 한여름 볕살을 무릅쓰고, 조병화 선생님이 사람 장막을 치게 하여 소형 카메라를 끄집어내게 한 뒤 몰래 촬영하게 했던 일이 있었던 것이다. 눈높이로 올려 찍어야 하는 사진을, 손을 다리 쪽으로 내려찍었던 그 사진, 각도도 거리도 맞을 리 없었으니 실패하였을 것이고, 진한 아쉬움만 불볕에 녹아내리고 있었던 것이다.

돌아 나오는 아스팔트 길 옆구리를 더듬으며 물이 흐르고, 그 물에 발 담구어 높이 자란 버드나무 푸른 가슴들 늘어서서 막고굴 천불동 하늘을 자랑하고 있었다. 돈황 옛 성 떠나 남으로 2km 쯤 달려간 곳 한적한 작은 마을 한 길가에 우리를 맞아주는 문이 있었다. 벽돌로 쌓아 올린 듯 단조로운 구조에 울불긋 단청 입고 〈白馬塔〉이라는 노란 글씨 이마에 얹고 서 있는 문간은 문 세 개를 거느리고 있었다. 오른쪽 작은 문 들어서자 긴 회랑 같은 곳 양쪽으로 늘어선 기념품점들엔 열이면 열 모두 똑같은 모조품들이 널려 있었다. 모퉁이 돌아나가자 높이 솟은 탑 하나 우릴 맞아 주었다. 백마탑이라고 했다.

209) 백마탑 : 『돈황과 실크로드』 화산문화예술출판사, 2007, p38

백마탑

아홉 층 높이 12m, 지름 7m라고 했다. 황토와 석회를 섞어 쌓아 올린 것이라고 했다. 아래 기단은 8각, 한 면이 3m라고 했다. 불기 928년(서기 384) 고승 구마라집(鳩摩羅什)이 인도에서 중국으로 경전을 싣고 가던 중 이곳에서 그 말이 죽어 그 영혼을 천도(薦度)[210]하기 위해 이 탑을 쌓았다고 했다.

210) 천도 : 불・보살께 재(齋- 신심 청정하게 하여 마음 가다듬어 경계함)를 올리고 독경 시식 등을 하여 망령을 정토나 천상에 태어나게 하는 의식
『불교학대사전』 홍법원, 불기2538(서기 1994), p1527

구마라집[211)]은 승려 구마라염(鳩摩羅炎)과 구자국(龜玆國) 왕의 누이동생 기바(耆婆) 사이에 태어났다. 7세에 출가하여 어머니 따라 여러 곳을 편력하였다. 반두달다(槃頭達多)에게서 소승교를, 수리야소마(須梨耶蘇摩)에게서 대승교를 배웠다. 그는 58세 때 국빈 대접으로 장안에 들어 왔다는데, 후진(後秦) 요흥(姚興)이 양(凉)나라를 친 다음 구마라집을 인도해 왔다고 했다. 구마라집은「성실론(成實論)」「십송론(十誦論)」「대품반야경(大品般若經)」「묘법연화경(妙法蓮華經)」「아미타경(阿彌陀經)」「중론(中論)」「십주비바사론(十住毘婆沙論)」등 경 율 논 74부 380여 권을 한역하였다. 특히 「삼론(三論)」「중관(中觀)」사상을 널리 포교하였으므로 삼론종 개조(開祖)라 하며, 제자 3천 인 가운데 도생(道生) 승조(僧肇) 도융(道融) 승예(僧叡) 등을 집문(什門) 사철(四哲)이라 했다. 74세 되던 해 장안 대사(大寺)에서 입적하였다.「삼론(三論)」이란 용수보살의「중론(中論)」「십이문론(十二門論)」과 데바의 「백론(百論)」을 말한다.

211) 구마라집 : 『불교학대사전』上 홍법원, 불기2542(서기 1998) p213 『동아백과사전』4 단기 4319(서기 1986), p355

백마탑 앞에서

이병석

팔만사천 부처님 말씀
가득 등에 업고 넘어 온
지구의 지붕 아득히 솟아 높고
만 중생 마음에 불심의 물결
바다 되어 출렁이네.

목숨 다해 실어 왔거니
그 정진의 넋 하늘 아래 복받일세.
붉게 타는 황토땅 밟고
늘어선 버드나무들 푸른 손 합장하여
탑 높이 우러러 지금껏 기도하나니
백마여, 갸륵할손 흰 넋이여.
탑 끝 높이 날아
어느 천왕 태워 피안에 내려 주고
청정법신(淸淨法身) 그 이치 깨달거든
이 땅 내려 보살로 태어나
만 중생 구제하세나.

2. 양관陽關

장건 동상

양관고성과 장건- 9월 8일 태양촌호텔(太陽村 hotel) 앞에서 작은 버스를 타고 돈황을 빠져나와 남서쪽으로 가을 햇살 가르며 달렸다. 거친 땅 붉고누르며 검칙한 흙과 돌들이 울퉁불퉁 제멋대로 펼쳐진 곳 나즉히 내버려진 돌산 옆구리에 외로움 부둥켜안고 몰려 깃든 그늘이 마지막 남은 숨결 헐떡이고 있었다. 숯처럼 달궈지는 까만 아스팔트 외가닥을 타고 달리는 버스는 엉뚱한 데로 쫓겨가는 한 마리 거미 같았다. 생각하니 돈황으로 오는 비행기에서 내려 보았을 때 실 같은 줄을 타고 척박한 사막 한가운데로 쏜살같이 달리던 점 하나, 우리가 탄 버스를 지금 하늘에서 내려 본다면 영락없는 그 점일 것이라 생각되었다. 달리는 길 오른쪽으로 어쩌다 그런대로 푸른 잎 들고 선 나무들은 물기 찾아 애써 뿌리 뻗어

뻗대는 것 같았다. 끝없는 목마름 달래는 것을 업으로 삼아 인고의 제자리 지키고 선 저 나무, 어쩌면 들볶는 열기에 쫓기며 배주림 붙안고 헤매는 한 마리 처량한 짐승보다 복된 삶을 누리고 있는 것일지도 모를 일이었다. 두어 시간 달렸을까? 차에서 내리니 해는 하늘 가운데로 오르고 있었고 눈앞에 위용을 뽐내며 성루가 막아섰다. 양관고성(陽關古城)인 것이다. 높은 성루 바라보며 문을 들어서니 그 안에 건물들 들어서 있고 다듬어진 경내가 넓게 꾸며져 있었다. 건물 안에 다양한 전시물들 제각각 자릴 차지하고 있었다. 주로 군사적인 조형물과 역사적 유물, 여러 가지 안내문과 변방 특유의 시적 분위기를 표출한 글귀들이 있었다. 조형물 가운데 가장 눈에 잘 띄는 것은 양관(陽關)이라는 글귀 높이 쓰여진 누각 앞에 조성된 동상이었다. 말을 탄 자태 한껏 뽐내고 있는 그 동상의 주인공은 장건(張騫)이라 했다. 얼핏 창으로 보이는 긴 대에 수실 같은 장식을 주렁주렁 달아 높이 자랑스레 들고 있었다. 한무제 때 여행가이면서 외교가로서의 장건이, 흉노를 치기 위하여 일리강 유역의 대월지국으로 동맹을 맺고자 가던 길에 흉노에게 잡혔다가 탈출하고 10년이 넘어 장안으로 돌아왔다고 했다. 그를 통하여 서역의 지리 민족 산물 등에 관한 지식이 중국에 들어와서 동서간 문화교류와 교역이 발전하게 되었다고 했다.[212)]

오손공주의 슬픔– 중국 북방에 큰 세력을 뻗히고 있던 흉노를 반드시 퇴치해야 한다고 다짐을 한 한 무제는 대월지국(大月氏國)과의 동맹에 실패한 뒤 장건을 다시 오손(烏孫)으로 보내게 되었다고 했다(서기 121년).

---

212) 장건 : 『동아백과사전』 24 단기 4319(서기 1986), p203

오손은 「사기대완전(史記大宛伝)」에 나오는 이적(夷狄)[213]이라 고 하였는데, 투르크계 민족으로 천산산맥 북쪽 기슭에서 활약하였던 유목민족이라고 했다. 당시 오손은 흉노에게 압박받아 동부 천산에서 서부 천산으로 이동하고 산간부의 시르다리야 강의 상류 하곡(河谷)을 거점으로 활약하였다고 했다. 도읍은 적곡성(赤谷城)이라고 하였는데, 서기 116~115년간에 무제의 명으로 장건이 이 나라에 사신으로 간 연고로 한나라와 흉노와의 관계에 개입하면서 한나라의 대외 교섭 조정자 역할을 담당한 것으로 알려졌다.[214]

그럴즈음 한 무제는 오손과의 정략 결혼을 맺게 되었는데, 무제의 형 강도왕(江都王)의 딸을 공주라고 속여 오손으로 시집보내게 되었다고 했다. 그런 연고 등으로 두 나라가 연계하여 흉노를 북방 멀리 쫓아내는데 성공하게는 되었으나, 정략의 제물로 시집가게 되었던 가짜 공주 세군(細君)이 참아내어야 했을 슬픈 나날들의 아픔, 가시줄기되어 마음을 휘감았을 듯 하고, 그 망향의 그리움에 눈물 흘러 강을 이루었으리라. 황제의 질녀된 죄목으로 받아야 했던 그 슬픈 업(業)을 얼마나 원망하였을까? 이를 일러 사람들은 '오손공주의 슬픔'이라 한 것 같다.

양관에 피어난 왕유의 시정(詩情)- 양관은 그 이후 위먼관(玉門關)과 함께 서역 교통로의 요충지를 이루었고 관도위(關都尉)가 주재하였던 군사기지가 되었다고 했다.[215]

---

213) 이적 : 『고사성어사전』 학원사 단기 4315(서기 1982), p694
214) 『동아백과사전』 21 p317
215) 양관 : 위의 책 20 p249

전언(前言) 안내판

안내판이 여럿 있었는데 그중 〈전언(前言)〉이라는 제목으로 세워진 안내판이 내 눈을 끌었다. 거기에 양관이란 한나라 때 서북변방의 장성(長城)방위선상에 있어서 저명한 좁은 관문(陽關- 漢時西北邊陲長城防線上的著名關隘)(백화문은 옛 한자로 고쳐 적었음)이라는 대목과, 교통과 군사상 하나의 작은 길마처럼 중요한 거점을 이루었다(成爲交通, 軍事上一个极其重要的据点)는 대목이 있었던 것이다.

또 다른 안내판에는 '양관한새청(兩關漢塞廳)'이라는 글귀가 보였다. 여기서 양관(兩關)이란 우리 문인들이 찾아온 양관(陽關)과 위먼관(玉門關)을 아울러 가리키는 것으로 한나라 변방의 두 관청이라는 뜻이 아닐까 생각했다.

양관고지 사막에서

건물을 벗어나자 울퉁불퉁한 붉은 사막이 확 열려 들었다. 눈부신 황무지, 마치 우리들은 잊혀진 어느 별나라로 온 것은 아닐까 생각되기도 했다. 허물어지다 남은 봉수대 앞에 발길을 멎어 단체 사진을 찍고 거기를 지나 조금 더 걸어가니 세워진 회랑 안에 수십 기의 시비가 즐비하게 서 있었다. 더 걸어가 볼 까닭이 없어진 한 곳, 제법 우람하게 서 있는 돌바위가 있었다. 형벌처럼 〈양관고지(陽關故址)〉라고 붉은 글씨로 음각한 그 돌바위 옆에서 사진을 찍었다. 서상만 사백은 무슨 정보요원 풍모를 풍기며 검은 볕가리 안경을 낀 채 돌바위 앞에 앉고, 그 옆에 김년균 사백이, 그 옆에 필자가, 그 옆에 황송문 사백이 서서 자세를 잡았다. 나오는 길에 돌로 두 팔 벌려 당당히 서 있는 대시인 왕유(王維)상 앞에서 또 단체 사진을 찍었다. 사진기 앞에서 자세가 서툰 사람 아무도 없었지만, 그때마다 의상과 자세 연출을 가장 세련되게 잘 하는 분은 김송배 사백과 차윤옥, 김귀희 두 문원들이 아닐까 생각되었다. 김

사백은 남성으로선 흔치 않게 의상과 자세가 다양하고, 두 문원의 웃음 머금은 모습이 눈에 잘 띄기 때문이었다.

당나귀 등에 얹힌 길마처럼 동서 교통의 작으나마 중요한 거점이면서 군사적 요충지였던 양관을 비롯한 주변이 황막한 사막 지대였다면, 위먼관(玉門關)에서 북서쪽 170km 거리에 위치한 안서(安西)는 천산남북로(天山南北路)의 분기점에 해당한다고 하는데도 오아시스 상태를 이루고 있어서 목초지에 가축을 기르고, 곡물을 재배하고 감초와 같은 약초를 가꾼다고 했다. 사람 살아가기에 유리한 그런 지리적 조건으로 안서(安西)는 행정적 중심지가 되어왔다고 했다. 한무제(漢武帝) 때부터 흉노를 물리치고 양관, 안서 일대를 다스리게 되었다는데, 장안에서부터 아득히 멀고 불안하기 그지없었을 이곳으로 부임해 오는 관료의 심회는 착잡하기 말로 다 못했을 법하고, 보내는 사람들의 마음에도 눈물 젖은 이별의 슬픔이 강을 이루었으리라 짐작되고도 남을 일이었다.

9세에 글을 짓고 21세에 진사에 급제하여 40여 년간 관직에 몸담고 살았던 당나라 대 시인 왕유는 관직이 상서우승(尙書右承)에까지 올랐다고 했다. 그의 관리 역정은 비교적 평온하였는데, 안록산(安祿山)의 난 때 반란군의 포로가 되어 죽을 뻔 하였으나, 그의 아우 왕진(王縉)의 노력으로 구출된 뒤 좌천되는 일도 있었다고 했다.

그 이후 사상적 변화가 있어 불교에 심취되기 시작했다고 한다.[216] 그의 자를 마힐(摩詰)이라고 한 것도 우연이 아닌 듯하다. 마힐은 유마힐(維摩詰)을 지칭하는 것으로 유마힐은 석가모니 재세 시에 출가하지 않고 불교의 진리를 오달(悟達)하여 큰 바람을

216) 왕유(서기 701-761) : 『당시전서』 김달진, 민음사, 단기 4320(서기 1987), p240

일으킨 거사(居士)였다.

유마힐의 「유마경 · 維摩經」이 지금에 이르기까지 수많은 사람들의 개안(開眼)의 도정(道程)에 큰 무게로 다가오고 있음으로 보아서도 그 경지를 짐작케 한다. 이름 왕유(王維)에다 그의 자 마힐(摩詰)을 붙이면 왕유마힐(王維摩詰)이 되니 왕씨 성의 유마힐인 것이다.

당시에 짝을 찾기 어려울 정도로 산수(山水)의 아름다움과 함께 하였고, 풍류를 즐겼던 대 시인이면서 음악도 잘하고, 특히 그림에 뛰어난 재주 있어 산수화를 잘 그려 남화(南畵)의 할아버지로 일컬어질 정도라 했다.

당나라 때의 상서우승이 어느 정도의 높이에 해당하는 직급인지는 잘 모르지만, 고려 때의 상서우승은 종3품이라 했으니 그에 준한다면 상서성 최고위에는 미치지 못하더라도 상당한 권한을 행사할 수는 있었을 것으로 짐작된다. 왕유가 양관 안서 쪽으로 부임해 가는 관료를 위하여 읊은 시 있어 소개할까 한다.

왕유 석상 앞에서

안서로 부임하는 유사직을 보내며

왕유

외떨어져 나간 곳 양관길엔
거친 모래와 변방의 먼지로 덮여 있고
봄 석달에도 기러기 날 뿐
만리 먼 곳 지나는 사람 적을지라.

목숙풀 천마(天馬) 따라 왔고
한나라 벼슬아치 따라 포도가 왔네.
당연히 외국을 두려움에 빠뜨릴려면
꼭히 화친만 고집할 일 아니라네.

送劉司直赴安西

王維

절역양관도 호사여새진
絶域陽關道 胡沙與塞塵
삼춘시유안 만리소행인
三春時有雁 萬里少行人
목숙수천마 포도축한신
苜宿217)隨天馬 葡萄逐漢臣
당령외국구 불감멱화친
當令外國懼 不敢覓和親218)

사직(司直)이라는 지방 관서의 직함으로 안서로 부임해 가는 유씨 성의 사람을 보내며 쓴 시라 할 것이다. 천마(天馬)는 안서지방에서만 생산되는 준마를 말한다고 했다. 첫째 연은 양관의 지리적 악조건과 그에 따른 정황을 읊고, 둘째 연에는 안서를 차지함으로

217) 목숙 : 안서에 산다는 천마(天馬)가 먹는 풀 이름
218) 위의 책 p262

서 얻을 수 있었던 국가적 이익과 변방에 부임하는 관리로서 지켜야 할 외교적 군사적 자세를 일러주는 장면이라 할 것이다.

배달 문인들이 단체사진을 찍었던 곳, 왕유가 왼손에 술잔을 오른손도 높이 들어 손가락으로 먼 하늘 가리키며 외쳐 시를 읊조리고 있는 석상 옆에 작은 돌 있어 시를 새겨 두었는데 그 모습 황량하기 그지없는 양관 사막을 압도하려하고 있는 듯했다. 시에 이르기를

안서로 명 받들어 가는 원이를 보내며

왕유

위성 아침비
먼지 적셔 앉히고
객사에 푸르기만 한
버들 빛 새로워라.

다시금 그대에게 권하는 술
남김없이 쭉 다 마시게나.
서쪽 멀리 양관으로 간다면
고향 벗 없으리니.

送元二使之安西

王維

위 성 조 우 읍 경 진　　객 사 청 청 류 색 신
渭城朝雨浥輕塵　　客舍靑靑柳色新
권 군 경 진 일 배 주　　서 출 양 관 무 고 인
勸君更盡一杯酒　　西出陽關無故人[219]

219) 위의 책 p279 更盡의 盡을 進으로 잘못 표기한 것 같아 盡으로 표기함. 『중국의 명시』 김희보 편, 가람, 2001, p105

위의 시 두 수는 상급 관료였던 왕유가 척박하고 살벌한 변방으로 부임해 가는 하급 관료들에게 주는 시들이라 할 것이다. 유사직(劉司直)에게 주는 앞의 시는 떠나는 사람의 착잡한 정서를 어느 정도 위무해 주면서 관료로서 수행해야 할 업무를 제시하거나 지시적 의지를 표출하는 장면이라 할 것이다. 그에 비해 원이(元二)라는 관료에게 주는 뒤의 시는 뜨거운 정감이 감돌아드는 시라 할 것이다. 봄 버들 푸르게 피어난 날 비 내려, 떠나야 하고 보내야 하는 두 마음 어울어 적시고 있는 객사, 양관 그 곳까지는 아니더라도, 틈내어 전송 차 나온 왕유가 술잔 들어 권하면서 읊었던 시. 고향 벗 한 사람 찾아 올 수 없는 머나먼 사막으로 떠나는 사람이 거듭 받아 마셨던 술잔에는 저도 모르게 눈에서 찡! 이슬방울이 떨어져 술맛 더욱 진하게 하지 않았을까? 마치 큰 형님이 나이 어린 막내 아우를 멀리 보내는 분위기를 연상케 한다. 인정이 메마르고 정서가 죽어가는 현금의 번문욕례(繁文縟禮 · red tape)에 얽매여 눈치 보기 바쁘고, 규정과 법규의 막대기에 가로막힌 관료사회에서는 쉽게 떠올려지는 장면이 결코 아니라고 생각된다.

어쩌다 푸른 포도잎 보이고 띄엄띄엄 사람 발길 오가기도 하지만 여전히 메마르고 척박한 죽음으로 누워있는 땅 양관의 옛 모습에 마음을 담아보니 불후의 명시를 토해내고 스쳐갔던 그때 그 시인들의 모습 떠올라 지금에 비할 수 없이 살벌하고 소름끼쳤을 시정을 더듬어본다.

변방의 풍운아 이백의 시정(詩情)- 이백(李白)의 조부는 고비사막이 있는 감숙성 출신으로 죄를 짓고 서역으로 가서 살았는데 이백이 거기서 태어났다고 한다.220) 잔잔하게 흘러내리지 못 했을 그의 피의 내력과 평탄하고 안정된 성장과정이 못 되었으리라고 짐작되는 삶의 발자취가 그를 호방하기도 하고, 때로 포악하여 사람을 여럿 죽이게 이끌어 갔으리라고 유추해 볼 수 있다. 양관에서 서쪽으로 더 가면 파미르 고원과 연접한 천산산맥이 뻗어 있다. 이백이 변방의 그 일대에서 숨 쉬며 바라보았으리라고 짐작되는 삶을 바탕으로 한 시가 여럿 있다.

새 하 곡 (1)

이백

5월에도 천산에는 눈 쌓여
피는 꽃 없고 추위만 있을 뿐
버들 꺾는 피리소리 듣건만
진작 봄빛은 못 보았네.

쇠북소리 울려 새벽에도 싸우고
밤에는 말안장 안고 자느니
바라건대 허리에 찬 칼 얼핏 뽑아
바로 누란 땅[221] 베었으면

塞 下 曲 (一)

李白

오월천산설　　무화지유한
五月天山雪　　無花祇有寒
적중문절류　　춘색미증유
笛中聞折柳　　春色未曾有

---

220) 이백 : 『당시전서』 p150
221) 누란 : 한, 위 시대의 사서에 나오는 지명(西域)

효전수금고　　소면포옥안
曉戰隨金鼓　　宵眠抱玉鞍

원장요하검　　직위참누란
願將腰下劍　　直爲斬樓蘭[222]

새 하 곡 (5)

이백

가을철 변방에 오랑캐 설쳐들어
천병(天兵), 한나라에서 출정한다.
장군은 호죽패 나누어 갖고
전사들은 용사(龍沙) 모래 위에 자누나.
활 그림자처럼 변방 달 구부러지고
오랑캐 땅 서리꽃 칼날에 피었다.
옥문관(玉門關)[223]에는 달리 들어가지 않나니
젊은 아내여 너무 슬퍼 마세나.

塞 下 曲 (五)

李白

새로승추하　　천병출한가
塞虜乘秋下　　天兵出漢家

장군분호죽　　전사와룡사
將軍分虎竹　　戰士臥龍沙

변월수궁영　　호상불검화
邊月隨弓影　　胡霜拂劍花

옥관수미입　　소부막장차
玉關殊未入　　少婦莫長嗟[224]

---

222) 『당시전서』 p223
223) 옥문관 : 양관에서 멀지 않은 곳에 있는 관문
224) 『당시전서』 p226

호방파 시인 고적과 잠삼– 고적(高適)은 자를 달부(達夫)라 하였는데 호방하고 얽매임이 없었다고 했다. 벼슬운이 좋아 발해후(勃海侯)가 되었고, 사후 예부상서에 추서(追敍)되었다고 했다. 50세에 시를 쓰기 시작하였지만, 왕유, 맹호연, 잠삼 등과 이름을 나란히 했다. 가난했던 두보에게 물질적 도움이 많았다고 했다.

사람들은 그를 잠삼과 어울어 〈고잠 · 高岑〉이라 일컬었다.225) 군대를 따라 변방에 갔을 때의 시 한 수 소개할까 한다.

변방 피리소리 들으며

고적

이국땅 깨끗이 덮은 눈 속으로 기르는 말 돌아오고
쏟아지는 달빛 불어 오랑캐 피리소리 수루에 스미네.

묻고 싶어라. 매화꽃 어느 곳에 떨어지는지를
하룻밤 바람 불어 관산을 덮었네.

塞上聞吹笛

高適

설정호천목마환　월명강적수루한
雪淨胡天牧馬還　月明羌笛戍樓韓
차문매화하처락　풍취일야만관산
借問梅花何處落　風吹一夜滿關山226)

앞의 두 행은 눈 내려 개벽이 새로 열린 듯한 변방의 정황을, 그리고 거기에다 오랑캐 피리소리에 얹어 3행에서 시인의 상상력

---

225) 고적 : 『당시전서』 p296
226) 塞上聞吹適 : 『중국의 명시』 김희보 엮음, 가람기획 단기 4334(서기 2001), p214

은 매화꽃 떨어뜨려 애를 절이고, 이어 온 산을 덮어 밤새도록 바람을 일으키고 있다.

하남성 남양 사람으로서 형주의 강능(江陵)으로 옮겨 살았다는 잠삼(岑參)은 새외(塞外)의 풍물과 전장의 정황을 잘 묘사하였으므로 고적(高適)과 함께 호방파(豪放派) 시인이라 했다. 중년에 봉상청(封常淸) 군대를 따라 신강(新疆)으로 갔는데, 그의 서역 새외를 그린 시는 특히 호방 처절하였다.[227]

목숙봉[228]에서 아내에게

잠삼

목숙봉 곁에서 입춘을 맞고
호로하 위에서 눈물 흘린다.

규중에 떠도는 빈 생각으론
애끊어지는 사막의 시름 그대 어찌 알리.

苜蓿烽寄家人

岑參

苜蓿烽邊逢立春　　胡蘆河上淚沾巾
閨中只是空相憶　　不見沙場愁殺人[229]

황막한 변방 머나먼 새역의 모진 겨울을 지나 입춘을 맞이 하였어도, 야만족들의 출몰 그치지 않았을 정황의 긴장 속에서, 봄 소식

227) 『당시전서』 p479
228) 목숙봉 : 옥문관 밖에 있는 봉화대. 목숙이란 안서특산물 천마가 먹는다는 목초
229) 『당시전서』 p500

온전히 전해 줄 꽃 한 떨기 만나기가 쉽지 않고, 마음의 안락과 한 꼬투리 기쁨 찾기 어려워 물 위에 눈물 뿌리는 시인의 심상을 그리고 있다. 다음 연에서 고향집에서 시인을 그리는 사랑하는 이의 생각도 생각이겠지만, '애 끊어지는 사막의 시름'에서, 간절한 고향 생각에 얹어 참을 수 없는 그리움을 피력하고 있음을 알 수 있다.

사막에서

잠삼

서쪽으로 말 달리니
하늘에 오르고파
집 떠나 두 번이나
둥근 달 보는구나.

알지 못해라.
오늘 밤 어디서 잘지를
막막한 사막 만 리에
사람 흔적 끊겼나니.

磧 中 作

岑參

走馬西來欲到天　辭家見月兩回圓
今夜不知何處宿　平沙萬里絶人煙[230]

잠삼의 호방한 기개를 잘 느낄 수 있는 한 편의 시라 할 것이다.

---

230) 『중국의 명시』 김희보 편, 가람, 단기 4334(서기 2001), p229 『당시전서』 p501

황막한 땅 머나먼 변방에서 적이 올까? 혹시 목이 달아날까? 두려워 움추리는 기색이라곤 보이지 않고, 오히려 서쪽으로 더 멀리 오랑캐들이 있는 곳으로 말 달려가려는 기백이 넘치고 있다.

그 기백 하늘에 오르고 싶을 만큼 시들지 않고 있다. 둘째 연에서, 사람 흔적 끊긴 막막한 사막 잘 곳도 못 찾았지만 그 호방한 기개는 그 어려운 상황을 담담히 객관화시킬 수 있었던 것이다.

옥관에서 장안의 주부에게

잠삼

동쪽 멀리 장안은 만 리도 넘는데
벗은 이다지도 한 줄 편지 아끼는가?
옥문관에서 서쪽을 보면 진정 애 끊어지네.
항차 날 새면 섣달그믐이라니.

玉關奇長安主簿

岑參

東去長安萬里餘(동거장안만리여)　故人那惜一行書(고인나차일행서)
玉關西望腸揭斷(옥관서망장갈단)　況復明朝是歲除(황복명조시세제)[231]

장안의 주부란 마음 터놓고 말을 주고받을 수 있는 고향 벗이라 할 수 있을 것이다. 섣달그믐, 어느 때보다 고향이 그리운 한때, 고향 벗의 소식을 애타게 기다리는 심회를 읊조리고 있다.

왕유(서기 701-761), 고적(서기 702-765), 이백(서기 706-762), 잠삼(서기 715-770) 네 시인들은 같은 시대를 풍미하던 대가들이

231) 『당시전서』 p499

다. 왕유는 고적보다 한 살 먼저 났고, 고적은 이백보다 네 살 먼저, 이백은 잠삼보다 아홉 살 먼저 난 것으로 알려져 있다. 이 대시인들의 시를 물에 비유한다면, 왕유의 시는 잔잔히 구비지는 시냇물 같고, 고적과 이백, 잠삼의 시는 쏟아지는 폭포 같다 할 수 있을 것 같다. 특히 군대를 따라 서역 변방, 양관 안서까지 갔던 잠삼의 시는 고적의 시와 더불어 더욱 호방하고 애를 휘감듯 절실하다 할 것이다.

왕유가 양관 안서로 떠나는 유사직(劉司直)과 원이(元二)에게 위로의 시를 써 주었다면, 그 가까운 지역 하롱(河隴)으로 떠나는 안진경(顔眞卿)에게 잠삼이 써 준 시가 있다. 안진경은 서도 대가로 널리 알려져 있다. 그는 왕희지(王羲之)의 전아(典雅)한 서체에 대한 반동이라고도 할 수 있을 만큼 남성적인 박력 속에 균제미(均齊美)를 발휘하여 당대(唐代) 이후 중국 서도에 지대한 영향을 미쳤다. 그는 해서(楷書) 행서(行書) 초서(草書)에 능한 대가(大家)였다고 했다.[232] 그는 그의 자를 청신(淸臣)이라 한 것처럼 청백하고 강직한 성품 때문에 오히려 권신들의 미움을 받아 지방으로 좌천되기 일쑤였다고 했다. 안녹산(安祿山)의 난 때 의병을 일으켜 활약하였고, 황제 덕종(德宗)의 명으로, 회서(淮西)에서 난을 일으킨 이희열(李希烈)을 설득하러 갔다가 죽임을 당했다고 했다. 안진경의 그러한 사심없고 강직한 남성다운 의협심과 추종을 불허하는 재능으로 하여 많은 사람들은 그를 흠모하고 그 뜻에 동조하였으리라고 짐작해 볼 수 있다. 잠삼이 시를 써서 황막하고 살벌한 먼 변방으로 떠나는 그를 위하여 위로의 정을 전해준 연고도 그 궤를 같이 했기 때문이라 사료된다.

---

232) 『동아백과사전』 19 p639

오랑캐 갈잎피리 노래

- 하롱으로 부임해 가는 안진경에게

잠삼

그대 듣지 않느뇨 슬프기 그지없는 갈피리 소릴
붉은 수염 푸른 눈의 오랑캐가 부는 것
불어 한 곡 채 끝나기도 전에
그 시름 누란 땅 지키는 사내들 쓰러뜨리네.
소관길 팔월은 처량도 하여
천산의 풀잎 꺾을 듯 북풍 불어오리.
곤륜산 남쪽에 달 기울 때
오랑캐 달 보고 갈잎피리 불 것이네.
저 멀리 진산은 아름아름 농산엔 뜬 구름,
변방의 성 안엔 밤마다 근심 찬 꿈을 꿀 때
달 보고 부는 오랑캐 갈잎피리 뉘 있어 기쁘게 들으리오.

胡 茄 歌

- 送顔眞卿使河隴 233)

岑參

君不聞胡茄聲最悲　紫髥綠眼胡人吹
吹之一曲猶未了　愁殺樓蘭征戍兒
涼秋八月蕭關道　北風吹斷天山草
崑崙山南月欲斜　胡人向月吹胡茄
胡茄怨兮將送君　秦山遙望隴山雲
邊城夜夜多愁夢　向月胡茄誰喜聞234)

---

233) 하롱 : 감숙성에 있는 지명『중국의 명시』p232
234)『중국의 명시』p321

대 시인 왕유가 안서로 떠나는 원이(元二)를 위하여 장안에서 그리 멀지 않은 위성(渭城)에서 술을 따라 곡진히 권하며 위로의 시를 읊었음을 앞에서 잠깐 살펴보았다. 잠삼이 하롱으로 부임해 가는 안진경을 위하여 위로의 시를 읊어 주었을 장소도 장안에서 그리 멀지 않은 어느 곳이 아닐까 상정해 볼 수 있을 것 같다. 아마도 그 자리엔 정이 술술 담기는 술잔이 오고 갔을 법하다. 왕유가 원이를 보낼 때와 다른 점은 계절이다. 봄비 내려 버들 푸른 때 떠나는 마음도 달가울 리가 없었겠지만 '천산의 풀잎 꺾어져라 바람 불어대는' 차가운 계절을 앞두고 떠나는 마음은 보다 더 처량하고 차가울 수밖에 없었으리라고 짐작해 볼 수 있겠다. 원이의 인적사항을 알 수 없고 왕유와 그의 인간관계도 알 수 없지만, 상급관료인 왕유가 하급관료인 원이를 위로해 보내는 입장이었음은 확실하다고 보아진다. 그래서 왕유의 두터운 인간미를 짚어 볼 수 있는 장면이라 한다면, 여섯 살 먼저 난 대 명필 안진경과 대 시인 잠삼을 지기지교(知己之交)가 될 수도 있었을 것 같다고 짐작해 본다면 서로 막역(莫逆)한 교분이 있었다고 해도 좋을 것 같다.

곧게 살았을 안진경과 호방하여 거침없었던 잠삼의 만남은 너무도 자연스럽고 서로 의기가 멋지게 상통될 수 있었을 것으로 여겨지기 때문이다.

오랑캐가 부는 갈피리 소리에 부푸는 '시름이 누란땅 지키는 사내들 쓰러뜨리네.'라고 읊조린 잠삼의 심회는 마치 안진경과 더불어 변방 하롱으로 떠나는 아픔을 느꼈을 것 같다. 칭찬과 보상 받기에 모자람 없었던 안진경이, 오히려 밉보여 변방으로 쫓겨나는 입장이었다면 잠삼의 마음 더욱 그러했을 것이라고 상상이 된다.

황막하기만 한 변방의 가을 달 밤 처연(凄然)하여 둘 곳 없는 심회, 오랑캐의 갈피리 소리에 엉겨드는, 싫지만 어쩔 수 없는 처지를 실감나게 그리고 있다.

황막 양관, 왕유 앞에 떨구는 졸시– 황막한 양관 사막에 세워진 마힐 왕유 시인 앞에 서니 느낀 바 있어 졸시 한 수 떨군다.

왕유 석상

왕마힐[235] 시인 상 앞에서

이병석

비 젖는 위성(渭城)
푸른 버들 어이 두고
황막한 양관 땅에
뉘 있어 오셨나요?
원이(元二)[236] 떠난 지 천년
눈물 흔적 잊혀졌는데
누굴 위해 술잔 들어
황톳벌에 서셨나요?
도포자락 휘날리며 왜
돌로 이리 서셨나요?
바쁠 일도 없는 이제
술잔일랑 오른손에 드셨으면…

이왕이면 흐르는 구름에게
한 잔 들어 권하시구려.
이제는 천년 이고 있어야 할
희멀건 저 하늘에 무심코 왔다가
사라지는 구름만이 벗일지니.

---

235) 왕마힐(王摩詰) : 마힐은 시인 왕유의 자
236) 왕유가 양관 안서로 떠나는 원이에게 술을 권했다 함

황막 양관, 봉수대 앞에서- 욕망과 욕망 치열하게 부닥쳐 싸우던 곳 묘묘막막(渺渺邈邈)한 양관 사막의 붉게 앓고 있는 신열(辛熱)을 앞에 두고 말 한 마디 더듬어 내린다.

양관 봉수대

양관 봉수대 앞에서

이병석

욕망과 욕망의 말과 말 맞 달려
황막한 땅껍질 일세워 부닥쳤네.
창과 칼 번쩍이던 곳
먼지, 해의 허파를 비집어 들었나니
넓으나 넓은 땅 지쳐
지금껏 자빠져 있고,
두 눈 부릅뜨고 지키던 봉화대는
만 리 붉은 넋이 끌어내려
그 누구 몰래 천년을 앓다가
말라 붙은 부스럼 딱지

버려진 땅 위엔
허망으로 뚫려 있는 하늘에
오직 태양 혼자 이글이글
끓고 있는 지존의 노른자,
그 절대 권력 아래 복종의
무성한 숲 타오른다. 신열
정처없이 내달리는 바람에 깔려
무참히 죽어 부스러진
부스럭 돌의 잇몸뼈가 마지막
깨물었던 말 토막들이 나뒹군다.

황막 양관, 돌의 불침번– 양관사막 외로이 지키다가 부스럼 딱지처럼 삭아 내린 봉수대 터를 앞에 두고 새로운 형벌의 자리를 지키고 선 돌 앞에서 어쭙잖은 느낌 있어 또 한마디 더듬거려 본다.

양관고지 표지석 옆에서

아프구나. 돌이여

이병석

얼어 터진 손의 피로
거친 흙돌 버무려
쌓아 올렸을 높은 무덤
그 위에 높이 군림했던
봉화대는 삭아 삭아
쓰라린 역사의 꼭지에
사마귀처럼 붙었는데

땅덩이 닥치는대로
삼켜드는 거대한 욕망이
새삼스레 불 뿜어
풀섶 찾아 헤매는 중화민국 양관 땅

부스럼 딱지 지키고 선 저것
무슨 일로 <양관고지(陽關故地)>
핏빛 글씨 가슴 파서 새기고
밤에도 낮에도 오로지 혼자만이
지키고 선 외롭기 그지없는 불침번
아프구나. 돌이여.

3. 돈황고성敦煌古城과 서진벽화묘西晋壁畵墓

돈황고성

차 돌려 오는 길에 찾아 갔던 곳 돈황고성이었다.

사막이라는 지형적 특징, 산이 아닌 평지에 세워졌다는 것이 양관과 다를 바 없었다. 높은 문 들어서자 어디서 많이 본 듯한 장면들이 양쪽으로 펼쳐졌다. 민가, 시장, 관아, 종교적 장면 등이 어지럽게 너덜너덜한 모습을 내보이고 있었다. 곳곳에 끼어있는 사람들은 무슨 전쟁터를 떠나지 못한 패잔민들 같았다. 〈용문객잔〉의 세트장이라 했다. 그곳 화장실은 화급한 상황이 아니면 들어가지 못할 지경이었다.

돈황고성을 나와 달리는 길엔 인가도 있고, 나무들도 많이 가꾸어져 있었다.

목화밭을 지날 때는 어린 시절이 떠올랐다. 하얀 목화꽃 필 땐 그만한 꽃밭이 따로 없었다. 꽃 지고 나면 다래가 열리는데 다 익기 전엔 달고 맛 있었다. 다래 익어 하얗게 터질 때는 윈 밭에 구름이 내린 것 같았다. 그 꼬투린 따서 씨아에 씨를 앗아 내는데, 쐐기에 솜 꼬투릴 넣고 손잡이를 돌리면 씨는 밑으로 떨어지고 솜은 씨아 넘어로 나가 쌓이게 되는 것이다. 한번 쐐기에 손가락이 낀 적 있었는데, 손가락뼈가 으스러지는 것 같았다. 울지 않고 어찌 배겼으랴.

삼우당 문익점(三憂堂 文益漸) 선생이 34세 때 원나라로, 사신 이공수(李公遂)를 따라 갔는데, 그때 덕흥군(德興君)을 왕으로 추대하였다가 3년간 유폐생활을 당한 뒤 고려로 돌아올 때 붓 뚜껑에 목화씨를 숨겨왔다는 것은 다 아는 사실이다.[237] 붓 뚜껑에 목화씨를 넣어 왔다는 것은 정당하다 할 수 없는 일이다. 하지만 그로부터 한국에 목화가 재배되어 일으켜졌던 생활적 산업적 혁명은 말로 다 하기 어려운 역사적 사실이라 할 것이다. 선생의 장인 정천익(鄭天益)이 비로소 재배에 성공하였다는 산청군 단성면(丹誠面) 사월리(沙月里)에 있다는 〈문익점면화시배지(文益漸棉花始培地)〉에 한번 가 보아야겠다는 생각을 다져보았다.

푸른 밭 높은 버드나무, 인가를 지나자 다시 광막한 사막, 넓디넓은 모래자갈 천지에서 헬 수 없는 무덤들 뾰족뾰족 솟아나 있고, 차에서 내리자마자 햇살은 단박 몸에 땀을 짜내었다. 작은 기념품점이 있고 그 앞에 무덤 있어 땅 밑으로 안내자를 따라 내려갔다.

237) 문익점(단기 3662~3731 · 서기 1329~1398) : 『동아백과사전』 12 p198

캄캄한 전실, 늦게 따라 내린 탓으로 설명은 잘 들을 수 없었고, 다만 정교하게 꾸며진 내부는 갖가지 갖추어졌던 유물과 함께 감탄을 금치 못한다고 했다. 서진 시대의 귀족의 무덤이라 했다. 무덤을 도굴한 자가 붙잡혀 사형을 당했다고 했다. 도굴자는 문화적 가치만 생각했겠지만, 문화적 가치보다 편히 잠든 영혼의 안락한 꿈을 깨트린 죄에 더 무게가 실렸을 것 같았다. 서진(西晋) 시대라면 천 칠백여 년 전쯤의 무덤이라 할 수 있을 것이다. 사마의(司馬懿)의 손자 염(炎)이 위(魏)의 원제(元帝)에게 강요하여 왕위를 빼앗고 세운 나라가 서진이라 하였다. 서진은 서기 265년에서 316년[238]에 걸쳐 존속하였다니 서진시대의 묘라면 2천년에 가까운 오래된 무덤이라 할 것이다. 한말(漢末)의 간웅 조조(曹操)를 섬겼다는 사마의가 만약 제갈공명(諸葛孔明)에게 끝까지 싸워 이기기로 결심하고 전투를 계속하였다면, 서진이라는 나라도 세워지지 못했을 법도 하다. 싸워서 제갈공명에게 도무지 이길 수 없는 것을 깨달은 사마의가 굴욕심을 바위로 누르고 수세만 하고 있었으니, 속터지는 건 제갈공명이었다. 싸우려들지 않는 사마의에게 남자답지 못하다하여 여자 옷을 지어 보냈을 때도 사마의는 무표정이라 했으니, 낭패는 모두 제갈공명 몫이었다고 했다. 울화가 터져 절명한 오장원(五丈原)의 넋 제갈공명은 시체가 되어 서촉으로 돌아갈 수 밖에 없었다고 했다. 그때가 되어서야 크게 반격해 달려가던 중달(仲達)사마의. 갑자기 돌아서서 몰아오는 제갈의 군사 앞에 학창의(鶴氅衣)에 백우선(白羽扇)을 엄연히 들고 오륜거를 타고 공명이 달려오니 사마의 혼줄이 끊어져 달아나는데 밟혀 죽은 자가 많았다고 했다. 이를 일러 뒷사람들은 '죽은 제갈량이 살아있는 사마의

238) 서진(西晋) : 『동아백과사전』 26 p108

를 능히 달아나게 했다(死諸葛能使走生仲達)'고 얘기하는 것이다. 이는 공명이 죽기전에 미리 알고 부하 장수들에게 계략을 알려 준 것이라고 했다.

사마의가 싸우지 않았기에 결과적으로 제갈공명이 스스로 명을 마치게 되었고, 공명은 사마의에게 진 것이라기보다 운명에게 진 것이라 할 수 있지 않을까? 결국 사마의가 공명과 싸워서는 졌지만 싸우지 않고 지키기만 한 연고로 패망하지 않았고, 그로 하여 공을 세울 수 있었기에 그 후손이 진이라는 나라를 세울 수 있었다고 볼 수 있을 것이다.

서진 벽화묘 옆에서

이병석

하늘엔 별들 막힘 없이 널리고
아득하여 얼버무린 곳
나울대는 한 줄기 푸른 풀잎 없이
자갈 모래 고깔 세워 쓰고
수 없는 주검들 누워 잠들었어라.
달 밝은 밤이면 귀신 나와 춤추고
캄캄한 그믐이면 원혼 나와 오열하리.
누 십 천년 세우고 세워져
어리둥절 산 사람 눈을
앗아가는 고깔들이여.
내 오늘 여기 와서 이르노니
삶도 죽음도 한 가지에 피어난 헛꽃일러니
부디 다 버리고 연꽃 핀 언덕
모두 올라가 향기 속에 태어나시라.

나무 유명교주지장왕보살마하살
(南無幽冥教主地藏王菩薩摩訶薩) 239)
나무 대성인로왕보살마하살
(南無大聖引路王菩薩摩訶薩) 240)

---

239) 지장보살 : ①석가세존 입멸 뒤 미륵불 출현 전, 육도(六道- 천상에서 지옥까지 6갈래의 중생)중생을 교화하는 대자대비한 보살. 천관(天冠)을 쓰고 가사를 입고, 왼손에 연꽃 바른손에 시무외인(施無畏印) 또는 보주(寶珠)를 들고 있음. 후세에 석장 짚은 사문 모습, 그 뒤엔 동자 안은 모습, 육지장(六地藏), 승군지장(勝軍地藏) 등의 형상이 있음. ②신라왕자 김교각 스님, 구화산 바위틈에서 흰 흙과 쌀을 섞어 먹었음. 이백(李白)대 시인이 친견하러 세 번 갔으나 헛걸음 쳤다 함. 열반 뒤 3년이 지나도 산사람 같았다 함. 『불교사전』 운허, 동국역경원, 불기 2531(서기 1987), p825 십여 년 전 구화산에 갔을 때 99m의 지장보살(김교각 스님)의 동상을 세운다고 한 안내자의 말을 들었음(99세에 열반했다고 함)

4. 돈황 나그네, 가을비에 젖어

돈황의 비는 귀한 것이라고 들었다. 그런 비가 내리기 시작하여 나그네의 옷깃 축축히 적시고 있었다. 비를 맞고 시장 골목을 오가며 구경 다녔다. 기념물로 도장들을 새겼다. 나무질은 그리 단단하지 못한 버드나무 같은 것들이었다. 돌도장도 더러 새겼다. 김년균 이사장은 선물로 준다며 오랜 시간 많이 새겼다. 글벗들 반은 새기는 것 같았다. 오물조물한 물건들 어슷비슷하게 준비하여 고객을 기다리는 곳. 평화롭고 재미도 있었다.

어느새 밤이 깊어 갔다.

한곳에 천막을 치고 골목 한쪽으로 의자 놓고 앉아 맥주를 마시며 노래를 했다. 모두 한 차례씩은 돌아 오양호 선생, 김송배 선생은 여러 곡을 불렀다. 비는 내려 옷들 조금씩 다 젖어도 자릴 떠날 줄 몰랐다. 한 해의 강우량 30~40mm 정도라는데, 촉촉히 내리는 사막 돈황의 가을비는 꼭 우리 배달 글벗들을 위한 환영의 눈물 같았다. 환영의 비도 고맙고 하여 비용은 내가 다 내었다. 시장 길 한 곳 작은 화실 있어 서상만 시백과 같이 구경 갔다가 낙타 그림 한 폭 샀다. 주인은 돈황미술가협회 이사(敦煌美術家協會 理事) 장평(張平)이라고 했다. 그의 스승이 단청을 전문으로 하는 한국 사람이라고 했다.

비 내리는 돈황의 어둠을 뚫고 우리를 태운 작은 버스는 태양촌

240) 인로왕보살 : 죽은 이의 영을 접인(接引)하여 극락세계로 인도하는 보살

호텔로 향했다. 모두 흥을 반쯤 푼 것 같았다. 서상만, 김송배 두 시인과 함께 호텔 앞 분수대 옆에서 사흘째 환담 자리를 꾸렸다. 돈황의 밤은 기온이 낮아 바람기라도 조금 있으면 매우 쌀쌀한 초겨울 날씨 같았다. 나는 마시는 시늉만 하고 두 애주가는 즐겁게 기울이는 술잔에 맥주는 끝 모르고 부어졌다. 마지막 날은 환영의 비로 하여 길게 앉아 있지 않았다. 들어오는 길에 벌쩍 뛰는 것이 있어 보니 개구린지 두꺼빈지 한 작은 친구라 희한하다고 생각들 하며 방으로 들어왔다.

돈황 두꺼비

이병석

신의 아들 아킬레스, 뒷굼치에 화살 맞아 죽었다는데
살을 태우고 사지 으스러뜨리는 여름 한낮
쏟아지는 불화살 어찌 피해 살았느냐?
대륙 휘덮었던 욕망의 영웅 알렉산더는
한 잔 차 받아 먹고 세상 떠났다는데
너에게는 그 누구도 독이슬 한 방울 속여
따 먹어라 권해 오지 않았더냐?
돈황, 끝 모를 모랫벌 적셔 내리는
환영의 가을비에 젖어 엉금엉금 기어나와
뛰는 듯 벌쩍벌쩍 반겨 오는 돈황 두꺼비
무심으로 엉금엉금 진심으로 벌쩍벌쩍
야위어 길쭉한 몸 네 다리에 얹어 나온 미물이여.
영웅이라 뽐내는 생물들 너에게로 여기 와서 슬기 한 번 배워야 하리.

이십여 년 전의 돈황, 하는 일 별로 없고 아무런 걱정 없어 이글이글 타오르는 열기가 요구하는 대로 한낮이면 깊이 잠에 빠져들던 몸뚱이들. 순박하기 이를 데 없는 인심들이 슬밋슬밋 날빛 속에 밀려다니던 움직임들의 영상 까마득히 잊어버린 어느 때, 더듬어 보아도 잡히지 않는 어느 곳엔가에서 만났을 것 같은, 이웃 같이 낯설지 않던 모습들 떠올랐다. 그때 그때 끄적거려 모았던 글귀들 다시 뒤적거려 본다.

돈황에서

이병석

잊어버린 꿈을 생생히
다시 찾은 그 속으로
발길 옮긴다.

잘 못 고향이 되어버린
이 땅 버드나무들
제법 가족 늘리고
불 햇덩일 향해
얼 푸른 가슴 높인다.
죽은 가지도 함께
지나갈 바람 소식 기다린다.

만년 눈 머리에 이고 멀리
6천 미터 가까이 솟아 오른
치렌산이 얼음 녹인 물
예까지 콸콸콸
시원스레 꿈 씻어 내린다.

돈황 사람들 1

이병석

달밤처럼
고즈넉한 거리 내려쬐는 햇볕에
그림 속 들어가듯 가만가만
발 옮기는 사람들
까마득한 옛날이
숨 쉬고 있는 이곳에 도무지
별다른 일이 없고
사람 사람 표정이 없다.

비단 입성 무엇하랴.
매무새 다듬어 무엇하랴.
쓰잘 데 없이 뽐내는 일
우스꽝스러울 뿐

한 해 비 40 밀리 내리는 곳
해의 열기 막는 덴
흙담에다 흙지붕이면 그만인 걸
그 위에 얼마쯤 개 뼈다귀 같이
마른 나뭇가지 얹어 두고
깡깡 강냉이 불궈 입에 넣어
누워 가만 화석처럼 들면
구멍 나 별 보이는 건
얼마나 살맛나는 일이랴.

돈황 사람들 2

이병석

점심 먹고 나면
일과에 뺄 수 없는 일
꿀맛 같은 낮잠 자기
밤 10시가 가까워도
밝다랗기만 한 동네의
흙담 옆에 밀려 와
부처님처럼 머물러 서 있는 사람
만난 적 잊어버린
내 친척인 것만 같다.

돈황 외곽에서

이병석

새벽인가 싶었더니
지평선 멀리 어느새
불 솟는다 사정없이
타오르는 눈으로 달려드는 열기
모래 끓는다 일찍부터
허적허적 끝없는 사막 위에
굼실굼실 먼 곳으로 물러나
마치 푸른 호수 출렁인다.
인간의 어리석음
고여 든 물길인가
역사를 뒤틀어 온

수라의 불길인가
탐욕의 신기루는 무성한 숲 길러
한없는 허상의
성문을 연다.

돈황의 양과 양몰이꾼

이병석

뜨거운 모랫길
둘이 걸어간다.
굴뚝 기어 나와
네 발로 가는 양과
누더기 입은 채
굴뚝 기어 나와
두 발로 가는 사람
앞선 양이 암놈인지 수놈인지
알 수 없듯이
뒤선 사람이 여자인지 남자인지
알 수 없지만
걸어가는 둘의 다정함은
사촌쯤은 되어 보이는데
어쩌다 파랗게 풀이 솟는다면
웃으며 같이 뜯어 먹을 것만 같다.

짙어지는 검은 장막 적시며 비가 내린다. 돈황의 비답지 않게 제법 많은 비가 내린다. 돈황보다 열 배 비 많은 곳 배달의 땅 글벗들을 맞아 특별 하례를 하는 것일까? 태양촌(太陽村) 호텔이 흠씬 젖고 촛불 같은 전등 밝히며 별들 머리에 이고 마시며 얘기하던 뜨락이 젖어 내린다. 뜨락 옆에 고여 있는 작은 연못의 맑은 얼굴에 비가 내린다. 그 얼굴에 있지도 않은 곰보 딱지 지우려는 듯 비가 내린다. 그새 사람들 밀려들어 아스팔트 깔린 길이 젖고 욕망이 다듬어져 제법 즐비하게 들어선 집들이 더욱 웅크리며 젖는다. 인적 끊어져가는 돈황에 비가 내려 잠에서 깨어난 두꺼비가 암행길 기어 다닌다.

진드기 떼어내듯 사람들 다 떼어내고 수수 만 리 밖 잊혀진 고향 그리며 벌거벗은 울모랫산[鳴沙山] 호올로 추적추적 젖고 있으려나? 돈황막고굴 천년을 파고들어 저마다 자리 잡은 수많은 불보살, 내리는 빗줄기에 무설설(無說說- 말씀 없이 진리를 설함)의 법을 매달고 있으려나? 황막천지 양관 땅에 외따로 선 돌표지에 새겨진 글 〈陽關故地〉란 넉자, 젖어 더욱 붉어지고 있으려나? 기세 높은 장건의 말 탄 동상이 젖고 있으려나?
살벌한 변방으로 귀양길 떠나듯 발길 옮기는 원이를 향해 술잔 권하는 대 시인 왕유의 간곡히 들어 올린 팔이 젖고 있으려나?

한나라 무제의 질녀로 태어난 죄목 하나로 지옥으로 끌려가듯 말만 들은 월지국(月氏國)으로 억지 시집 떠난 오손공주(烏孫公主)의 눈물이려나, 밤의 장막 짙어지는 돈황을 적시며 눈물비 내린다. 만년설 머리에 이고 인간들의 무상한 역사와 내력을 끌어안고 야크와 낙타를 기르는 치롄산(祁連山)이 젖고 있으려나?

날 새면 떠나야 할 돈황 먼 나그네의 옷자락에 짙어지는 밤 장막, 찌릿찌릿 스며드는 사막의 정을 적시며 차가운 가을비 내린다.

맺는 말

세상은 온통 비(秘)와 밀(密)로 가득차 있다. 그 속에 끊임없이 설렘의 물결이 인다. 설렘의 물결에서 느긋함을 즐기고 느긋함에서 끝없이 물결치는 설렘을 어루만진다. 비란 수행된 마음의 계위(階位)만큼 열릴 수 있는 빗장과 같은 것이고 밀이란 빗장 안쪽에 정밀하게 꽉 차 있는 실상(實相)의 내용을 말한다. 그 내용 알음알이로 헤아리려 해선 제대로 알 수 없고 깨달음의 지혜를 얻는 일과는 영 엉뚱한 길로 가버리게 되는 것이다. 여행 곧 떠난다는 것은 그 묘한 비밀 속을 얼핏얼핏 스쳐 설렘의 물결을 타는 일과 같다 할 만하다.

넓은 땅 지상 인류의 6분의 1이 살고 있다는 중화누리, 그 장구한 세월에 엮어 내린 역사와 세상살이에서 묻어난 얘기는 다 헤아리기 어렵다. 하지만 그 역사의 거대한 물줄기 굽이칠 적마다 쏟아져 나온 명시 · 명문과 더불어 피어난 재미있는 얘기꽃들을 꺾어보는 것은 매우 유익한 일이 될 수 있을 것이다. 역사와 지정학적 연관관계를 두고 살펴볼 때 중국은 한국과 뗄 수 없는 인연의 고리를 공유하고 있다. 그 인연의 고리 정당하고 보람 있게 이끌어가야 할 대 명제가 우리 앞에 우뚝 솟아 있음을 모두 깊이 마음 새겨야 하리라고 보아진다. 무엇보다 먼저 재미를 느끼고 문학을 바탕으로 한 문화 예술적 이해를 함에 있어 털끝만큼이라도 도움이 된다면 큰 다행으로 여기겠다.

1부에서, 진시황제인마용총, 만리장성, 진시황제능을 살펴보고 그것들에 얽힌 여러 얘기와 느낀 바를 적어 보았다. 천하통일의 대 위업을 이룩하고 가장 높이 올라 가장 큰 불안과 두려움을 안고 뒹굴어야 했던 시황제, 그 허황된 몸부림이 민생의 뿌리를 흔들었던 얘기들을 엮어 보았다. 세상을 놀라게 한 진시황제인마용총의 실제, 엉뚱한 불안이 만리장성을 이어 쌓게된 대 역사, 70만 명의 사람이 동원되어 쌓아 올렸다는 진시황제능에 얽힌 얘기, 장생 불노의 신기루를 좇다가 세상 떠난 얘기들을 꺾어 보았다.

2부에서 합려왕의 패사, 무모한 도발로 패망한 월나라의 사직을 보전하려고 피 말리는 애걸을 하고 수년 간 말똥냄새 맡으며 지옥 같은 굴종의 무릎 꿇어 생명을 구걸하고 부차의 똥을 찍어 맛보면서 꿀 먹은 양 기쁜 표정 애써 지어 보인 구천, 그 거짓 연극에 감복하여 구천을 방면시킨 오나라 부차왕, 갖은 흉계 부리면서 하루도 원수를 잊지 않으려고 땔나무 위에 잠자며 몸을 괴롭히고 쓸개 핥아 오만상 찡그리던 구천, 월나라의 책사 문종과 범려의 활약상, 오나라의 간신 백비와 충신 오자서의 갈등과 죽음, 공자의 제자 자공의 변설, 물과 물고기와 같은 관계라는 관중과 포숙의 얘기 등을 엮어 보았다. 명승지 소주 땅에 200리를 두루 돌아볼 수 있는 고소대를 짓고 6천명이 밤낮없이 주색에 빠져 뒹굴며 허세의 용포 휘날리던 부차의 비참하기 비할 데 없는 마지막을 그려 보았다. 오와 월의 대 헛개비 놀음 한가운데에 꽃핀 서시 있어 그 꽃그늘에 오나라 쓰러졌던 것이다.

3부에서, 먼저 등장한 왕소군 얘기를 실었다. 한나라 초기 흉노와의 잦은 마찰 속에 제물이 된 소군의 억울하고 서러운 얘기, 오죽했으면 소군을 돈 주지 않았다고 추녀로 그려 바친 화가 모연수를 황제가 죽여 버렸을까? 내용은 길지 않으나 당대 대 시인들 너도 나도 다투어 소군을 애달피 그려냈음을 소개했다. 세 번째 피어난 꽃은 초선, 더 없이 아름답고 청초하기 연잎에 구르는 이슬 같은 자태의 어린 소녀. 초(貂)란 담비 꼬리로 만든 고관의 장식품으로 고귀함을 상징하고 선(蟬)은 매미로 수액만 먹고 사는 곤충을 말하는 것을 보아서도 그 성품 고귀하고 때 묻지 않았던 한 떨기 꽃이었음을 알 수 있을 것으로 보이는, 애처롭고 불쌍하기 그지없는 그 짧은 생을 그려보았다. 당 현종은 한때 현명한 군주라 했다. 당 최 전성기를 이룩한 그가 그의 18번째 왕자의 비를 뺏아 귀비라 하고 밤낮을 모르고 사랑에 빠져 정사 돌볼 생각 없이 허송세월하다가 안록산의 난을 만나고 결국 그렇게 아끼고 사랑한 귀비를 잃게 되는 애사를 실어 보았다. 양귀비, 한 번 고개 돌려 미소 지으면 여섯 궁궐 미녀들 모두 낯빛 잃었다 했으니 경국지미인이었음을 짐작할 수 있을 것이다. 황제도 중생인지라 색욕에 빠지니 범부보다 낫다 하기 어려울 것으로 보인 역사적 사건을 실어 보았다.

4부에서, 먼저 비림(비석의 숲)의 한 모서리를 살펴보았다. 중국 문화와 역사, 민족성의 진수를 알려면 비림으로 가봐야 할 것이다. 중국을 이끌어 온 정신적 지주 역할을 한 유교의 핵심을 짚어보고, 태호 복희씨 이후 삼황 오제 때의 시대상과 재미있는 얘기들을 엮어 보았다. 특히 중국식 천지 창조와 여화의 인간 창조 얘기는 대단히 해학적이고 우스꽝스런 면이 있어 적어보았다. 관제시죽도(關帝詩竹圖)를 바라보며 관운장에 관한 얘기들을 『삼국지』에서 발췌해 보았다. 관운장은 중국을 대표하는 의인이며 용장이라 할 만하다고 본다. 80근 청룡언월도를 천지에 휘두른 그의 모습은 아직도 숭배의 대상이 되고 있기 때문이다. 이어 달마도강도(達磨渡江圖) 앞에서 발길 멈추고 불교가 중국에 유입된 최초의 과정과 그에 대한 소견을 시로 표현해 보았다.

당 고종이 효심으로 지은 대 가람 대자은사와 현장법사가 지어 올린 대안탑을 살펴보고, 서안 거리를 내려 보며 육환장 짚고 높이 선 현장법사상 앞에서 졸시 한 수 떨구어 보았다.

5부에서, 서안에서 돈황으로 떠나기 전의 따가운 한 때를 그려보고 부산 서울 간의 두 배가 넘는 거리 밖의 타클라마칸 사막으로 날아가 그 곳 명사산에서의 즐겁고 신기한 정경과 이색적 체험담을 적어 보았다. 하늘을 갈라낼 듯 날카롭고 굽이진 능선- 칼을 높이 세우고 선 모래산들 일러 명사산(우는 모랫산)의 낯선 모습과, 모래산과 모래산 속 깊이 반달처럼 고여 있으면서 아무리 모랫바람 거세게 일어 하늘 땅 보이지 않을지라도 모래 한 알 날아들지 않는다는 월아천(月牙泉)등에 얽힌 전설들과 돈황의 풍습들을 엮어 보았다.

돌 자갈 모래가 수억 년 한데 굳어선 돌산에 천년 넘어 갖은 굴을 파 불상을 조성하고 그림 그려 넣은 돈황막고굴을 살펴보았다. 불가사의한 유적들 돌아보며 글벗들 모두 감탄을 쏟고 필자의 눈에 절로 감읍의 물이 흘러내렸다. 특히 45굴의 정경과 그에 대한 느낌, 생각할 거리는 까마득 잊혀져 알 수 없는 어느 때를 자아내게 했다.

6부에서, 돈황을 떠나 구마라집 스님이 인도에서 경전 싣고 오다 죽은 백마를 기려 세운 탑, 일러 백마탑을 참배하고, 사막길 달려 도달한 곳 중국 최 변방 양관(陽關)이라 했다. 옛 중국 변방 정세와 장건의 활약상 얘기를 듣고, 대 시인 왕유가 양관으로 부임차 떠나는 부하 공무원에게 술과 시를 대접하며 따뜻이 보내는 정겨운 미담을 들었다. 화강암 돌로 우람하게 조성된 당나라 때의 대 시인 왕유상 앞에서 글벗들 문심 길러 기념촬영을 했다. 버려진 낯선 별에 온 듯한 양관 황막천지에서 기념촬영들 하고 글벗들 함께 필자도 시심을 싹틔워 보았다. 당대 대 시인들의 명시들 소개하고 졸시도 떨어뜨려 보았다.

영화에 나온 돈황고성과 사람 살기 시작한 때부터 만들어졌을 듯한 사막의 묘지 넓디넓은 자갈모래 천지에 헬 수 없이 솟아 이룩한 초라하고 소박한 저승의 나라를 살펴보았다.

귀한 비가 환영해 주는 사막 돈황 시장거리에서 천막 치고 마지막 밤을 즐기다가 숙소로 돌아와 비 맞고 기어 나온 돈황 두꺼비를 맞이하고 20여 년 전에 보고 느꼈던 순박하기 이를 데 없고 오직 원초적 삶을 꾸리고 있던 돈황 전경을 회상하며 그 때의 졸시 몇 편 들춰 보았다.

중국을 살피고 배우는 것은 지상에서 가장 사람 많이 살아 가장 큰 나라라 할 수 있는 곳의 역사와 문화 정신적 바탕과 성격을 살피고 배운다 할 수 있을 것으로 보인다. 결코 소홀히 할 수 있는 일이 아니라고 생각된다. 또 가장 바람직한 미래지향적 진로를 모색하는 데 있어 중국과의 인연관계를 바탕으로 진행하는 것이 매우 중요하다고 여겨진다. 어렵다고 한문문화를 외면하는 것은 결코 바람직하지 않다. 이런 점들 고려하여 졸문일망정 이 책을 부끄러움 무릅쓰고 내어 놓는 연유이다. 많은 인구 그것은 많은 문제가 될 소지도 많지만 큰 힘의 바탕이 될 수도 있는 장점도 많다 할 것이다. 이런 점들 고려할 때 특히 젊은이들은 늦기 전에 중국을 살피고 배워 바람직한 연관관계를 전개하는데 큰 힘이 되어야 할 것이라고 본다. 필자의 미천한 견해로도 인간이 가장 경계하고 삼가야 할 사항은 삼독(三毒) 곧 탐욕심과 진심(嗔心 · 성내는 마음)과 치심(癡心 · 어리석은 마음)이라고 판단된다.

게으름은 크나큰 인생의 적이다. 열심히 노력하되 탐욕심은 버려야 한다. 성내어야 할 것 같은 상황에서도 참는 마음 앞세워 분별심 잃지 말고 지혜를 발양시켜야 할 것이다. 그러지 말아야 할 경우임을 알면서도 그렇게 행하는 것은 위험한 밤길에서 스스로 밝음을 포기한 것과 다를 바 없을 것이다. 필자의 졸저 『비단길에 흐드러진 얘기 꽃 – 중화누리 가로질러』에서 근본적으로 주장하고 싶은 것은 이러한 삼독심을 떨쳐내고 스스로 잘 다스려 대경과의 적합하고 적당한 관계를 찾아 추진해야 된다는 것이다. 범인이거나 황제라 하거나 사람이면 이 도리를 지켜나가야 한다고 주장하는 것이다. 삼독을 경계하고 잘 다스려 물리치는 곳이라야 불행이 없어지고 행복의 길이 열릴 수 있기 때문이다.

- 부별 찾아보기
- 詩 · 작가별 찾아보기
- 詩 · 저자 이병석의 시 찾아보기

부별 찾아보기

1부

2부

3부

4부

5부

6부

詩 · 작가별 찾아보기

詩 · 저자 이병석의 시 찾아보기

비단길에 흐드러진 애기꽃

- 중화누리 가로질러 -

초판 인쇄 | 2015년 1월 10일
초판 발행 | 2015년 1월 15일

지은이 | 이병석
펴낸이 | 최장락
펴낸곳 | 도서출판 두손컴
주 소 | 부산광역시 부산진구 부전로 35, 301호(부전동, 삼성빌딩)
전화 : (051)805-8002 팩스 : (051)805-8045
이메일 : doosoncomm@daum.net
출판등록 제329-1997-13호

값 14,000원

ISBN 978-89-97083-94-7 03810

이 도서의 국립중앙도서관 출판시도서목록(CIP)은 서지정보유통지원시스템 홈페이지(http://seoji.nl.go.kr)와 국가자료공동목록시스템(http://www.nl.go.kr/kolisnet)에서 이용하실 수 있습니다. (CIP제어번호: CIP2014020699)